一看就懂的投资常识
全图解

赵彦锋 ◎ 著

立信会计出版社
LIXIN ACCOUNTING PUBLISHING HOUSE

图书在版编目（CIP）数据

一看就懂的投资常识全图解/赵彦锋著.--上海：立信会计出版社，2016.1
（去梯言）
ISBN 978-7-5429-4830-4

Ⅰ.①—⋯ Ⅱ.①赵⋯ Ⅲ.①投资-图解 Ⅳ.①F830.59-64

中国版本图书馆CIP数据核字(2015)第266387号

策划编辑　蔡伟莉
责任编辑　陈　昕
封面设计　久品轩

一看就懂的投资常识全图解

出版发行	立信会计出版社		
地　　址	上海市中山西路2230号	邮政编码	200235
电　　话	（021）64411389	传　　真	（021）64411325
网　　址	www.lixinaph.com	电子邮箱	lxaph@sh163.net
网上书店	www.shlx.net	电　　话	（021）64411071
经　　销	各地新华书店		
印　　刷	固安县保利达印务有限公司		
开　　本	720毫米×1000毫米	1/16	
印　　张	26.25	插　页	1
字　　数	529千字		
版　　次	2016年1月第1版		
印　　次	2018年3月第6次		
书　　号	ISBN 978-7-5429-4830-4/F		
定　　价	42.00元		

如有印订差错，请与本社联系调换

前 言

你知道一个人走向平庸有哪四个特征吗？微信APP给的答案是：一没目标只混日子，没方向不规划人生，瞎折腾；二不独立自主，总依赖别人，不学习不吸收信息，没主见被动地活着；三没责任心，没风险意识，不敢承担风险；四不懂投资常识，没有投资理财意识。

人的一生能够积累多少财富，不一定取决于你能够赚多少钱，而取决于你会不会投资理财，是否了解投资常识。钱找人胜过人找钱，要懂得是钱为你工作，而不是你为钱工作。

2015年上半年，股市经历了过山车式的涨涨跌跌，让大家更加深刻认识到懂点投资常识的重要性。所谓投资，是根据个人和家庭的财务状况，运用科学的方法和程序制定切合实际的、可以操作的投资规划，最终实现个人和家庭的财务安全和财务自由。财务安全是投资基础，财务自由是投资终点。投资开始得越早，获得的回报就越多，你也就能越早享受到舒适安逸的生活。投资是改变生活状态、通向财富殿堂的唯一捷径。

在投资过程中，你的财富面临着或大或小的风险，可以极速暴涨，也可以瞬间消失。收益的大小不仅取决于大环境，更取决于对投资工具的选择和投资技巧的运用。因此，在投资中，如果没有具备一定的投资知识，就无异于在大海的惊涛骇浪中盲目行舟。对于投资者来说，掌握必要的投资知识，熟悉必要的操作技巧，是有效规避投资风险的重要前提。有了这个前提，任何时候都有赚钱的机会，既可以用低风险的投资工具稳健赚钱，也可以用高风险的投资工具快速赚钱。

投资者必须明白，投资不是一时的冲动，也不是投机取巧，更不是凭借运气，而是一个需要恒心、需要智慧、需要不断战胜自我的长期过程，是需要每个人通过学习和实践才能掌握的一门学问、一门艺术。所以，掌握扎实的投资知识，运用正确的投资理念和投资方法，是老百姓成功投资理财的根本之策。

为帮助广大热爱投资学的读者朋友全面系统地掌握投资学知识，我们编写了这本《一看就懂的投资常识全图解》。该书汇集了国内市面上众多投资书籍的精华，以培养财富眼光、练就赚钱本事、学会投资理财为出发点，用通俗易懂的语言和大量具体详实的插图，系统地讲述了与老百姓密切相关的投资知识，为读者朋友学习投资提供了切实可行的路径。书中对老百姓最常用的几种投资方式进行了详细地介绍，使读者朋友能够结合自身特点，选择合适的投资方式，同时借鉴前人经验，更安全、更有效地进行投资。

　　本书最大的特点是集知识与图解于一体，文图结合，以图释文，解读与你息息相关的各类投资学原理和现象，让枯燥的投资学变得生动活泼，让深奥的投资学原理变得浅显易懂，趣味性和可读性极强。读者朋友可以在掌握投资学常识的同时，也能从相应的配图中了解到投资学的真正内涵，从而在轻松愉快的阅读氛围中游历投资学的世界，掌握投资学的真谛。

　　本书是一本内容丰富的投资学读本，一部图文并茂的趣味投资学指南。翻开本书，领略投资学的魅力，掌握投资学的原理，运用投资学的视角和思维观察、剖析种种生活现象，更理性、更聪明地作出投资决策，打理手中钱财，规划财富人生，迈向财富自由之路！

目录

第一篇 投资须趁早：赚钱从财富思维开始

第一章 不懂投资，你就受穷一辈子 2
一、只赚钱不投资永远成不了富人 >>> 2
二、学会投资，从根本上改变你的未来 >>> 5
三、不要让钱"发霉"，而要让钱"发光" >>> 6
四、投资可能会失败一时，但不可能会失败一世 >>> 6
五、思维模式的转换——从储蓄的时代到投资的时代 >>> 8

第二章 投资领先一小步，财富跑赢一大步 11
一、为什么说投资越早越好 >>> 11
二、设定财富计划，一步步实现财富目标 >>> 12
三、真正了解投资过程 >>> 14
四、实现无忧人生五工程 >>> 15
五、每天记账，每年制作一次财务状况表 >>> 16
六、没有最好的投资观，只有最适合自己的投资观 >>> 17
七、把成功规则用于投资实践中 >>> 19

第三章 投资就要会"算计"：以最小投资获得最大回报 21
一、通货膨胀到底会对你造成多大伤害 >>> 21
二、储蓄并不是把钱放进银行那么简单 >>> 23

三、怎样消费才是最划算的 >>>25
四、如何加强对闲置资金的管理 >>>27
五、最保险的投资是什么 >>>29

第四章　掌握投资之道，开启财富之门　31

一、找到诀窍，投资就是这么简单 >>>31
二、充满致富的梦想 >>>32
三、通胀和负利状况下首重资产保值 >>>33
四、复利投资，让钱生钱 >>>34
五、从小开始，逐渐做大 >>>36
六、实现幸福生活大计——财富人生由此启动 >>>38

第二篇　穿透通胀迷雾：读懂数据真相，把握投资机遇

第一章　宏观经济变化：决定投资命运的生死符　40

一、通货膨胀对日常生活有什么影响 >>>40
二、辨别虚假繁荣背后的泡沫 >>>42
三、物价是涨了还是跌了 >>>43
四、"GDP"背后隐藏着什么 >>>45
五、人口红利与经济发展的关系 >>>47
六、恩格尔系数有什么作用 >>>49
七、人民币升值利多还是弊多 >>>50

第二章　神奇的投资复利：投资时间就是投资金钱　53

一、用时间换金钱，用金钱换时间 >>>53
二、每月投资700元，退休拿到400万元 >>>54
三、"人"赚钱，最传统的赚钱方法 >>>56
四、"钱"赚钱，最赚钱 >>>58
五、加息下的投资策略 >>>59
六、投资自己是最稳当的赚钱方法 >>>61

第三章 税务规划做得好，投资没烦恼　　　　　62

一、避税，你了解吗？　　　　　>>>62
二、高收入者如何进行避税　　　　　>>>64
三、合理避税，让自己收益最大化　　　　　>>>66

第四章 在经济危机中发掘投资良机　　　　　68

一、通货膨胀的避风港在哪里　　　　　>>>68
二、经济危机带来投资的良机　　　　　>>>70
三、根据经济周期把握最佳投资机会　　　　　>>>71

第三篇　左手投资，右手致富：富贵一生的投资攻略

第一章 20多岁投资自己，比什么都重要　　　　　74

一、百分之百的决心与毅力，填满第一桶金　　　　　>>>74
二、创造机遇，为自己加分　　　　　>>>75
三、培养你的职场竞争力，把自己的身价提高N倍　　　　　>>>76
四、"个人品牌"让你更有竞争力　　　　　>>>78
五、理财的不懈动力，是持续赚钱的能力　　　　　>>>78
六、"职场新人"如何度过职场成长期　　　　　>>>80
七、20多岁的单身贵族的投资选择　　　　　>>>82
八、20多岁的"二人世界"的投资策略　　　　　>>>84

第二章 30多岁，贷款投资三思而后投　　　　　86

一、自有闲置资金如何投资　　　　　>>>86
二、借贷资金如何投资　　　　　>>>87
三、30多岁白领阶层的投资计划　　　　　>>>89
四、30多岁中高收入阶层的投资计划　　　　　>>>91
五、30多岁高收入阶层的投资计划　　　　　>>>91
六、从二人世界到三口之家如何投资　　　　　>>>93

第三章 40多岁，资产结构调整需重视　　95

一、步入不惑之年的人如何投资理财　　>>>95
二、人到中年：不惑之年求稳健　　>>>96
三、40多岁人的最佳投资组合　　>>>97
四、40多岁人如何购房投资　　>>>98
五、40多岁人的投资计划　　>>>99

第四章 50多岁，投资方向转移是重点　　101

一、50多岁，抓紧时间赚取最后一桶金　　>>>101
二、50多岁如何实现儿子结婚、自己养老的计划　　>>>104
三、50多岁"准退休族"如何谋划未来　　>>>105
四、"准退休族"：一技在手，退休无忧　　>>>106
五、50多岁"准退休族"要注意　　>>>109

第五章 60多岁，养老理财两手都要抓　　111

一、银发族的两大麻烦　　>>>111
二、养老规划，先问自己三个问题　　>>>113
三、老年人如何打理自己的财产　　>>>114
四、亲手进行退休投资，架起安全防护网　　>>>115
五、每天只存四十元，养老"不差钱"　　>>>117
六、告别伸手要钱的日子，多养几个"金子"　　>>>119
七、老年人易陷入的理财误区　　>>>122

第四篇　态度决定投资成败：投资是"理性"的游戏

第一章 投资心态：投资要先过心理关　　124

一、入市前，先做好心理准备　　>>>124
二、耐心是投资极为重要的素质　　>>>126
三、克服"恐惧"与"贪婪"　　>>>127

四、莫把"投资"当"投机" >>>129
五、自制力对投资很重要 >>>130
六、从自己的错误中学习 >>>131

第二章　打造投资组合利器，分散规避投资风险　　134

一、钱不多的人也要进行资产配置 >>>134
二、如何合理选择投资组合 >>>136
三、如何进行家庭式组合投资 >>>137

第三章　与最适合你的投资工具"谈恋爱"　　139

一、看对眼，适不适合很重要 >>>139
二、投资属性与投资成败之间的关系 >>>142
三、不要钟情新玩具，传统工具也不错 >>>143
四、你需要掌握的投资法则 >>>145

第四章　把风险和陷阱扼杀在摇篮中　　148

一、投资的关键是要保住本金 >>>148
二、评估自己的风险承受能力 >>>150
三、防范投资中的各种陷阱 >>>151
四、确保"后方"安全 >>>154

第五篇　精明储蓄：开个家庭小银行

第一章　钱进银行，是增多还是减少　　156

一、储蓄：积少成多的"游戏" >>>156
二、储蓄是投资本钱的源泉 >>>156
三、最优秀的投资者也要懂得储蓄 >>>158
四、家庭储蓄方案 >>>160
五、如何选择保证收益和非保证收益理财产品 >>>162

第二章　让小钱变大钱：存款利益最大化　164

一、存活期好还是存定期好　>>>164
二、应对低利息的存储策略　>>>164
三、针对不同储种的储蓄技巧　>>>165
四、如何实现存款利润最大化　>>>167
五、保守型投资者的储蓄投资方式　>>>169
六、让每一笔闲钱都生息的方式　>>>170

第六篇　投资股票：高风险必有高回报

第一章　选择一只能赚钱的潜力股　174

一、选股八大原则　>>>174
二、三招实用选股技巧　>>>176
三、不同类型股民的选股技巧　>>>177
四、如何选择最佳大盘股　>>>179
五、如何选择最佳小盘股　>>>179
六、牛市中如何选购新股　>>>181
七、熊市中如何选股　>>>182

第二章　不同市况下股票操作技巧　185

一、牛市中如何赚钱　>>>185
二、熊市中如何操作股票　>>>186
三、震荡市中散户生存法则　>>>187

第三章　掌握了风险，你就掌握了股市　189

一、股市最大的风险是什么　>>>189
二、控制了仓位，就控制了风险　>>>191
三、反群众心理进行操作　>>>192
四、不可过于迷信股评家　>>>194

五、把传言和内幕消息当可有可无的参考 >>>195
　　六、跳过题材炒作设置的陷阱 >>>195

第七篇　投资基金：把"基蛋"放进更多的篮子里

第一章　新手入门必知常识　198
　　一、基金=股票+储蓄 >>>198
　　二、基金与其他有价证券相比的投资优势 >>>200
　　三、投资基金前先问三个问题 >>>201
　　四、确定投资目标 >>>202
　　五、确定投资期限和成本 >>>203
　　六、评估自己的风险承受能力 >>>203

第二章　基金不仅要选好的，更要选对的　207
　　一、货币市场基金：高于定期利息的储蓄 >>>207
　　二、指数型基金：低投入高回报 >>>208
　　三、债券型基金：稳中求胜的基金 >>>209
　　四、混合型基金：折中的选择 >>>211
　　五、基金排行榜：选择基金的标杆 >>>212

第三章　重量级基金投资：开放式基金的投资技巧　214
　　一、掌握与基金相关的信息 >>>214
　　二、抓住市场转折点 >>>216
　　三、净值高低不重要 >>>217
　　四、不要忽视新基金的不确定性 >>>217
　　五、巧打时间差，购买开放式基金 >>>219
　　六、如何把握开放式基金的赎回时机 >>>220

第四章 基金定投:"懒人理财术" 222

一、基金定投有什么优势 >>>222
二、基金定投"复利"的魔力 >>>224
三、如何办理基金定投 >>>225
四、基金定投的投资策略 >>>225
五、基金定投的七大铁律 >>>227

第八篇 投资债券:稳定安全投资之首选

第一章 购买债券前必须了解的常识 230

一、债券的生钱之道是什么 >>>230
二、哪些债券品种投资者可以参与 >>>231
三、影响债券投资收益的因素有哪些 >>>232

第二章 金边债券:国债投资 234

一、国债 >>>234
二、选择什么样的国债 >>>235
三、怎样进行国债交易 >>>236
四、记账式国债的申购和兑取流程 >>>238
五、凭证式国债如何兑取 >>>240
六、商业银行柜台国债投资策略 >>>240
七、如何选择适合自己的国债投资策略 >>>241

第三章 没事多注意:债券投资中的若干事项 244

一、是什么在影响债券投资收益 >>>244
二、如何提高国债的收益率 >>>245
三、债券市场风险分析与防范 >>>246

第九篇　投资外汇：从汇率转换中挖出财富

第一章　外汇：聚敛财富的新工具　250
一、外汇交易是一种概率游戏　>>>250
二、防守是外汇交易的最重要前提　>>>251
三、外汇买卖的技巧　>>>253
四、外汇交易VS期货交易　>>>254

第二章　"攻"于技巧：外汇买卖的制胜术　256
一、巧用平均价战术　>>>256
二、如何建立头寸、斩仓和获利　>>>256
三、金字塔式加码的优越性　>>>257
四、买得精不如卖得精　>>>258
五、忽略日常的波动　>>>259

第三章　"守"住底线：外汇投资的保本之道　261
一、拉响红色警报，熟悉外汇风险　>>>261
二、不要在赔钱时加码　>>>261
三、贪婪和恐惧是拦路虎　>>>263
四、盲目跟风，损失惨重　>>>264
五、切勿"亏生侥幸心，赢生贪婪心"　>>>266
六、犯最高价买入、最低价卖出的毛病　>>>267

第十篇　投资期货：赚取未来的钱

第一章　投资期货的知识准备　270
一、揭开期货的神秘面纱：基础知识　>>>270

二、期货价格是怎样形成的 >>>272
三、买空和卖空指的是什么 >>>274
四、期货交易的理念和方法是什么 >>>275
五、哪些人可以进行期货交易 >>>275
六、期货交易不同于其他交易的特点 >>>277

第二章 行而必防：规避期货投资的风险 　　279

一、期货市场风险主要包括哪些 >>>279
二、期货市场风险有哪些特征 >>>281
三、股指期货市场风险有哪些特征 >>>282
四、散户如何才能做好自身的风险管理 >>>284

第十一篇 投资黄金：抵御通货膨胀的利器

第一章 走进金世界，挖掘黄金矿 　　288

一、黄金独特的投资优势 >>>288
二、把握大方向，踩准买卖节拍 >>>290
三、黄金期货：时机比趋势更重要 >>>291
四、揭开中国黄金定价的奥秘 >>>291
五、预测黄金价格的三大方法 >>>292
六、应对金价走势的投资策略 >>>293
七、新手"炒金"注意事项 >>>294

第二章 纸黄金投资，纸币变金币 　　296

一、通过概念透视纸黄金 >>>296
二、如何分析纸黄金行情 >>>298
三、纸黄金的投资策略：放长线钓大鱼 >>>298
四、鳄鱼法则：及时止损 >>>299

第三章　实物黄金投资：黄金变金山　　301

一、在哪里购买实物黄金更安全可靠　　>>>301
二、如何选择实物黄金　　>>>303
三、实物黄金当今形势及投资策略　　>>>304
四、金条投资指南　　>>>307
五、黄金饰品及天然金块投资知识　　>>>308
六、投资实物黄金的三项重要提示　　>>>309

第十二篇　投资房产：我的地盘我做主

第一章　投资房产就是投资房价　　312

一、你了解房价的真实面目吗　　>>>312
二、高价值增长是投资房地产的关键　　>>>314
三、一个资深房产投资者的"选房"经验谈　　>>>314

第二章　投资房产交易知识全掌握　　317

一、开盘买房是良机吗　　>>>317
二、尾房里"淘金"　　>>>318
三、买房不可忽视哪些问题　　>>>319
四、如何评估升值潜力　　>>>320
五、买房时如何"杀价"　　>>>321
六、"以房养房"是否划得来　　>>>322

第三章　二手房投资"鸡肋"变真金　　324

一、如何挑选二手房　　>>>324
二、投资二手房需要注意事项　　>>>325
三、小产权房是投资"雷区"　　>>>327
四、购买二手房要注意哪些警示　　>>>328

五、二手房买卖如何规避风险 >>>330
　　六、异地二手房投资："鸡肋"还是商机 >>>331

第四章　房产投资存在哪些陷阱　333

　　一、房地产广告陷阱防不胜防 >>>333
　　二、售楼人员口头承诺千万别当真 >>>335
　　三、"期房"买卖隐患大 >>>336
　　四、小心"房托"迷了你的眼 >>>338

第十三篇　投资收藏：鱼和熊掌可以兼得

第一章　走进琳琅满目的收藏世界　342

　　一、邮票投资：方寸之间天地宽 >>>342
　　二、钱币投资：成为"有钱人家" >>>343
　　三、古玩投资：在玩赏中获取财富 >>>344
　　四、字画投资：高品质的艺术享受 >>>346
　　五、珠宝投资：收益新宠 >>>349

第二章　收藏品投资全解密　351

　　一、收藏品的选择 >>>351
　　二、收藏品的投资价格 >>>351
　　三、收藏品的投资程序 >>>353
　　四、收藏品投资基本原则 >>>354
　　五、收藏投资操作技巧 >>>355
　　六、收藏投资效用有多少 >>>356
　　七、收藏投资策略与误区 >>>357
　　八、规避艺术品收藏投资风险 >>>357

第十四篇 投资保险：给人生系上安全带

第一章 投资保险不可不知的常识 360

- 一、必不可少的保险知识 >>>360
- 二、如何选择保险公司 >>>361
- 三、如何让保费省钱 >>>362
- 四、购买保险前的预备工作 >>>364
- 五、保险投资应遵循哪些原则 >>>365
- 六、保险合同关键看哪儿 >>>367

第二章 人的一生需要购买哪些保险 369

- 一、人的一生主要投保哪些类型的保险 >>>369
- 二、单身时期：医疗保险做伴侣 >>>370
- 三、家庭形成期如何选择保险 >>>372
- 四、准妈妈如何选择一份合适的保险 >>>373
- 五、怎样给家中老人买保险 >>>374
- 六、现代女性如何为自己挑选一份合适的保险 >>>375

第三章 如何才能快速获得理赔 378

- 一、怎样办理理赔手续 >>>378
- 二、民事赔偿与保险赔付能相抵吗 >>>380
- 三、怎样分清遗产与保险赔付金 >>>380
- 四、故意伤害自己或被保财产能获得理赔吗 >>>382

第十五篇 投资商业：长袖善舞赚大钱

第一章 选择最适合自己的商业投资模式 384

- 一、巧借"东风"，合伙投资的智慧 >>>384

二、加盟连锁，投资成功概率倍增　　　　　　　　　　>>>385

三、借鸡生蛋也不失为上策　　　　　　　　　　　　　>>>387

第二章　商业投资，驶上创富快车道　　　　　　　　389

一、"兼职投资"的项目选择　　　　　　　　　　　　>>>389

二、适合上班族投资的十大项目　　　　　　　　　　　>>>390

三、10万元小资金的最佳商业投资项目是什么　　　　　>>>392

四、50万元资金最适合投资什么项目　　　　　　　　　>>>393

五、100万元资金如何投资商业　　　　　　　　　　　 >>>396

六、不做没有把握的事　　　　　　　　　　　　　　　>>>398

七、闲谈中也有商机　　　　　　　　　　　　　　　　>>>399

八、永远保持"零度"状态　　　　　　　　　　　　　>>>400

第一篇 投资须趁早：
赚钱从财富思维开始

第一章
不懂投资，你就受穷一辈子

一、只赚钱不投资永远成不了富人

许多人，特别是二十几岁走出大学校门的人，刚刚走上工作岗位，每月都拿着固定的薪水，看着自己工资卡里的数字一天天涨起来，就可以尽情地消费，总感觉高枕无忧。直到有一天刷卡时售货员告诉他们："这张卡透支了。"这时，他们才惊慌起来，也奇怪起来："每个月的薪水也不少，都跑到哪儿去了？"对年轻人来说，赚钱固然重要，但是投资更是不可或缺的。只会赚钱不会投资，到头来还是一个"穷人"。是富人还是穷人，不看你能"挣"多少，而看你会"投"多少。

王慧已经工作两年了，现在的月薪是5 000元左右。除去租房和吃饭的开支，每月还能剩下2 000元多，可她每到月底还是要向朋友借钱。而她的同学中，许多人没有她挣得多，却从来没有借过钱。原来，王慧只会努力工作，努力挣钱，以为这样自己就可以富起来，从来没有考虑过如何投资。晚上熬夜看电影，第二天起不来只好打车上班；不喜欢吃公司食堂的伙食，一到中午就出去吃。而每次去商场从来不带现金，都是刷卡。每个月都是这样，她从来没有投资的概念。也正是因为这样，工作两年了，还没有任何积蓄。

从上面的故事我们可以看出：不注重理财、不善于投资，就可能要过拮据的生活。只会挣钱不会投资的人是不会有钱的。

投资至少有以下好处：

1.达到财务目标，平衡一生中的收支差距

人的一生有很多梦想，很多梦想的实现需要经济上的支撑，例如累积足够的退休金以安享晚年，建立教育基金为子女的将来考虑，积累一定的资金购车、买房，或者积累一笔资金用于到世界各地旅游，有些人还打算创立自己的事业，等等。这些目标的实现都需要你进行财务规划，对收支进行合理的规划。

如果一个人在任何时期都有收入，而且在任何时候赚的钱都等于用的钱，那么就不需要去平衡收支间的差异，投资规划对这个人来说就不是必需的。可是实际上，人的一生中大约只有一半的时间有赚取收入的能力。假如一个人能活80岁，前18年基本上是受父母抚养，是没有收入的；65岁以前则必须靠自己工作养活自己和家人；而退休后如果不依赖子女，而此时又没有工作收入，那么靠什么来养老呢？如果你有投资意识，在65岁退休以前这长达47年的岁月中，每个月省出200元，购买成长性好的投资品，假设年收益率为12%，那么，47年后会积累多少财富呢？是5 453 748.12元，接近550万，这是一笔不小的数目，这样的话，你就可以享受比较富裕的晚年生活了。

2.过更好的生活，提高生活品质

平衡一生的收支只是投资规划的基本目的。每个人都希望过好日子，而不仅只是满足由出生开始到死亡为止的基本生活需求。你是否想买一幢或者一套豪华舒适点的房子？是否想开辆黑色奔驰车驰骋在空旷的马路上？你是否想在周末或节假日去豪华餐厅享受温馨浪漫的晚餐？是否想每年旅游一次？这些都是基本生活需求以外的奢侈想法，但并不是幻想。追求高品质的生活是投资规划的另一个目的。

3.追求收入的增加和资产的增值

人们除了辛勤地工作获得回报之外，还可以通过投资使自己的资产增值，利用钱生钱的办法做到财富的迅速积累。

4.抵御不测风险和灾害

古人云："天有不测风云，人有旦夕祸福。"一个人在日常生活中经常会遇到一些意料不到的问题，如生病、受伤、亲人死亡、天灾、失窃、失业等，这些都会使个人财产减少。在计划经济时代，国家通过福利政策，几乎承担了城市居民生老病死的一切费用，人们的住房、养老、教育、医疗、失业等费用负担很小。改革开放以后，居民开始越来越多地承担以上的费用和风险。为抵御这些不测与灾害，必须进行科学的投资规划，合理地安排收支，以求做到在遭遇不测与灾害时，有足够的财力支持，顺利渡过难关；在没有出现不测与灾害时，能够建立"风险基金"，并使之增值。

5.提高信誉度

常言道："好借好还，再借不难。"合理地计划资金的筹措与偿还，可以提升个人的信誉，增强个人资金筹措的能力。当然，科学地规划个人的财务也能保证自己的财务安全和自由，不至于使自己陷入财务危机。

赚钱与投资就像是富人的两只手，只有用手才能捧住财富。

■ 投资有什么好处？

投资可使你：达到财务目标，平衡一生中的收支差距；过更好的生活，提高生活品质；追求收入的增加和资产的增值；抵御不测风险和灾害；提高信誉度。

达到财务目标，平衡一生中的收支差距

平衡一生的收支只是投资规划的基本目的。实际上，人的一生中大约只有一半的时间有赚取收入的能力。假如一个人能活80岁，在65岁退休以前长达47年的岁月中，每个月省出200元，购买成长性好的投资品，假设年收益率为12%，那么，47年后会积累接近550万，你就可以享受比较富裕的晚年生活了。

过更好的生活，提高生活品质

每个人都希望过好日子，而不仅只是满足由出生开始到死亡为止的基本生活需求。追求高品质的生活是投资规划的另一个目的。

抵御不测风险和灾害

古人云："天有不测风云，人有旦夕祸福。"为抵御这些不测与灾害，必须进行科学的投资规划，合理地安排收支，以求做到在遭遇不测与灾害时，有足够的财力支持。

二、学会投资，从根本上改变你的未来

现在存款的利息总也赶不上CPI的增速，投资理财便成了这几年大家讨论的热点话题。

如果在20年前有50万元，你就是一个富翁。但现在你再看北京、上海、广州等大城市中心地带的普通居民，他们的房子早已经超过了100万。如果不学会投资理财，你很有可能成为昔日的富翁，现在的普通，未来的寒酸。假如20年前，你花10万元买一件古董，现在最起码值100万。20年前，你要是用10万元买万科原始股票，你现在就已经是千万富翁了。因此，投资不仅能帮助我们抵御通货膨胀，还能为我们创造财富。投资的种类有很多：房地产、证券、黄金、古玩、原木家具、邮票，等等。

到底富人拥有什么特殊技能是那些天天省吃俭用、日日勤奋工作的上班族所欠缺的呢？富人何以能在一生中积累如此巨大的财富？答案无非是：投资理财的能力。民众理财知识的差距，是造成财富差距的真正原因。理财致富只需具备三个基本条件：固定的储蓄、追求高报酬以及长期等待。

■理财致富需要具备的条件

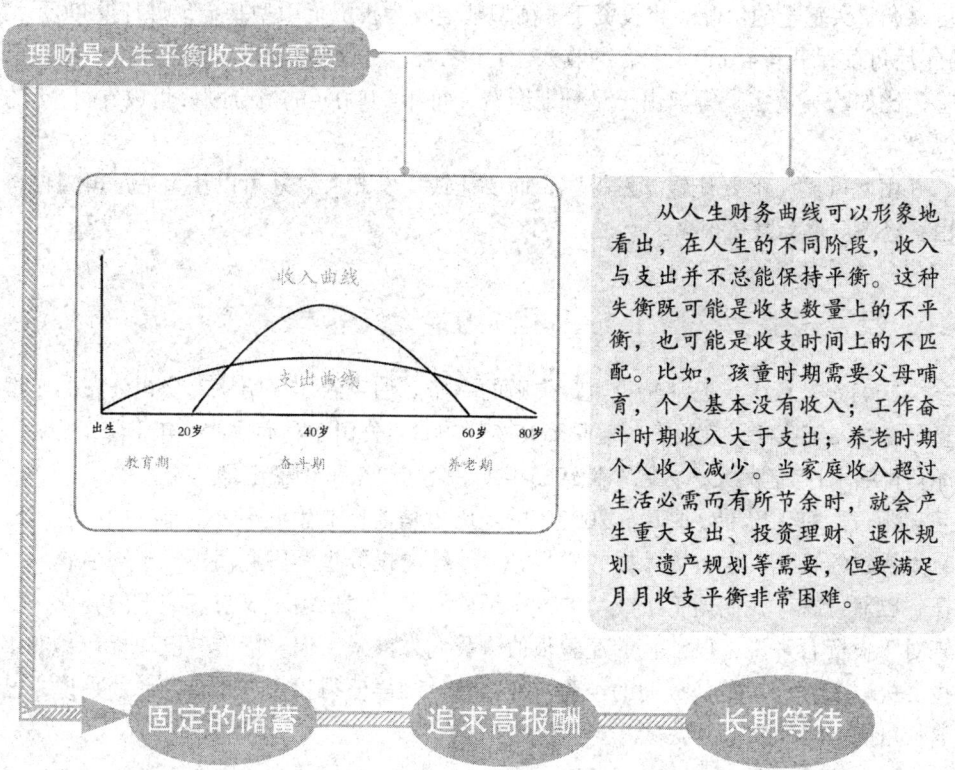

三、不要让钱"发霉",而要让钱"发光"

芝芝是一名月薪4 000元的上班族,扣除日常开支,每月可以攒1 000元钱。她今年23岁,现在与家人同住,希望在30岁以前结婚生子。芝芝通常把钱储蓄在银行,现在听说购买基金进行长期投资,投资风险低,回报可观,于是想转变投资方向。如果每月不把这1 000元闲钱储蓄在银行,如何进行基金定投达到钱生钱的目的呢?

从芝芝的情况分析,虽然其月收入并不高,但由于与家人同住,没有供房等方面的压力,每月尚且有1 000元的储蓄,所以财务情况还是比较乐观的。这笔钱如果芝芝不想用于储蓄,做基金定投用于投资是比较合理的。芝芝可以将1 000元分成3个部分,分别投资于股票型、平衡型和货币型基金。其中,500元用于投资股票型基金,300元用于投资平衡型基金,比如易方达平稳增长、广发稳健等基金等。剩余的200元,可用于投资债券型基金。如果要寻求更加稳健的回报,则可将投资于平衡型基金的300元中,拿出其中的100元用于投资货币型基金。

假设每年的回报率为12%,芝芝今年是23岁,7年后,即当芝芝30岁时,可以获得一笔12万~13万元的收入,足以满足生子的需要。至于结婚的花费,由于开支比较多,则要视芝芝的另一半的收入而定。另外,考虑到芝芝的月收入不高,如果没有社保等保障,很难应对个人风险,所以应该想方法增加个人保障。保费的支出,可以调整买基金的份配。将投资于平衡型基金改为投资货币型基金,每月投300元,1年后可确保获得4 000元左右的收入。1年之后,将这笔4 000元的资金用于购买保险,比如购买重疾险等。由于是分期缴费,每年4 000元的资金刚好可以支付1年的保费。

由此可见,不要让钱"发霉",而要让钱"发光",才可以让生活过得轻松自由,经济上也会富裕很多。

四、投资可能会失败一时,但不可能会失败一世

2008年是沃伦·巴菲特投资最失败的一年。伯克希尔·哈撒韦公司公布的年报显示,2008年第四季度投资收益骤降96%,2008年公司净利润比前一年下降了62%,净资产缩水115亿美元,为巴菲特1965年接手公司以来最糟糕纪录。

不过,对于巴菲特来说,2008年的经历也是他投资生涯中一次难得的体验。既有大赚钱的日子,也有大亏损的岁月,巴菲特的投资生涯因此而更加丰富多彩。这样,巴菲特既给我们留下了成功的投资经验,也为我们留下了投资失败的教训。尽管对于投资者来说,巴菲特的经验很值得我们来推崇,但实际上,巴菲特在2008年投资失败的教训,跟他成功的经验一样宝贵,同样值得投资者珍惜。总的来说,巴菲特可能一时失败,但纵观整个一生却非常成功。

在股票投资上，失败研究的最大应用在于避开"地雷"企业，在于如何排除一些表面风光无限，但实际危机四伏的企业或股票。我们作为投资者，最大的担心就是在不远的将来，企业面临各种困难、危机而倒闭。例如，投资了美国雷曼兄弟的股票，必然血本无归。通过大量世界各地企业的失败研究，你会发现，大部分企业所犯的错误如出一辙，比如由于过度扩张造成的资金链问题，再比如由于企业领导者决策失误或者没有持续创新而被行业淘汰等，绝大多数企业的倒闭、破产的原因，无不是在过去世界的某个角落曾经发生过的，"太阳底下从来没有发生什么新鲜事"，这句古老的谚语阐释了问题的本质，也恰恰验证了巴菲特所说的"我们从历史上学到的教训就是人们其实从不吸取历史的教训。"

所以，我们在寻找伟大企业和大牛股的同时，在憧憬企业未来的美好发展前景的时候，也应该运用逆向思考原则，将那些失败企业的教训和原因——列出，避开那些可能将来面临失败或危机的企业，这样我们的投资才可能做到不亏钱。长此下去，整个投资过程必是成功的。

如果想要投资成功，还有一个因素十分重要，就是要有投资计划。

制定投资计划，是投资者最重要最经常性的工作之一。但是投资者要明白，做好这项工作要有充分的调查研究，有缜密的推理论证，要自己拿主意。制定投资计划，主要就是为了克服盲目性。下面以10万元闲置资金投资为例说明投资计划。

拥有10万元流动资产，面临股市的低迷、金市的大跌，普通家庭该如何综合配置？

专家建议投资者在特定时间段内，只有兼顾2到3个投资方向，重点关注一类投资品种，资金"大头"暂时投资债券相关产品，其余分置定投基金与保险。

基金方面，要准确评估自己承受风险的能力，在积极型、稳健型、保守型三种投资类型中找准自己定位。例如，用大约6万元购买银行理财产品，大约4万元购买短期货币基金。

从以上的分析可以看出，投资计划是帮助你增加投资胜算的。没有计划，投资就像航行在海上没有指南针的船一样。

有了计划，投资就像有了掌舵人，有了前进的方向，知道离成功还有多远，以及还需多少资源、多少努力才会成功，之后就可以按照需要逐步实现自己的目标。

■ 不要把所有的鸡蛋放在同一篮子里

不要把所有的鸡蛋放在同一个篮子里，这是一个分散风险、趋利避害的有效手段。就是所谓的"分散投资"，即资金不要投放在同一个项目上，免得这个项目失败，所有的资金就会血本无归。要把资金投放在不同领域，这样某一项目失败，其他的项目还可赢利，从而降低破产的风险。

很多鸡蛋都放在同一个篮子里，篮子掉了，鸡蛋也就全都摔碎了。

如果把很多鸡蛋放在不同的篮子里，就算这一篮摔了，别的篮子里的鸡蛋还完好无损，不会全部损失掉。

分散投资

一方面，这样可以规避风险，让我们不至于因为一次投资失误而倾家荡产。

另一方面，这样也可以均衡收益，让我们有机会在多种投资产品中进行选择，用收益多的平衡收益少的，从而保证我们的财产稳健升值。

知己知彼，百战不殆

在现代家庭理财投资中，有很多投资方式可以选择，如股票、债券、基金、书画收藏等，也可以投资保险、外汇、信贷……无论选择投资哪个领域，都是想获取高额的回报率。因此，在投资这些领域之前就必须对其有一个初步的了解，只有做到"知己知彼"，才能真正"百战不殆"。

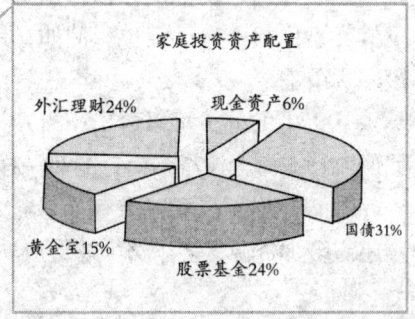

家庭投资资产配置
外汇理财24%　现金资产6%
黄金宝15%　股票基金24%　国债31%

五、思维模式的转换——从储蓄的时代到投资的时代

从前，有一个老财主，他爱财如命，总是在想如何才能让自己的家产在短时间内像滚雪球一样飞速膨胀。一天，他听说村东头的另一大户人家要把自家的50亩地

卖掉，于是，老财主就想用低价将地买过来。但是这个大户人家显然已经做好了充分准备，他们对外界一直说这块地多么肥沃，种出的庄稼多么饱满，更重要的是祖上还在这块地里埋了一坛金子，只是由于要举家南迁，实在没办法才会将祖辈们留下的这块宝地卖掉，所以买主出的价格一定要高，才能补偿那坛金子的价值。

这些话被传来传去，以至于后来传成了那块地能够长出金子……就这样，那块地被炒得越来越值钱，价格也跟着翻番地往上涨。老财主见状，更是对这块地的巨大潜力深信不疑，他想：这块地绝对是块风水宝地，不然怎么会涨价涨得如此厉害？于是，老财主毫不犹豫地将所有家产拿了出来，终于买下了这块传说中的风水宝地。

谁知，这块地是一块盐碱地，别说是种庄稼，就连野草都很难存活。但是，老财主仍然对其抱有幻想，为了不让它荒废，老财主动用了所有家丁给这块地施肥，仅此一项，老财主就花费掉了仅存的一些银两。可是，老财主辛辛苦苦的付出并没有让事情出现转机，这块地依然还是一片不毛之地。最后，耗尽万贯家产的老财主再也无力支撑如此庞大的开销了，于是只好以极低的价格将此地转卖了出去。从此，老财主只能靠着这点微薄的收入过着穷困潦倒的生活。

我们都知道，钱存到银行会贬值，不但不能"生出"更多的钱，宏观的经济形势还会将原有的钱"吃掉"。因此，作为现代明智的理财人，我们不能再死抱着"存钱罐"不撒手了，而应该积极寻求新的投资理财产品，让钱快速升值，让我们的财富与日俱增。那么，如何才能对自己的财富进行有效投资呢？如何才能确保自己的钱能快速生出更多的钱呢？故事中的这位老财主将自己的所有家产都倾注到了同一块地上，结果造成"一招失误，满盘皆输"的惨痛后果。老财主的故事说明投资理财中一个最为根本的原则：不要把所有的鸡蛋放在同一个篮子里。

1.股票

股票是股份公司发给股东作为已投资入股的证书和索取股息的凭证。股票像一般商品一样，有价格能买卖，可以作为抵押品进行抵押。股份公司借助发行股票来筹集资金，而投资者则是通过购买股票获取一定的股息收入。另外，股民们还可以在股票市场上进行自由交易，用获取买卖差价的方式收取利益。在通货膨胀时期，投资好的股票还能避免货币的贬值，因此股票还具有保值的作用。

2.债券

债券是政府、金融机构、工商企业等机构直接向社会借债筹措资金时，向投资者发行，并承诺按一定利率支付利息并按约定条件偿还本金的债权债务凭证。债券的本质是债的证明书，具有法律效力。债券购买者与发行者之间是一种债券债务关系，债券发行人即债务人，投资者（或债券持有人）即债权人。由于债券的利息通常是事先确定的，所以，债券又被称为固定利息证券。从债券的定义中，我们就能看出，债券具有偿还性、流通性、安全性和收益性四大特征。

3.基金

我们通常所说的基金一般是指证券投资基金。证券投资基金是一种间接的证券投资方式。基金管理公司通过发行基金单位，集中投资者的资金，由基金托管人（即具有资格的银行）托管，由基金管理人管理和运用资金，从事股票、债券等金融工具投资，然后共担投资风险、分享收益。证券投资基金具有集合理财、专业管理、组合投资、分散风险、利益共享、风险共担、严格监管、信息透明、独立托管、保障安全等特征。

4.保险

保险即商业保险，是指投保人根据合同约定，向保险人支付保险费，保险人对于合同约定的可能发生的事故因其发生所造成的财产损失，承担赔偿保险金责任，或者当被保险人死亡、伤残、疾病或者达到合同约定的年龄、期限时承担给付保险金责任的商业保险行为。因此，保险具有互助性、契约性、经济性、商品性和科学性等特征。

5.外汇

外汇通常指以外国货币表示的可用于国际结算的各种支付手段，而外汇交易则是即时购买一种货币以及卖出另一货币的交易。

除此之外，还有收藏、信贷、房地产等投资方式，这里就不一一介绍了。在家庭投资理财中，我们一定要遵循以下几条原则：

第一，要用家中的闲钱来购买投资产品并备足家底，绝不能将所有家产孤注一掷，更不能靠借债投资理财。

第二，尽可能长期持有多种股票，这样一来可以分摊风险，二来也能从多种渠道中收取利润。今日买明日抛或者将所有资金都投到同一种股票上的行为都是不明智的。

第三，投资前一定要对自己所投资的产品进行充分的了解，切不可盲目跟风、随波逐流。

第四，为了减少巨大的投资风险，不要投资于衍生金融市场，不要在某一股票上投入过多的资金。

第二章
投资领先一小步，财富跑赢一大步

一、为什么说投资越早越好

很多年轻人总认为理财是中年人的事，或是有钱人的事。其实理财能否致富与金钱的多寡关系并不是很大，而与时间长短的关联性却很大。人到了中年面临退休，手中有点闲钱，才想到为自己退休后的经济来源作准备，此时却为时已晚。原

■ 投资——心动不如行动

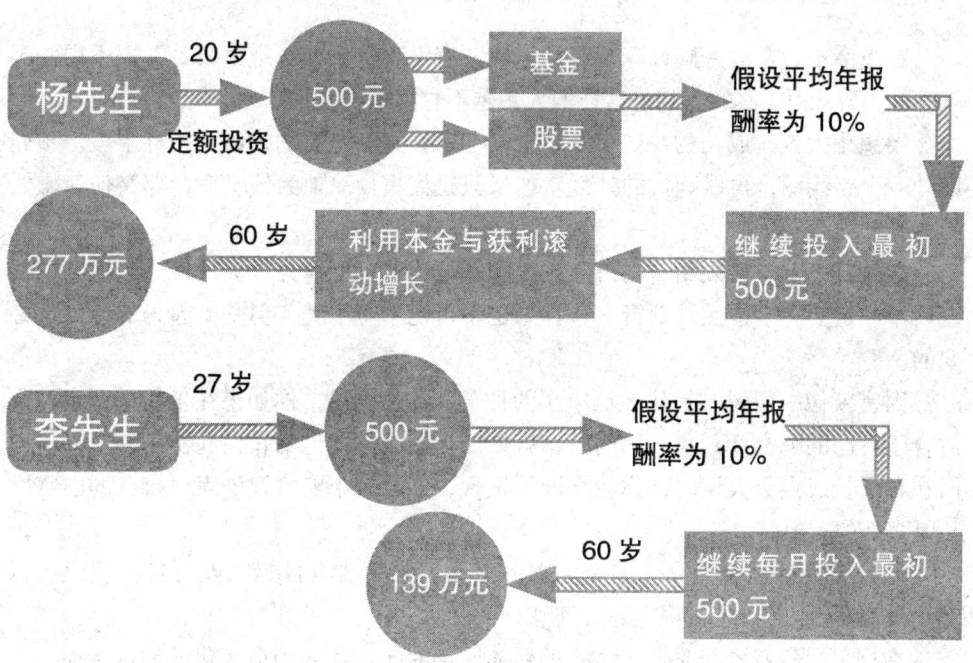

时间是世界上最大的魔法师，它对投资结果的改变是惊人的。还有不要小看每个月 100 元的投资，如果可以坚持下来并以一定的复利的速度成长，那么时间长了，财富的效应同样是十分惊人的。

因是时间不够长，无法使复利发挥作用。要让小钱变大钱，至少需要二三十年以上的时间，所以理财活动越早越好，并且要养成持之以恒、长期等待的耐心。

被公认为股票投资之神的巴菲特，他相信投资的不二法门，是在价钱好的时候，买入公司的股票且长期持有，只要这些公司有持续良好的业绩，就不要把他们的股票卖出。巴菲特从11岁就开始投资股市，今天他之所以能靠投资理财创造出巨大的财富，完全是靠60年的岁月慢慢地在复利的作用下创造出来的；而且他自小就开始培养尝试错误的经验，这对他日后的投资成功有关键性的影响。

越早开始投资，利滚利的时间越长，便会越早达到致富的目标。如果时间是理财不可或缺的要素，那么争取时间的最佳策略就是"心动不如行动"。现在就开始理财，就从今天开始行动吧！

试问一下每月逼自己投资100或500元储蓄并投资会影响大家的生活质量吗？答案是当然不会的。但如果大家可以做到每月将100元～500元用于投资，那么你的晚年将一定是幸福的。

二、设定财富计划，一步步实现财富目标

在生活中，常有人整天眯着眼睛考虑"有没有什么办法赚大钱"，恨不得一天就赚个十万八万。其实，越是这样的人，越不容易赚到钱。

要想赚大钱，成功的要诀是及早发现"赚钱并不是目的，而是一种手段。预先设计一个路线图，再谈赚钱的计划。如果只是糊里糊涂地为钱卖命，那又何谈赚钱的意义？"

在赚钱之前，必须给自己订立一个赚钱之后的计划，并学会用钱。当然，赚钱之后不一定要完全按照计划行事，计划也不可能十全十美，但是，起码的计划是必要的。

财富就像一棵树，是从一粒小小的种子开始长大的，你如果在生活中制定一个适合于自己的财富计划表，你的财富就依照计划表慢慢地增长，起初是一个种子，而在种子长成参天大树时，你就会渐渐发现，制定一个财富计划表对自己的财富增长是多么的重要。

制定财富计划表是家庭的重大财务活动，必须要有目标，没有目标就没有行动、没有动力，盲目行事往往成少败多。

在这里，投资资金是源于个人的储蓄，而对于收益效用最大化的创富者而言，延期消费而进行储蓄，进而投资创富的目的，是为了得到更大的收益回报、更多的消费。

因此，个人财富再分配可以表述为：在既定收入条件下对消费、储蓄、投资创富进行选择性、切割性分配，以便使得现在消费和未来消费实现的效用为最大。如

■ 财富计划表的制定需要考虑哪些?

在制定财富计划表时应该把需要和可能有机地统一起来，在此过程中，必须要考虑到以下3点要素。

1. 了解本人的性格特点

在现今这样的经济社会中，你必须要根据自己的性格和心理素质，确认自己属于哪一类人，对于风险而言，每一个人面对风险的态度是不一样的。

一种为风险回避型，他们注重安全，避免冒险。

一种是风险爱好者，他们热衷于追逐意外的收益，更喜欢冒险。

2. 知识结构和职业类型

创造财富时首先必须认识自己、了解自己，然后再决定投资。了解自己的同时，一定要记住自己的知识结构和综合素质。

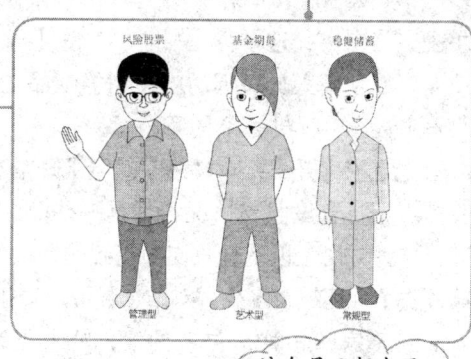

3. 收入水平和分配结构

首先需考虑你的财富总量，在个人收入水平高的情况下，你可以根据上面的情况选择适合自己的投资。相反，如果个人收入低下，几乎无更多剩余的资金用来投资创造财富，其财富的分配重点则应该放在节俭上。

果为这段时期的消费所提取的准备金多，用于长期投资创富的部分就少；提取的消费准备金少，可用于长期投资的部分则就多，进而你所得到的创富机会就会更多，实现财富梦想的可能性就会更大。

三、真正了解投资过程

除了日常的普通支出，以及年初就预算好的各项年度性支出，每个家庭都还要碰到一个问题，就是一些大笔计划外消费。对于这些事件，章妈妈采用了各种办法，以化解这类支出对家庭现金流的强大"破坏力"。

比如，女儿沈艳购买大件物品要"申请预算"。虽然沈艳有每年的压岁钱存入自己的"小金库"，但她购买大宗物品时，当然也希望母亲能给予一定的"赞助"。这时候她就需要给妈妈打申请报告，如果申请获得通过，那么妈妈就会在未来几个月甚至1年内，调整自己的月度性或者年度性预算，把这笔开销均摊到后来的几个月中，或者列入下一年的家庭预算中。

"每个人都有自己想要的物品，但所有的家庭成员都需要有一个家的核心概念。有时候，个人的购物愿望不得不让位于整个家庭的财务预算。尤其是对于经济尚未独立的孩子来说，父母没有必要有求必应，一定要通过日常之事从小灌输她理性的消费习惯和一定的理财观念，让她知道父母不是万能的。"说起对子女的理财教育，章妈妈有自成一套的理论。

章妈妈在家庭日常财务管理中，能做到收支平衡，略有节余，采用分类管理的办法控制支出，这本身是科学的。一般来讲，家庭支出可分为两部分：一种是常性开支，如家庭人员每天的吃穿用等物品的开销；另一种是资本性支出，如购买家庭的固定资产电视机、家具等。

记录家庭开支，章妈妈家的电子账本有可借鉴之处。该表格采用"收、支、余"三栏，记录家庭收支情况，这是一种简洁的家庭记账方式，值得推广。记账方法而言，这种方法是以现金收支为基础的，从而反映出家庭的收入从何而来，又用到什么地方去了，还结余多少。对结余数可以安排适当的投资理财，从而使财富保值升值。

对于家庭预算，仁者见仁，智者见智。一些不善理财的人，一到商店，就无法控制自己的欲望，挥金如土，没有自我控制力，花钱随心所欲。也许有人会说："有人生来是赚钱的，有人生来是花钱的。"但缺乏自我控制就无法进行预算管理，对于这种人就要明白"起家犹如针挑土，败家犹如浪淘沙"的道理。

从以上介绍来看，章妈妈是一个善于控制的家庭主管，因此做起预算来也比较理性。而对于有些家庭，其成员在收入的使用上缺乏自我控制，从没有"算"的概念。这种家庭在学习预算管理之前，首先要学会理性消费，否则一切家庭财务筹划都无从谈起。做好家庭预算，关键是"事前预算，事中控制，事后反馈，不断调整"。

上面故事主人公章妈妈用家庭预算的方法"节流"开支,并且能长期坚持记账,实在难能可贵。可见,善用钱财是家庭理财的一个重要方面,但"开源"对一个家庭而言同样重要。

四、实现无忧人生五工程

郑女士家庭年收入30万元,有房产,30万元左右的按揭,有社会保险,夫妻俩均过而立之年,目前没有小孩,准备要,现在还想买汽车,请帮忙做理财规划。

理财分析:郑女士夫妇家庭年收入为30万元,应该说此收入属中等水平,在家庭的筑巢期就已经拥有房产,有一定的经济实力。但是对于郑女士家庭的三个财务需求:生孩子、再买房和买汽车,其家庭的财务显然还未做好应有的准备。存在问题有三:第一,缺少一定的家庭存款,无法应付突发性的家庭支出;第二,家庭资产单一,仅有一处房产,无投资性资产以获取更高收益;第三,家庭保障需增加,以维持家庭财务的安全性。

理财建议如下:

第一,准备一定的应急资金和生育资金。家庭至少需要准备3~6个月的备用金,从其年龄和收入状况来说,我们认为留存15 000元左右的资金应该是必需的。按郑女士现在的年龄,首先应该考虑的是要孩子,其生育资金需准备20 000元左右。35 000元的资金可以一次性投资货币基金,近期的货币基金的平均收益在3%左右,是活期存款息的3.9倍,而且其收益正处在上升通道中。

第二,可用投资基金来准备育儿、购房、购车的资金,在分散风险的基础上提高投资收益。

第三,加强家庭的保险保障。根据郑女士的情况,每年可提出收入的10%,至少10 000元的资金投入保险。

■理财的五个步骤

①学习基础知识。　　②充分了解自己的状况。

③注意搜集媒体、专家、朋友的推荐介绍,确立大范围。

④精挑细选,缩小范围。

⑤等待一个好时机,大胆进入。

五、每天记账,每年制作一次财务状况表

　　花钱的时候糊里糊涂、大手大脚,待清醒过来却为时已晚,这是很多人的消费通病。所以,从现在开始就赶快准备一个账本,记下你生活中的每一笔开支。这个方法看似简单,实则非常有效。平时居家过日子,进进出出的开支非常零散。一日三餐、交通、娱乐等,看上去好像很固定,但总是会有一些额外支出,月底时吓你一跳,不仅仅大大超出预算,思前想后也不知道钱花到哪儿了。

　　应该每天记账,每年制作一次财务状况表。通过记账,你可以明确,在这一年当中,你赚了多少钱,花了多少钱,又存下多少钱。你的家庭有多少财富可应用,又有多少债务未还。当然制作个人财物报表的时候要考虑未来的财务状况,将来收入变化、成本变化和风险。将来有没有要花钱的地方,比如失业,医疗,保险,结婚,供养老人小孩等(风险)。年终到了,除了家里要大扫除之外,财务也要来个年终结算,为明年做妥善的理财规划。

　　下面是一则巴菲特6岁的时候已经有了自己的账本的例子:

6岁的巴菲特就做起口香糖销售了。他很想卖掉口香糖，但只有买卖还不足以让他改变原则；如果拆开单卖1片，意味着他得承受另外4片卖不掉的风险，卖掉一整包，他可以赚到整整2美分利润，铜板实实在在地握在手心里面。2美分，就像最初的几片雪花，是未来财富雪球的基础。小小年纪的巴菲特，把他赚到的每一分钱都记录在一本小小的紫红色登记簿中，这是他人生的第一本账本。

除了记下平时生活花费以外，还要有家庭财产记录。有人将钱放在棉被或衣服的夹层中，有人开一个秘密账户，与朋友合伙或借钱给朋友等。还有人由于种种原因不愿告诉家人，借据、凭证或业务上的安排家人都不清楚。如果突然有一天他还来不及通知家人就出事了，银行的存款可能就成了公共财产，借出的钱可能永远收不回来，合伙的财产被别人吞了，而夹层里的重要东西也很可能被当成破烂丢掉。拥有自己的秘密不是罪过，但如何才不会使我们的钱财凭空飞掉，又能保住秘密呢？将自己所有的财产登记入账是非常必要的。

记账只是一种使自己了解财务状况的方法，一种控制金钱的手段，这里所说的记账并不是狭义的记下每天的现金账，而是你各项开支和财产记录。这些家庭财产的实际记录，不但能够帮助你合理使用每一分钱，而且能够在意外发生时令家人避免不必要的损失。

六、没有最好的投资观，只有最适合自己的投资观

白雪今年25岁，单身，由于刚跨出学校大门不久，漫长人生刚刚正式开始，正是人生目标很多、手上资金很少的时候。不过，她认为，正是在这个开始的阶段，面临着更多的赚钱或升职的机会，因此可以在投资方面积极进取一点。

白雪目前在一家报社做记者，每月收入6 000元，由于没有家庭负担，除去基本生活费用，她每月可剩余1 500元，并将其全部用作投资。这些资金中，80%用于股票市场，20%用于现金存款。另外，专家提示：相同收入但生活费用不同者可以有不同的选择，有部分人需要自己租房，部分人则不需要，可以根据自己情况拟定一个适合自己的计划，而且不要轻易更改自己的计划。

据了解，白雪的近期人生目标是在5年内读完一个硕士学位，而读书之前必须在资金上尽量多做积累，因此专家建议她应选择的投资组合方式是：在投资股票时，可以在入市之初稍作攒积，即先积累几个月的资金，再行入市。入市后，可以考虑将不同时间的资金投资在不同的市场上。股票的组合变化可以有很多，可以将40%的资金投向那些业绩相对稳定的股票，取其相对稳健的优点；30%的资金投向一些新的上市公司，取其有更大的升值空间的特点；30%投向中小企业板块。在作以上选择时，还应该考虑其股票的行业构造，如相对来说业绩稳定的传统工业企业，发展潜力巨大的高科技企业，风险和回报率大的服务行业等，注意各行业之间的投资比例的平衡。

曾有数据表明，现在的银行存款总额已经超过了15万亿元，尽管目前处于"负利率"时代，认为"更多储蓄"最合算的老百姓依然占了38.5%，仍处于较高水平。显然，这和中国传统的谨慎、保守的金钱观念是分不开的。

■ **常见投资观的弊端**

没有最好的理财观，只有最适合自己的理财观。现阶段我国常见的投资观存在很多明显弊端。

一、中国家庭缺乏投资观念

中国家庭都将自己收入的绝大部分用于储蓄和消费，仅很少一部分收入用于投资理财。而且投资也很少有真正风险低、收益高的项目；而美国家庭则将收入的一半用于投资。

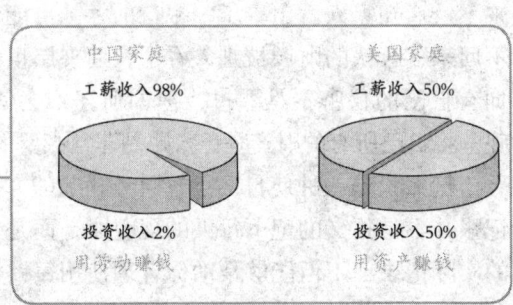

二、最常用的银行储蓄并不好

假设银行年名义利率2.25%，但实际利率＝名义利率－通涨率，最终利率可能为负数，就是说，我们的钱放在银行会缩水！左图是通涨率在8%、5%、3%时10万元存20年后现金的实际购买力情况。

三、内地富豪的投资结构

《福布斯》杂志中文版2015年7月份发布的一份调查白皮书显示，中国内地富豪偏向于采取稳健的财富管理方式，61.1%的人首选现金存款，传统的银行理财产品、股票以及投资性房地产紧随其后。

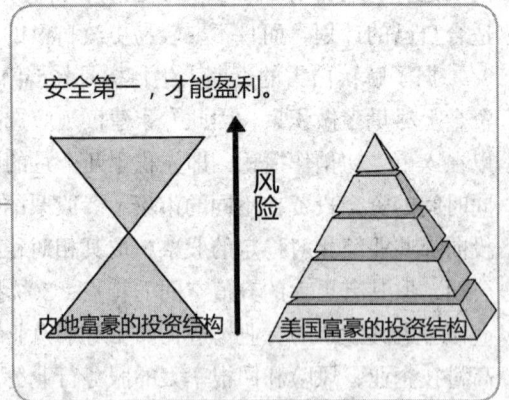

七、把成功规则用于投资实践中

成功有很多规则。其实生活中的成功规则,同样适用于投资实践,以下几招,在投资实践中显得尤为重要。

1.强制储蓄

到银行开立一个零存整取账户,工资到账后,其中一部分要强制自己进行储蓄。另外,现在许多银行开办"一本通"业务,可以授权给银行,只要工资存折的金额达到一定的数目,银行便可自动将一定数额转为定期存款,这种"强制储蓄"的办法,可以改掉乱花钱的习惯,从而不断积累个人资产。

2.量入为出

对于"月光族"来说,最重要的就是要控制消费欲望。拳王泰森从20岁开始打拳,到40岁时挣了将近4亿美元,但他花钱无度,别墅有100多个房间,几十辆跑车,养老虎当宠物,结果到2004年年底,他破产的时候还欠了国家税务局1 000万美元。如果你不是含着金钥匙出生,享受应该是40岁以后的事,年轻时必须付出、拼搏,老来穷才是最苦的事情。

3.抵制诱惑

商家促销的花样越来越多,各种诱惑使不少人患上了"狂买症",特别是对于精于算计的女性,往往不考虑自己的需求,不顾购物的综合成本,一味疯狂购买。很多"月光族"都因此而血本无归,建议在购物前先考虑一下自己的这种消费是否合理再作决定。

4.不要透支

持卡消费越来越成为时尚的标志,但是并非人人都适合使用银行卡,特别是对信用卡更是需要慎重。另外,贷记卡的透支功能也要慎用,过度透支还会让自己成为"负翁"一族。比如房奴、车奴、卡奴……中国的负翁大多在28~35岁。

5.合理存款

将必要的开支列出后,剩余的钱对于工薪家庭来说还是放在银行里最有保障。最好将这部分钱分为两部分,20%存为活期以作不时之需,80%存成定期,这样更能约束一下想花钱的冲动。

6.适时投资

如果自己的积累达到一定的金额,而当地房产又具有一定增值潜力,就可以考虑按揭贷款购买住房。这样当月的工资首先要偿还贷款本息,不但能改变乱花钱的坏习惯,以这样的方式理财还可以享受房产升值带来的收益,可谓一举两得。

7.不要梦想一夜暴富

天上没有馅饼,天上有什么?雨、雪、沙尘暴,偶尔会掉下来一个花盆什么的,一定不会有馅饼掉下来的,中国有句俗话"财不进急门"。1年40%~50%的机会不可信，要想想别人的动机，听起来过于完美的东西往往不是真的。很多中了彩票头奖的人10年后还是贫困，因为买大房子，买车，钻出来几十个穷亲戚。精神上也受不了，像范进中举，一下子厥过去。当别人给你貌似很好的投资机会时，问自己六个问题（举例产权酒店）：谁在卖我东西，对方的信誉如何？我的钱干啥去了？我挣的是什么钱？收益率合理吗？年收益1%~5%低，5%~8%中等，8%以上高。如果我不投了，卖得出去吗？如果卖不出去，可以自用吗？六个问题如果有两个以上有疑问，就不大可信。

8.开支分类

每月除了留下自己必要的零花钱外，将剩余部分全部拿出作为家庭基础基金；列举出当月的基础开支，如水、电、燃气、暖气等费用；列出当月生活费用开支（这里主要指伙食费）；再留少部分其他开支。

9.降低房租

长期租房的人经过自己的争取这一点还是有可能实现的。首先一定按时缴纳房租，要在规定日子提前三四天交给房主，然后在适当机会和房主谈，请求房租降价。当然要有条件，你需要用你的存款一次付清一段时间的房租。每月也许可以省出50元~100元。

10.老人当家

如有条件把双方的父母轮流接到家里来住，让老人给自己当管家。这样，不但大家庭的关系融洽了，还学会了勤俭持家，而且再有过多的聚会，更容易找到推辞的理由。

第三章
投资就要会"算计":以最小投资获得最大回报

一、通货膨胀到底会对你造成多大伤害

坐在银灰色的新宝来里,王晓峰才感觉自己真的迈进了白领阶层。"买车的想法已经有两年多了,直到去年这个时候真正把车买了,这颗心才真的落了地。"某日,王晓峰将车开到一处僻静的道路边然后停车打开车门,轻轻地将右脚放到车外,随手从车内工具箱中取出一支中南海,点燃后迅速地吸了一口。

成了有车族后,他的花销也随之增加,这一点让他感到有些担心。根据他的测算,从去年4月到今年4月,短短1年时间里油价就上涨了1.3元,按照一个月加油150升计算,一个月下来仅在汽油方面支出就多了近200元。

除了汽油涨价,其他方面物价的上涨也令他感到担忧。由于职业本身的原因,每个月他都有固定的钱用来购买化妆品,他告诉记者,原来他购买的套装在500元左右,而现在同样的一套已经涨至700元,再加上女朋友用的化妆品也涨价了,目前他仅用在购买化妆品上的支出就足足增加了400元。

从上面的生活小案例中,我们可以看出:货币贬值,通货膨胀,让钱不值钱。租房的费用上涨,食品也涨价,到餐馆吃饭的价格不知不觉也在涨。无论是王晓峰,还是生活中的我们,都遇到的同样一个问题:尽管薪水在上涨,但是比起通货膨胀,物价上涨带来的苦恼,多发的这些钱貌似起不到多大的作用。"每月还没等发工资,上月的钱就已经花没了。"王晓峰打趣地说,手中固定的"票子"再也换不回以前让他满足而且已经习惯的生活物资了,他的白领生活在大打折扣。

这要求必须学会生存的智慧:为避免因通货膨胀而受到损害,就要求每个普通人都得努力把自己锻造成"分分必争"的理财好手。投资实物资产更保值;交通银行上海分行许一览表示,应对通胀的最好办法是进行投资,如果投资收益超过了通胀,资产就能保值增值,避免缩水。在通货膨胀的情况下,投资实物资产的资产保值作用较明显;而投资于一些固定收益类的产品,随着通货膨胀,在一定程度上来说是贬值的,比如债券。通货膨胀唤醒了百姓的投资理财意识,使得百姓的投资理财意识越来越普及;目前存在的"负利率"使得大多数人不再愿意把钱存入银行,人们更愿意把自己的"闲钱"投向投资收益率较高的证券市场,如股票、基金等。

■通胀凶猛！如何理财才能不被通胀吃掉"血汗钱"

货币贬值，通货膨胀，让钱不值钱。"每月还没等发工资，上月的钱就已经花没了。"相信很多人都会有这样的情况。

理财师的理财心得

良好的记账习惯：每天把自己的收入、支出、投资清晰地记录下来，可以让你清楚钱的流向。通过事后总结，可以改进你的消费习惯，减少乱花钱的机会。

今天，请朋友吃饭200元，打车10元……

开源节流：节俭是一种美德，把累积的个人储蓄当作资本，投资于未来，可以让财富持续增长。

股票投资：对于初涉股票市场的新人，应该把投入资金控制在个人资产的10%以内，如果将自己的全部资金来做试验，代价会非常高昂。

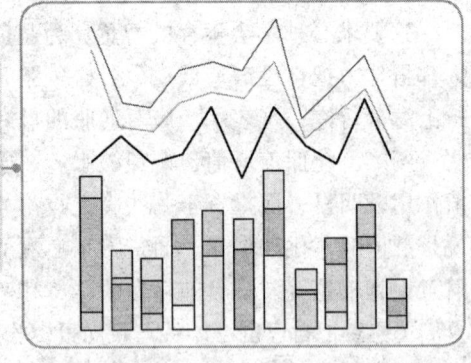

三、储蓄并不是把钱放进银行那么简单

作为一项最基本的投资品种，许多人还是喜欢把资金存在银行里。虽然说储蓄是最简单的一种保本理财方式，但并不是所有人都能完全掌握储蓄的多种形式，以有效避免存款利息上不必要的损失。那么，怎样才能通过储蓄有效地增加自己的收益呢？

1. 活期储蓄

（1）储种特点。目前银行一般约定活期储蓄5元起存，多存不限，由银行发给存折，凭折支取，存折记名，可以挂失（含密码挂失）。利息为每年6月30日结算一次，前次结算的利息并入本金供下次计息。

（2）存储技巧。活期存款用于日常开支，灵活方便，适应性强。一般将月固定收入（例如工资）存入活期存折作为日常待用款项，供日常支取开支（水电、电话等费用从活期账户中代扣代缴支付最为方便）。由于活期存款利率低，一旦活期账户结余了较为大笔的存款，应及时支取转为定期存款。

2. 整存整取定期储蓄

（1）储种特点。50元起存，存期分为三个月、半年、一年、二年、三年和五年6个档次。本金一次存入，银行发给存单，凭存单支取本息。在开户或到期之前可向银行申请办理自动转存或约定转存业务。存单未到期提前支取，按活期存款计息。

（2）存储技巧。定期存款适用于生活节余的较长时间不需动用的款项。在高利率时代（例如20世纪90年代初），存期要将五年期的存款分解为一年期和二年期，然后滚动轮番存储，如此因可利生利而收益效果最好。在如今的低利时期，存期要就"长能存五年的就不要分段存取，因为低利情况下的储蓄收益特征是存期越长、利率越高、收益越好。当然对于那些较长时间不用，但不能确定具体存期的款项就好用拆零法，如将一笔5万元的存款分为0.5万元、1万元、1.5万元和2万元4笔，以便视具体情况支取相应部分的存款，避免利息损失。若预见遇利率调整时，刚好有一笔存款要定期，此时若预见利率调高则存短期；若预见利率调低则要存长期，以让存款赚取高利息。此外，还要注意巧用自动转存（约定转存）、部分提前支取（只限一次）、存单质抵贷款等理财手段，避免利息损失和亲自跑银行转存的麻烦。

3. 零存整取定期储蓄

（1）储种特点。5元起存，存期分为一年、三年、五年3个档次，适应各类储户参加储蓄，尤其适合低收入者生活节余积累成整的需要。存款开户金额由储户自定，每月存入一次，中途如有漏存，应于次月补存，未补存者视同违约，到期支取时对违约之前的本金部分按实存金额和实际存期计算利息；违约之后存入的本金部分，按实际存期和活期利率计算利息。

（2）存储技巧。零存整取适用于较固定的小额余款存储，积累性强。由于这一储种较死板，最重要的技巧就是"坚持"，决不连续漏存2个月。有一些人存储了一段时间后，认为如此小额存储意义不大，就放弃了，这种前功尽弃的做法损失最大。若有众多同事同时办理零存整取业务，可委托单位的工会等组织进行集体批量办理，省去每个人都跑银行的劳累。

4.存本取息定期储蓄

（1）储种特点。5 000元起存，存期分为一年、三年和五年3个档次。开户时，整笔存入按约定期限（可一个月或几个月）分次取息，到期还本。若中途提前支取本金，则按定期存款提前支取的规定计算实际应支付的利息，并扣回销户前多支付的利息。

（2）存储技巧。要使存本取息定期储蓄生息效果最好，就得与零存整取储种结合使用，产生利滚利的效果。即先将固定的资金以存本取息形式定期起来，然后将每月的利息以零存整取的形式储蓄起来。采取这种方式时，可与银行约定自动转息业务，免除每月跑银行存取的麻烦。

■银行、证券、保险的投资效果

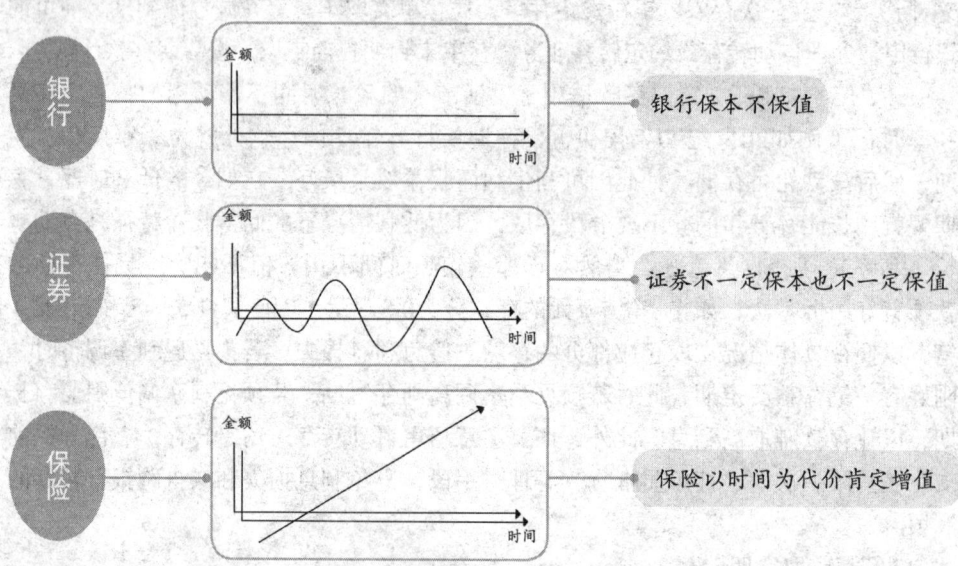

■"新节俭主义"

所谓"新节俭主义"，不再是过去的节约一度电、一分钱的概念，也不是一件衣服"新三年，旧三年，缝缝补补又三年"的口号，而是对过度奢华、过度烦琐的一种摒弃，其本身的意义就是"简单生活"。

简单生活

都市生活方式的流行，有时就在你不经意间已经出现。当许多人还在为是吃荤的好还是吃素的好争论不休时，都市中的一部分新潮族开始"返璞归真"，让"新节俭主义"在生活中唱起了主角。

- 生活主张简单
- 消费选择理性
- "新节俭主义"不是守财奴

节俭行家

"新节俭主义"渗透于生活中的种种细节，打包是一种，购物时不为价格所迷惑是一种，不刻意地节约是一种，聚餐出游时提倡 AA 制是一种，DIY 是一种，装扮、着装告别琐碎的一切也是一种……总之，再也不做无谓的浪费与铺张。

- 不求奢华，以省钱为乐趣
- 不求形式，注重生活感受
- 不讲吃穿，不求精神享受
- 理性消费，钱花在刀刃上

节俭窍门

- 不为情绪埋单
- 将 AA 制进行到底
- 建立消费同盟
- 少生病
- 参加团购大军

三、怎样消费才是最划算的

小海是个白领，月收入不错，却坚决反对浪费，平日里最常挂在嘴边的名言就是：浪费有罪，浪费可耻。大家一同出去吃饭，碗里的饭吃得最干净的是他，将未吃完的饭菜打包带走的也一定是他。小海身上的穿戴不乏名牌，但多数是在换季打折的时候买的……诸如此类,但几年前,DV刚兴起的时候,小海却花了不菲的价钱买了一部,他说他很想将自己和家人的生活状态记录下来,留作纪念。后来,出国游刚热起来的时候,小海又毫不犹豫地带着全家人出国兜了一圈,大开了眼界,按他的话说,这钱只要花得值,就该花!其实,这是近年来渐渐流行起来的一种生活方式,简言之,就是收入虽然不菲,却精打细算,该奢侈时奢侈,该节省时节省,将生活过得五彩缤纷,健康舒适。

花钱要花得值,比如说每次去买东西之前就会先想想是否真的需要;上班时一般自带饭菜,既节省又卫生;买水果就去批发市场,要比超市里便宜很多;家务坚持自己做,不请钟点工,既省了钱又可以锻炼身体。其实花钱花得值,与人们从前概念中的吝啬抠门有本质的区别,从前的人们这样做是因为物质匮乏,收入有限,不得已为之,而"新节俭主义"者是在物质丰富,收入充足的情况下,不该花的钱不乱花,他们不是不消费,而是将钱用在最该用、最值得用的地方。

少一点物质的欲望,过简单而又高品位的生活,在不浪费但是也没有降低生活质量的条件下,用最少的金钱获得最大的愉悦和满足,这样的"新节俭主义"真的好得很。

好生活不仅是一个目标,而且是一种动力。生产是为了消费,劳动是为了收获。富足和时尚的生活,可以给人带来无比的愉悦和快乐。所以当有能力满足自我的时候,改善生活当然成为理所当然。比如旅游,比如健身,比如……"新节俭主义"的核心观点是,收入虽然不菲,支出却要精打细算。该消费时消费,该节省时节省。既要将日子过得五彩缤纷,又要摒弃过度的奢华。总之,就是理性消费、简约生活。但是,也有人认为,"新节俭主义"与时下的扩大内需、拉动消费是矛盾的。真的是那样吗?

很多人是这样理解的——"新节俭主义"与眼下政府努力所做的扩大内需、拉动消费并不矛盾,提倡"新节俭主义"的人群同样支持消费,但他们会把钱花在刀刃上。只有找准了生活的支点,才能撬起自己最大的快乐。

简而言之,最划算的消费可以从以下几个方面开始做起:

(1)吃不穷,穿不穷,计划不周要受穷。20世纪五六十年代时,家庭能做到收支平衡就很不错了。当时大家常年记流水账,每月开支后第一件事就是把房费、煤气费、水电费和孩子的学费拿出来,其他的便用于日常支出。到了月底如果出现赤字,就从账目上查找,如果有节余就适时地改善一下生活。现在生活富裕了,很多人依然记账,这已经变成一种习惯、一种生活乐趣了。

(2)不浪费、低碳生活也是理财的一种。比如利用"冰箱贴"的方法防止遗忘,提示冰箱里储存的食品,减少开冰箱的次数,省电不说,还能吃新鲜东西。另外,把节日收到的礼品都做详细的登记,名称、种类、保质期一目了然,吃不了的就让亲戚朋友拿走。还有将衣服攒在一起用洗衣机洗,小衣服就用手洗,既省了水又锻炼了身体,还符合现在的低碳生活。

(3)时尚、时髦的东西可以尝试,但不贪婪。很多人在当初进入股市的时候还没有电脑,大家都聚集在大厅里看盘。有人经过自己研究后,在股价低的时候买入,稍微赚一点就抛掉,几年下来赚了一万多块。多数人的经验是不要轻易相信股评专家的说法,至少不要不加思考地相信,要自己分析思考,还要克服恐惧和贪心的心理。

(4)储蓄应成为老年人的首选,但不要盲目储蓄,要选择最合算的方式。例如,把每个月的节余办个零存整取,它的利息比活期高不少,目前1年期零存整取的年利率是1.71%,而活期储蓄仅为0.35%。如果每月节余稍多,可将零存整取换成每月存一张定期,一年期定存年利率为2.25%,高出零存整取利率54个基点。每月定存不仅可分享更高利率,而且每月都有资金到期,就现金流而言,也更为平衡。

四、如何加强对闲置资金的管理

为什么要管理闲置资金?加强对闲置资金的管理,有什么优势?

学会用现金管理工具,别让太多现金闲着。对于个人投资者来说,什么叫现金管理?请您回忆一下,除去日常开销、基金股票投资等,您每月有多少闲置的资金(也许是应急资金)?它们随时可能被用到,不适合做定期存款,也不适合投资于股票型、混合型基金,只好放在银行卡里赚着活期利息。然而,如果我们合理运用一些金融工具,收益率可能会高很多。

(1)银行青睐大资金。例如农业银行、浦发银行、华夏银行、北京银行和北京农村商业银行推出的"国庆版"的产品,期限为7天至14天,主要投资于债券或货币市场等低风险金融工具,大多承诺保本。其中,针对高端客户的产品预期年化收益率最高达到2.75%。产品说明书显示,银行更青睐大资金。例如,深发展的国庆产品分成三个档次,起始购买金额如果为5万元,则预期年化收益率为1.8%;起始购买金额如果为20万元,则预期年化收益率为1.9%;起始购买金额如果为500万元,则预期年化收益率为2%。浦发银行的国庆产品也将起始购买金额分成三个档次,分别是10万元、100万元和500万元,对应的预期年化收益率分别为2.5%、2.6%和2.7%。

(2)留神理财产品时间差。需要注意的是,国庆节后股市、期市和黄金市场恢复交易时,有的银行理财产品尚未到期,存在时间差。以浦发银行产品为例,收益起始日期为9月30日,结束日期为10月11日,而股市于10月8日恢复交易。购买该产品的资金在10月8日无法投入股市。如果投资者希望"无缝对接",那么可以选择更为灵活的常规性理财产品。

(3)买货币市场基金要趁早。货币市场基金也是一大工具。以2010年的9月21日的市场数据为例,当天共有54只货币市场基金的7天年化收益率超过1.5%,17只超

■ 让你的闲置资金动起来

对于工薪族来说，很多人都对工资卡的钱随取随用，专家说这样放羊式地对待工资卡余额，无形之中造成了卡上资金的闲置。

活期存款利率较低，那么您是否知道使用三招，让工资卡里的钱获得额外理财收益呢？

- 约定转存、通知存款，让闲余资金苏醒
- "工资卡＋定投"，小钱也能做投资
- 挂钩信用卡，及时还款树良好信用

1. 灵活储蓄法让钱生钱

一般工资卡里的钱是活期存款，而目前活期存款的年利息为0.35%，如此低收益等于让工资卡在"睡大觉"，想进行固定储蓄和赚定期利息，又不想总是跑银行而浪费时间，可从办理工资卡的约定转存开始。

在日常接触到的客户中，很多人都会选择"工资卡＋定投"的搭配组合，定投有一个很大的优势在于通过强制储蓄的机制，强化投资者的日常资金积累。

2. 设定投激活信用卡

3. 挂钩信用卡，还款免罚息

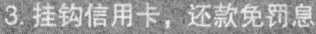

理财专家表示，将自己的信用卡与工资卡挂钩，定期打入的工资收入能有效保证还款的及时性，长此以往，不仅有利于建立良好的信用记录，同时也能省下一笔罚息费用。

过2%，4只超过2.5%。需要注意的是，基金管理公司在长假前通常会提前暂停货币市场基金的申购和转入。例如，嘉实、工银瑞信和诺安基金管理公司近日均发布公告称，国庆节前的9月29日和30日暂停其货币市场基金的申购和转入。货币市场基金也存在时间差问题。赎回资金通常是"T+2"到账，如果投资者在10月8日股市恢复交易当天发出赎回指令，则资金在下周才能到账。

（4）逆回购是高手利器。逆回购是投资高手青睐的工具。个人投资者可以通过证券交易所把资金借给机构投资者，这种操作被称为逆回购。逆回购的风险低，而如果操作得当，收益率可能颇为理想。

五、最保险的投资是什么

34岁的王月萍是一个研究所的管理人员，她的先生是外科医生，他们有一个6岁的儿子。由于先生的工作很忙，因此家庭的所有事务都由她来负责。他们4年前购买了一套商品房，现在每月须偿还2 000元贷款，再加上家庭的基本开销，王女士每月可以节余4 000元左右，家庭现在共有20万元左右的积蓄，这些钱几乎都是银行存款（含外汇存款）和国债。

首先，王女士的财务状况可以发现，她除了存款外，没有别的增值手段，所以建议她在没好的投资方向时（收益率低于贷款利率），可以选择提前部分或全部偿还住房贷款，并把存款转为收益较高的凭证式国债或现在价格正低的后端收费基金。还可以选择一些回报较好的企业债券，这种债券虽然时间较长，但是风险较小，申请上市交易后，流动性也较强，收益高于同期储蓄、国债的收益率。另外，对于王女士的外汇存款，建议到银行办理签约，进行外汇买卖，虽然外汇买卖有一定的风险，但如果比较小心地操作的话，获得5%以上的年收益率是不成问题的，何况在不做交易时，同时还可享受一定的利息收益。

其次，专家建议王女士以"定期定额"法，将孩子的压岁钱等资金在每月固定时间，买入固定金额的基金或股票。而且在"定期定额"法的具体操作中，还要注意使用在价格高时少买一些，价格低时多买一些的简单方法，以便能更有效帮助王女士降低买证券的风险，获得较稳定的收益。由于此方法投资时间较长，其实质意义在于可为孩子的长期教育投入作必要的资金准备。另外，当孩子上小学四年级以后，可以把零存整取改为教育储蓄，好处在于可以享受同档次定期的利率，并且免税。

总体来看，王女士家庭现在还处于家庭财产积累期，个人资产余额尚不多，抵御风险的能力较差，所以整体上应当执行较为稳健的理财方式，将其家庭主要资产投资于风险较小的领域，具体资金分配为：40%储蓄和债券，20%外汇，30%基金和股票，10%保险，这应该是一个比较合理的组合。

从这个例子中，我们也可以看出：鸡蛋不要放在一个篮子里。如果你有一定实力，股票可以买一部分，基金可以买一部分，理财产品可以买一部分，国债可以买一部分，自己也可以储蓄一些。

其实，最保险的投资就是需要我们在市场有波动的情况下，收益不要有太大的波动。投资组合在一定程度上解决了这个问题。投资组合即可以是自己分散投资于股票、基金、国债之类，可以选择投资组合的另一种形式——基金，当然，储蓄也是一种很保险的投资方式。

1.投资组合

第一种是在股票、债券和现金等各类资产之间的组合，即如何在不同的资产当中进行比例分配；第二种是债券的组合与股票的组合，即在同一个资产等级中选择哪几个品种的债券和哪几个品种的股票以及各自的权重是多少。投资者把资金按一定比例分别投资于不同种类的有价证券或同一种类有价证券的多个品种上，这种分散的投资方式就是投资组合。通过投资组合可以分散风险，即"不能把鸡蛋放在一个篮子里"，这是证券投资基金成立的意义之一。

2.基金

巴菲特曾说过："让时间自然而然成为投资的朋友。"基金就是具备这样一种性格的投资工具。相较于其他投资工具，基金的风险与报酬处于相对中性的位置，所讲究的正是长期的增值潜力。就像一位"基民"说的那样："买卖股票，没赚几个钱，天天还提心吊胆。从风险和付出时间等成本来看，基金还是划算的。"

3.储蓄

古语说：小富由俭，错不到那里。近年新一代都着眼于投资而令财富增值，鲜有顾及日常生活审慎理财及储蓄的重要性。要记着有本钱，才可增强投资赚钱的机会。储蓄不仅可以积少成多，更重要的是，储蓄是很保险的一种投资方式。这里举一个例子，一个老太太就一个鸡蛋怎么办呢？还是储蓄吧。不要放在高风险里头。这样保险。因为还是国家保险。当然如果钱多了可以选择其他方式，还是有其他可投资的，看你怎么选择了。

第四章

掌握投资之道，开启财富之门

一、找到诀窍，投资就是这么简单

巴菲特的工作方式，永远不会有电影《华尔街》里的场景：慌乱的人们左手拿着一个电话，右肩和脸颊夹住另一个电话，右手则用铅笔在白纸上写写画画，眼前的行情机闪烁着绿色荧光，旁边不断传来"做多""做空"和证券代码以及骂人的声音……与之相反，巴菲特的生活与工作显得悠闲得多，他甚至有大把的时间可以自由支配。他可以从容地为自己做早餐，或者躺在地板上与朋友煲电话粥。

这位慈眉善目的投资者，从奥马哈白手起家，仅仅用了四十余年时间便在华尔街创造出430亿美元的财富，这种奇迹是怎样被创造出来的呢？

巴菲特说，两个原则最重要："第一，把股票投资当做生意的一部分；第二，确立安全边界。"巴菲特表示，确立一只股票的安全边界尤为重要，这是保证成功投资的不二法门。巴菲特发表一年一度的《致股东的一封信》，其中重申了让自己成功的投资"秘诀"：

（1）保持流动性充足。我们决不会对陌生人的好意产生依赖，我们对自己事务的安排，一定会让我们极有可能面临的任何现金要求在我们的流动性面前显得微不足道；另外，这种流动性还将被我们所投的多家、多样化的公司所产生的利润流不断刷新。

（2）大家都抛时我买进。巴菲特写道，在过去两年的混乱中，我们把大量资金用起来；这段时间对于投资者来说是极佳时期，因为恐慌气氛是他们的最好朋友……重大机遇难得一见，当天上掉金时，要拿一个大桶而不是顶针去接。

（3）大家都买时我不买。巴菲特写道，那些只在评论家都很乐观时才投资的人，最后都是用极高的代价去买一种没有意义的安慰。如果人人都在买进时你做到了按兵不动，那么只有在人人都抛售时你才能买进。

（4）价值，价值，价值。巴菲特写道，投资中最重要的是你为了什么而给一家公司投钱——通过在股市中购买它的一小部分——以及这家公司在未来一二十年会挣多少。

（5）理解你所持有的东西。巴菲特写道，根据媒体或分析师评论进行买卖的投资者不适合于我们。

（6）防守好于进攻。巴菲特写道，虽然我们在某些市场上扬的年头里落后于标普指数，但在标普指数下跌的11个年头里，我们的表现一直好过这一指数；换句话说，我们的防守一直好于进攻，这种情况可能会继续下去。

在动荡年代，巴菲特的这些建议都是符合时宜的。

二、充满致富的梦想

有人曾说："很难相信有谁会把追求财富当作罪恶，事实上，正是因为对财富的追求才使世界变得美丽。"

事实的确如此，从人类的发展历史来看，对金钱的合理追求都是高尚的行为。德国的社会学家韦伯在解释为什么西方社会富翁辈出时指出，财富对任何社会、任何个人都是重要的；财富是有益处的，它把人们从苦难中解脱出来，从而走向文明与幸福。

最重要的是财富表现在它能够满足亿万富翁们贡献社会的欲望。那些亿万富翁们，在自己享受生活的同时，还通过设立基金，让其他人分享他的快乐。追求比金钱更高的价值，这不是很高尚的行为吗？他们会有一种常人无法体会的成就感与甜蜜的幸福感。

财富还在于它能够给人以自信。口袋里有钱，银行里有存款，会使人轻松自在，不必为别人怎样看你而发愁，也不必为几百块钱的消费而过多忧虑，可以潇洒地出入商场和豪华的酒店。

■今天的你是为了明天的你作准备

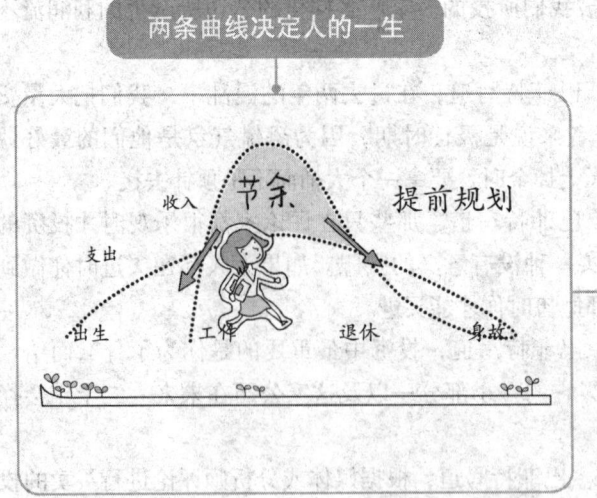

但是，应当把追求财富当成一个事业，而不是单纯的享受。如果你把追求财富当作一种事业，就会站在一个更高的角度来看待它，因而也就更容易在生意场上取得成功。对于那些经济上成功的人士而言，赚钱使他们感到快乐，不在于自己的金钱增加了多少，而在于自己通过赚钱，证明了自己的能力，这种满足感才真正是快乐的源泉。这种满足感使自己在赚钱的时候感觉自己是在从事一种事业，从而极大地激发自己的创造性和幸福感。

三、通胀和负利状况下首重资产保值

张先生33岁，夫妻两人有15万元存款，无债务，生活开销一般，也没什么需要大笔支出的地方。感觉今年投资房地产不靠谱，对保险又不了解，银行存款利率太低，如何做到保持资产保值？

根据张先生的情况，有一些理财建议。张先生可以对15万元存款作一番资产配置。建议保留三个月的支出作为紧急备用金，以定期存款的形式持有，按照资金的

■ 负利率时代，资产如何保值增值？

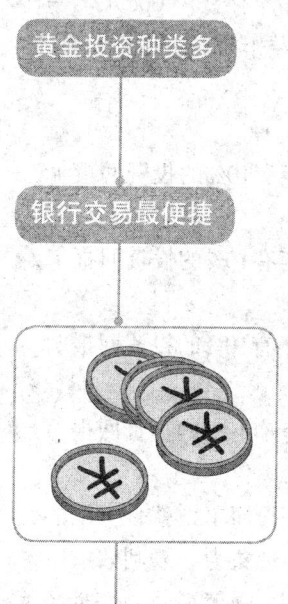

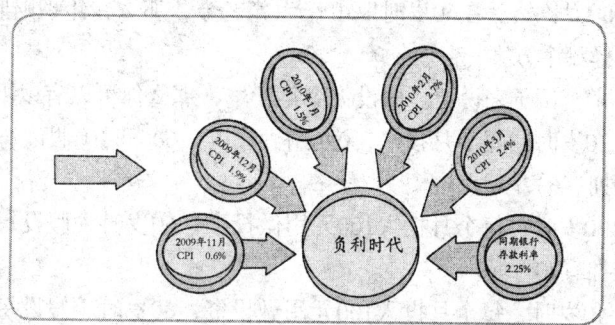

近年来国际金价是一个怎样的趋势？由于国际金融集团做空黄金，导致2013年4月15日全球金市暴跌，而借助金价暴跌的时机中国的投资者在短时间内疯狂的消化黄金300吨，致使国际金融集团不得不放弃做空黄金。此次黄金价格暴跌的主要原因还是在于黄金的供求关系发生了变化。2000年开始，黄金价格进入了上涨时期。

黄金价格暴跌必然对石油等世界大宗商品价格产生影响，这是因为目前世界黄金、石油均采用美元标价，因此黄金、石油价格与美元的内在价值存在明显的负相关性，即美元若贬值，黄金、石油的价格上涨；美元升值，则黄金、石油的价格下跌。

流动情况分别存以3个月、6个月和1年期；假定张先生为稳健型投资者，剩余资金可按5∶3∶2的比例分别投资风险资产和无风险资产，其中50%的资金可以投资大盘蓝筹股和股票型基金、债券型基金，30%的资金可以考虑国债或银行人民币理财产品，最后的20%资金可考虑分红型保险产品或实物黄金。期间，建议张先生将每月家庭的结余进行基金定投，长期不懈地投资。

根据国家统计局公布2010年7月份CPI，同比上涨3.3%，而1年期定期存款利率则是2.25%，存款利率就相当于缩水了1.05%，相当于一半。也就是说，如果储户将1万元定期存款存入银行，1年之后取回本金和利率相当于赔了105块钱。多家投行的研究报告认为，八九月CPI将进一步上涨，将会达到3.5%。在通胀压力不断升温、楼市股市吹冷风的背景下，首要的是使资产保值。

四、复利投资，让钱生钱

复利投资是迈向富人之路的"垫脚石"。有句俗语叫"人两脚，钱四脚"，意思是钱有4只脚，钱追钱，比人追钱快多了。

"如果你现在有这样两个理财方案：第一个是从20岁开始每年存款10 000元，一直存到30岁，60岁后取出作为养老金；第二个是从30岁开始每年存款10 000元，一直存到60岁，然后在60岁时取出作为养老金，那么在年理财收益率为7%的情况下，你会选择哪个方案？"

举个例子来说吧。假设你今年20岁，那么你可以有以下选择。

20岁时，每个月投入100元用做投资，60岁时（假设每年有10%的投资回报），你会拥有63万元。

30岁时，每个月投入100元用做投资，60岁时（假设每年有10%的投资回报），你会拥有20万元。

40岁时，每个月投入100元用做投资，60岁时（假设每年有10%的投资回报），你会拥有7.5万元。

50岁时，每个月投入100元用做投资，60岁时（假设每年有10%的投资回报），你会拥有2万元。

也许有人会提出疑问，这么大的差距是怎么产生的呢？很简单，就是上面的数据中所体现出来的——差距是时间带来的。经济学家称这种现象为"复利效应"。想当年，黄世仁就是凭着这种"驴打滚"的毒计害死杨白劳、强娶喜儿的。难怪著名的物理学家爱因斯坦称："复利是世界第八大奇迹，其威力甚至超过原子弹。"

■比原子弹更可怕的复利

复利,就是复合利息,它是指每年的收益还可以产生收益,即俗称的"利滚利"。而投资的最大魅力就在于复利的增长。

神奇的复利

成功的投资理财在于长期坚持。而长期投资的最大魅力,就是创造亿万富翁不可思议的复利效应。

理财致富是"马拉松竞赛"而非"百米冲刺",比的是耐力而不是爆发力。事实证明影响未来财富的关键因素,是投资报酬率的高低与时间的长短,而不是资金的多寡。

复利的力量

每月投资5 000元
30年后变千万!

单利与复利的区别

"想象一下,你手里有一张足够大的白纸,现在,你的任务是,一张纸厚度只有0.1毫米,也就是说一万张纸才有1米高。那么,把它折叠52次,它有多高?一个冰箱?一层楼?或者一栋摩天大楼那么高?它的厚度是2.25万亿公里,超过了地球和太阳之间的距离。

折叠52次的高度如此出人意料,但如果仅仅是将52张白纸各折叠一次后放在一起呢?只不过是10.4毫米。这就是复利与单利的区别。

长线投资

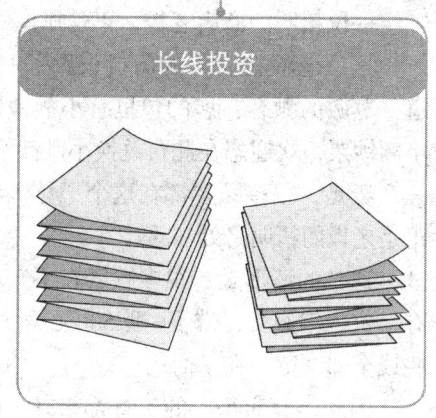

复利就是一张纸连续折叠很多次,单利是一张纸折叠一次,然后再折叠另一张纸。显然52张纸各折叠一次,远远不如一张纸连续折叠52次。

五、从小开始，逐渐做大

请先来看一个小故事：

有一天，卡耐基与妻子一同去商场购物。

他们夫妇俩每人各带了1 000美元。卡耐基的是一张500元美钞和5张100元美钞，妻子的是10张100元美钞。

商场里的商品品种非常多，应有尽有。卡耐基和妻子仔细地选购自己喜爱的物品。过了大约半小时后，卡耐基将5张100元钞票全部花掉了，只剩下一张500元钞票。卡耐基找到妻子，发现她已花掉了差不多800元，皮夹中只剩两张100元钞票和一些零钱。

从这次购物的经历中，卡耐基得出了这样一个结论：5张100元钞票不等于一张500元钞票。

他说："人们都有这样的心理：当自己花掉一张500元钞票的时候，会感觉花掉了一大笔钱；但当花掉一张100元钞票时就没有这种感觉，只是觉得花去了很少的钱，甚至花完5张100元钞票，也没有花大钱的感觉。所以，如果你想节约的话，购物时使用较大面额的钞票效果要好得多。"

事实上，这完全出于人们的心理感受。这种矛盾从心理学上讲，属于"高额"与"低额"之间的差异，若干个"低额"事实上就构成了"高额"，但心理感受却不同。

一位精明的商店老板，正是抓住了人们的这种心理特征赚钱的。

这位老板在商店的门口设置了一个"兑银台"，并竖了一块牌子。牌子上写道：尊敬的顾客：您的包里有小额钞票吗？为了您在购买商品时方便，如果您没有小额钞票，欢迎您在此台兑换小额钞票。我们非常愿意为您服务。

于是，很多顾客都在这个"兑银台"将大额钞票兑换成小额钞票。事实上，这正是老板的精明之处。

通常的情形是，很多顾客在不知不觉中把兑得的小额钞票全部花完了。比如，有一位中年妇女，带了一张500元美钞，在"兑银台"兑成了5张100元美钞，结果这些钱全部"留"在了商店。

因此，商店每天的生意都很好，商品像流水一样销售出去，既快又多。老板乐得合不拢嘴。

卡耐基说："尽管钞票数额完全相等，但不同面值的钞票，在使用时的情形却不一样。"

在花费一些数额不大也不小的钞票时，人们都不会有太强烈的心理震荡，因此即使造成了浪费，也不会心疼。

小钱是商家赢利的法宝，而消费者却不怎么当回事儿。切记，养成积攒小钱

■ 引导孩子从小养成理财观念

每年的"六一"儿童节,给孩子们准备什么礼物,成为大人们的头疼事:学习用品,玩具,衣服,美食……似乎这些已经司空见惯,太平常了。

其实,教导孩子如何理财您尝试过吗?学习理财可以让孩子们换一种思考的角度和方法,对孩子的统筹安排能力和生活能力都很有帮助!

教孩子理财的三原则、四秘籍

三原则
- 让孩子真正拥有钱
- 给建议但支配权给孩子
- 让孩子花自己的钱

四秘籍
- 给孩子开立银行账户
- 借钱给孩子,培养贷款观念
- 从游戏中体会,善于理财才能致富
- 从生活中找投资标的

让"六一"成为孩子理财的起点

"六一"儿童节应成为孩子的理财起点月,让孩子在享受的同时建立节制消费、合理消费的理财意识。

面对富裕环境与多元化的金钱诱惑,大多数父母应该提早落实小孩的理财教育。

的习惯，那是你拥有巨款的前提条件。而投资的道理同样如此，也需要你从小处着手，一点一滴地去积累财富。

六、实现幸福生活大计——财富人生由此启动

实现财富人生的确是个大话题。既需要长远规划，又需要每时每刻的有效执行。实现财富人生首先是意识，要有意识地去学习相关的实现财富人生技巧、实现财富人生知识；接下来，就要严格执行。

开源节流是为了实现财富人生，投资回报也是为了实现财富人生，无论你有1 000元，10 000元，还是100万元，都可以开始积累。犹豫不决延误的是时间，而时间就是价值。

第一，时间是单向的、不可逆的。在万通公司的历史上，曾经有过一段困难的时期，有些旧项目堆在一块儿确实困难，大家都不愿意做，都想去做新的项目。但实际上，最后他们恰恰是因为做好这些旧项目而获得了最大收益。所以就一件事情持续地用功，按一个方向投资，在时间上不吝啬，把时间往同一个方向去追加，就能把事情和时间按量搭配好，收入就能不断提高，边际收益会越来越大。十年磨一剑，也是讲这个道理。

第二，从财务回报上来看，时间越长，回报也越高。全世界做投资最牛的、最受推崇的是巴菲特。巴菲特从小学的时候，就用300美元开始做投资，由300美元发展到400多亿美元身家，现在他是世界级大富豪。他投资的方法非常简单，以至于所有人都能懂，但所有人都不做。他就是买一只他认为好公司的股票，然后就放在那儿等着。多数人都不断地在挑股票，买了卖，卖了又买，进进出出个不停。他就买可口可乐，买吉列、买《纽约时报》，还买保险公司。他成为"大师"以后，总结出很多诀窍，特别强调的是两个环节：一个是买对，一个是长期持有。

第三，时间投资与投资对象息息相关。举例说，某公司在1992年前后买过两块地，一块在北京的怀柔，一块在海南的三亚。但是在2006年年初，他们把三亚这块地卖了之后，才发现只涨了不到3倍，而北京的地涨了20倍以上。显然，同样的时间，不同的投资对象，差别非常大。花相同的时间及同样的钱，要想有更好的回报，一定要选对你的投资对象，去发掘被投资对象的价值。

通过上述的了解，我们已经知道时间在投资收益中的重要作用。若想人生不为经济而忧虑，实现财富人生，从此刻开始行动吧，财富人生由此启动。

第二篇 穿透通胀迷雾：读懂数据真相，把握投资机遇

第一章
宏观经济变化：决定投资命运的生死符

一、通货膨胀对日常生活有什么影响

第一次世界大战后的德国，有一个小偷去别人家里偷东西，看见一个筐里边装满了钱，他把钱倒了出来，只把筐拿走了。当时的德国，货币贬值到了让人几乎无法相信的程度。

第一次世界大战结束后的几年里，德国经济处于崩溃的边缘。战争本来就已经使德国经济凋零，但战胜国又强加给其极为苛刻的《凡尔赛和约》，德国负担了巨额的赔款。德国最大的工业区——鲁尔工业区1923年还被法国、比利时军队占领，这无异于雪上加霜。

德国政府迫于无奈，只能日夜赶印钞票，通过大量发行货币来为赔款筹资。由此，德国经历了一次历史上最引人注目的超速通货膨胀。从1922年1月到1924年12月，德国的货币和物价都以惊人的比率上升。每份报纸的价格从1921年1月的0.3马克上升到1922年5月的1马克、1922年10月的8马克、1923年2月的100马克，直到1923年9月的1 000马克。在1923年秋季，价格更以不可思议的速度"飞"起来了：一份报纸的价格10月1日为2 000马克、10月15日为12万马克、10月29日为100万马克、11月9日为500万马克，直到11月17日的7 000万马克。

在这样巨大的经济危机中，德国人民遭受了极大的苦难。没有工作、没有粮食，走投无路。德国人民对外国帝国主义和对本国政府极为不满，德国各地斗争、骚乱不断发生，德国处于严重的动荡之中。正是在这种情况下，希特勒的纳粹党建立了，并利用了人民群众的不满情绪，掀起了对内反对民主制和共和国，对外要实现民族复仇的浪潮。

从德国这场经济危机中我们可以看出，过度的发行钞票所造成的通货膨胀是导致这次经济危机全面爆发的一个最重要原因。

那么，什么是通货膨胀呢？通货膨胀一般指因纸币发行量超过商品流通中的实际需要的货币量而引起的纸币贬值、物价持续上涨现象。其实质是社会总需求大于社会总供给。比如说：商品流通中所需要的金银货币量不变，而纸币发行量超过了金银货币量的一倍，单位纸币就只能代表单位金银货币价值量的1/2，在这种情况下,如果用纸币来计量物价,物价就上涨了一倍,这就是通常所说的货币贬值。此时,流通中的纸币量比流通中所需要的金银货币量增加了一倍,这就是通货膨胀。在宏观经济学中,通货膨胀主要是指价格和工资的普遍上涨。

■持续负利率是在征收通胀税

近年来CPI持续走高,通胀率高于银行各档定期存款年利率,以致居民储蓄存款不断缩水,也就是所说的负利率。

物价不断地在上涨,老百姓存在银行里的钱在缩水。实际上,长时间的负利率,会加速储户资金流出速度,使银行存款大幅降低,反过来影响银行放贷能力。

受负利率影响最大的其实正是人数最多、收入很低、负担很重,又不得不在银行存款的广大低收入者。这些人的生活困难重重,不得不从牙缝里挤出钱来存在银行,以备将来使用。

长期负利率势必影响国家宏观调控政策。比如,某段时期国际油价大幅下滑,而国内油价就是不下降,这就不仅仅是经济政策的问题了,这已经激起了民众的极度反感。

二、辨别虚假繁荣背后的泡沫

西方谚语说:"上帝欲使人灭亡,必先使其疯狂。"20世纪80年代后期,日本的股票市场和土地市场热得发狂。从1985年年底到1989年年底的4年里,日本股票总市值涨了3倍。土地价格也是接连翻番,到1990年,日本土地总市值是美国土地总市值的5倍,而美国国土面积是日本的25倍!股票和土地两个市场不断上演着一夜暴富的神话,眼红的人们不断拥进市场,许多企业也无心做实业,纷纷干起了炒股和炒地的行当——日本全社会都为之疯狂。

灾难与幸福是如此靠近。正当人们还在陶醉之时,从1990年开始,股票价格和土地价格像自由落体一般往下猛掉,许多人的财富转眼间就成了过眼云烟,上万家企业迅速关门倒闭。两个市场的暴跌带来数千亿美元的坏账,仅1995年1月至11月就有36家银行和非银行金融机构倒闭,当年爆发了剧烈的挤兑风潮。极度的市场繁荣轰然崩塌,人们形象地称其为"泡沫经济"。

20世纪90年代,日本经济完全是在苦苦挣扎中度过的,不少日本人哀叹那是"失去的十年"。

■如何辨别虚假繁荣背后的泡沫

1. 善于识别房托的骗局

在楼房开盘的现场,时常活跃着这样一种人,就是专门为新开盘楼盘"烘盘的托儿"。这种人的出现往往会蒙蔽消费者的眼睛。

2. 选择股票要慎重

在投资股市的时候,不要盲目轻信股评和专家预测,更不能跟风购买,而是应该站在旁观者的角度去预测股票的未来走势,并对照上市公司的经营业绩来分析股票的前景,以便最大限度地避免泡沫经济给自己带来的损失。

泡沫经济指的是虚拟资本过度增长与相关交易持续膨胀日益脱离实物资本的增长和实业部门的成长，金融证券、地产价格飞涨，投机交易极为活跃的经济现象。泡沫经济寓于金融投机，造成社会经济的虚假繁荣，最后必定泡沫破灭，导致社会震荡，甚至经济崩溃。

最近几年，我国政府一直在通过宏观调控限制房地产的价格上涨，而且还出台了好多关于房地产的政策，限制房地产开发商，这是为什么呢？主要就是国家为了防止房地产开发商投资过热造成房地产投资泡沫。那么什么是房地产投资泡沫呢？就是房地产商在投资的时候的增长率，应该和房地产的消费水平的增长率差不多，应该是供求平衡的，但是现在的房地产的投资过快，房子无法销售，造成了还款困难，这样有可能形成金融危机，形成经济泡沫。

日本"失去的十年"让我们充分认识到了泡沫经济的危害，但是，仍有一些人认为这是国家宏观经济环境所决定的，跟自己没有太大关系。其实，这是一种错误的观点，因为对于那些准备买房置地和炒股炒汇的家庭来说，泡沫经济与他们有着极为重要的联系，并将直接影响到他们的行为。因此，家庭理财绝不能忽视外围的经济环境，而要与社会的经济形势相适应，并通过分析市场经济趋势尽可能不让泡沫经济给自己带来过大的损失。

三、物价是涨了还是跌了

不知从什么时候开始，许女士突然觉得，以前喜欢讨论时装、化妆品的女孩们也常常会说，上个月CPI何时出来？

CPI是消费者物价指数（Consumer Price Index）的英文缩写，是反映与居民生活有关的产品及劳务价格统计出来的物价变动指标，通常作为衡量通货膨胀水平的重要指标。

如若在过去12个月，消费者物价指数上升3%，那就代表，你的生活成本比12个月前平均上升3%。这也意味着，你的钱不如以前值钱了。

我国CPI涨幅越来越快，究其原因，按照一些部门的解释，当前CPI过高是结构性的，采取临时性或结构性调整政策就可以"药到病除"。但是，现实生活却与上述解释相去甚远。例如，CPI上涨被视为是由食品价格上涨特别是猪肉上涨过高引起的，但近期政府采取一系列促进生猪生产政策，猪肉价格非但没有下降，反而上涨的幅度更快。食品价格上涨也是如此。其实，根本的问题可能是我们对这一轮物价上涨原因还认识不清，自然也就无法找到解决问题之办法。

当国内食品价格出现全面、快速和持续上涨时，它预示了我国可能已出现了全面通胀压力。因为，食品价格全面上涨又会以循环的方式向其上下游产品的价格传导，并可能会形成新一轮的价格上涨浪潮。

你可以跑不赢刘翔，但一定要跑赢CPI

CPI是消费者物价指数的英文缩写，是反映与居民生活有关的产品及劳务价格统计出来的物价变动指标，通常作为衡量通货膨胀水平的重要指标。CPI告诉人们，对普通家庭的支出来说，购买具有代表性的一组商品，在今天要比过去某一时间多花费多少。在日常生活中我们更关心的是通货膨胀率，它被定义为从一个时期到另一个时期价格水平变动的百分比。

如何才能跑赢CPI

大多数理财专家提出的建设性意见，他们的策略主要有以下几种：

个人
- 一份好工作
- 实物保值法
- 股票、基金、债券等理财方法

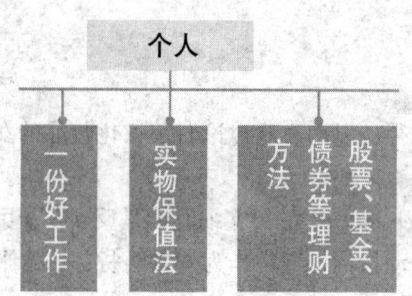

国家
- 国家宏观调控

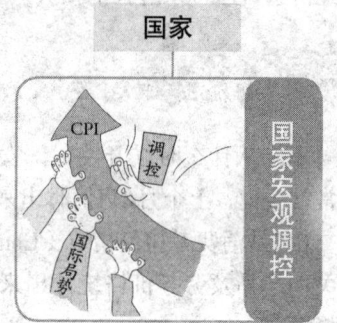

工资上涨能跑赢CPI吗？

物价在涨，工资也在涨，谁跑得更快？虽然多数城市工资总额在提升，但是扣除物价上涨等因素后，实际上多数城市工资呈下降态势。

某单位发布数据：今年上半年在岗职工平均工资为4 237元，同比增长8%，总算是跑赢了CPI。数据一出，拍砖无数，引发公众对统计口径与科学性的质疑。说到底，工资跑赢CPI是公众的梦想，梦想能否成真，账面上的利好永远不能替代腰包里的幸福感。

CPI高必然会导致居民存款出现严重的负利率情形，推升利率上调预期。随着银行信贷规模收紧及利率上升，将会对我国的房地产市场产生最为重要的影响。一旦房地产市场中的投资需求被遏制了，房价自然会回归理性。只要房价上涨得到遏止或这一问题得到解决，国内CPI波动趋势自然会随之调整。可以说，这是治理当前我国CPI高企问题的关键所在。

如果说，是股市的价值洼地吸引亿万股民入市，是基金的蝴蝶效应带领基民养"基"，那么，CPI上涨则成为剩余市民理财意识觉醒的助推器。

对于普通居民来说，既然跑赢刘翔难于登天，那么就选择跑赢CPI吧，至少轻松点。但忙着理了一年财的人们会发现，跑赢CPI也不是那么容易的事。"你可以跑不赢刘翔，但一定要跑赢CPI。"正是朝着这一个共同的目标，以前习惯存定期的人们，纷纷为跑赢CPI开始理财。

在理财前，一定要树立正确的理财观念，学习一定的理财知识，不跟风、不听信传言。只要对家庭财务进行合理规划，跑赢CPI应该不是难事。

四、"GDP"背后隐藏着什么

GDP即英文Gross Domestic Product的缩写，也就是国内生产总值。通常对GDP的定义为：一定时期内（一个季度或一年），一个国家或地区的经济中所生产出的全部最终产品和提供劳务的市场价值的总值。

网上流传有一则有关GDP的笑话：

有两位天才青年经济学者是好朋友，但也爱争论不休。一天饭后去散步，为了某个数学模型的证明，两位青年又争了起来，正在难分高下的时候，突然发现前面的草地上有一堆狗屎。甲就对乙说，如果你能把它吃下去，我愿意出5 000万元。5 000万元的诱惑可真不小，吃还是不吃呢？乙掏出了纸笔，进行了精确的数学计算，很快得出了经济学上的最优解：吃！于是甲损失了5 000万元，当然，乙的这顿加餐吃得也并不轻松。

两个人继续散步，突然又发现了一堆狗屎，这时候乙开始剧烈反胃，而甲也有点心疼刚才花掉的5 000万元。于是乙说，你把它吃下去，我也给你5 000万元。于是，不同的计算方法，相同的计算结果——吃！甲心满意足收回了5 000万元，而乙似乎也找到了一点心理平衡。

可是突然，天才们同时号啕大哭起来：闹了半天我们什么也没得到，却白白吃了两堆狗屎！他们怎么也想不通，只好去请教他们的导师，让一位著名的经济学泰斗给出解释。

听了两位高徒的故事，没想到泰斗也号啕大哭起来。好不容易等情绪稳定了一点，只见泰斗颤巍巍举起一根手指头，无比激动地说："1个亿啊！1个亿啊！我亲爱的同

莫让 GDP 成为我国环保的绊脚石

绿色 GDP

绿色 GDP 是指一个国家或地区在考虑了自然资源与环境因素影响之后经济活动的最终成果，即将经济活动中所付出的资源耗减成本和环境降级成本从 GDP 中予以扣除，用公式简单说明，即：

$$\text{绿色 GDP} = \text{GDP 总量} - \text{环境资源成本} + \text{环境资源保护成本}$$

揭露污染企业，不需要躲猫猫

GDP 服从环保

环保部门之所以对一些企业违法排污等情况"保密"，并热衷于采取私下解决的方式处理，是因为担心对当地的经济发展的影响。其实，环保和经济发展并不存在冲突。我们需要 GDP，但更需要"绿色 GDP"。

面对严峻的节能减排形势，地方政府必须树立科学的发展观，完成'硬指标'要出"硬招数"，不动"真格的"换不来"蓝天碧水"。

学,感谢你们,你们仅仅吃了两堆狗屎,就为国家的GDP贡献了1个亿的产值!"

吃狗屎能创造GDP,这是件可笑的事情。在笑了之余,我们更应该了解什么是GDP。

在过去的30多年里,中国是世界上经济增长最快的国家之一,但是,由于发展中资源的浪费、生态的退化和环境污染非常严重,在很大程度上抵消了经济增长的成果。

一直以来,一些地方政府始终将GDP放在第一位,往往忽视了环保。因为强调环保就要投入,许多工程就不能开工,就会影响GDP的增长。在"重发展、轻环保"思想的指导下,有些领导甚至要求环保部门为违法建设开绿灯。

为正确衡量我国的经济总量并正确地引导经济增长方式,我国正在积极推行绿色GDP的计算方法。改革现行的国民经济核算体系,对环境资源进行核算,从现行GDP中扣除环境资源成本和对环境资源的保护服务费用,其计算结果可称之为"绿色GDP"。

五、人口红利与经济发展的关系

提到印度,相当多的中国人总难掩饰自己的"优越感"。的确,作为一个人口与中国差不多的国家,印度在主要经济指标上与中国相去甚远。以2014年为例,中国人均GDP超过6 700美元,而印度只有1 500美元左右。关于基础设施建设,印度自己也承认与中国的差距至少是20年!印度的制造业发展与工业化进程,也与中国有着较大的差距。

但是,人口众多的印度有着大量的年轻劳动力资源,这是印度可能超越中国的最大资本。虽然中国也有着劳动力优势,但中国过早地耗费掉了"人口红利"。如2030年前后中国的"人口红利"阶段出现转折点,2030年之后中国由"人口红利"阶段转为"人口负债"阶段,人口老龄化加速,将会使中国面临劳动力结构性短缺、储蓄率下降,以及社会养老负担日益加重等各种挑战。而与中国相比,印度的"人口红利"时期则可能比中国更长。

经济学中所谓的"人口红利",是指一个国家的劳动年龄人口占总人口比重较大,抚养率比较低,为经济发展创造了有利的人口条件,整个国家的经济为高储蓄、高投资和高增长的局面。

严格来说,任何完成了人口转变的国家,都会出现这样一种"人口红利"。许多新兴工业化国家尤其是东亚国家因为人口转变的历程较短,往往只用几十年的时间就走完了发达国家上百年才完成的人口转变历程,人口年龄结构变化和经济高速增长之间因而表现出了非常强的关联性,人口转变给经济增长带来的"红利"效应开始被越来越多的人所注意。

"老龄化"：我国人口红利已近尾声

据2014年年末民政部消息，未来20年中国将进入老龄化高峰。"未富先老"成为中国越来越突出的问题。《人民日报》分析，"跑步前进"的人口老龄化使中国面临几大问题：人口年龄结构迅速转变；劳动力人口逐渐减少；"空巢老人"现象突出；高龄化趋势明显。

从1987年以来，我国人口出生率逐渐走低，后者的背后则是我国人口老龄化加速将产生巨大的社保基金缺口。对应到当下则是：中国当前正处在人口红利消失以及人口老龄化加速的关键转折期。

"老龄化"：我国人口红利已近尾声

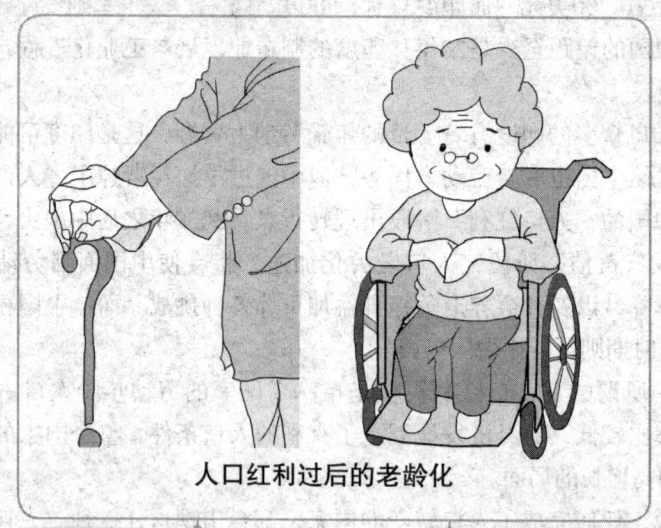

人口红利过后的老龄化

生育率水平和预期寿命的变化是决定人口老龄化的两大主因，前者又比后者影响大得多，中国老龄化的过程两者兼有之。

其实不仅是中国，就全球而言，老龄化导致的人口负增长已经成为一个魔咒，诸如日本、德国这些发达国家也都无法摆脱人口负增长的命运。

日本是亚洲最早实现人口转变和经济腾飞的国家,"人口红利"也出现得最早,大约开始于1930—1935年,结束于1990—1995年,持续了60年左右的时间。其他亚洲国家和地区包括中国、韩国、新加坡、中国香港、泰国、马来西亚、印度尼西亚、菲律宾和越南等在内,差不多在晚于日本30年后出现"人口红利",目前这些国家都正处在人口的"红利"期。

"人口红利"必然带来经济增长吗?观察上述处于"人口红利"期的国家,不难发现,这些国家在经济发展水平方面发展差异巨大。最富裕的国家如新加坡人均GDP超过5万美元,而较穷的国家越南人均GDP在2014年仅有1 900多美元。相同的"人口红利"期所导致经济增长的不同结果,这就意味着"人口红利"并不必然导致经济增长。

事实上,"人口红利"更像一个机会,只有抓住这一机会并加以很好利用才能使"机会"转变为"红利"。如果在"人口红利"期,劳动力资源无法得到充分利用,则当人口的"机会窗口"关闭后,"人口红利"也会随之消失。

六、恩格尔系数有什么作用

孟子曰:"食色,性也。"食欲是人类最基本的需要,是人的本性。中国人都知道"民以食为天"的古话,对老百姓来说,吃是天底下最大的事情。因此中国才形成了一个让外国人理解不了的现象,不管在哪儿见面,不管何时见面,总要问一句:"吃了吗?"

可是,为什么"吃了吗"慢慢地被"你好"替代了呢?经济学家认为,原因是随着经济的发展,人们花在吃上的支出比例越来越少,而花在服装、汽车、娱乐上的消费比例越来越多了,"吃"在人们心目中的地位下降。

这种现象被称为"恩格尔系数"降低。恩格尔系数是食品支出总额占个人消费支出总额的比重。

国际上常常用恩格尔系数来衡量一个国家和地区人民生活水平的状况。根据联合国粮农组织提出的标准,恩格尔系数在59%以上为贫困,50%~59%为温饱,40%~50%为小康,30%~40%为富裕,低于30%为最富裕。

随着经济的迅速发展,人们花在食物上的支出相对于以前已经多出不少,但是食物支出占整个家庭支出的比例已经呈现下降的趋势。花在住房、汽车、教育、娱乐等其他方面的支出占据越来越大的比重。这就是"恩格尔系数"降低。

■ 恩格尔定律

19世纪德国统计学家恩格尔根据统计资料，对消费结构的变化得出一个规律：一个家庭收入越少，家庭收入中（或总支出中）用来购买食物的支出所占的比例就越大，随着家庭收入的增加，家庭收入中（或总支出中）用来购买食物的支出则会下降。

推而广之，一个国家越穷，每个国民的平均收入中（或平均支出中）用于购买食物的支出所占比例就越大，随着国家的富裕，这个比例呈下降趋势。

恩格尔定律的公式

$$食物支出对总支出的比率（R1）= \frac{食物支出变动总百分比}{总支出变动百分比}$$

或

$$食物支出对收入的比率（R2）= \frac{食物支出变动百分比}{收入变动百分比}$$

七、人民币升值利多还是弊多

人民币升值是指人民币汇率的升值，包括对内升值和对外升值，对内升值是指人民币货币购买力的增强；对外升值就是指人民币兑外汇的汇率下降。目前主要是指人民币兑美元升值。

从2003年至2012年，人民币连年升值。老百姓只听说："人民币又升值了。""美元兑人民币跌破8元大关，跌破7.9、7.8……"越来越频繁的升值对我们来说到底是利还是弊呢？

■ 人民币升值对中国的积极影响

近一段时间，无论是你是政府高官，还是普通公众；也不管你是富裕，还是穷苦，恐怕都被有关"人民币是否会继续升值？"的争吵磨出了耳茧。

人民币升值给中国带来的综合收益大于综合成本

- 有助于降低产品进口的成本
- 有助于抵挡国际热钱的投机
- 可以缓解中美贸易摩擦

人民币升值对百姓生活的影响

- 中国老百姓国际购买力增强
- 促进国内房价回归理性
- 降低"涉外消费"的成本

总的说来，人民币升值的积极影响表现在以下几方面：
（1）有利于中国进口。
（2）原材料进口依赖型厂商成本下降。
（3）国内企业对外投资能力增强。
（4）在华外商投资企业赢利增加。
（5）中国GDP总量增大，国际地位提高。
（6）增加国家税收收入。
（7）中国百姓的国际购买力增强。

人民币汇率升值的负面影响表现在以下几方面：
（1）人民币在资本账户下是不能自由兑换的，也就是说决定汇率的机制不是市场，改变没有意义。

（2）人民币升值会给国内的通货紧缩带来更大的压力。
（3）人民币汇率升值将导致对外资吸引力的下降，减少外商对中国的直接投资。
（4）给中国的外贸出口造成极大的损害。
（5）人民币汇率升值会降低中国企业的利润率，增大就业压力。
（6）财政赤字将由人民币汇率的升值而增加，同时影响货币政策的稳定。
所以说，人民币升值是一把双刃剑。

第二章

神奇的投资复利：投资时间就是投资金钱

一、用时间换金钱，用金钱换时间

小明高中毕业后考上了北京一所知名高校，但是他看到身边一些成绩一般但特别有能力的同学却放弃了上大学的机会而选择了工作，感到很不可思议。于是，他问这些同学为什么选择工作，一位同学拍拍他的肩膀说："这样，我给你算一笔账。"

很快，这个同学找来了一个小本子，一点一点给小明算了起来："我考上的那所大学是一个二流本科，而我所学的专业也不是那所学校里的热门专业，这样一来，即使毕业了就业前景也不是很乐观，这是我放弃上大学的第一个原因。第二，上大学就意味着每年要交5 000元的学费，4年下来就是20 000元，而如果我选择不上大学，凭我的能力找一份月薪在2 000元左右的工作根本不是什么难题，这样4年下来我就能赚取96 000元，当然，我算的这些钱并没有将衣食住行算进去，因为无论我上不上大学，这项支出都是必需的。这样算来，我上大学的机会成本就高达116 000元，这个数字实在是太高了，这是我放弃上大学的第二个原因。第三，以未来5年的经济发展趋势来看，我所学的专业如果在我大学毕业后能够找到一份月薪3 500元的工作就已经算是不错了，这样一来，我需要3年多一点的时间才能赚回我的机会成本，而如果我选择工作，4年以后我的月薪肯定也超过了3 500元，如此算来，放弃上大学是明智的选择，因为机会成本太高了。"

听了同学的话，小明对他的超前思维佩服得五体投地，同时也萌生了放弃进大学深造的想法。这位同学听了连连摇头，并语重心长地说："你的录取院校是国家'211'工程的重点院校，你所学的专业无论是在这所学校还是在社会发展趋势中都是支柱专业，就业形势一片大好。这样，4年后你大学毕业时在北京找到一份月薪5 000元的工作易如反掌。假设你的机会成本和我一样也是116 000元，那么你只需两年的时间就能赚回你上大学的本钱，并在10年后赚到50万元的资产。而如果你不上大学，顶多和我一样，4年后赚取96 000元，即使以后涨了工资提高了待遇，10年后顶多赚取50万元的资产，但是社会地位却远远不及高学历的人，这样算来，你上大学才是明智的选择。"

这个故事将经济学中"机会成本"的概念诠释得淋漓尽致，让我们得以用一种全新的经济学眼光来看待目前逐渐普及的上大学现象。

我们在家庭理财中应该注重考虑机会成本的因素，算一算是排很长的队买打折商品合算，还是买不打折商品省下时间做其他事情合算？是自己在家里慢条斯理地做饭合算，还是去吃快餐合算？是将钱存到银行吃利息合算，还是购买债券合算？如此一算，我们就会将家庭理财规划的头头是道，让我们的家庭理财计划不仅实用还能为我们创造出更多的价值。

二、每月投资700元，退休拿到400万元

一个家庭，增加财富有两种途径：一种途径——通过努力工作储蓄财富；另一种途径—通过理财积聚财富。实际上，理财给家庭增加财富的重要性，远远大于单纯地通过工作赚钱。

如果每个月你有节余700元，能用来做什么？下几次馆子？买几双皮鞋？700元就花得差不多了吧。你有没有想过，每月投资这700元，你就能在退休时拿到400万元呢！

为什么每月投资700元，退休时能拿到400万元呢？那就是理财发挥的重要作用。假如现年30岁的你，预计在30年后退休，假若从现在开始，每个月用700元进行投资，并将这700元投资于一种（或数种）年回报率15%以上的投资工具，30年后就能达到你的退休目标——400万元。

这就是利用了复利的价值。复利投资是迈向富人之路的"垫脚石"。

虽然对于"复利效应"，数据中永远的"15%"是很难实现的，但是"钱生钱"所产生的财富会远远高于我们的预计，这就是金钱的"时间效应"。举个例子来说吧。

过去，银行的"零存整取"曾经是普通百姓最青睐的一种储蓄工具。如今，零存整取收益率太低，渐渐失去了吸引力，但是，如果我们把每个月去储蓄一笔钱的习惯换作投资一笔钱呢？结果会发生惊人的改变！这是什么缘故？

由于资金的时间价值以及复利的作用，投资金额的累计效应非常明显。每月的一笔小额投资，积少成多，小钱也能变大钱。很少有人能够意识到，习惯的影响力竟如此之大，一个好的习惯，可能带给你意想不到的惊喜，甚至会改变你的一生。

更何况，定期投资回避了入场时点的选择，对于大多数无法精确掌握进场时点的投资者而言，是一项既简单而又有效的中长期投资方法。

■三种理财招式获得幸福感

合理地规划理财,才能有效防范未来可能存在的风险。而解决这个问题的办法可以从以下三种理财招式中获得。

用日常收入的30%~40%尽早进行投资和部署

减少欲望,设定投资报酬率为8%~10%较好

分散投资,分散风险

另外,保持乐观积极的心态,看淡财富,也是获得幸福感的保证。人生最大的风险不是疾病和贫穷,而是我们对未来的可能遇到的风险没有任何的防范和规划。

三、"人"赚钱，最传统的赚钱方法

还记得你毕业踏入社会第一份工作的薪资吗？根据一份最近几年大学毕业生签约的薪资调查报告，目前大学毕业生的第一份工作的薪资持续下降。就业市场供需失衡的情况使得大学生的签约薪资处于绝对弱势，同时也限制了一般在职人员的薪水上升空间。在消费成本逐年上涨的前提下，上班族如果要靠一份薪水来致富，几乎是不可能的事情。

"人"赚钱相当辛苦，靠劳动赚取薪资者，不劳动就没有收入，这样的生活很累，但是，对于刚毕业的年轻人，积累第一桶金，利用传统的赚钱方法，也是很必要的。

我们来看一个刚大学毕业的男孩的故事。

我记得大学毕业的时候，在一家贸易公司上班，当时生活过得真是惬意，薪水还算不错，最重要的是全部花自己的钱。自己在外面租房子，没事就和朋友唱唱KTV、到咖啡店品品咖啡、放长假的时候到喜欢的景点旅旅游。每个月薪水都用到刚刚好，心想自己还有大把青春可以把钱给赚回来。

25岁的时候，有一天我碰到自己的高中同学——他看起来还是像高中时代一样朴实，而且在一个很普通的软件公司上班，他很开心地找我聊天。我心想，他的日子一定过得很苦闷，于是请他去喝咖啡。

刚开始，我很快乐地与他分享我的"生活质量"，没想到，几句话之后才发现，这位貌不惊人的男同学，居然在薪水并不高的情况下，用3年的时间存到了人生中的第一个10万元。毕业后他每个月所赚的钱，除了部分给家人之外，他都存下来买保单。他告诉我，再过半年，他就要拿这10万元去学习MBA。当时，我的脑海中突然浮现这些场景：

哪天他在自己买的房子里舒适地听着音乐的时候，我或许还在为租到好一点儿的房子而奔波。

哪天他开着自己的车子在街上轻松地溜达时，我或许还在公交车上被挤得东倒西歪。

哪天我去一家大的公司面试时，却发现面试考官居然就是这个昔日并不如我的同学。

他现在就存了10万元，再过10年，会不会就有几百万元、几千万元？而我连1万元都没有！先乐后苦→醉生梦死→然后再苦中作乐→苦不堪言，这样的选择实在是太不明智了！

美国《纽约时报》刊登的一篇分析文章认为，"中国的高储蓄源于对饥荒的记忆"。问题是，这种对于饥荒的集体"记忆"是否已经成为中国人储蓄的本能呢？如果不是本能，那么扩大内需就有希望，一旦建立了完备的社会保障体系，老百姓

存款时需要考虑的问题

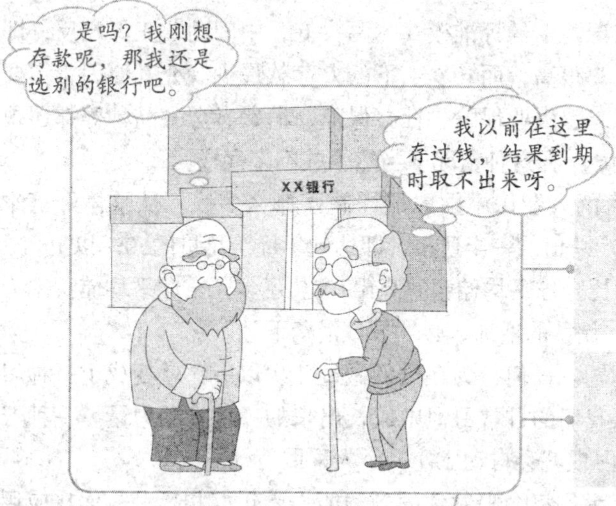
是吗？我刚想存款呢，那我还是选别的银行吧。
我以前在这里存过钱，结果到期时取不出来呀。
XX银行

（1）银行信用：也就是说老百姓把钱放在你这家银行是不是安全。

（2）成本低廉：也就是说办理同种业务，花费的成本越低越好。

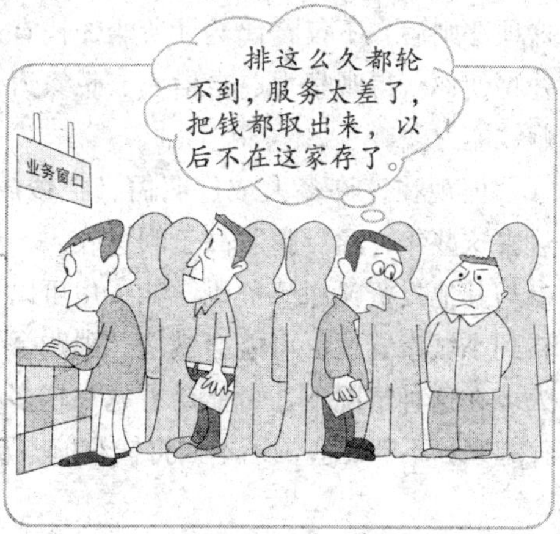
排这么久都轮不到，服务太差了，把钱都取出来，以后不在这家存了。
业务窗口

（3）优质服务：比如业务办理效率、排队时间长短、电子银行发达程度等。

（4）渠道便利：网点多是大银行的优势，这点小银行是不可比拟的。

XX银行
在本行办理存取款业务就有机会赢取100元话费

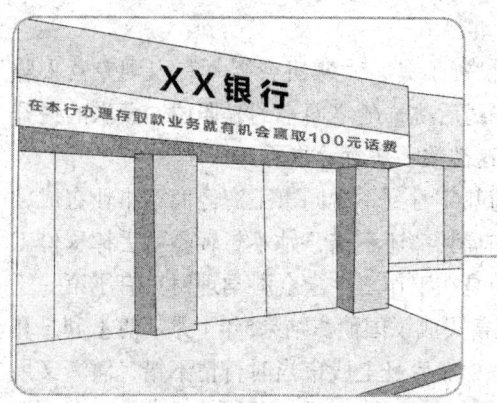

（5）增值服务：存款的利率是政策固定的，但为了吸引客户，银行在诸如送礼、搞活动等方面都或多或少有一些让利的行动。

就敢于花钱。如果是本能,那么即便是有医疗、教育、住房的保障,中国人也照样会维持高储蓄率。

实际上,中国人的储蓄与国际上的标准模式"两头低,中间高"正好相反,即年轻家庭和即将退休的人存款率很高,而40岁上下的人存款最少。究其原因,主要是在中国,医疗保险、退休养老、失业保险、社会保障、消费者金融品种等都还很欠缺,许多人对未来充满了担忧,在这种情况下当然不敢不多存钱。

或许世界上没有哪个国家的人能像中国人那样储存那么多钱。从整体经济来看,中国人的储蓄额比国内生产总值的一半还多,即达到年经济总量的50%以上。

截至目前,中国的储蓄率比全球平均储蓄率高出100%还多,全球平均储蓄率为25%,而中国的储蓄率为56%。储蓄的增加,必然导致消费下降。

其实,存钱纯粹是习惯问题。任何行为在重复做过几次以后,就变成了一种习惯。而人的意志也只不过是从我们的日常习惯中成长出来的一种推动力量。一种习惯一旦在脑中形成之后,这个习惯就会自动驱使一个人采取行动。

养成储蓄的习惯,并不表示你将会限制你的赚钱能力。正好相反——你在应用这项法则后,不仅将偶然性所赚的钱有系统地保存下来,也使你拥有更多的机会,并将使你获得观察力、自信心、想象力、热忱、进取心,领导才能真正增加了你的赚钱能力。

但现在,许多人或许明白,把钱放到银行里,对于自己来说并不划算。因为过去这些年,通货膨胀高于利息收入,存折上的存款月复一月地丢失了购买力,而参与其他投资又深感危机。如买房可以保值,但目前大城市的购房门槛已经很高。转到小城市置业,可能会遭遇"限购令"。投资股市,散户可能会是受伤害最深的人。在这种情况下,可能会有越来越多的中国80后、90后向美国人学习,与其把钱存起来,不断贬值,还不如将钱花掉,及时享受。

四、"钱"赚钱,最赚钱

如何用"钱"赚钱?有人懂得善用投资工具,大赚机会财;有人则专营人脉圈,年轻时愿意多付点交际费当学费,先蹲后跳,随之而来的是职位、薪水的提升以及见识的增加,已经不是可以用报酬率这类数字来衡量的了。

潇潇在一家国有企业的工会工作,前几年看到不少同事下海经商,事业有成,她也曾动过心,但毕竟单位的各种保障和福利都还不错,她不想轻易就丢掉这份工作而去涉足商场的风险。她想自己要做的是在工作之余学会科学理财!有了第一笔积蓄后,她没有"有钱存银行",而把积蓄买成了国债。结果5年下来,算上利息和当时的保值贴息,她的积蓄正好翻了一番!然后赶上股市当时行情不错,潇潇又果断地把这笔积蓄投入到了股市中。几年下来,股票总值也收益颇丰。

潇潇并未被胜利冲昏头脑,而是见好就收,把股票及时扔掉,又买成较稳定的国债。2013年年初,她又将到期的国债本息一分为二,分别买了两年期信托和开放式基金。不久前,信托产品到期兑付,那只基金的累计净值在经历涨涨跌跌之后也达到了1.27元,这样算起来,两年时间她共实现理财收益6.9万元,平均每年收益3.45万元,已经远超她的年工资收入了。

"人赚钱"相当的辛苦,我们只有靠自己的大脑,靠钱来赚钱,才能开辟更广阔的财富天空。

投资标的成百上千种,如果不懂该买什么,也没时间看盘,最简单的方式就是"站在巨人的肩膀上面",投资具有良知的企业家,凭借他们稳健、优质的企业,让你的资产稳定增加。

■ 用"钱"赚钱的三大注意事项

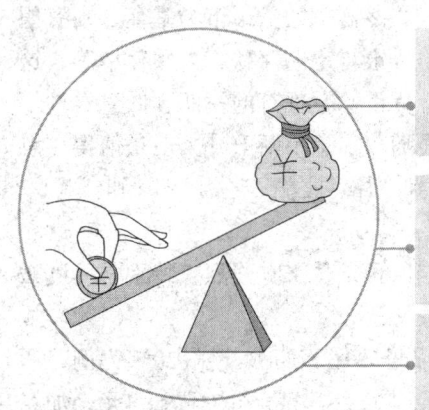

树立正确理财意识,拥有"第一桶金"后,要建立理财意识,排除恶性负债,控制良性负债。财务独立的第一步就是买一份适合自己的保险。

没有人天生会理财,建议你多看理财类报刊文章,逐步建立起理财意识与观念,或者认识一些专业的理财人士。

理财目标最好是以数字衡量。建议你第一个目标最好不要定太高,以2~3年为宜。

五、加息下的投资策略

对普通百姓来说,加息后,当务之急是尽快调整思路,以适应"加息通道"下的投资理财环境。

1.盲目转存得不偿失

面对加息,很多市民肯定想到的是把手上的存款转存。但仅从一年期的存款利率来看,1万元在加息前后多得利息25元。而定期存款一旦转存,从以前的存入日到转存日这段时间的利息,将按照活期利率计算,转存日之后才按照新的定期利率计算。如果转存造成的利息损失大于新利率带来的收益,或基本持平,就没必要去银行"折腾"自己的存款了。

到底存了多久的定期存款提前支取后办理转存才划算呢?普通百姓可以通过一个公式判断,即以"存入天数=计息天数×(调整后利率－调整前利率)÷(调整后利率-活期利率）"的公式计算：1年期存款54天内、2年期存款112天内、3年期存款165天内、5年期存款288天内提前支取，这样转存同期限定期存款是合算的。

2.基金风水轮流转

债券基金由于其投资对象主要为我国的债券市场，而加息将直接导致债券的价格下跌，因此，加息将影响债券基金的收益，而且对于未来的加息预期，还将导致债券价格的下滑。不过，虽然加息对债券基金基本上是"利空"因素，却并不是所有的债券基金未来都没有投资价值了。对于投资者来说，应该关注债券基金公布的投资组合，如果持有的债券基金在今年上半年已经大幅调整了投资品种，增加了短期债券，减少了长期债券，把基金投资长期控制在比较低的水平，持有人就没有必要因为加息而赎回债券基金。而对于准备投资债券基金的投资者来说，相当于投资中长期债券比例较高的债券基金，投资短期债券比较高的债券基金受加息的影响较小，仍然能够维持比较稳定的收益率。

加息使债券型基金可能失宠，而一度被打入"冷宫"的货币市场基金，则有望"咸鱼翻身"。货币市场基金由于投资央行票据、银行定期存款、大额存单等，这些投资标的收益会随着央行的加息而上涨。随着货币基金现有的短期、低息券种不断到期，从中长期来看，货币基金的收益率将会随着加息不断上升。但是值得注意的是，对于绝大多数的货币基金来说，其能享受到"加息收益"还需要一段时间。

3.提前还贷有技巧

央行加息，使得人们对于市场进入加息周期的预期越来越强烈，特别是一度被人们淡忘的提前还贷问题，再度引起房贷持有人的关注。

加息后，百姓房贷成本到底增加多少呢？以贷款100万元，期限20年为例，假定以等额本息方式还款，在基准利率条件下加息前每月本息合计7 129.94元，加息后为7 245.31元，等于每月多支付了115.37元，利息总额多出27 737.29元。由于本次加息幅度并不大，所以月供涨得并不多，不会对借款人造成太大压力。如果是第一套房，而且还享受7折利率，就不要考虑提前还贷了。本次加息后，5年期以上贷款基准利率是6.14%，7折优惠即4.298%，这是非常低的利率。按这样的加息幅度，就算再加两次，利率也只有6.54%，7折的利率为4.578%。事实上，贷款人能否享受到利率优惠，加息后的区别会更加明显，如果选择提前还贷，除非以后不再贷款，否则再贷款购房，就极有可能会被判定为二套房，利率为基准利率的1.1倍，可谓得不偿失。

此外，有专家提醒，经过加息，CPI和存款利率仍然是倒挂的，在负利率的情况下，可适当负债进行消费和投资，特别是可以选择低风险的银行理财产品。在加息周期中，理财产品的收益率会随利率调整作同向浮动，每加一次息，市面上的理财产品收益就会水涨船高一次。眼下买理财产品，以3个月左右为宜，超过半年的不要买。买短期理财产品，能比较快地享受到加息带来的产品收益上涨。

六、投资自己是最稳当的赚钱方法

"时间视野"是财富学上用时间来理财的观念，你将来的地位与财富，取决于你对未来有何长远规划。

如果你在每一笔钱都没有浪费的情形下，还是确实难以开源节流，那不妨投资自己吧，提升自己的学识，多培养与训练自己的做事能力，在公司当中建立不可取代的地位，超过同辈，那么你的投资报酬率还是相当高的。

选择具有潜力的行业或公司，把眼光放远，你才能垫高地位，年轻人不要为了一点点薪水就随意跳槽，俗话说"大公司看制度，小公司看老板"，意思是说大型公司要有制度才有前途，小型公司要有好的老板才有发展，不管待在什么规模的公司，一定要慎重对待职业生涯，而不是单单把它当作一份领薪水的"工作"来看待。

28岁的徐士怀，大学毕业后进入富邦金控，目前担任金融部门的襄理，年薪不足百万元新台币。单身、跟父母同住的徐士怀自嘲道："我现在不是'中产'，比较像'穿着西装的乞丐'！"

徐士怀曾虚心向公司多位主管请教升迁之道，除了认真上班外，开始投资自己，报读英语、金融进修课程，平均每个月都要花近5 000元新台币的进修费用。上课期间，徐士怀认识了许多朋友，累积了不少人脉。

徐士怀的基金投资因为金融海啸缩水两三成，但还有近100万元新台币的存款，准备物色自己的第一套房子。"领人家薪水的，若不理财，一辈子都不用想变成'中产'！因为薪水不可能超过买房子、养小孩的支出，年纪愈大，支出愈多。"

尽管金融业正在谷底，人人自危，徐士怀仍打算深耕金融专业，相信产业景气总是循环的，"这是一场淘汰赛，今年、明年能活下来，还能往上爬的话，就有出头的机会。"

把工作经营好、做出成绩、做得有声有色，也是一个很好的理财方法，如果你对投资理财的工具选择实在没有太多想法的话，那么"储蓄加上竞争力"就是你最大的财富，坚持"投资自己"一样是了不起的投资理念！

第三章

税务规划做得好，投资没烦恼

一、避税，你了解吗？

说起避税，很多人都以为这是违法犯罪的事情。守法的老百姓怎么能去做这种事情呢？其实看待这个问题，也要一分为二。避税简单来说就是通过一定方式减少税收支付。减少税收支付的手段也有多种多样，例如：偷税、漏税、避税、节税等。避税只是其中一类。偷税、漏税，当然是违法的。但是还有一种方式并没有积极的违法，而是钻法律的漏洞，我们称它为"避税"。

不过避税也有不同的类型。比如有政府提倡的，有政府不鼓励的，还有政府正在研究对策制定新法律、法规制止的。我们在这里主要讲的是前两种，毕竟后一种不是长远之计。政府所提倡的避税，我们也可以称其为"合理避税"。合理避税是指符合政府税收立法意图，以合法的方式比较决策，避重就轻，减少其纳税义务的行为。判断避税是否合法的依据就在于政府是否承认纳税人有权对自己的纳税义务、纳税地点进行选择。通过以上分析，我们就知道了合法避税就是税收筹划。

说起避税，很多人容易将它和节税、逃税混为一谈。其实三者是有区别的。节税其实就是"合理避税"，是政府所鼓励和提倡的。逃税是指纳税人故意不遵守税法规定，不履行纳税义务的行为。广义上逃税还包括纳税人因疏忽或过失没有履行税法规定的纳税义务的行为。

避税和逃税，两者有明显区别：

（1）适用的法律不同。避税适用涉外经济活动有关的法律、法规；后者仅适用国内的税法规范。

（2）适用的对象不同。前者针对外商投资、独资、合作等企业及个人；后者仅为国内的公民、法人和其他组织。

（3）各自行为方式不同。前者是纳税义务人利用税法的漏洞、不完善，通过对经营及财务活动的人的安排，以达到规避或减轻纳税的目的；后者则是从事生产、经营活动的纳税人，纳税到期前，有转移、隐匿其应纳税的商品、货物、其他财产及收入的行为，达到逃避纳税义务的目的。一般情况下不构成犯罪，严重的构成偷税罪，手段情节突出的可构成抗税罪。

■你合理避税有妙招

依法纳税是每个公民应尽的义务，但在履行义务的同时，我们不妨通过税务筹划合理合法地有效避税，避免缴纳"冤枉税"。

公积金法：尽量多缴

公民每月所缴纳的住房公积金是从税前扣除的，因此，高收入者可以充分利用公积金、补充公积金来免税。

福利转化法：降低名义收入

由于对职工福利和工资收入的税务安排不同，公司不妨在政策范围内多发放福利，从而帮助员工合理避税。

投资避税

可以通过我国对个人投资的各种税收优惠政策来合理避税，主要可利用的投资工具有国债、教育储蓄、股票等。

均衡法：削平收入起伏

在纳税人一定时期内收入总额既定的情况下，其分摊到各月的收入应尽量均衡。

通过以上分析，我们看出虽然它们都和税有关，也都是减少交税额度，但是避税、节税和逃税是互不相同的三个概念。

在谈到避税的概念时，最后一句话一般是"……少缴纳税款，以达到避税的目的"。毫无疑问，避税的主要目的肯定是少缴税款，让自己收益最大化。那么，如何做到合理避税，让自己收益最大化呢？

王某为某单位提供相同的劳务服务，该单位或一季，或半年，或一年一次付给王某劳务报酬。虽是一次取得，但不宜按一次申报缴纳个人所得税。假设该单位年底一次付给王某一年的咨询服务费为6万元。那么交税时可能出现的情况有以下两种：

（1）如果王某按一次申报纳税的话，其应纳税所得额为：

应纳税所得额=60 000−60 000×20%=48 000（元）

属于劳务报酬一次收入畸高，按应纳税额加征五成，其应纳税额为：

应纳税额=48 000×20%×（1+50%）=14 400（元）

（2）如果该人以每个月的平均收入5 000元分别申报纳税，其每月应纳税额和全年应纳税额为：

每月应纳税额=（5 000−5 000×20%）×20%=800（元）

全年应纳税额=800×12=9 600（元）

根据上述情况分析，按情况二纳税可避税4 800元（14 400−9 600）。

对纳税义务人取得的劳务报酬所得、稿酬所得、特许权使用费所得、利息、股息、红利所得、财产租赁所得、偶然所得和其他所得等七项所得，都是明确应该按次计算征税的。由于扣除费用依据每次应纳税所得额的大小，分别规定了定额和定率两种标准，从维护纳税义务人的合法利益的角度看，准确划分"次"，变得十分重要。

对于只有一次性收入的劳务报酬，以取得该收入为一次。例如，接受客户委托从事设计装潢，完成后取得的收入为一次。属于同一事项连续取得劳务报酬的，以一个月内取得的收入为一次。同一作品再版取得的所得，应视为另一次稿酬所得计征个人所得税。同一作品先在报刊上连载，然且再出版；或者先出版，再在报刊上连载的，应视为两次稿酬所得缴税，即连载作为一次，出版作另一次。财产租赁所得，以一个月内取得的收入为一次。

二、高收入者如何进行避税

对于高收入人群，应该增加平时收入，而减少年终奖。实行年薪制的企业老总，一次性领取年薪，适用税率较高。要使个人所得税负担减轻，那么就需要合理调整月工资总额与年终奖的分配。如年薪25万元的老总，可以和公司签订合同时将年终奖定为6万元，其他19万元改为月薪，每个月1.5万多元的收入可将原25%的税率降为15%。

■ 对五类高收入者加强个税征收

为强化税收征管，充分发挥税收在收入分配中的调节作用，国家税务总局要求进一步加强高收入者个人所得税征收管理，并锁定了五类重点加强征管的项目：财产转让所得、利息所得、股息所得、红利所得、经营所得。

如何加大对高收入者的调节力度

加强财产转让所得征收管理

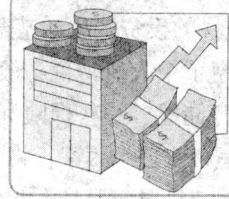

加强利息、股息、红利所得征收管理

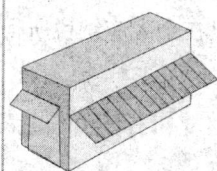

加强规模较大的个人独资企业、合伙企业和个体工商户的生产、经营所得征收管理

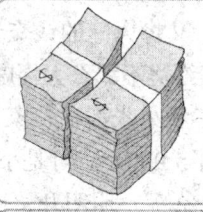

加强劳务报酬所得征收管理和工资、薪金所得比对管理

加强外籍个人所得的征收管理

不过需要注意的是，现在很多企业通过发放购物券或有价赠券等方式，减少职工的现金收入，从而达到少交税的目的。但购物券或有价赠券仍被视作职工收入，这在税务稽查中是很容易受到处罚。

高收入人群的个税申报制度让不少人提高了避税意识。实际上，做好个人税务筹划，进行合理避税，属于个人理财范围。

高收入者进行合理避税有以下几种方式：

（1）利用税基和税率的不同进行避税。由于现在我们实行的是超额累进税率，比如员工可以将某些收入让单位以福利费的形式直接扣除，这样工资就会减少，适用税率就低。

（2）将年薪改为月薪，或者将年终奖金分到每月发放，比如年薪30多万元的员工，一次性领取适用的最高税率为45%，但是要改为月薪，每个月大概只需要交25%的税。对于不少企业发放的季度奖、半年奖、过节费等，如果分摊到月份，对个人来说可以节省很多。

（3）进行一些免税的投资，比如基金获得的股息、红利及企业债的利息收入，已由上市公司代扣代缴了个人所得税；股票型、债券型和货币型等开放式基金派发的红利以及国债、教育储蓄、一些保险利息收入，都属于免税范围。如果个人在进行资产配置的时候考虑税收这个因素，将会是不错的理财方式。

（4）公积金免税，只要每月实际缴存的住房公积金在其上一年度月平均工资12%的幅度内，就可以在个人应纳税所得额中扣除。

三、合理避税，让自己收益最大化

很多白领都盼望着早点到年底，因为年底会有大笔的年终奖，但是很多人看到得到大笔奖金的同时，又将大笔的钱交到了税务机关手里，不免有些心疼。那么怎么合理策划，才能使年终奖不那么大幅度的缩水呢？

举个小例子：小王和小张都在一家公司上班，到了年底发年终奖的时候，小王发了6 100元，小张发了5 900元。可是小王发现扣除所得税后的奖金，他的却反而比小张的少了。这是为什么呢？明明开始比小张还要多200元，怎么一交税自己的奖金反而少了呢？让我们来给小王算这笔账。

由于新的个人所得税起征点自2011年9月1日起才执行"由2 000元提高到3 500元"的政策，小王和小张2010年的年终奖税仍然按照2 000元的标准计算。小王和小张的当月月薪都超过了2 000元的起征点，所以适用第一种计税方法。小王应缴税额计算方法：6 100÷12=508元，处于2级税率，税率为10%，速算扣除数25，应缴税6 100×10%-25=585元；小张应缴税额计算方法：5 900÷12=492元，处于1级税率，税率为3%，速算扣除数为0，应缴税5 900×3%-0=177元。由于小王和小张年终奖除以12个月后所属的税率不同,因此造成了小王税后奖金反而比小张少的情况。事实上,财务人员经计算发现,以下几个区间的年终奖额度都会出现上述结果,如年终奖在6 000元至6 305.56元之间、24 000元至2 529 4.12元之间、60 000元至63 437.50元之间等。如果遇到这种情况,最好能同公司进行协商,就低选择,余下的请公司之后再补。

所以,在这里我们要记住一个合理避税的好方法:由于个人的工资、薪金所得采用超额累进税率征税,工资收入越高,适用的税率也越高,相应纳税就越多。因此年终奖等收入采取"分批领取"的方法,可适当减少缴税额度;而兼职的收入,采取"分次申报"也可合理地避税。

第四章 在经济危机中发掘投资良机

一、通货膨胀的避风港在哪里

一般说来，当CPI增幅超过3%时，称为通货膨胀，通货膨胀压力不容回避。如果某一时期一年期定期存款利率为2.25%，这意味着存款实际上已经亏本。在负利率时期里，居民的钱通过银行存款的方式存在银行里已不能起到保值增值的作用。

那么，在通货膨胀的形势下，可以选择什么样的投资理财方式来抵御通货膨胀所造成的影响呢？

1. 建立家庭理财安全组合

在动荡的金融形势下，投资者保持充足的家庭现金流非常重要。一般来说，不妨配置50%资金在银行定期等收益稳定、流动性高、风险极低的产品上。在选择投资产品时首先要考虑保本的问题，其次才是追求增值，不妨配置40%的资金在债券等固定收益类产品。

2. 理财策略要攻守兼备

在行情好的时候，投资者可以随时将自己的股票、基金变现，即便是收益不大，但至少亏损程度在可承受范围内。投资者应该根据不同的目标，配置适合的理财产品组合，比如货币市场基金、国债、债券型基金和股票型基金等。在投资之前，家庭应注意规避风险，如人身风险、财产风险等。适合的保险规划是一个幸福家庭的守门员，因为保险产品具有其他理财产品不可替代的作用，如可提供高额医疗费用，提供患重大疾病或残疾后的补偿和生活费用，提供除社保外的更高额的养老保障等。

3. 选择理财"避风港"

在当前的金融形势下，投资者应该选择一些具有"避风港"作用的理财方式。

有不少投资者到银行将活期存款转为3年期、5年期的定存。新一轮降息周期已经来临，在此背景下，银行中长期定期存款无疑成为保本理财的一种理想方式。央行这次调整利率，即便是3年期存款利率也有4.25%（截至编者写作此书时），这比货币市场基金收益高，更比目前跌得一塌糊涂的偏股或股票型基金有优势。

■ 积极理财，寻找通货膨胀时的避风港

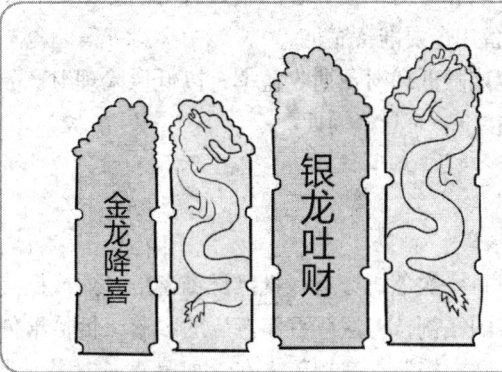

在规划投资理财时，必须要考虑通货膨胀导致的资产贬值影响，更好地设计自己的资产配置和理财规划，从而应对和规避通货膨胀带来的风险。

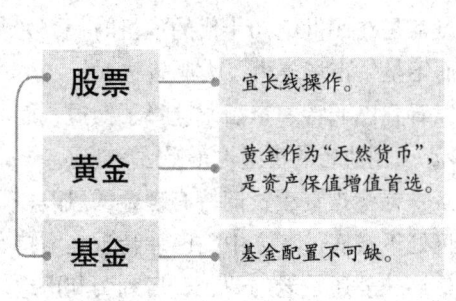

股票 → 宜长线操作。

黄金 → 黄金作为"天然货币"，是资产保值增值首选。

基金 → 基金配置不可缺。

定位投资人群，正确理财

年轻人群	中年人群	退休人群
先节流后开源。	可适当考虑将资金投入到资本市场，减少银行存款、国债等理财产品。	需合理地"激进"投资。

4.储备充足"过冬"物资

金融危机期间,很多行业会受到影响和冲击,投资者的收入有可能会下降。在这样的经济环境中,个人或家庭的应急备用金要准备充足。

处于金融风暴时期的理财生活,应该降低理财预期收益率,以低风险理财产品为主,做好"过冬"准备,保存实力迎接下一个景气周期。

二、经济危机带来投资的良机

对于投资者来说,危机就是机会。每一次危机皆有一批巨无霸型的企业或倒闭或衰败,雷曼兄弟和通用汽车就是现实的案例,但这些百年老店的陨落,恰恰给创业者的崛起带来了机遇。对于这一点,联想控股总裁柳传志在参加第八届中国创业投资年度论坛时表示,中国现在也处于经济危机之中,但长远看来,实际上给投资人带来了良好的投资机会。

许多世界富豪都是抓住了危机带来的机会,成就了自己的事业。人们耳熟能详的财富标杆人物巴菲特、李嘉诚的财富新起点都是在20世纪70年代的危机时代,如同巴菲特所言:买在"市场先生"害怕时,而不是"市场先生"大胆冒进时。2007年无疑是"市场先生"大胆冒进时,人们可以看到巴菲特、李嘉诚选择了撤退;而现在经济危机肆虐,是"市场先生"害怕时,那么创业者的机遇也正慢慢临近了。

巴菲特2008年10月16日投稿《纽约时报》:提醒投资者长期持有现金的风险,而且宣示加码股票投资。虽然至今全球股市仍处于筑底过程之中,巴菲特现在增持股票就与去年减持股票一样广受非议,但是最终"姜还是老的辣",房利美和房地美近20年来一直是巴菲特下属哈撒韦公司重点持有的股票,但是在美国次债危机爆发前的一年巴菲特以看不清基本面为由清仓了,而2007年借国际油价攀高每桶90美元之际清仓中石油H股也可谓经典,人们必须关注到在2007年之前全球资金流动性泛滥"市场先生"大胆冒进的两年,巴菲特始终在抛售股票囤积现金,至2008年上半年累计囤积超过400亿美元现金。但是现在当"市场先生"害怕时,巴菲特已至少将2/3的现金变成了股票型资产,巴菲特的理由就是:"政府为缓解危机而实行的政策势必引发通胀,现金是注定会贬值的,这时投资才是最好的策略。"

对于普通投资者来说,最主要的投资品种就是股票和房产。长线来看,人类的货币史,就是一部通货膨胀史,通货紧缩时间很短,通货膨胀占了绝大部分时间。2008年中国资产价格的调整给普通投资者投资A股指数和购置自住房产带来了良机,现在如果战略上漠视投资机遇,那么未来将会极度扼腕叹息。

其实所谓危机,可以理解为险境降临,也可以理解为危境中的机会。当股市陷入最低迷的时候,正是抄底的大好时机;当整个社会经济低落时,真正的英雄正可以大显身手。

三、根据经济周期把握最佳投资机会

当投资人考虑投资时间的时候，还要考虑相关的经济形势、资金使用的时间等因素。我们要想能够正确地判断这些时间因素，那么首先就要认识一个地区范围内的经济运行和房地产发展的周期，掌握了这一经济起伏的规律，对房地产投资非常有帮助。

■房地产的跟风行为与价格起落

房地产市场与其他经济市场一样具有周期性，而且房地产市场的价格往往与人们的盲目跟风有关。

看到有人进入房地产市场赚钱了，大家纷纷进入，开始哄抢，导致房地产价格一路上涨。

价格的抬高使得有人承受不了开始退出，又有人效仿，纷纷抛售，从而导致市价开始回落。

因此，在这个市场中必须找准买进点和卖出点，不盲目跟风，才能让自己有所收获。

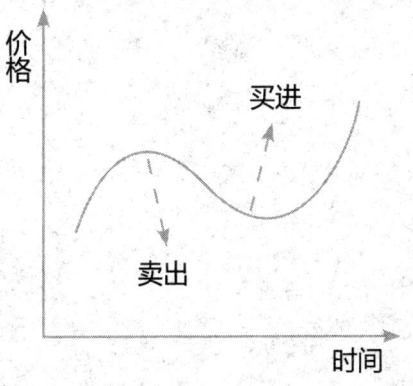

经济周期这一概念，是指经济波动中一起一落不断交替和重复的现象，这种周期就像一个"生物钟"，有规律地再现不同时期的各类经济活动。房地产作为一个国家经济的重要组成部分，与经济周期性变化必然存在着紧密的联系，投资者往往就是根据这种周期性的变化，对房地产市场价格的升降进行判断，确定其投资行为。房地产的价值变动，不是像股票市场那样大起大落，而是平缓波动式的。这种平缓的升降波动，形成了一个往复循环的周期。对各种短线炒作的房地产商人来说，这种有机性的循环过程是极为重要的，帮助他们在合适的时机买进或卖出；对长线投资的人来说，掌握这种循环有利于他们掌握房屋贷款利息的调整情况和房地产价格变化的特点，更好地把握投资时机。

　　特别值得注意的是，房地产价格的升降，也往往与人们喜欢"跟风"的习性有关，一旦有人进入市场，许多人便不问青红皂白，一哄而起，尾随其后，短时间就把该地的房地产价格抬高；当有人卖出手中的地产时，又有一批人紧追而来，抛出自己的物业，导致房地产价格回落。若想取得成功，那就应该清醒地认识房地产起落的规律，避免卷入这种跟风的旋涡之中。

　　房地产投资是一项生意，既然是生意，按照它的市场循环周期，可能有时兴旺，有时萧条。同时，你要注意一个问题：尽管长线投资是房地产投资的主要方式，但并不是说时间因素显得不重要。恰恰相反，即使有了其他因素利好的支持，但如果错误地判断了买卖时机，对房地产投资来说，仍然会造成极大损失。因为房地产和股票不同，任何一宗房地产的买卖对一个投资者来说，只有一次的获利机会，我们很少看到有投资人把一宗房地产多次买进卖出。在必要的情况下，房地产市场出现可以投机的可能时，当然要抓紧，不要错过获利的机会。

第三篇

左手投资，右手致富：
富贵一生的投资攻略

第一章

20多岁投资自己，比什么都重要

一、百分之百的决心与毅力，填满第一桶金

创业第一桶金怎么赚，简单吗？这里介绍的创业第一桶金的赚钱方法是相对简单的，也比较实用。创业其实并不难，第一桶金怎么赚，也别想得那么复杂。

1.一技在身

都说拥有万贯家财，不如有一薄技在身。就凭这身薄技，最低目标是能养家糊口，最高目标是能发家致富而创下万贯家财。

张果喜是中国大陆第一个亿万富翁，也是迄今为止中国唯一把自己的姓名写到行星上的企业家。他是一个木匠，在上海艺术雕刻品一厂学会了生产雕刻樟木箱。有了这一手艺，在广交会拿到了订单，20个樟木箱，赚了一万多元。

第一桶金的掘得，使他把家当全部押在传统木雕业上，最终才有了今天这样的成果。

陈逸飞到美国，先是替博物馆修画，报酬是3美元1小时。因画技出众而进入画廊，当听到有人出价每张画3 000美元时，陈逸飞说："我一下觉得中了头彩，仿佛天上掉了个馅饼下来。"这样，才有了他今日的视觉产业。

没有手艺，要去学门手艺。首先最好是在你准备打天下的地方，学门拾遗补阙类的手艺。掌握手艺后，就要向精益求精发展，要在一个区域里竖起旗帜，并在中间进行区域的扩大。

2.借鸡生蛋

王志东虽已离开了新浪网，但是他借船出海的举措，是一个运作相当成功的案例。1993年，王志东向四通融资500万元港币，创办四通利方，后来，四通利方与华渊网合并，易名新浪。1999年，在国际上融资2 500万美元，后来，又向戴尔电脑和软银等融资6 000万美元。2000年，新浪上市纳斯达克，融资打开新天地。

其实，荀子老先生对此早有总结："假舆马者，非利足也，而致千里；假舟楫者，非能水也，而绝江河。君子非生异也，善假于物也。"

3.捕捉机遇

这个榜样是上海的杨怀定，人称杨百万。应该说，他的第一桶金是来自国库券的易地交易，108元买进，113元卖掉，4小时赚了800元。

他说："赚了以后，我就开始想入非非了，到外地108元买回，再到上海112元卖掉。"

心动不如行动，他立刻到合肥，那里的国库券与上海的差价是30元。两天时间，他就赚了6 000元。他认为自己"找到了一条挖金矿的路"。

发现机会要有眼光，兑现机会需要行动。这一切，还要有学识、毅力等内功的支撑。

4.自己动手

不少富翁说过：有条件要上，没有条件创造条件也要上。

吉利汽车集团的董事长李书福的第一桶金是开照相馆掘得的。李书福到南京路的冠龙，只买了几个灯泡。1千多元的反光罩买不起，自己动手做了一个，只要两元，甚至连照相机上的皮老虎和装胶片的玩意，都是自己做的。在他眼里，"汽车只有4个轮子，1个方向盘，1个发动机，1个车壳，里面还有两只沙发"。因此，对他后来敢造冰箱、造摩托车、造汽车，人们也没有什么可惊讶的。

二、创造机遇，为自己加分

好的机遇是用你的脑子发现而不是用嘴巴喊出来的。很多20多岁的人只守着每个月有限的工资，没有办法致富，是因为他们只知道坐在那里用嘴巴呼唤机遇，而不能站起来，用大脑去创造机遇。

普通女人认为机遇是有形的，是贴着标签的，是任何人都能一眼看出来的价值连城的宝贝，是一种可遇而不可求的东西，它是属于某一个人的。所以，普通女人总是坐在那里呼唤机遇，认为机遇一听到她的呼唤便会立刻跑过来帮她改变命运。

而财智女人则不同，她们不会在那里坐等机遇，而是主动地去设计机遇、创造机遇。

芳慧的家庭背景非常好，她的母亲是一所著名大学的教授，父亲是一家三甲医院有名的整形外科医生。芳慧的理想是做一名优秀的节目主持人。家庭对她的帮助很大，她完全有机会实现自己的理想。她相信自己有从事这方面工作的才能，因为她感到在与他人相处的时候，大家都愿意和她交谈，对她说出自己内心的想法，这对于一个节目主持人来说是非常重要的。她时常对别人说："只要有人给我一次机会，让我上电视，我相信准能成功。"离开学校参加工作以后，芳慧等待了一年又一年，一直没有人给她提供一个上电视的机会。于是她变得焦急、苦闷，心情烦躁，她不断地乞求上天能赐给她一次机遇。可是，机遇始终没有光临。

而另一个女孩庆莉的情况和芳慧的完全不同。庆莉的家庭条件很差，父母都是极普通的人，他们每天为生活奔波，根本顾不上庆莉。庆莉读书时也没有固定的经济来源,她只能靠打工自己养活自己。她和芳慧唯一的共同点就是拥有相同的理想,庆莉也很想成为一名节目主持人。大学毕业以后,庆莉为了找到一份主持人或主播的工作,跑了全国许多家广播电台和电视台,但是,所有的答案都令她失望:"我们只雇用有工作经验的人。"怎样才能获得经验呢?她开始为自己创造机遇。一连几个月,她都仔细浏览关于广播电视的各种杂志,她还托人打探各种可能的工作机会。终于有一天,她在报缝中发现了一个令她激动不已的广告:黑龙江省有一家很小的电视台,正在招聘一名天气预报员。黑龙江那边经常下雪,而庆莉是很不喜欢雪的。可是,她已经顾不了那么多了,她急切地需要到那里去。她想别说下雪,就是刮飓风也没有关系,只要能和电视沾上边儿,让我干什么都行。在黑龙江那个电视台工作了两年以后,庆莉积累了丰富的工作经验。当她再次回到之前那些电视台应聘的时候,几乎是轻而易举就找到了一个职位。又过了几年,庆莉得到提升,成为著名的电视节目主持人。

"设计机遇,就是设计人生。所以在等待机遇的时候,要知道如何策划机遇。这就是我,不靠天赐的机遇活着,但我靠策划机遇发达。"这是美国石油大亨约翰·D·洛克菲勒的一句话。从芳慧和庆莉身上,我们可以清晰地看到普通女人和财智女人不同的生活轨迹。庆莉不断地实践,不断积累经验,为自己创造一切可能成功的机遇。芳慧却一直停留在幻想中,她坐等机遇,期望天上掉下个大馅饼,然而,时光飞逝,她什么也没做成。和庆莉相比,芳慧显然是生活中的弱者。

苏格拉底有一句名言:"最有希望成功的,并不是才华出众的人,而是善于利用每一次机遇并全力以赴的人。"

三、培养你的职场竞争力,把自己的身价提高N倍

每个月发了工资,把钱慢慢地存到银行,对于年轻人来说,也很重要,但因为微薄的薪水,而忽略提高自己的职业水平是得不偿失的。如果把目前的收入存起来然后进行理财,算不上是最好的理财方法。虽然快点赚钱对以后有好处,但随着自我成长,我们更需要培养自己的职场竞争力,慢慢地提升自己的潜能,把自己的身价提高N倍。

在当前竞争激烈的社会里,要是你没有什么特殊能力或专业技能的话,就只有慢慢地被这个社会淘汰掉。若是无法提高专业能力,这个社会将遗弃你。

有一年轻人J,大学毕业以后在银行里找了一份工作。她一点也没想过提升自己的能力,只知道埋头努力地工作,然后把赚到的钱存到银行里。工作闲暇,她从没有学习过英文,就连电脑上最基本的Power Point软件都不会使用。

就在她以为银行的这份工作可以干一辈子时,突然发生了一件大事,她工作的那家银行被美国一家很大的银行合并了。这可不是一件单纯的合并案,因为两家银

如何提高职场竞争力

首先，学会剖析自己，认识自己

评估自己的优势，并分析怎样的职业状态才能充分发挥自身的优势，降低劣势。

做时间的主人，善用时间

上帝给每个人每天都拥有24小时。聪明地善用时间安排，让这24小时发挥出最大功效，就成为个人"与众不同"的关键。

做自己的假想敌，不要和别人比较

设定目标，然后评估自己有没有达到预先设定的目标或规划，看自己今天是否比昨天更进步，明天会不会比今天更进一步。

直面挑战，拒绝频繁跳槽

任何职业都需要一定量的积淀才能有一个质的飞跃，如果没有2~3年的积累，很难对一份工作有深入的理解和把握，频繁地跳槽会让你缺少职业储备。

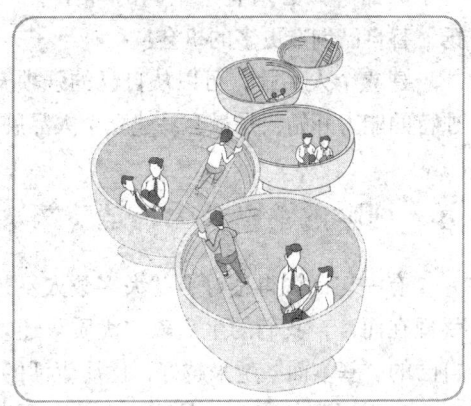

行合并之后，就得把没有什么工作能力的人给解雇掉。所以每天一起吃饭一起找乐子的同事们，一夕之间就变成了为生存而相互斗争的敌人。

像经理那样高的职位，已经让美国人给占据了，所以她们就连业务报告也得用英文来写。J为了写个报告不得不通宵熬夜，为了写自己不熟悉的报告，她连周末假期都泡汤了。J慢慢地开始害怕上班，最终因为无法战胜自己的恐惧而辞职了。理所当然，J就被社会给淘汰掉了。

如果J在把自己的工作当成铁饭碗的同时，还能努力地提升自己的能力，那么一定会在合并以后的银行里找到新的稳定的工作岗位。就算不在这个银行里上班，也可以跳槽到比这个银行更好的公司。

在这个竞争激烈的世界中，为了未来的发展，提升能力是必需的。我们不仅要努力地储蓄，还得要努力地提升自己的能力，这的确不是一件容易的事，可是生活在这个残酷的世界里，这也是没有办法的事。无法避免就只能快乐地接受，不要盲目地只是为了吃喝玩乐而赚钱。

四、"个人品牌"让你更有竞争力

商品都有商品的品牌，去商场买东西，我们宁可多花钱也要品牌商品，就是因为品牌商品有品质的保障。作为人，我们每个人也要打造"个人品牌"，你的名字就是你的"个人品牌"。一旦拥有了个人品牌，你在职场中就会所向无敌，你的名字代表着你的工作能力，你的名字也就成了你的工作能力的象征。

要打造"个人品牌"，你就要时时保持你的竞争力。往往，你的"个人品牌"也代表着你的道德观、作风、形象、责任，好的品牌之所以强势，就是因为它结合了"正确的特性"、"吸引人的性格"及随之而来的与消费者的"良好互动关系"。"个人品牌"必须有"正确的特性"、"吸引人的性格"，只有这样，才会美名外扬，替自己创造更多的机会！

建立个人品牌，可以从自己的强项开始。每个人都有自己独特的能力，从自己独特的能力开始，是最容易建立个人品牌的方法。

五、理财的不懈动力，是持续赚钱的能力

有一句话说得很好，"大多数人不是富人，也不是穷人，是老百姓"。的确，就现在而言，我们的生活离"优质"还差很远，但因为把最大的投资投给了自己，自己的"基本面"越来越好，优质生活的基础也就越来越厚。

毫无疑问，充电，是防止人才"折旧"的有效办法，越来越多的职场中人选择充电来提高自己的竞争力，达到晋升、跳槽的目的。

说到底，理财还是要使自己具备持续不断的挣钱能力。试问，如果你不能坚持不懈地提高自己，又怎么能让自己得到更高的回报呢？

位于某省会城市的一家高档写字楼里的某语言培训中心，一到晚上就被前来培训的职场人士坐满了。在该语言培训中心，一位职场人士说，他在现在的单位工作了好几年，感觉现有工作已经没什么挑战性，准备换一家更高层次的单位。但是跳

■如何打造"个人品牌"

不断提升自己的专业能力

拥有谦虚的态度

强化沟通能力和亲和力

外表

槽需要资本，多掌握一门语言就多一份资本，为此他不惜花费高额的学费来充电进修。但是，这不能让单位的领导和同事们知道，所以他每次来上课都小心翼翼，尽量避开领导和同事，若偶然遇到同事询问也只好打马虎眼含糊过去，来学习一点都不轻松，感觉像在做贼。

在某外企工作的张强也是偷偷来学习的，因为他所在公司最近有一个出国培训的机会，挑选的标准除了业务技能外，最重要的就是语言水平，所有的公司员工都对这个名额虎视眈眈。为了争取到这个机会，张强必须抓住最后的机会"恶补"一下，还不能给同事知道，"没办法，说不定其他同事也在偷偷恶补呢"。

不管怎么说，充电还是给白领们升职或加薪带来了好处。

毕业于东北大学化工学院的苏伟本着做复合型人才的目的，工作之余通过自考拿到了第二个学士学位，虽然花费了他3年时间，但薪水增长带来的实实在在的好处，让他感觉很值得。

在充电的人群中，像苏伟这样的以发展自己能力为目的的白领，可以不受时间限制，相对来说也比较轻松。相比之下，那些在工作上有危机感，急需更新知识来应付下一个挑战的白领们则辛苦得多。

过去，很多人忙于学历、专业技术培训、技能培训，而如今，口才、人际沟通、心理等体现综合素质的"软充电"在一些白领人士中开始悄然盛行。

当然，白领对自己充电也应是有选择性的，不同的充电，应该区分不同的人群。例如已经有一个满意的工作，但危机感很强的白领，可以选择短期培训；想跳槽进一家更好的企业的白领，应该选择能获取文凭，让自己全面提高的系统学习；而对于有丰富阅历的人来说，则更应该选择国际化的认证培训……这样才会对自己有不同程度的提高。

六、"职场新人"如何度过职场成长期

对于刚刚大学毕业的职场新人来说，如何理财成为他们走入社会的第一课。如果你是这样的情况：单身一人，月收入4 000元，没有其他的奖金、分红等收入，即每年收入固定在48 000元左右。

如何支配这些钱，来度过职场成长期呢？不妨借鉴下面的做法：

1.生活费占收入的30%～40%

首先，你要拿出每个月必须支付的生活费，如房租、水电费、通信费、柴米油盐支出等，这部分约占收入的1/3。它们是你生活中不可或缺的部分，满足你最基本的物质需求。所以无论如何，这部分钱，请你先从收入中抽出，不要动用。

2.储蓄占收入的10%～20%

自己用来储蓄的部分，约占收入的10%～20%。很多人每次也都会在月初存钱，

■理财成职场新人"短板"

四步告别"负翁"

怎么帮助职场新人摆脱"月光"或"负翁"的窘境,尽早适应社会生活?可以从以下四个方面着手。

记流水账知道钱花在哪儿了

强制储蓄适时进行投资

制定计划适当开源节流

购买保险降低意外风险

但是到了月底的时候，往往就变成了泡沫，存进去的大部分又取出来了，而且是不知不觉的，好像凭空消失了一样，总是在自己喜欢的衣饰、杂志、CD或朋友聚会上不加以节制。你要时刻提醒自己，起码，你的存储能保证你3个月的基本生活。要知道，现在很多公司动辄减薪裁员，如果你一点储蓄都没有，一旦工作发生了变动，你将会非常被动。所以，请为自己留条退路。

3.活动资金占收入的30%~40%

剩下的这部分钱，约占收入的1/3。可以根据自己的生活目标，侧重地花在不同的地方。譬如可以安排旅游；服装打折时可以购买自己心仪已久的服装；朋友聚会的开销。这样花起来心里有数，不会一下子把钱都用完。

除去吃、穿、住、行以及其他的消费外，再怎么节省，估计你现在的状况，一年也只有1万元的积蓄。当然，既然有了些许积蓄，也不能让它闲置，建议你把1万元分为5份，分成5个2 000元，分别做出适当的投资安排。这样，家庭不会出现用钱危机，并可以获得最大的收益。

这种方法是许多人经过多年尝试后总结出的一套成功的投资经验。当然，每个人根据不同的情况，可以灵活选择。

七、20多岁单身贵族的投资选择

对20多岁的单身族来说，虽有点形单影只的孤寂，却多了一份洒脱和自由。如果你也处在这样的年纪，那么还是要提醒你，尽快养成理财的好习惯。所谓你不理财，财不理你。对不久可能就会组建家庭的你来说，强制储蓄的习惯必须要有，这是为将来作准备。下面以刘小姐的情况为例进行分析。

刘小姐，26岁，单身贵族，个性沉稳、有条理。

目前供职于上海某装饰装修企业，任设计师及项目管理主管，收入比较稳定，有基础社保；自住贷款房一套，投资贷款房一套；刘小姐为独生女，父母在老家，她已经为父母买房一套，无贷款。父母有退休金收入，未来每年会来沪短期居住。

财务收支分析年度净现金流：年收入15万元；生活支出3.6万元；赡养父母1.2万元；自住房贷款2.64万元。第二套房产每月贷款3 600元，2017年4月将拿到该房，准备出租以减轻还款负担，所以，现金流不会有太大变化。另外，没有商业保险。

生活预期是未来3~5年结婚，则现居住房有可能出租或出售增加年度净现金流，或增加整笔现金资产。刘小姐对目前收入满意，但工作强度过大，很伤身体，非常辛苦，希望有两全的解决办法。

根据刘小姐的情况，有以下投资建议：

（1）房产投资分析结论经计算，目前仍在还贷的自住房，每月相当于支付租金1 244元。如果出租，按房产出租的收益底线一般不应该低于5%，应设定净租金在

2 000元以上，否则，不如卖掉变现获得房产增值收益，然后再转投资于其他相匹品种。

经计算，才交付的第二套投资房，如果自住，每月相当于支付租金2 586元；如果出租，应设定净租金在4 300元以上。

（2）保险规划。

第一，规划大额健康、意外赔偿品种，以对应个人负债较高阶段防灾的需求。

第二，规划小额养老金储蓄品种，开始修建资产配置中无风险、长期储蓄类别蓄水池。

（3）短期结余资金规划建议预留3～6个月生活费在活期账户，其余结余现金，都可以放入灵活存取的短期金融品种。如中短债基金、货币市场基金，目的是在2～3年后累积足够额度，交由专家打理，去投资一些高风险、高收益品种。

（4）职业发展规划、家庭财务规划服务于个人生活品质。

■女性投资需要注意要点

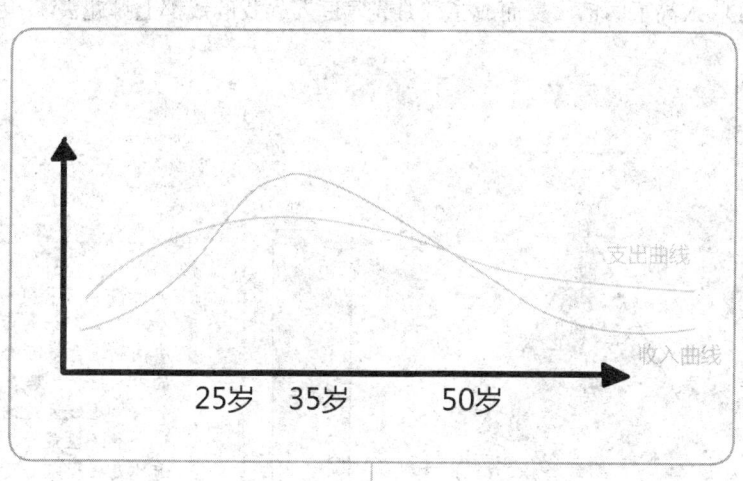

如上图，收入曲线表示大部分人的收入是开始慢慢增长，达到顶峰后又逐渐回落的一个过程。相比之下，支出曲线则呈刚性态势，由于每个人的消费在不同年龄段相差并不十分明显，所以，支出曲线稍显平缓。

结合整个人群，20～25岁的女性正是处于一个财富积累和增值最快的阶段。这段"收大于支"的时间无疑在财务上是最丰厚的，也是最需要合理利用为日后打算的：将现在财务上的盈余预留出一部分作为以后"收小于支"的补充。

结合女性大多偏好稳定、风险承受能力不高的特点，她们应着重长线的投资，可根据个人情况选择适合的资产组合，要考虑对每月能拿出的资金有计划地进行积累和增值。

八、20多岁的"二人世界"的投资策略

20多岁是人生精力最充沛的年龄，也是人生财富的重要积累期。不过，20多岁时走出校门的时间不长，也许正面临着几十个人竞聘一个岗位的尴尬；或者是作为一个职场新人，正在经历前所未有的考验；经济上入不敷出，常常成为"月光家庭"。这一切，多么需要金钱的支撑！而且这一群体未来要抚养小孩、住房按揭、赡养双方父母，承担的责任更是重于泰山。有人就发出这样的感慨：三十而"栗"！赚钱理财，似乎成了这一代人的共同追求。那么，该如何巧妙理财，让钱生钱，才能使自己变得富有，真正做到三十而立呢？

吴虹雨两年前大学毕业，在一家医药公司做业务代表，月收入3 000元。其实，在花销上她还算不上大手大脚，为了减轻房租压力，和同事合租了一套房子；为了节省生活费开支，常常和朋友等到晚上8点以后才吃饭，为的是享受洋快餐的打折优惠；在穿衣打扮上，小吴也没有过多的奢侈，极少买名牌，基本上都是常换常新的"大路货"……虽然如此"节俭"，但到了月底，小吴的工资依然花得光光的，毫无结余。她说，刚到单位的时候每月只有1 000元的实习补贴，可那时还多少有点结余，现在收入高了两倍，反而成了"月光家庭"，我的钱都上哪儿去了？

■ 20多岁投资遵循的金字塔原则

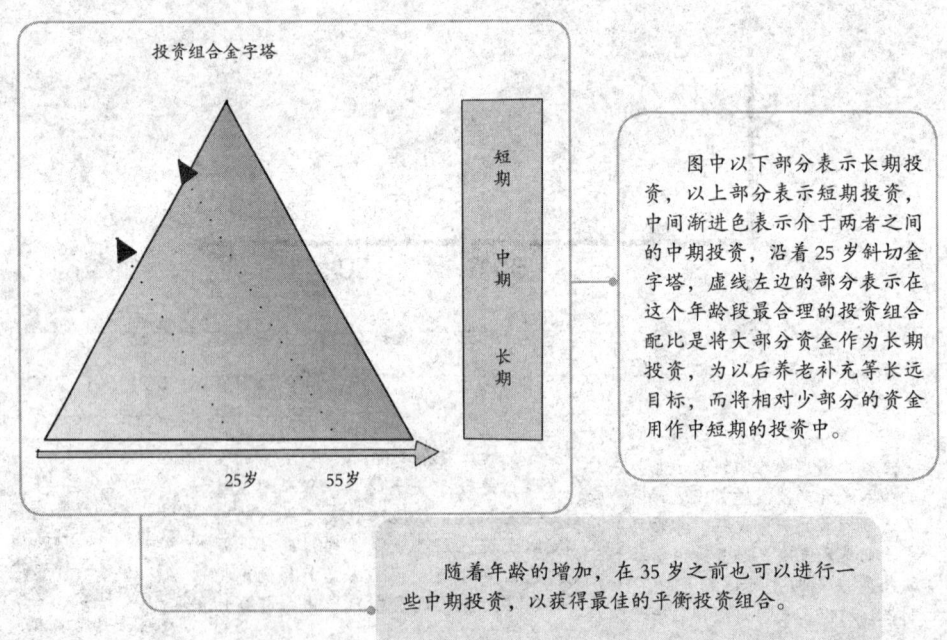

图中以下部分表示长期投资，以上部分表示短期投资，中间渐进色表示介于两者之间的中期投资，沿着25岁斜切金字塔，虚线左边的部分表示在这个年龄段最合理的投资组合配比是将大部分资金作为长期投资，为以后养老补充等长远目标，而将相对少部分的资金用作中短期的投资中。

随着年龄的增加，在35岁之前也可以进行一些中期投资，以获得最佳的平衡投资组合。

理财建议：

1.量入为出，掌握资金状况

"月光家庭"首先应建立理财档案，对一个月的收入和支出情况进行记录，看看"花钱如流水"到底流向了何处。然后对开销情况进行分析，哪些是必不可少的开支，哪些是可有可无的开支，哪些是不该有的开支。所以，"月光家庭"要控制消费欲望，特别要逐月减少"可有可无"以及"不该有"的消费。

2.强制储蓄，逐渐积累

发了工资以后，可以先到银行开立一个零存整取账户，每月发了工资，首先要考虑到银行存钱；如果存储金额较大，也可以每月存入一张一年期的定期存单，一年下来可积攒12张存单，需要用钱时可以非常方便地支取。

3.别盲目赶时髦

追求时髦，赶潮流是年轻人的特点，当然这也是需要付出代价的。其实，高科技产品更新换代的速度很快，这种时尚永远也追不上，你辛辛苦苦赚来的工资就在追求时髦中打了水漂。有这些精力和金钱还不如琢磨一下如何理性消费和规划你的理财人生。

第二章

30多岁，贷款投资三思而后投

一、自有闲置资金如何投资

在日常生活中，我们常常听到这样的话：撑死胆大的，饿死胆小的。正是带着这种侥幸心理，不少中小投资者将家中能收集的所有钱财，都用来投资风险产品，如股票。

■百万"闲置资金"的三种投资方式

信托产品：低风险收益较稳定
信托产品是以资财为核心、信任为基础、委托为方式的一种财产管理制度。有财产的人可以把自己闲置的财产交给所信任的人去进行管理。

阳光私募基金：高风险高收益
阳光私募基金一般是指私募信托证券基金，主要投资于二级证券市场。

基金专户"一对多"：个性化基金投资
这是指基金公司向两个以上的特定客户（包括自然人和法人）募集资金，或接受两个以上特定客户的财产委托，把其委托财产集合于特定账户进行证券等方向的投资。

事实上，投资者应充分认识到"只要投资就会有风险"这个事实，在投资之前对投资的产品特点、种类等有充分的了解，不要盲目、预期过高。事实证明，只有充分了解市场，了解公司和产品的潜力，投资者才可以控制选择产品所要承担的风险。在这方面，赵先生做得很好。

赵先生家是典型的三口之家，拥有普通而又满足的工作与生活。一直以来，他都在上海浦东某食品公司从事管理工作，非常忙碌，加班也是常有的事。

"我搞投资，主要是因为自己喜欢，能从中感受到一种乐趣。"赵先生说。平时，他会留意除了银行存款外，还有没有其他收益率更高一些的理财产品。"我的理财规划很简单，一半存银行，一半买基金，用来投资的钱都是一些闲钱，是不着急用的。"

对于赵先生这样典型的工薪家庭来说，用来投资的钱都是平时的点滴积蓄积累起来的，所以他表示资产的安全性是他优先要考虑的。"我的投资，很大成分上也是为了女儿的未来作准备。尽我的努力，为她未来的教育做好至少20万元的准备。"

为此，专家告诫我们：投资一定要理性，要用闲钱，绝不能把生活必需和必备的费用都投入风险产品中。

二、借贷资金如何投资

借贷投资也是一种理财致富的方法。借贷投资时，我们应该把注意力放在简单的、危险性小的投资上，就可以减少花在跟踪投资上的时间。你无须每周花30小时在投资上。你每周花在投资上的时间不应超过12小时。如果使你的投资保持简单并且集中在长期投资上，它所需要的时间只是每天几分钟。而它的结果可能就是你的成功，你应该学会并应用这种方法，如果你想成功的话。

1.用别人的钱赚自己的钱

威廉·尼克松说："百万富翁几乎都是负债累累。"

富兰克林在1784年《给年轻企业家的遗言》中说："钱是多产的，自然生生不息。钱生钱，利滚利。"

"用别人的钱"是正当的、诚实的，绝不背叛道德良知的。同时，要作优惠的回报。

银行是你的朋友。银行的主要业务是放款，把钱借给有信用的人，择取利息；借出愈多，获利愈大。银行是专家，也是你的朋友，它想要帮助你，比任何人更迫切见到你成功。

2.争取投资人的三步策略

一个人创业不可能单凭自己的资本，还必须吸纳别人的资本投入。争取你的投资人,形成多点支撑,就能使自己的事业稳如泰山、如日中天。因此,争取别人对你的事业的投资就显得极为重要。

3.会借还要会还

借用他人的金钱之后,要善于掌握还钱的时机。

美国有些投资者,今年他们还拥有财富,到了来年股票市场急剧下跌的时候,便丢失了财富,因为他们匮乏周期知识,或者他们虽有周期的知识,却未能马上行动起来。

重要的是,如果你已丧失了你的部分财富或全部财富,仍要记住:周期是循环的。要毫无疑虑地在恰当的时候重新奋起。今天的许多富人都是以前丧失过财富的

■ 闲钱理财:"100 法则"可行

由于不同年龄的人群风险承受能力不同,在加强保险的基础上,投资者可根据"100法则"进行闲钱的合理配置。

所谓"100 法则",即风险投资品种比例占全部存款的(100-年龄)%,也就是说,100减去年龄,就是应该投资于股票基金等风险较高基金的比例,其余部分可投资风险低的稳健型品种。市场不景气时,可适当增加稳健型品种比例。

30~40 岁积极进取,激进理财

- 银行理财产品:15 万~25 万元买稳健品种
- 保险:高额寿险附加医疗险
- 房地产:多考虑中低端地段物业

40~50 岁上有老下有小,养老险不能再等

- 保险:买医疗险养老险不能再等
- 理财产品:20 万~30 万元投资稳健品种
- 基金:稳健为主兼顾进取
- 房地产:购单价高总价低的小户型单位

人。但是，由于他们没有丧失积极的心态，他们保持从自己的教训中重获利益的勇气，结果他们终于赢得了更多的财富。

三、30多岁白领阶层的投资计划

孙女士的家庭是一个三口之家，先生是一家公司的部门经理，今年32岁，年薪18万元。孙女士刚刚研究生毕业，26岁，准备在家里做两年全职太太，孩子刚出生不久。家庭现在月开支在2 500元左右，有5万元左右的债务和40多万元（15年）的房贷，房子目前的市价是50万元。双方父母都在60岁以上，没有养老保险，需要孙女士夫妇赡养。

孙女士的先生所在公司竞争激烈，他又不是很年轻，而且将来孙女士重新工作的收入也不确定，因此孙女士夫妇觉得家庭经济压力比较大。现在她先生对股票投资兴趣很大，准备在半年内还清5万元债务，想将全部资金投进股市。

对于孙女士的这种情况，专家替她分析：她丈夫的工资是家庭唯一的收入来源，虽然收入颇丰，但家庭负担很重，而孙女士两年内无就业打算。目前，孙女士家中无存款，且债务负担过于沉重，建议孙女士尽快调整收支计划。

双方家庭一共有4位老人需要照顾，由于年龄太大，现在再买保险已不合算，因此需要平时从家庭开支中预留出一部分资金作为应急备用金，专门为老人看病或应付家庭临时开支储备。

孙女士的学历是研究生，找到的工作收入应至少在3 000元以上。按照其家庭目前每月2 500元的支出来说，这一收入水平至少可以满足一家人正常生活。因此，孙女士在两年之内还是应该尽快找一份工作。

此外，孙女士的家庭负债过多，且没有存款。其中5万元的债务可在半年内还清。这样，40多万元的房屋贷款是一个需要考虑的负债问题。

假设这笔贷款的金额为45万元，按照目前贷款的利率计算，每月孙女士需要偿还3 500元；家庭每月日常生活支出为2 500元；赡养四位老人，每人每月按500元计算，共需支出2 000元；另外，商业保险费应占家庭收入的10%～20%，每月保险费支出3 000元较为合适。

根据分析，专家建议：孙女士每月有5 000元左右的收入节余，年节余6万元，其中1万元作为应急备用金存于银行，其他资金则可以投资收益较高的项目。

孙女士的先生想把家中所有资金都投入股票市场，这是极其危险的，俗话说"不能把鸡蛋放在一个篮子里"，一旦股票被套，家庭应付突发事件的能力将大大降低。建议多元化投资，分散风险。

由于孙女士的先生已经30多岁，正处于上有老下有小的时期，各种开销都会不断增加，因此应采取稳健投资的策略。建议股票投资份额应控制在总投资金额的50%

以下，其余部分可投资于股票型投资基金、货币型投资基金和债券，比例分别为：20％、20％、10％，也可选择一些银行的理财产品，收益相当于货币型基金及债券。另外，信托产品风险不大，年收益率可达4％左右，这也是不错的选择。

除此之外，孙女士的先生是家庭收入的唯一创造者，一旦发生意外，家庭将会陷入财务困难，因此要加大对他的投保力度，保额的确定可以以6个月的家庭生活开支数额为标准，主要投保意外伤害保险和大病医疗保险。

■ 白领置业三步走，月光族变投资族

30岁是人生精力最充沛的年龄阶段，也是人生财富的重要积累期。不同于父辈时的消费模式，没有了父辈时的福利分房，唯有努力赚钱改善居住条件。那么，该如何正确而巧妙理财，才能使自己置业无忧、养家不愁，真正做到三十而立呢？

第一步

"月光族"变"首付族"

理财法宝：掌握自身资金状况，确立理财目标，逐渐储备，积少成多。

第二步

"供楼族"变"理财族"

30岁白领选择置业时，不宜好大喜贵，应抛弃置业必须一步到位的思想，根据自身所能承受的范围，作出合理的决策。

第三步

"置业族"变"投资族"

近几年，银行、按揭机构相继推出许多楼宇按揭新的金融产品，能为置业者提供符合个性化需求的服务。

四、30多岁中高收入阶层的投资计划

目前,中国城市的许多家庭可以都被称作"中高收入家庭",这些家庭的年收入在30万元以上;其中有很多家庭拥有50万元以上的存款,这一"富裕"客户群实际占中国商业银行个人存款总额50%以上,且贡献了整个中国银行业赢利的一半以上。

一种变化表现在不断增长的财富正促成中国中高收入者投资态度和行业的变化。这种变化首先表现在"富裕"客户愿意在挑选个人金融服务产品时进行多方比较。在调查中,有73%的受访者认为值得投入精力去挑选个人金融服务产品,而这一比例在亚洲的总体水平仅为56%。同时,这些"富裕"客户愿意通过付费来获得好的个人金融服务的比例也高于亚洲总体水平。换句话来说,中国的中高收入者比较愿意为享受好的金融产品和服务而付出相对高的价格。

另一种变化表现在借款方面。人们越来越愿意向银行贷款,受访者中62%的人表示愿意贷款消费,这其中并不包括按揭产品,年轻受访者持此观点的比例竟高达93%。然而,目前中国的银行业不能满足这些贷款需求。麦肯锡的报告指出,中国中高收入者对目前金融机构的满意度比较低,仅有65%的受访者对目前金融机构满意,低于75%的亚洲总体水平,这一比例在亚洲受访国家和地区中排在倒数第三位。这些富裕客户已日益被外资银行吸引。

这些中高收入的家庭的投资规划一般集中在个性化的金融服务上,各种新型的金融产品和金融工具都是他们青睐的对象。所以,中国本地金融机构需要尽快建立零售客户风险评估体系,从各客户群和产品的赢利能力方面考虑。但现在多数银行缺乏业绩衡量系统,既不能确定谁是最佳客户,也不能衡量各客户群的赢利能力。另外,银行还需要细分客户,应特别为4%的"富裕"客户提供有区分性的服务。

五、30多岁高收入阶层的投资计划

据统计,家庭年收入若在20万元以上,将会增加旅游、教育消费和投资的意愿,收入6万~10万元家庭,有一半左右的人愿意增加旅游消费,然后是增加教育、家用电器、住房消费,还有购买计算机、家用汽车、通信工具、保险、健身娱乐的意愿。

高收入家庭在制定投资规划时,首先考虑的是汽车、住房、教育等。另外,高收入层次结构愿意把收入大部用于投资。有数据显示,无论现有投资或未来投资,高收入家庭大都把目标瞄准证券投资,如国债和股票。因此,在投资前要制订相应的消费计划和投资计划。

陈真是一家公司的副总经理,他的家庭月薪大约有2万元。为了能尽快拥有自己的流动资金,他将每个月约20%的收入存入银行,其他的自由支配,1年后,他就有了48 000元。

■中高收入家庭如何投资

中高收入家庭的投资规划一般集中在个性化的金融服务上，各种新型的金融产品和金融工具都是他们青睐的对象。可考虑下面的建议：

（1）储蓄。一般以每月15%的比例来安排自己的储蓄。

（2）股票和基金。这部分应适当调整。有了较安稳的规划后，财务也必须日趋稳定，你应用其中不大于40%的部分来投资股票和基金，减少相对风险。

（3）债券。可稍微提高此安全投资的比例，在25%左右投资。由于其风险较小，你即便多投资些也无妨。

（4）保险。此时仍可为5%。因为你的身体此时仍十分健康，突发疾病的可能性也较小，所以，适量保险即可。

（5）留下孩子的教育基金。可每月存5%～10%，以为孩子的发展早作准备，以免孩子的到来将生活秩序打乱。

（6）若仍有余钱，可适当考虑投资房产等。

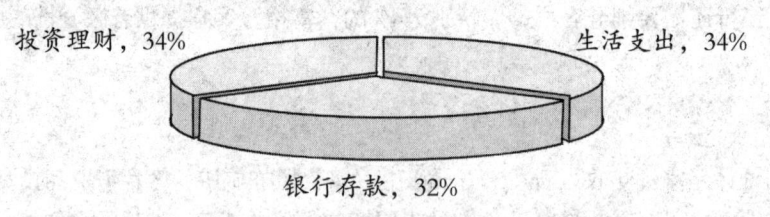

投资理财，34%　　生活支出，34%

银行存款，32%

他将这笔钱分成如下几类：

1.买股票：大约12 000元。因为他觉得，虽然股票投资风险较大，但收益与之是并存的，只要他抓准时机，挑好种类，就能带来高额的投资回报。

2.买保险：大约4 000元。与他同龄的年轻人对保险的认识都很肤浅，他却认为，保险对于保障自己和财富的安全至关重要。再者，购买保险也是一种较安全的投资方式。根据国家的税务规定，保险赔偿金不征收个人所得税，相对来说能享受到一些优惠。

3.买债券：大约6 000元。在他眼中，国债几乎没有风险，收益也不错。自己并不是太偏好风险投资，不想将太多的钱投资到股市上，但都存到银行又觉得浪费。拿这笔钱来投资债券刚刚合适。

4.定期存款：大约10 000元。他觉得，自己虽然收入很多，积累多，但也要有固定的资本，所以就选择了定期存款。通过计算，他发现短期的利率低，长期又怕资金活动受限制，而中期定期存款的利率比较合适，又能满足自己的需要，就将一部分资金定存。

5.活期存款：大约10 000元。他的收入高，但社交活动也多，花销也大，因此，他将这10 000元留作自己的活动经费。如遇到紧急情况，可解燃眉之急，且存取又很方便，能及时解决问题。

6.剩余的资金：大约6 000元。他想用于自身投资。平时想买些与职业相关的书籍，接受一些新的培训。另外，他还想考个注册会计师证，以方便自己以后的管理工作。这6 000元钱就派上了用场。

六、从二人世界到三口之家如何投资

爱情结晶的呱呱坠地，从二人世界到三口之家，你的生活又进入到了一个崭新的阶段。生儿育女是人生的一个重要任务，当今社会，把一个小孩抚养成人，可真是一件不容易的事情。除了费心费力外，各种开支，比如参加补习班、兴趣班等，教育经费高得惊人。子女教育支出大约占一生总得的20%以上。但究竟花多少钱，很难预料。准备子女教育金要尽早预算、从宽规划。由于通货膨胀和费用增加，孩子年龄较小的时候费用较低，随着年龄的增长，所需要的费用会越来越多，因此，要想使孩子受到良好的教育，从孩子一出生就必须进行规划。

在投资方面鼓励可考虑以创业为目的，如进行风险投资等。购买保险应偏重于教育基金、父母自身保障等。当孩子长大到18岁时，这一阶段里子女的教育费用和生活费用猛增，财务上的负担通常比较繁重。那些理财已取得一定成功、积累了一定财富的家庭，完全有能力应付，故可继续发展投资事业，创造更多财富。而那些投资不顺利、仍未富裕起来的家庭，则应把子女教育费用和生活费用作为投资的重点。在保险需求上，人到中年，身体的机能明显下降，对养老、健康、重大疾病的要求较大。

不少父母有了孩子后会考虑买车。购车要根据经济承受能力，不可冲动。应估算自己每月节余多少钱，是否有能力养车。车子并非越贵越好。购新车困难时，可考虑二手车。一般情况下，只要新车一"落地"，价值上就会打七折。成长期的家庭每月可能还要还房贷。如今宏观经济正处于高增长的年代，有钱并不一定急着还贷，完全可以利用房屋的杠杆效应，获得比房贷利率更高的回报。

如果你不想整日拼命工作仅仅是为了生活需要和应付购买奢侈品的储蓄，那么你应该先用你的收入去投资，再以投资的收入去购买奢侈品。这样购买奢侈品的欲望不但不会成为你财务危机的原因，反而会是增加你财富的动力。

■ 准备好，"二人世界"变成"三口之家"

当一个"二人世界"的家庭变成"三口之家"后，孩子就成为整个家庭的核心，资产配置和财务规划也将发生质变。

三口之家的理财规划

现金流规划	保险规划	投资规划	子女教育规划	养老规划
1/3 的收入用于紧急备用	以消费型保险品种为主	中庸进取型投资报酬率设定 7%	资金注重安全性和流动性	社保退休金＋理财房租收入

第三章

40多岁，资产结构调整需重视

一、步入不惑之年的人如何投资理财

40岁之后，步入"不惑"之年。家庭、工作和生活已经都已进入正轨，子女通常处于中学教育阶段，教育费用和生活费用开销很大；父母又面临年龄增大，需要准备就医等资金。在"上有老、下有小"的情况下，40岁人的家庭与年轻家庭相比往往应能够承受较大的风险和动荡。

1.理财目标定位

40岁以后，面临着退休的压力，不可能再像以前那样冒险投资。因此为了保险起见，可以分成4种理财渠道。第一种用于储备养老金；第二种用于准备大病费用；第三种用于旅游休闲；第四种用于为儿孙存留资产。

2.理财产品计划

40岁时投资理财产品应该以稳健为主，稳步前进。对于此前已经通过投资积累了相当财富，净资产比较丰厚的家庭来说，可以抽出较多的余钱来发展其他投资事业，比如再购买一套房产等。对于经济不甚宽裕，工作收入几乎是唯一经济来源但家庭拥有一至两套住房的家庭来说，在目前房屋租赁市场价格较稳定的情况下，退休后可以将这套房产出租，然后"以房养老"也是一个很不错的选择。

3.理财风险控制

就投资理财类产品而言，房产投资是较为保值、升值的，所以风险相较于其他投资类产品像股票、债券等要小很多，风险控制也相对容易些。

4.专家理财建议

如果在40岁投资房产，应注意的是在贷款买房时其贷款年限与成数可能不及年轻人那样高。另外，有什么样的收入水平就有什么样的支出水平，无论贷款者目前的家庭财务状况多么好，如果不能做一些提前规划的话，仍有可能达不到真正的"财务自由"境界。

二、人到中年：不惑之年求稳健

从年龄段看，20世纪六七十年代出生的人，目前多在45~55岁之间。这个群体经历了半辈子的努力，如今大都上有老、下有小。肩负的责任除了自身的事业与家庭外，还须面对儿女教育、老人赡养等一系列问题，可谓担子不轻。

■ 人到中年，如何让钱生息

4S理财，适合才是最好

理财有一个"4S型原则"，即适合的人群在适合的时间和适合的地点，购买适合的产品。所以，在购买理财产品前，需先进行相关的风险测评，再对产品进行选择。

5种类型产品各不同

谨慎型：可以选择定期存款、银保产品、银行系列理财产品、货币型基金等；

稳健型：可以选择银行系列理财产品、信托理财产品、债券型基金和相关产品、银行产品等；

平衡型：可以选择股票基金定期定额投资、包括债券类和股票类；

进取型：除以上三类外，还可以选择银行浮动收益型理财产品（如股权类）、券商集合理财产品（股票类）、实物黄金投资、股票；

激进型：以上所有4类产品、私募基金投资、股票、期货、炒汇、纸黄金……

中年阶段，人们理财的同时会多考虑子女的教育问题，而前期的积累会有部分一次性投入资金，那么应将中期与长期相结合，并为未来进行养老准备。当然中年阶段家庭的开支逐渐增加，因此保证家庭流动金的充足，也是很重要的部分。

因此，对他们而言，理财多以稳健为主，决不能贸然投资。毕竟人生尚有几十年，倘能合理规划、理性投资，最终小有收获，那么当属"成绩可以"。

如果用一个关键词来形容20世纪六七十年代出生的人，那就是——踏实。

杨阿姨现年45岁，因所在单位效益不好，加上身体状况欠佳，她两年前便待岗在家。尽管自己的工作没着落，但杨阿姨的丈夫早些年已辞去厂里公职，同友人一起下海经商，几年下来倒也收入颇丰。因此，一家人生活还属无忧。

不过，虽然家里有些"财力"，可一说到理财，杨阿姨却明显没有做到"与时俱进"。在她看来，钱放哪儿都不合适，只有存在"为人民服务"的银行，才是最保险的。

"虽说这几年老公的生意还不错，但他挣点钱也不容易，辛辛苦苦常往珠海那边飞，一去就是个把月。家里的生计、孩子的学费，基本都靠他辛苦赚来。都说投资有风险，所以我一直认为，把钱存在银行里收利息最安全。"在杨阿姨眼里，有了钱就存银行，堪称唯一的理财法宝。

杨阿姨就是这么直白："20年前，根本就没有证券公司和基金公司，金融机构除了银行就没有其他的了。大家有点钱，除去日常开销都拿去储蓄，延续到现在也没啥不好嘛。只可惜现在的存款利息太低，跟以前没得比，而且还要缴纳利息税。如果存个活期，还真拿不到多少利息。"看来在存钱上，杨阿姨还是有那么点"小小遗憾"。

其实，像杨阿姨夫妇这般准退休族，要实现在风险控制的前提下获得稳定收益，基本方法之一当然是分散投资。除了存款储蓄，杨阿姨大可购买一些各大银行推出的人民币理财产品，以另获收益。

此外，国债、货币市场基金等亦不失为良好选择。更重要的是，既然杨阿姨身体状况欠佳，那么买一份保险就显得相对重要，不妨可以考虑选择一些"实惠"的险种投保。更何况当今保险所具备的功能，除了保障外，亦可做储蓄、投资、避税之用，何乐而不为？

三、40多岁人的最佳投资组合

40岁，是人生的黄金阶段。事业也好，家庭也好，都处于人生的巅峰状态。目前绝大部分到了40岁的人，把自己的眼光更多地投向了如何提高生活质量上，把更多的资金储备用于子女的未来教育。但会想到15年或是20年后，自己凭什么退休的人还比较少。

在经历了20～40岁这20年来的春耕夏种，已届不惑之年的人们，必须通过各种投资途径让自己的退休金增值，否则就可能来不及了。

在稳健理财的基础上，追求更高的资金使用效率也是相当重要的，这一任务不妨交给证券投资基金来完成。具体来看，作为养老金的投资工具，无论是投资风险还是投资期限，指数基金和平衡型基金都可以登上推荐榜的首位。

投资于股指类基金，不仅获取了投资一揽子蓝筹股的机会，而且减少了为选个股而伤脑筋的事情。

此外还可以考虑的基金品种就是平衡型基金。这种基金，资金动态地配置于股市和债市之间，所以能更加充分地发挥股票和债券两方面的投资优势。进可攻，退可守，"睿智擒牛、从容斩熊"，在养老金的投资组合中，能起到提高长期投资收益的作用。

实际上，只要注意积累，多数40岁的中年人都可以攒下相当可观的养老金。但是不少40岁人却并没有这样做，主要的原因可能是积累养老金与筹划子女的教育经费发生了冲突。

"目前，还是把子女教育作为家庭财务的首要吧。在人才竞争激烈的社会，子女没有点教育资本，怎么立足于社会啊？养老的事情还远着呢，不如等子女念完书再想这个问题。"

以上看法代表了很多40岁人的观点。他们把自己的财务天平倾向了子女教育金的筹划上，自己的养老账户则成了一个留到以后再说的话题。

收入比较有限的40岁人的家庭，不妨扳回自己的财务天平，更多地倾向于自己的退休养老账户。而子女的高等教育费用甚至留学费用，不妨鼓励孩子采用银行助学贷款、打工等形式获得。

四、40多岁人如何投资购房

胡先生，40岁，资深国企员工，月薪8 000元，年终奖金10 000元。胡先生的妻子刘女士，38岁，私企一般职员，月薪3 500元，年终奖金6 000元。他们的女儿萱萱，10岁。

胡先生一家是二线城市普通的工薪家庭，现有银行存款85万元；家庭住房一套，两居室60平方米，价值86万元，购房贷款已全部还清。胡先生单位为其缴纳了三险一金（养老保险、医疗保险、失业保险和住房公积金），刘女士公司为其购买了三险，两人均没有购买商业保险。目前胡先生想要购置一套房产作为投资，但是看到当下媒体对房价是涨是跌争论不休，他也担心自己投资失败。以胡先生为例，我们分析一下其投资策略。

胡先生想选择房产投资方式作为家庭资产增值管理的主要途径，不妨参考以下意见：

正如胡先生所想的，房产投资存在一定的风险。针对胡先生的家庭情况，最好选择房产投资中风险较低的投资品种。新房因为配套设施较新，所以购买和出租的价格较高，但是其物业费、采暖费昂贵，使得房屋的运营成本较高。同时随着楼龄的增加，价格的下降较为明显。二手房购买和出租的价格较低，物业费大多数情况下没有或很低，运营成本较低。并且由于本身的租金较低，租价下降的空间非常有限，租金收入相对稳定，在正常情况下，租金呈缓慢上升趋势，其风险是最低的。

如果选择二手房投资，应尽量选择面积小的房子，目前市区租价为每月2 000元左右的房子多为此种情况，出租率都非常高；另外交通方便、靠近主干道路或繁华商圈的房子也容易租得一个好价钱。所以建议胡先生购买一套50平方米左右小户型的市中心区域位置较好的二手房，房屋价格不超过70万元。

保守估计上述房产每月租金为2 000元左右，扣除可能的空置情况和房屋维护修缮费用，平均一年中每月租金收入1 800元，每年租金收入为2.16万元。

在子女教育上，胡先生家计划让女儿在国内读完大学后到加拿大继续研究生教育，那么萱萱的教育费用为本科四年每年1.2万～1.5万元，硕士两年每年20万元，共计46万元左右。所以胡先生应该为女儿开设教育储蓄账户，从现在开始为孩子进行为期12年的教育储蓄，每年投入3.8万元，到女儿大学毕业时取出。

在其他投资方面，一般来说胡先生家应准备3万元的应急基金以备不时之需，分为银行活期存款1万元，1年期存款2万元。剩下的资金可以选择一半投资于国债，另一半投资于好的平衡型基金产品。

五、40多岁人的投资计划

如今房价高高在上，一些40多岁工作稳定的家庭暂时打消了购房的想法，转而想在火爆的资本市场中试一试身手，博取一些投资收益。

李先生是某公司部门主管，夫妻双方均收入稳定，没有买房，有一个年纪尚小的孩子。最近李先生家有一笔50万元的定期存款到期，由于暂时不想买房子，因而想拿这笔钱做一些投资。

面对这种情况，理财专家建议：

（1）由于李先生是一个三口之家，又没有买房，所以买房必定是将来无法回避的一笔大额开支。再加上孩子今后的教育开支，以李先生目前的情况，即使是属于中等收入家庭，其风险承受能力也是有限的。因此李先生首先需要注意的是控制投资风险。所以，家庭应急备用金及应付意外等大额开支的资金要留足，剩余资金再考虑投资。

（2）采取分散投资的方式，风险较低的理财产品如债券型基金和银行理财产品等至少要占投资组合的20%，基金组合中可适当配置指数型基金和封闭式基金。关于孩子的教育基金，可采取教育储蓄和基金定投的方式来解决，为孩子积累大学教育金。

（3）剩下的钱可适当购买必需的保险，如夫妻两人的健康险、重大疾病险，意外险等；在孩子身上的投入除了购买一些儿童住院保险、医疗保险和意外保险外，还可以每年投入8 000元左右，为孩子购买一份教育基金。

需要注意的是，许多家庭都把投资理财当作是暴富手段，这是一个严重的误区。理财不可能让你一夜暴富，而是一种生活方式，不要看着别人在股市中赚钱就眼红。对于绝大部分人来说，应着眼于长期增值，抵御生活风险，保护和改善未来的生活水平，达成多年后养老、子女教育等长期财务目标。

李钠今年43岁，是一位个体经营户，年收入约30万元，"上有老下有小"，其妻38岁。每月全家支出约5 000元，没有购买任何商业保险和人身保险。目前有存款40万元，20万元在股市，10万元买了基金。

针对类似情况，有以下理财建议：

（1）投保宜选终身保障型。李钠和妻子都没有保障，建议他和妻子预留年收入的10%～20%资金作为家庭保障的支出，选择缴费10年，风险保额高，有重大疾病险且分红，既理财又兼顾保障的双重保险产品。保险专家建议，这个年龄段的保险需求除了意外、健康之外，还有理财的需求。投保健康险时，要考虑"有病治病，无病养老"的终身保障型险种，这类险种具有长期投资回报、可灵活支配的特点。

（2）教育规划，合理投资。在家庭投资中，子女教育投资是不可或缺的投资，所选产品应具有收益可预见性、获利性和抗风险性等特点。建议李钠选择交费3～5年、收益性高的分红产品，通过红利分配、复利滚利获得较高的收益。

此外，投资基金，李钠可选择风险相对较小的配置型基金，如保康消费品基金。养老金因期限较长，风险承受能力稍强，可在配置型基金之外搭配部分股票型基金。

第四章

50多岁，投资方向转移是重点

一、50多岁，抓紧时间赚取最后一桶金

在大都市中，50多岁的人是最最普通的一个群体，普通得容易让如今时尚潮流中的年轻人将他们遗忘。如果你终日只是穿梭于高档写字楼和繁华商业区之间，如果你不仔细观察，很难发现还有这样一群人散居于城市的各个角落。他们年过五旬，赚钱能力有限，夫妻一方或双方都曾有过下岗的经历，儿子或女儿总是有一段长时间睡阳台或灶间的记忆，夫妻俩从来没在大商场里买过衣服，尝试过股票投资却深"套"其中。但他们和同龄的公司高管、大学教授们一样，也面临退休养老的问题。有所不同的是，由于这一群人的物质基础较薄弱，他们的养老问题更为棘手。

1.收入低来源少保障不足

54岁的崔爱国和52岁的妻子黄敏就是这样一对收入较低的"准退休族"夫妻。崔先生是一家中型国有企业的工人，目前每月工资3 300元，60岁退休后每月养老金为2 550元。黄敏去年因为集团改制后就待退在家了，待退工资是2 020元，55岁正式退休后每月可领2 250元。而全家每年的日常开支维持在3万元左右，加上孩子的学杂费、日常看病的自负部分等，每年的总支出差不多要4万元。也就是说，如今他们每年差不多能省下2万元左右。

2014年儿子考上了应用技术学院并在学校寄宿后，夫妻俩才终于尝到了"二人世界"的滋味。崔家离儿子的学校较近，都在杨浦区，是一套一室户的老公房。除了这套产权房，崔爱国夫妇20多年来省吃俭用，攒了40万元钱，主要为儿子将来结婚准备着。

两人虽然都参加了所在单位的社会医疗保险和社会养老保险，但无任何商业保险。黄阿姨的身体本来就不好，高血压和偏头疼困扰她多年，今后夫妻两人还可能患上各种重大疾病，但社会医保的覆盖面毕竟有限，不能完全应付生病支出，用药等也有限制。对他们这种低薪"准退休"族群而言，至今没有储存一份专门的重大疾病医疗金是最为头疼的。

2.想用家产帮助孩子成家

"宁可苦自己，不肯穷孩子。"这是崔爱国多年来一贯的想法和做法。好在崔家的儿子还算比较懂事，虽然从小到大成绩并不是班里最好，但也懂得体贴家里的难处，很少要求父母给自己穿戴一些价格昂贵的衣服，而且中专毕业后直接升到了大专。

"虽然儿子很懂事，说过工作以后不会再要我们钱。但现在社会竞争激烈，工作也比较难找。明年他毕业后刚开始的收入肯定也不会高，因此我和他妈商量着家里的存款就不要去动它，只等到时候帮儿子一把，无论是找工作还是结婚买房。"崔爱国眼神中流露出淡淡的无奈，但更多的是一种坚毅的父爱和对儿子未来前途美好的向往。

可面对目前的高房价，崔爱国也显得有点无能为力，40万元钱在郊区也只能买二三十个平方米的住宅，儿子大专毕业后收入也不会太高，贷款买房短时间内肯定是买不起的。唯一的办法就是将现在住的房子让给儿子当婚房。可把房子让给儿子后，自己上哪去住呢？难道真的要去养老院吗？虽然现在也在提倡进养老院，但条件较好的养老公寓和养老院每个月收费都在2 000元以上，如此一来退休金就全部贡献给养老院了，自己的零花钱去哪找？再说，他们还没过60岁，并不觉得自己有必要去养老院和七八十岁的老人们生活在一起。

3.抓紧时间赚最后一桶金

崔爱国觉得，要想让自己过得好一点，要想能对儿子有所帮助，关键是要增加家庭的收入，他考虑过让妻子去开个小店，做点小买卖，但因为没有这方面的经验，他们怕蚀本，所以至今没有行动。

前一阶段有一家便利店招营业员，黄敏去应聘并被录用，但干了几天她就觉得吃不消，干了一周就病倒了，最后只能不干了。现在她每天去证券公司看看行情，可轻易不太敢买股票，每次也都只买100～200股，做了几笔交易，输赢都不大。

她也考虑过去做家政服务员，反正儿子平时不回来，家里也没什么活要干，还不如去帮别人家去干点家务，赚点外快。可真到要行动的时候，她又犹豫了。以前，在工厂当工人，虽然清苦，但还算体面，毕竟是工人"老大哥"。现在，去外面给人做家政服务，自己能拉下脸来，儿子的脸往哪儿放。不过，听说市场上"阿姨"供不应求，薪酬水平也较高，她还是有点动心。而儿子对于妈妈的想法并不太支持，他说："妈妈的身体本来就不好，出去做家政是很辛苦的，没有好的身体根本坚持不下来。我明年就毕业了，找到工作后不仅可以养活自己，还可以补贴家里，用不着妈妈出去受累。"

崔爱国夫妇的想法代表了现在一大批家长的想法，无论自己多苦，也要帮孩子一把。但老实说，现在房价高涨的情况下，像老崔家这几十万元的存款，有点"杯水车薪"的意思。还不如留着给自己养老，尤其是作为医疗费用的基础金，减少孩子们将来的负担。

对于手中只有一套小屋，而没有任何其他资产的"准退休族"而言，更要守住

■ "空巢"老人如何理财才能安享晚年

"空巢"老人,是指子女长大成人后从父母家庭中相继分离出去、只剩下老年人独自生活的家庭。儿女都不在身边,自己又缺乏经济保障的"空巢"老人们该如何理财,才能安排好自己的晚年生活呢?

一、确定留存活期额度

很多"空巢"老人觉得子女不在身边,喜欢把钱都活期存入银行,觉得方便,以备不时之需。存活期是好的,但如果闲钱较多还要有一部分放在其他投资上。

二、投资策略以稳健为主

对于"空巢"老人来说,也要学会适当的购买理财产品。不能坐吃山空。但是,由于目前没有什么进项,所以投资应以稳健型的债券基金为主。

三、补充保险金比例

由于年龄相对较高,购买健康保险特别是重大疾病保险会受到身体条件的限制,难度较大,因此可以增加购买意外伤害医疗保险的比例。

自己现有的房产。这套房子有点像"命根子",比子女更为"保险"。我国目前正在积极酝酿"反向抵押贷款"政策和实施细则,对于低薪的"准退休族"而言,手中的房产能在将来派上大用场,在社会养老金不足以支撑自己生活必需的时候,可以将房产反向抵押取得现金流;在社会养老金能维持自己的基本生活情况下,也可以用这套房子来"换钱",稍微提高一下自己的生活水平,或作为大病医疗金和长期看护费用。

50多岁如果内退在家的人,应该趁着自己还年轻,能干一点是一点,不要太计较面子问题,现在去做家政服务应该是不错的选择。开始的时候可以少做一点,如果体力能够支撑再多做一点,按照目前的市场行情,做家政每个月可以有3 000元以上的收入。

在抓住最后的时机积累财富的同时,一定要提醒这批"准退休族",要学会对自己好一些,不宜太过劳累,健康的身体就是为自己省钱为子女省心。老年不生病、少生病,也就"减免"了一半的养老需求。养生其实是养老的最高境界。

二、50多岁如何实现儿子结婚、自己养老的计划

50多岁,由于自己的工作能力、工作经验、经济状况都已达到了最佳状态,加上子女开始独立,家庭负担逐渐减轻,因此,最适合积累财富,理财重点应侧重于扩大投资。但由于已进入人生后期,万一风险投资失败,就会葬送一生积累的财富。所以,在选择投资工具时,不宜过多选择风险投资的方式。

张小强今年50岁,和妻子两人的银行存款共15万元,股市上有10万元,亏损20%左右。有50万元贷款给亲戚做生意,每年有10%的利息收益。两人除了单位的基本保险外分别购买了意外保险。张小强每月工资6 000元左右,妻子3 500元~4 000元,家庭每月带水电吃穿共消费3 000元左右,现在居住三室一厅,108平方米,目前市价在100万元左右。

2014年7月,张小强的儿子和其未婚妻开始上班,两人每月共有7 000元左右的收入,如今,张小强夫妇开始为儿子准备结婚事宜。

张小强的理财目标是:

(1)为儿子购置新房。

(2)准备儿子婚事所需的花费。

(3)做好老夫妻俩的退休规划准备。

家庭情况分析:

财务状况:月均收入9 500元~10 000元

月均基本:支出了3 000元

资产情况:有一套市价100万元左右的自住房

银行存款：15万元

股市市值：8万元

生意投资：50万元，回报率10%

投资建议：

张小强目前的投资方式不是很多，而且其中借给亲戚做生意的资金占了50万元，比例较大，不利于分散投资风险。张小强夫妻俩的月均收入比较可观，基本支出只占收入的30%，但是夫妻俩目前处于一个很特殊的人生阶段——前空巢阶段，孩子即将成婚，有大笔的婚前支出预算。

目前社会上很多人谈"婚"色变，结婚的成本也随着房价和物价上升而不断提高。张小强一家为准备儿子的婚事承受了巨大的财务压力，买房和婚礼筹备的支出迫在眉睫。张小强和未婚妻也已经有了稳定的月收入，可以为父母减轻部分压力。所以张小强一家的理财规划重点应侧重在以下两点：儿子婚前包括购房规划、婚礼筹备的一系列财务规划，以及儿子婚后老夫妻俩自身的退休规划。

三、50多岁"准退休族"如何谋划未来

古人云："五十知天命。"走过了人生最高潮、最精彩的阶段，50岁过后的人们慢慢走向人生的收获期，期待着美丽的人生夕阳，他们的生活状态有一些共同的特点：

1.生活经历动荡盼安逸

目前50~60岁年龄段的人们，他们与时代"同呼吸、共命脉"，经历过社会巨大的变迁。他们中一些人上山下乡插过队，返城后，有些人当上了工人，有些人成为恢复高考后的第一拨大学生，并留在高校成了高级知识分子，还有些人赶上"洋插队"从海外镀金回国做上了公司高管，另有大批人为了祖国经济建设的转轨转制而"下岗"失业。

2.生活状态趋稳筹养老

随着儿女们的逐渐成长、自立甚至组建起自己的小家庭，年过半百的人们处于从家庭稳定期逐步走向空巢期的阶段；在事业上，50岁上下的人们一般工作能力、工作经验、收入水平都已达到了高峰状态，退休之前的5~10年，无论是职位还是薪水，一般人已经不会再有大幅提高；家庭经济状况上，债务一般也已逐渐减轻甚至全部偿还，生活开销基本不愁。

3.高收入阶层重在资产增值

对于高收入、高储备，以及一些中等状态的50岁人群而言，其投资项目应该以国债和货币市场基金为主，尽管这些产品的收益可能仍旧无法完全抵御通货膨胀，但其收益稳定、风险较小、利于变现的特点比较适合老年人。尤其是货币市场基

金，这个作为储蓄替代产品的投资项目其收益率通常高于银行存款利率，而且可以随时取现，是保守投资的首选工具。

4.中低收入群切忌高风险投资

对于中低收入的准退休家庭而言，切忌进行股票、外汇等风险性较高的投资行为。不少人在50岁左右就办理了内退或各种形式的退休，生活重心一下子没了着落，于是很多人选择了股票或外汇投资作为自己业余生活的主要寄托，同时希望从中多多筹备一些养老费用。但实际情形是，过去几年股市低迷至今让许多老人非但没有"赚到小菜钱"，反而把自己的养老金深"套"其中。

对于中等基础的人群而言，目前拥有一套便于出租和变现的小户型房产还算是一个比较好的养老储备渠道。

四、"准退休族"：一技在手，退休无忧

在"准退休族"中，有一批"幸运儿"，他们是改革开放时期的第一批青年人才。经过30多年的打拼，他们要么走上了领导岗位，要么成为技术骨干。在上海，他们的年薪一般在30万元以上，有些还有公司的股份等。他们不太将未来生活寄托在单位发的退休金上，因为几千元的退休金无法维持现在的生活质量，他们更看重的是自己的资产——存折上的余额、股票的市值，当然还有房产的市场价格，对他们来说，重要的不是继续让这上面的数字增值，而是这些数字怎样让自己更舒适、更快乐地走完人生的后半程。

张建民就是这样一个让人羡慕的"准退休族"。55岁的他是上海某大学的博士生导师，平日里除了周三、周五有课的时候出现在学校，大多数时间也是在家里搞研究，写些学术性论文，或者很潇洒地和自己的学生在网上交流。张教授如今的月薪14 000元左右，再加上各种各样的津贴等收入，张教授的月总收入在20 000元以上。他的一个学生更是向记者透露，这些收入不过是张教授总收入中的一部分，由于在业内享有较高的权威，张教授主编的系列教材已经成为考研、考博的必读书目之一，单这一项每年分得的稿费，就达到100 000元以上。另外，张教授还经常外出为一些大公司做技术咨询，有一笔不菲的咨询费收入。

问起退休以后的打算，张教授还显得有一些的茫然："退休？好像很遥远的事情啊！"

的确，张教授在升为博士生导师之后，其退休年龄就自动延长到65岁。而且由于学术上的成就，张教授极有可能被本校或者其他学校返聘，在65岁之后继续带博士生、上课，维持这样的收入也丝毫没有问题。张教授还有一项拿手绝活，那就是精通日文和英文。"我可以把日文和英文的技术手册对翻，这可不是一般人能做得了的，现在我是没时间，等退休了，时间富裕了，赚点外快还是挺容易的。有几家

日本公司就找我联系过相关业务，我都以时间不够拒绝了。"

张教授的太太过去是某报社的编辑部主任，如今退休在家仍然没有"封笔"，报纸杂志上不时有其文章出现，加上退休金，一个月的收入有10 000多元。

由于工作忙，张教授不太喜欢投资，家里现在住的还是单位分配的一套3室1厅的房子（产权已经买下来了）。这几年上海的房产市场这么好，也没有促使他们再购置房产。张教授家中的主要资产就是银行存款，但张教授对于有多少家财口风很紧，我们只能根据其收入和支出情况来进行推算，考虑到他们有能力一次性支付购买别墅和计划周游世界，估计家庭存款在1 000万元以上。而张太太却对投资颇有兴趣，喜欢时不时玩玩股票，这几年也有50万元投进去。但自从股市2 200点下来之后就缩水到20万元左右了。"我都没什么信心了，打算'割肉'出来到苏州买别墅去。"张太太说。除了股票，他们不再有其他任何投资。至于保险，用张太太的话说"一直想买，也没找到合适的"。他们也担心退休之后生病，但好在攒了一笔养老金，就准备着来应付医院了。

两人只有一个儿子，已经结婚，并在去年生下了一个小孙女。尽管张太太一再说儿子不够优秀，但在普通岗位上兢兢业业，所得收入能维持生活，夫妇俩也表示满意。儿子在有了孩子之后，原来两室一厅的住房显得有点紧张，曾吞吞吐吐地向父母表示想换一套大点的房子。为这件事，老两口差点起了矛盾。张太太说："我的意思是家里反正有存款，买一套送给他们算了，孩子赚钱也辛苦，但我先生不这样想，他觉得年轻人应该自己奋斗，给他买套婚房已经足够了，再买一套实在说不过去。"

关于养老，他们并不指望儿子了。"生孙女的时候我就跟他们说好，不帮他们带孩子，同样我们老了也进养老院，或者在家里请保姆，不要他们养老。"张太太话说得干脆。

张教授夫妇规划的退休生活着实让人羡慕。他们能这样规划的一个重要前提是夫妇俩都有一技之长，这种专业技能保证了他们在退休后，能在各自岗位上发挥"余热"，从而维持现在的收入水平，也就可以维持现在的生活质量。除了大学教授、高级工程师、公司高管、资深记者或编辑，不少50多岁的人们处在这样的岗位上。在这个知识经济年代里，他们利用自己的专业技能和管理经验为社会忙碌了大半辈子，也为自己"挣足"了薪水和福利，奠定了今后养老的坚实基础。对他们来说，退休不是一件让人担心的事，而只是收获劳动成果的时候。

享受当然是重要的。但反观张太太的退休计划，仍然有几点需要调整，比如说在给儿子买房的问题上。正如张教授所言，儿子长大独立生活之后，夫妇俩的确没有必要帮儿子付清全款，这样一来会耗掉自己多年的积蓄，影响其他方面的退休规划。如果想在资金上拉儿子一把，张太太完全可以先帮儿子付清房款的30%首付，然后让儿子自己去每月偿还银行贷款。省下的资金，张太太就可以尽情去挑选佘山的别墅,而不会有财务方面的困扰了。

另外从股市里"割肉"的想法也有些唐突。张教授退休之后还可以继续工作,即使不工作也有版权费、稿费之类的收入进账,两人在维持生活质量上应该没有问题,当然也就不需要把股票折价抛掉了。尤其现在股市处于历史低点,等市场转好再抛出说不定还有获利。

人老最怕"病来磨",尤其是对于高薪准退休族来说,紧张或者无规律的生活状态,巨大的工作压力都无可避免地留下一些"职业病",或许你现在毫无感觉,然而一旦在退休后发作,总会带来一些经济上的被动。保险是应对这种风险的较佳策略。

如果在退休之前,子女皆已成年、房屋贷款也都付清,各项的人生及家庭责任亦已经完成,在风险管理方面,就可以完全依照个人的需要来规划。一般而言,这个时期应重视更周全、保险金额更高的住院医疗保险、重大疾病保险及防癌保险等。由于住院医疗保险多是附加险种,准退休族可以选择一些万能险作为主险,然后根据自己的年龄和身体状况,适当调整其中保障和投资部分的比例。值得提醒的是,50~60岁的人,在保险方面的风险评估上,属于高风险的族群,其保费的结构中"风险成本"所占之比例特别高。

■老人理财防止被忽悠

五、50多岁"准退休族"要注意

对于50多岁的"准退休族"而言,退休不再是遥不可及的事情,在准备退休的过程中,以下4点是需要大家加以注意的。

1.对子女"自私"一点

"准退休族"最大的问题就是对子女过于"慷慨",一切都为子女着想,不仅供他吃,供他们穿,供他们上学,子女工作后还要资助他们买房;有了第三代后,还要帮着子女照顾小孩,这自然也少不了要贴钱。而对自己却过于"吝啬",只要是子女有需求,当父母的总是有求必应,而用在自己身上的钱则少得可怜。因此,"准退休族"现在就应该"自私"一点,先安排好自己的养老金,再去帮助子女解决困难。只有自己不成为子女的负担,才是对子女最大的帮助。

2.投资要安全一点

"准退休族"在投资方面要遵循安全第一的原则,因为他们手里的资金是未来的养老钱,如果因为投资失败而受到损失,将影响到退休后的生活。由于距离退休的时间不长了,他们缺少像二三十岁的年轻人能够从头再来的机会和时间。

对于"准退休族"来说,债券是一个值得关注的品种,尤其是国债,由于收益

■ 退休规划要做好,银发族理财有十诫

> 所谓理财,是合理地安排各项投资,赚钱并不是理财的全部意义,理财的终极目标是过上更好的生活。特别是老年人,退休后并无太多稳定的收入来源,要好好安排理财计划,特别是避免踏入一些常见的投资理财误区。

银发族投资易陷误区

1. 切莫轻信他人
2. 莫贪图高利
3. 不要盲目为他人担保
4. 别太多涉足高风险投资
5. 保险不宜买太多
6. 投资不宜过于单一
7. 理财不可以没规划
8. 避免无计划消费
9. 切记压上毕生积蓄投资
10. 莫忌讳立遗嘱

稳定，而且又能够保底，所有选择合适期限的国债进行投资，可以获得高于银行储蓄的收益。另外，资金比较充裕的"准退休族"还可以考虑投资一些租金收益较高的房产。

3.身体要健康一点

俗话说："有什么别有病，没什么别没钱。"如果到退休的时候，病魔缠身，有再多的钱也无法享受。反过来讲，如果不生病，就可以节省大量的医药费开支，相应也减少了对养老金的需求。因此，"准退休族"在工作中更应注意劳逸结合，保养好自己的身体，为退休后的生活奠定基础。

4.技能要多掌握一点

在"准退休族"中，最不怕退休后没钱花的就是那些有一技之长的人，因为当他们需要钱的时候就可以通过自己的技能获得财富。有一位老人，他退休后就靠卖冷饮过日子。由于他经营有方，利润可观，几个子女反倒成了他的帮手，有的帮他进货，有的帮他送饭，有的帮他收钱，而他只要在那里吆喝两声生意就来了。赚钱了，他还愁自己的生活没着落吗？

前文的张教授和张太太，他们都有自己的专长，即使退休了，也有很多赚钱的路数。从这一点上看，技能的储备和资金的储备同样重要。以前有句话叫"活到老，学到老"讲的就是这个道理。

第五章

60多岁，养老理财两手都要抓

一、银发族的两大麻烦

人们可能要问，未来一个人要准备多少钱才够养老？一般说来，养老的费用主要由两部分组成，一是日常开支，二是医疗费支出。究竟准备多少钱才够养老呢？国际上常用的计算方法是：通过目前年龄、估计退休年龄、退休后再生活年数、现在每月基本消费、每年物价上涨率、年利率等因素来计算。

需要准备的养老金=退休后每月基本消费×估计退休后生活年数×12，其中，退休后每月基本消费=现在每月消费×（1+每年物价上涨率）的N次方。N=估计退休年龄－现在年龄。

举例说，如果你现在的年龄是25岁，估计退休年龄55岁，估计退休后再生活年数25年，现在距离退休还有30年。假设您现在每月基本消费2 000元，每年物价上涨率5%，年利率3%。退休后的每月基本消费（保持相当于现在2 000元的消费水准）为：2 000×4.322＝8 644元，退休后再生活25年所需养老金总额为：8 644×12×25＝2 593 200元。（备注：4.322是根据30年来累计物价上涨率计算得出，1.05的25次方就是4.322。）

你可以参照上述公式，根据自己的年龄和消费情况，计算出你可能需要的退休金，然后把退休时可拿到的社保金算出来，这两者之间的差额，就是自己要准备的退休金。由于医疗费用的不可预知，上述公式只是一个普通生活状态下的基本生活费用匡算，如果要考虑重疾风险，再增加一些高消费支出，所需养老金会再增加不少才行。

43岁的孙先生和同龄的王太太收入丰厚，年薪加起来26万余元，年终还有总共50万元的奖金。其女儿今年念初中，准备6年后出国深造。家庭每月开支在8 300元左右，夫妻俩分别投有寿险和意外险，女儿也投了一份综合险，加上家庭财产险等，每年的保费总支出为3万元。除去其他各种不确定费用3万元左右，每年能有约44万元的现金流入。

孙先生家有一套现值为150万元的房产，用于自己居住。夫妻俩没有炒过股，也没有买过基金或债券，余钱基本上都存进了银行，现有活期存款5万元，定期存款40

万元。夫妻俩对养老生活要求较高，希望至少不低于现在的生活质量，并且由于两人身体都不好，他们希望10年后能够提前退休。

孙先生夫妇养老规划总的来说应该以稳健为主，稳步前进。针对这一年龄阶段的特点，专家指出，应该分三步制定未来的养老计划。

1.估算需要储备的养老金

日常开支：孙先生家庭目前每月的基本生活开支为8 300元。假定通胀率保持年均3%的增长幅度，按年金终值计算法，退休后孙先生家庭要保持现在的购买力不降低的话，老两口总共需要支付167万元的费用。

医疗开支：由于孙先生夫妇两人身体都不好，又没有购买任何商业保险，因此医疗方面的开支将是老两口最重要的一项开支。假定两人退休后平均每人每年生病4次，每次平均花费3 000元，那么27年看病的总花销就是64.8万元。身体不佳，每月的护理费更是少不了的，假定每人每月护理费为1 500元，那么27年总共需要的护理费是97.2万元。如此一来，孙先生夫妇的养老金中仅医疗需求就达到了162万余元。

旅游开支：假如平均一年旅游2次，每次平均花销1.5万元，总共需要的旅游费用为81万元。

因此，孙先生家庭需要的养老费用大约是410万元。

2.估算未来能积累的养老金

我们来看看孙先生和王太太从现在到80岁总共能拥有资金用作养老资产。

孙先生夫妇的收入来源比较简单，主要来源于以下两个方面：

工资收入：孙先生和王太太目前离退休还有10年，10年中能积累的工资收入为22 000元×12月×10年，即264万元，加上10年的年终奖金50万元×10年即500万，总共是764万元。

存款收入：假定年平均利率为3%，按照复利计算，孙先生的定活期存款45万元，存37年后本息总计为134万元。

因此，我们假定上述共计943万元的总收入当中有30%可以留存下来用做养老，那么，夫妇两人能够为自己积累的养老金就是283万元。

3.估算养老金的缺口

需要储备的养老金减去能够积累的养老金，得出的结果是相差127万元。

所谓"量入为出"，有什么样的收入水平就有什么样的支出水平。从上述的案例中可以看出：孙先生一家虽然资产雄厚，但要高质量养老，仍有不小的资金缺口。这就提醒我们，无论你目前的家庭财务状况多么好，花钱不愁，但如果不能做一些提前规划的话，仍有可能达不到真正的"财务自由"的境界。

二、养老规划，先问自己三个问题

人在人生的不同阶段面临不同的理财需求和理财目标，而养老规划是人生理财规划中最重要的一部分，在理财规划中排在首位，是每个人都要面对和必须考虑的事情。退休后能够过富裕、有尊严的生活，无忧无虑地享受晚年的金色时光，需要未雨绸缪，尽早开始养老规划。

■老年理财，保本为主

老年人面临退休和健康状况恶化的局面。应该以保本为投资目的，手中的大部分资金应该用于投资较高比例配置债券类产品。

基金
基金业内人士建议，将要退休和退休人群比较适合购买基金，比如成长型基金、平衡性基金、债券基金，等等。

保险
老年人应该拥有一定的意外险和重大疾病保险等医疗保险，如果在年轻时期没有投保，现在才开始投保，则要特别注意重大疾病保险的缴费期问题，最好能采用分期缴付的方式。

与其他阶段性的理财需求不同，养老规划是一个长期规划，越早开始越好，即使开始规划的时间晚了，也总比等到退休才考虑养老问题要强得多。在开始养老规划前，不妨先问问自己以下3个问题，将有助于进行合理的养老规划。

（1）准备活到多少岁？人人都希望长寿，做养老规划时，不妨将寿命预计久些，假定100岁。

（2）享受多少年的退休生活？这取决于你想什么时候退休，很多人希望早日实现财务自由的目标，无须工作还有足够的收入，尽情投入自己喜欢做的事情。假定50岁退休，用100－50＝50年，数字很诱人，然而这个数字越大，你要承担的退休成本就越多。

（3）退休以后享受什么样的生活？退休后应酬费、服装费和交通费等项目会减少，而医疗费会相应增多，如果想在退休后维持现在的生活水准，这个数字还是蛮大的。假定包括生活成本、医疗费用等再内，每月的生活成本约为5 000元，则每年平均需要6万元。

三、老年人如何打理自己的财产

老年人理财只在于一个字——稳。随着现在社会老龄化形势日益严峻，使得一对中年夫妇要赡养两对老人，并抚养下一代，任务变得更加艰巨了。很多老人希望能自己打理自己的财产，不给子女增加负担，所以老年人也有了"以钱生钱"的投资需要。

首先，而老年家庭的投资之道应当优先考虑投资安全，以稳妥收益为主。目前投资方式虽多，但并不是只要投资就有钱赚。客观来看，老年人不太适合投资风险大的产品。因为老年人一生辛苦赚的钱，如果投资一大笔金额，一旦损失，对老人的影响比较大，恐怕承受不了，所以老年人要特别注意投资的安全性，不可乱投资。如果你离退休已经不远，可以将大部分资金配置在稳定、有所得的投资上，如配息的股票、基金、债券或定存，切忌好高骛远。

其次，灵活运用投资策略。对于储蓄存款，当预测利率要走低时，则存期应长些，以锁定你的存款在未来一定时间里的高利率空间；反之，当预测利率要走高时，则在存期上应短些，以尽可能减少届时在提前支取转存时导致的利息损失。除了存款外，老年家庭也应该进行一些小额债券投资，国债、利率较高的金融债券应是老年家庭投资的主要工具。

但是，老人投资股市要适可而止。买卖股票是一种风险投资，它可以让人获取高收益，但也会让人损失惨重。所以，身体条件较好、经济较宽裕，有一定的时间和足够的精力，具有金融投资理财知识和心理承受能力的人比较适合投资股市。如果能满足这些条件，老人可以试试拿一部分钱来投资。

最后，老年家庭的投资组合比例，退休时的净值金额亦为考量因素之一。若以退休年龄来决定，55岁退休，股票投资比例可提高些；65岁才退休，储蓄和国债的比例应占85%以上，股票投资比例可为15%。这样的投资组合既是老年人可以接受的安全范围，也能使钱渐渐变多，并有助于老年人身心健康，不至于承担过大压力。

值得提醒的是，老年人理财一定要尽量保持理智，情绪波动不要太大。无论何时，你都要记住——"稳"是核心。

四、亲手进行退休投资，架起安全防护网

老年人经过了一生积累，到退休时，一般都有些积蓄。但面对市场经济的变化、通货膨胀和各项支出的不断增加，退休家庭若希望生活更宽裕，就要学会进行投资规划。

年轻人投资理财可以经受大起大落、承受大风大浪，但老年人就经不住那些折腾了。老年人理财，很重要的一点就是安全。别看"财"不大，却是我们一生的心血。既要让这点小财下崽儿，又不能冒太大的风险。因此，老年人投资应以"稳"为主。购买理财产品时，最好选择那些有保本特色的产品。但是当前适合老年人可以选择的理财方式有多少？老人理财的市场环境又怎样？老年人应怎样配置自己的资产？

刘大爷是一名退休职工，有70岁了，和老伴月收入共3 000元。自2000年退休后，老两口省吃俭用有了15万元积蓄，他们用其中的50%买了国债和定期储蓄，另外50%从2007年开始投资股票基金。可是，2008年股票基金不断下跌，刘大爷心想总有一天会涨上来，谁知越套越紧。后来他听朋友说，老年人最好买债券基金和货币市场基金，其风险小，收益比银行定期利息高，而且不扣利息税。刘大爷听后忍痛赎回股票基金，改买债券基金和货币基金。投资股票基金共亏损了50 000多元，这让刘大爷心疼不已。

理财专家认为50%投资于股票或者股票基金对老年人来说比例过高，即使股市有反弹也不合适，转投债券基金和货币基金的方向是正确的，另外理财专家建议刘大爷可以将每月收入分为四块。

一是月收入的40%即1 200元，以现金方式作为生活费开支；

二是月收入的20%，作为医疗费及日常活动费用，较理想的是以"钱生钱"的方式储备，灵活两用；

三是月收入的20%，即600元的资金用来开立专门投资账户，投资渠道可选择国债、债券型开放式基金等风险低、稳定性强的理想投资方式；

四是对于月收入剩余的20%（即600元）储蓄，用于应付自己的临时状况，也能在关键时刻起帮扶晚辈的作用。

对于老年人来说，根据他们的风险承受能力、年龄等，他们的资金配置方案可选择如下：

（1）激进型：投资股市占总金融资产约30%，投资债券、基金（可以考虑偏股型基金）占20%，投资保险占20%，储蓄占30%。此方案适于65岁以内，身体健康（尤其是无心脏病和高血压）、心态平衡的老年人。

（2）均衡型：投资股市约20%，投资债券、基金占30%，投资保险占20%，储

■老年人理财稳健为主

由于经济来源有限，老年人必须注意采取稳健的理财策略，注意防范风险，以免造成不必要的经济损失。

由于年事已高，日常生活中难免患病或发生意外，因此，老年人在理财时要有一项可以随时支配的资金，以防万一。

老年人投资理财尽量选择较为稳健的产品，同时要尽量选择自己熟悉的领域。

老年人在理财时要注意投资期限，即便是相同的收益率，由于期限不同，投资时也要充分考虑。

蓄占30%。此方案适于70岁以内、身体条件允许、心理素质较好的老年人。

（3）保守型：投资债券、基金（只考虑债券型或者货币型基金）占25%，投资保险占25%，储蓄占50%，不入股市。此方案适于大部分老年人。

一般来说，老年人可遵循以下的投资规则：

（1）为了安度晚年，就要避免冒险的投资行为，拟订安全的理财计划。

（2）拿积蓄的50%作为"养老备用金"，在急需时有钱应急。

（3）积蓄在3万元以下的，最好不要去投资赚钱。

（4）如果积蓄较多，则可以考虑投资门面房等一些不动产，稳稳当当收租金过安乐日子。

（5）剩下的50%积蓄应该多买债券，少买股票，慎买基金。要尽量买债券，不做股票之类高风险投资，对基金购买也要清楚其"来龙去脉"。

此外，老人除日常消费外，医疗保健是最大的支出。调查显示，看病吃药约占这笔费用的80.9%，他们很需要一种保险产品来保障他们的晚年生活。保险成为老人晚年生活的重要保障。

为养老做准备，有多种方式可供选择，但养老计划最基本的要求是追求本金安全、适度收益、有一定强制性原则，需要将养老计划与其他投资分开，商业养老保险作为养老保障体系的重要补充，是养老规划的一个不错选择。

五、每天只存四十元，养老"不差钱"

2009年的春晚捧红了小沈阳，也捧红了一句话："人生最大的悲哀莫过于钱花完了，人还在……"这句看似幽默的调侃，却真切地折射出我国众多老年人晚年生活的尴尬。

随着我国社会保障体制改革的不断深入，过去"养儿防老"的传统观念逐渐转变为依靠社保养老金保障老年生活。同时，我国60岁以上的人口已超过14%，65岁以上人口超过10%，按照国际社会标准，我国显然已经跨入了老龄化社会的门槛。目前，"4+2+1"（4位父母，夫妻2名及1个孩子）的倒金字塔式家庭结构正逐渐成为主流，越来越多的人开始意识到，让一个年轻人在未来负担起6个老人的生活，根本就是不现实的。

如果你计划60岁退休，预计寿命为80岁，假设你在退休前的工资收入为6 000元，你希望在退休后过上与退休前一样的生活，那么你需要为自己准备多少养老金呢？

按退休后1个月4 200元的生活费计算，到80岁，你的基本生活费就需要101万元，加上可能出现的医疗支出约24万元（按每月1 000元计算），在不考虑通货膨胀的条件下，关先生至少需要125万元才能过上安稳的晚年生活。

几十年后，让人们一下子拿出一大笔钱来养老的确非常困难，正所谓"冰冻三

■老年人理财需规划

老年人也需要理财吗？可能很多人有这样的疑问。多数老年人在资金安排上追求保险，可老年人多有闲置资金，时间较充足，让闲置资金"睡大觉"实在有些资源浪费。理财专家建议，老年人不妨尝试一些稳健的理财产品，并购买适合的保险，尝试理财，获得更大收益。

老年人理财产品应"长短搭配"

在理财产品上，应该长短搭配，短期理财产品流动性好，但是收益低，长期理财产品收益高，但是流动性差，大部分短期加上少部分长期的比例配置比较合理。

主要目标

养老规划和遗产规划

养老规划

对老年夫妇而言，可每年拿出部分资金购买重大疾病险、健康险、意外险三种保险，以应对疾病等意外的重大开支。

遗产规划

作出合理的遗产规划，不仅仅是对我们子女负责，还会减少很多以后的麻烦。

尺，非一日之寒"，如果大家从年轻的时候就开始把未来老年生活的需求纳入家庭理财计划，适当购买一些适合自身情况的商业保险或理财计划，"也就是少吃一口饭的钱，就可以让你的将来天天有饭吃"。其实你每天只需要40元左右，相当于零存整取的方式，只要能坚持，将这样的方式持续10年至20年，"到老的那一天，你一定会佩服自己当初的先见之明"。

此外，养老金的规划和打理必须专款专用，千万别在积累的过程中突然将这笔钱抽离，"一定要让这些钱真正成为未来晚年生活的储备，到了一定的年龄之后才使用，而不是作为股票投资或其他有风险存在的投资行为的临时备用金"。只有做到专款专用，养老金的储备才能在若干年后成效斐然。

六、告别伸手要钱的日子，多养几个"金子"

中国的传统观念一直是养儿防老。所以，大部分老人都会有这样的观点，老了就靠儿子、女儿来养。其实，现在的年轻人负担也很重，上有老，下有小。如果老年人能自己多养几个"金子"，告别伸手要钱的日子，其老年生活将会过得更加精彩。

俗话说，"坐吃山空"，用它来说明老年人也需要理财的重要性是最好不过了。老年人退休以后，无非主要有两种主要经济来源，存款或者退休养老金。老年人理财把握的大原则当然是投资安全，防范风险。而在面对理财市场上品种众多，风险大小不一的理财产品时，老年人应该如何选出适合自己的理财产品呢？主要可以从以下几个方面进行甄别。

1.选择适当的储蓄品种

老年人不必将退休金都存在活期储蓄账户上或是直接放在家中，而应该通过适当的操作使利息最大化。比如，通过零存整取的方式增加利息收益。如果预期将来某个时候可能要用一笔很大的资金，那么可以选择将这部分资金进行"通知存款"。

2.进行风险投资

老年人一般都不能承受过大的风险，如果将少量资金用于购买股票或基金，比例最好不要超过自有资金的10%，避免遭受过大的损失。其中，基金投资要以保本型基金为主。

和储蓄相比，货币市场基金具有一些优点。一方面，我国的存款利息收入要缴纳20%的利息税，但持有货币市场基金所获得的收入可享受免税政策。另一方面，对于收益稍高的银行定期储蓄来说，储户急需用钱时往往不能及时取回，能随时存取款的活期储蓄税后利息又极低。而货币市场基金却可以在工作日随时申购、赎回，一般情况下，申请赎回的第二天就可取到钱，收益率一般也要大于1年期定期存款。

3.进行健康投资

对于老年人来说，身体健康十分重要，对不可预测疾病的发生，一定要做好先期投入，购买一份保险很有必要。这既可以增加自己的风险抵抗力，也减轻儿女的经济压力。可以选择购买一些特别针对老年人的险种，如意外伤害险和疾病保险。另外，还可选择经常出门短途旅游和参加适当的健身活动。

这三种理财方式尽管收益不高，但属于风险很低、安全系数很高的投资，手中有闲钱的老年人不妨一试。

■老年人理财须掌握四大"财技"

"稳"字当头
老年人投资理财应优先考虑本金的安全，在能有效防范风险的情况下追求更高的收益。

"活"为要务
首先，应预留3～6个月的生活开支放在活期存款或者可以随时支取的理财产品上，以备不时之需。其次，投资期限主要以3个月至1年为宜，以保证资产的流动性。

"巧"是关键
将积蓄三等分，每隔一年存一笔，都做3年定期存款，这样，接下来的每年都有一笔到期，如有需要可以使用，不需要则可再转存3年。周而复始，兼顾了高收益与流动性。

"选"是根本
切忌偏听偏信高收益的产品，或盲目跟风，而应选择自己熟悉的、市场上常见的、投资标的为自己所熟悉的产品进行投资。

老年人理财:"三四三"模式最流行

什么是"三四三"模式

老年人投资组合最为流行的有"三四三"模式,就是30%投资股票基金高风险产品,40%投资储蓄国债,其余30%用于应急储蓄。

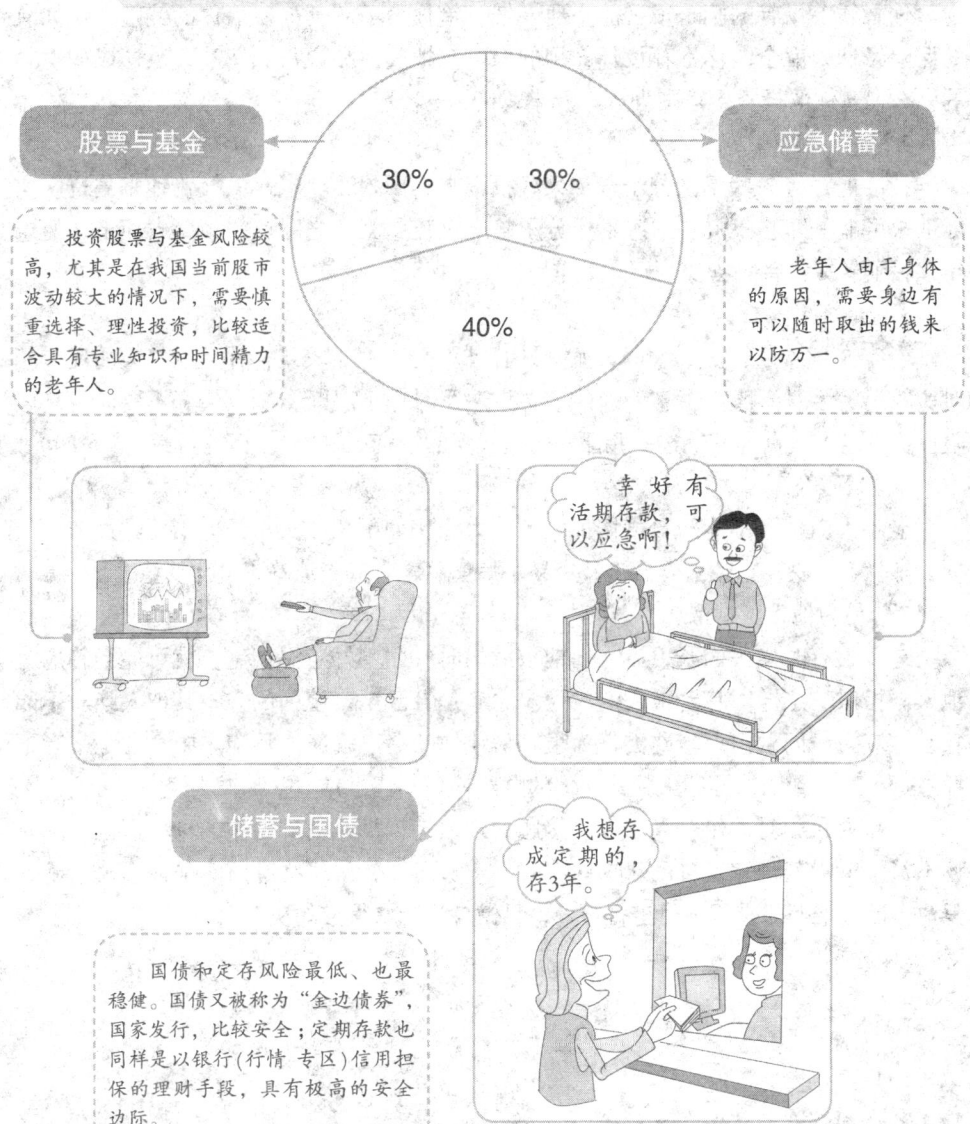

股票与基金

投资股票与基金风险较高,尤其是在我国当前股市波动较大的情况下,需要慎重选择、理性投资,比较适合具有专业知识和时间精力的老年人。

应急储蓄

老年人由于身体的原因,需要身边有可以随时取出的钱来以防万一。

储蓄与国债

国债和定存风险最低、也最稳健。国债又被称为"金边债券",国家发行,比较安全;定期存款也同样是以银行(行情 专区)信用担保的理财手段,具有极高的安全边际。

由于老年人对于现代的理财知识知之甚少，又很容易相信别人，所以在理财的过程中，被欺骗的案例屡见不鲜，也就不可避免地要遭受经济上的损失。针对这样的情况，我们提醒老年人，一定要小心理财误区！

七、老年人易陷入的理财误区

1.轻信他人的理财建议

在老年人自己投资理财的时候，若是有不懂或者不明白的地方不要轻易做决定。你必须警惕有的骗子很可能串通一气，给你设下圈套，骗取你的钱财。比如有的保险经理人就会向你推荐没什么用的保险，把其产品说得天花乱坠，还以理财师的姿态来对你的投资指手画脚。

2.易贪高利

社会上，有一些不法分子宣传某些投资有高回报，让老年人投资钱来集资。实际上很可能是非法集资，这些不法分子趁老人疏忽大意之时就把钱席卷而走，使老年人丢了老本，后悔莫及。

3.涉足高风险投资

老年人身体一般都不太好，尤其是心脏承受能力比较差，并且老年人的反应相对比较迟缓，对于股市瞬息万变的情况无法及时作出决断，所以最好不要涉足高风险投资。老人投资最好挑选一些保守的、稳妥的投资工具。

4.消费不合理

老年人消费既不能给自己增加太大压力，比如帮孩子买房，也不要太过节约，什么都舍不得吃，导致营养不良，容易生病。总之，适当消费，一切从稳。

5.轻易为他人做担保

老年人有时候好面子，有人向他求助的时候，不好意思回绝，就可能会答应为他人做担保。这样做有着很大的风险。除非是自己至亲至信的人，其他人绝对不能轻易答应为他们做担保。此类行为很容易让你的财产暴露于危险之中，若是来者不怀好意，一旦到期他不还欠款，那你的财产就保不住了！

老年人，相对于年轻人来说，接触的理财知识少，对理财中的种种误区、陷阱还不甚了解。若是知道自己对这些了解得不够透彻，最好在理财时采取谨慎措施，只对自己有把握的投资项目进行投资，只做自己能拿得准的决定。

第四篇 态度决定投资成败：投资是"理性"的游戏

第一章

投资心态：投资要先过心理关

一、入市前，先做好心理准备

在各种投资中，了解自身的心理基础是为了更好地认识自我、战胜自我，这是投资成功必须经过的一道门槛。尽管不同的人有着不同的风险偏好，但作为一个整体，人类的风险偏好具有某些共性，导致某些共有的行为特征和决策偏差。

有关实验揭示了人们风险偏好的规律，人们在作出选择时并非是理性的。在赢利和亏损的不同情况下，人们同样有着不同的风险偏好。在投资组合中，也存在着较早卖出赢利股票，而将亏损股票保留的现象。回避现实损失，这就是所谓的"处置效应"，机构投资者也不例外。

"处置效应"违背了股市中"顺势而为"的原则，是投资的大敌，针对处置效应的唯一有力武器就是："斩断亏损，留下利润奔跑！""斩断亏损"就是及时止损，学会止损是投资者必修的一课，应该从以下几个方面来做好心理准备。

第一，自负盈亏的心态。

投资者的心理素质，是愿赌服输、自我担当的心态。也就是说，如果听取朋友意见，购买了某只股票，那么即使之后出现状况，也绝不会跑去埋怨别人，而是自己对自己的行为负责。只有自负盈亏、担当起自己投资行为的负责人，才有心理能量去玩投资游戏。

第二，建立高度安全感的"心情免疫投资模式"。

据研究发现，投资本金的20%，是一个人心理能承受的损失极限。也就是说，如果你投资1万元，心理停损点就定在2 000元，赚了2 000元就出手，赔了2 000元就清仓。当然，也有人用10%定损，这取决于投资者的心理承受能力。

一旦建立起来这个模式，投资操作就变成了理性的、基于数据的，而不是凭感觉的情绪性行为。即使发生天大的事情，也还有80%的本在那儿，风险指数就大大降低了。

第三，自律和果决。

建立起心情免疫的投资模式后，就借助电脑工具，买进卖出都按照预设的心理线位。不要犹豫不决，心存侥幸，在涨时想多赚一点，跌时期盼回升少亏一点。你

股票投资的五字心理妙诀

稳

所谓稳，要胸有成竹，对大的趋势作认真的分析，要有自己的思维方式，而非随波逐流。在涉足股票市场时，以小钱作学费，细心学习了解各个环节的细枝末节，看盘模拟作单，宁下小口数，不可满口。

准

所谓准，就是要当机立断，坚决果断。如果大势一路看好，就不要逆着大势作空，同时，看准了行情，心目中的价位就到了。

忍

势未形成之前决不动心，免得杀进杀出造成冲动性的投资，要学会一个"忍"字。小不忍则乱大谋，忍一步，海阔天空。

狠

所谓狠，一方面，当方向错误时，要有壮士断腕的勇气认赔出场；另一方面，当方向对时，可考虑适量加码，乘胜追击。

滚

在股票市场投资中，赚八分饱就走，股价反转而不可采用滤嘴原理即时撤兵，股价下跌初期，不可留恋，要壮士断腕，狠心了结。

不是基金经理人，没有丰富的信息源，博弈也极小可能赛过机构，所以应遵守和自己约定的游戏规则，赚少量但安全的钱。理财心理学研究发现，自律性越高的人，越容易从投资中获利。

二、耐心是投资极为重要的素质

彼得·林奇说："投资成功的关键——耐力胜过头脑。"彼得·林奇作为一代大师，在投资方面对耐力有着特别的见地和推崇。巴菲特说："不要试图在短期操作中运用集中投资，你至少愿意在某只股票上花5年或者是更长的时间。"

巴菲特认为，他买某只股票就是想永久拥有它，而绝不是因为感到它要上涨。很多时候我们不能测定一只股票的真正价值，不过一旦我们发现自己认为值得购买的股票就要果断地买下来，并且无须每天都盯着计算机屏幕猜测股价下一步的变动方向。你要相信，如果你对某个公司的看法是正确的，而且你正好在一个合适的价位买下了它的股票，你只需耐心地等待便可以了。

大多数投资者不可能像巴菲特那样，将持股的期限定为"永远"，他自己当然也不太可能做到这一点。不过，巴菲特所认为的5～10年的持股时间，相对于那种头天买进、第二天卖出的持股时间来说，可能也算得上是永远了。对大多数的投资者而言，股价的波动将大大地刺激他们的神经。在传统的多元化投资组合中，不同个股的波动将最终产生某种平均化的效果，其带来的后果可能被抵消。但集中投资的特性，使得一旦股价波动将可能产生巨大影响。所以，那些实行集中投资策略的投资者，更需要加倍的耐心与智慧来应对由股价波动所带来的巨大冲击。

有些投资者好不容易选中了一只股票，买入后却发现别的股票上涨，它却老是不动。一开始还有些耐心，心想下次也许就轮到它涨了，可是一等再等，它就是"瘟"在那里，而别的股票却涨个不停。这时也许你就没有耐心了，一气之下将它抛掉。可是一段时间后，它又使劲往上涨，叫你后悔莫及。

其实，成百上千只股票，不可能要涨一齐涨，总有个先后。而且，一只股票要涨，也总有个能量积蓄过程。所以，当牛市来了，只要你所选的股票好、价位低，公司基本面没有发生问题，别的股票都涨了，它就不可能永远不涨，这时你只需要有耐心，考量自己当初选它、买它的理由是否发生质的变化。否则，在等待中，别的股都涨上去了，你再将便宜筹码拱手让人而去追高，到头来往往是得不偿失的。

因此，对投资者来说，耐心是必备的素质，要想得到超出市场平均值的回报，你必须以超常的耐心等待，不要被短期行情所影响。只要你相信自己是对的，就一定要坚持。

三、克服"恐惧"与"贪婪"

贪婪和恐惧是人类的天性,对利润无休止的追求,使投资者总希望抓住一切机会,而当股票价格开始下跌时,恐惧又占满了投资者的脑袋。市场是由投资者组成的,情绪比理性更为强烈,惧怕和贪婪使得股票的价格在公司的实质价值附近跌宕起伏。

华尔街有句古老的格言,"市场由两种力量推动:贪婪与恐惧"。

毋庸置疑,人们的心理对投资决策具有举足轻重的影响。就连炒股票的老太太们都知道,做股票要克服贪婪与恐惧的心理。然而影响人们作出正确决策的绝非"贪婪与恐惧"这么简单,还有若干心理偏差影响着人们的决策。了解这些心理偏差,进而有意识地克服这些心理偏差,并且通过分析投资者的心理,来分析市场、捕捉投资大众心理偏差带来的投资机会,是投资取得良好业绩的重要条件之一。

有些投资者经常"见跌就杀,见涨就追",因为他们仅仅局限于当前,预测未来的情况会完全相反。当情形乐观时,就觉得大好的形势会持续下去,当通货膨胀高升,就以为它会一直上升,既然大多数人的投资都受到这种情绪的影响,有些股市专家就提出一种与大众看法相反的看法:"反向操作的投资策略,即采取与大众相反的方式行动"。

对许多投资者来说,无论赚多少钱都嫌赚得太少,贪婪成了成功投资的杀手。但是,不论从长期实际经验看,还是从极小的机会看,谁都无法以最高价卖出,因此,不要使贪婪成为努力的挫折,投资中应时刻保持"知足常乐"的心态。

同样,恐惧会妨碍我们作出最佳决定。例如:第一,在股价下跌时,把股票卖掉,因为怕股票会跌得更深。第二,错过最佳的买入机会,因为股价处于低位时我们正心怀恐惧,或者虽然有意买入,但却找个理由使自己没有采取行动。第三,卖得太早,因为我们害怕来之不易的差价又赔掉了。

当我们恐惧时,无法实际地评估眼前的情况,若我们把注意力集中在危险的那一面,正如大熊逼近时,我们会一直盯住它那样,所以无法看清它会"有利"与"不利"两面因素的整体情况。当我们一心一意注意股市令人气馁的消息时,自认为行动是基于合理的判断;其实这种判断已经被恐惧感所扭曲了。当股价急速下降时,会感到钱财离我们远去,如果不马上采取行动,恐怕会一无所有。所以,与其坐以待毙,不如马上行动,才能"转输为赢"。其实,即使是在熊市期间,股价也会上下起伏,每次下跌总有反弹上涨的时候;毕竟股价不会像飞机一样一坠到底。然而,每当股价下跌时,一般人会忘了有支撑的底价,也就是股价变得便宜大家争相购入的价格,盲目的进行抛售。

真正的投资者是在面临我们称为"民众影响"的时候,也能保持冷静。当一只股票、一个行业或一个共同基金突然落到聚光灯下,受到公众瞩目时,大量民众都会冲向前去。麻烦就在于，当每一个人都认为这样做是正确的并作出同样的选择时，那么就没有人可以获利。在1999年年末的《财富》杂志上，巴菲特谈到了影响大量牛市投资者的"不容错过的行动"因素。他的警告是：真正的投资者不会担心错过这种行动，他们担心的是未经准备就采取这种行动。

深度解剖并清晰地认清自己，战胜人性的弱点，我们就能所向无敌。成功投资者制胜的法宝就是战胜自我。

■在"牛市"中贪婪，在"熊市"中恐惧

影响投资者的心理误区

★ 只能分享收益不能承担风险；

★ 害怕本金亏损却又想赚大钱；

★ 明白价值投资却又难免从众；

★ 打算长期投资却又频繁买卖。

应对之策

★ 制定明确的投资目标；
★ 设定数量化的投资标准；
★ 控制投资环境避免盲从；
★ 构建严密系统交易模式。

五方面着手构建自己的交易模式

第一，要认识到金融交易是一种概率游戏；

第二，确定交易系统的关键绩效指标；

第三，交易系统的设计；

第四，交易系统的测试；

第五，交易系统的上线。

四、莫把"投资"当"投机"

投机和投资的最终目的都是为了获利，都是通过交易的手段获利。很多时候人们所说的"投资"其实都是投机行为，比如说"投资黄金""投资房产""投资郁金香"……人们认为自己是投资者，其实对自己"投资"对象的价值从未设法了解，只是根据其价格的变化进行交易。因此，从本质上来讲，此类投资其实是投机交易。优秀的投机交易必须遵循一定的规则：入场、目标价格区间、获利出场、止损出场，必须要制订明确的交易计划并严格执行，才可能在投机市场取得长久的收益。

投机交易是一种充满智慧和技巧的交易方式，交易者需要长时间的训练才能达到稳定获利的水准。

在炒股的时候，很多投资者始终不明白这样一个问题，做股票到底是投资还是投

■ 股市周期

股票有时会涨有时会跌，很多人在研究股票涨与跌之间的规律，而事实上，股市确实存在一定的周期规律。

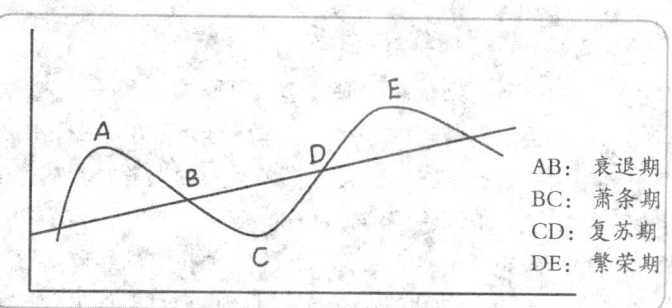

AB：衰退期
BC：萧条期
CD：复苏期
DE：繁荣期

衰退期　衰退期是指经济由繁荣转向萧条的过渡阶段，股价和利率在这一阶段一般都会下降。

萧条期　萧条期是指经济活动收缩或快速衰退的阶段，这期间人们的投资热情降到冰点，市场交投十分不活跃，股价进一步下降。

复苏期　复苏期是指经济由萧条转向繁荣的过渡阶段，这一阶段股价往往先于经济数据开始回旋，即使下跌跌速也已经相当有限。

繁荣期　繁荣期是指经济活动扩张或者快速增长阶段。这一阶段股市会表现出明显的牛市特征，持续地、快速地上涨，投资者入市热情不断高涨、成交量不断创新高。

机？投资就是长期持有股票，分享公司成长带来的收益。结合现在的市场，投资的概念还可以再缩短一些，只要是持有期限在1年以上的差不多就可以算是投资了。投机就是通过二级市场的差价获取收益，持有期限比较短，甚至可以短至一个交易日。

不同的投资者会选择不同的投资方式。有些投资者启动资金很少，但又希望通过炒股而成为富人，那就只有投机才有可能达到目标。

假设有资金5万元，用投资的方法，而且抓到了一家罕见的10年涨10倍的股票，那么10年后的资金是50万元，离富人的目标还相当遥远。同样是投入5万元，投资者用投机的方法每年翻一倍，这样5年后就是160万元。接着再进行投资，假设年收益率很低，只有30%，这样再过5年资金将近600万元。两种方法的差异在10倍以上。

大势对于投机并不重要，投机只看重个股，否则的话手里拿着5万元永远也圆不了富人的梦。也一定会有人讥笑投机很累。但投资者都知道，所有的成功者都是累出来的。累也许不一定能获得成功，但不累是肯定不能获得成功的。

如果投资者只是为了资金的保值、增值，或者手头资金非常多，那么可以远离投机。

五、自制力对投资很重要

自制力是听起来很简单但做起来很困难的事情。投资是极其枯燥无味的工作，有的人也许会把投资当成一件极其刺激好玩的事，那是因为他把投资当成消遣，没有将其当成严肃的工作。如同围棋一样，围棋爱好者觉得围棋很好玩，但问问那些下棋为生的人，他们一定会告诉你，成日盯着棋谱多么枯燥单调，其中的道理是一样的。每天收集资料，判断行情，将其和自己的经验参照，定好投资计划，偶尔做做或许是兴奋有趣的事，但经年累月地重复同样的工作就是"苦工"。如果不把"苦工"当成习惯，无论是谁，成功的希望都不会太大。

对个人而言，投资是一种自由度很大的投资行为，没有人监督、管理和限制你的操作，很多投资行为都是靠自己决策和实施。

自制力可以帮助投资者排除干扰，坚定执行合理的投资原则和操作计划，并顺利实现赢利。巴菲特认为，在投资中要清楚自己的行动范围，这样才能尽量避免犯重大的错误。

无论是在工作还是生活中，我们都需要自制力，它是人们获得成功的必要条件。因为自制力能强制我们去做那些我们必须做但不愿意做的事。但是，要自控可不是容易的一件事。

那么如何提高自制力呢？

首先要养成稳定的好习惯。一项科学调查显示，养成好的习惯需要用21天的时间。如果熬过了第一个21天，比如，21天不打网游，以后，你就能很容易做到不打游戏了。

其次要学会坚持目标。设定一些详细的、容易实现的目标，当目标达到时，成就感会鼓励我们继续努力，然后，再制定一些长远目标。

有些人的自制力似乎总是比别人强，这是为什么呢？从先天角度来说呢，可能有些人生来就有这个能力，而有些人就是没有。另外，自制力是一个人的重要品质，当一个人明白很多道理时，其自制力就会提高，用精神的规范来要求自己。

成都股民陈先生就是这样一位有自制力、等待机会来临的人。

在长期熊市的折磨下，大多数股民心境悲凉，有的甚至已经麻木。不过，成都股民陈先生却是少有的"幸运儿"之一：从1993年到现在，他竟把5万多元变成了近70万元。

陈先生憨厚的外表显得比实际年龄大。他是计算机专业的大学生，从1993年起就开始炒股，并辞去工作成为职业股民。

1999年年初，陈先生把做销售和原先炒股积累下来的30多万元投进股市，2001年高位全线清仓，账户上的资金将近70万元。前几年行情好，陈先生有30%以上的年收益，最近几年还是稳赚，年年收益超过10%，赚了20%。"炒股还是比打工强得多。"陈先生感叹道。

大盘2005年下跌8.21%，陈先生的收益率是20%，不仅把大盘远远甩在身后，还超过了绝大多数基金经理的理财水平。他有什么绝招呢？

他的绝招说起来其实很简单：自制与耐心。

如果投资者希望像陈先生那样成为赢家，首先要做的便是学会控制自己、培养自制力。具体到操作上，我们要依据客观现实控制自己的投资行为，不要让投资行为反过来控制自己的投资思路。在情绪上，要排除投资市场涨跌的影响、排除个人盈亏的干扰，控制自己的情绪，才能胜不骄、败不馁，这是获得成功的基础；在思维上，可以进行创造性思维，可以运用反向思维，但不能人云亦云，要保持自己的独立思维；在节奏上，不需要像蜜蜂那样忙个不停，投资市场具有独特时令季节和快慢节奏，投资者在对整个大势走向有一定把握的情况下，要懂得准时参与、适时休息；稳健的投资者应该注意"安全第一"，不要参与超过自己承受能力的炒作。

等待时机也如种植花草。无论你多么喜欢花，也不能在冬天把种子播入土中。所有这些都需要漫长且艰难的学习过程，除了熬之外，没有其他的办法。当投资者经历了足够的升和跌，投资者的资金随升跌起伏，投资者的希望和恐惧随升跌而摆动，逐渐地，投资者的灵感就培养起来了。

六、从自己的错误中学习

"你的成功秘诀是什么？"有人这样问一个银行总裁。

"五个字：正确的决策。"

"那你如何作出正确决策？"

"两个字：经验。"

"那你如何得到经验？"

"五个字。"

"哪五个字？"

"错误的决策。"

综观成功人士的成功之道，你会发现这个银行总裁话中蕴涵的真理：从失败中学习到的东西远比在成功中学到的多。成功的背后总是重重失败的历练。这个真理在投资领域同样正确。

有人曾以美国成功投资家为研究对象，发现那些成功的投资家普遍具有两个特点：第一，从不追求完美主义。第二，对于投资失败从不放在心上，只专注于未来的挑战。

曾经有人访问美国一位职业棒球打击王成功的秘诀，他的回答是："我挥棒落空的次数比别人多。"的确，想成为一位优秀的棒球选手，只有靠不断的苦练，在练就高打击率之前，他必然比别人挥过更多的棒，也尝过更多挥棒落空的滋味。如果细读成功人士的传记，常可体会一句话："成功的人所经历的失败，比失败的人还要多。"失败为成功之母，这句话放之四海而皆准，投资理财并不例外。

成功投资的入门条件便是要经得起亏损的考验，一个未曾失败过的人成不了大器；一个未受过损失、经历洗礼的人也别想赚大钱。如果你要求自己每次投资都不能损失，或每次损失就悔不当初，久而久之，你会发觉最佳的策略就是极度保守，不冒任何风险，这样一来，投资理财无法成功也就不足为奇了。

诚如索罗斯所说："最失败的一种投资结果就是从来没有败过。"如果投资不犯错，那么就永远没有成功的机会。获取成功最佳的途径就是先失败，并要学会怎样利用失败，且投资人千万不要忘记败绩，因为那是得胜之论。成功的投资者不会因为失败而怀忧丧志，而是回过头来分析、检讨当初的投资决策，从中吸收经验。

只有从错误中才能获取投资经验。如果你想教一个人骑自行车，你会怎么做？给他一本参考书？带他去听一段冗长的演讲，让他了解骑自行车的物理原理，了解保持平衡、转弯、起步和停车的方法？还是给他几点指示，让他骑上车子，轻轻推他一下，让他一次次地跌倒，直到他自己领会了骑车的技巧？

我们都知道试图从书本上或演讲中学会骑自行车是荒唐可笑的。其实所有的人都只有一种学习方法：犯很多很多的错误，然后从错误中获取经验。

索罗斯如何从错误中学习

如何在第一时间发现自己的投资错误,索罗斯有一套独特的方法,值得我们大家借鉴。这套方法就是通过理论和身体本能的结合来寻找错误,具体来说有以下几方面。

第一,问问自己想正确投资或者说是必须正确的时候,会产生哪些感想。若自认为正确却出现不断地亏损,是否会产生"市场有问题"的想法?

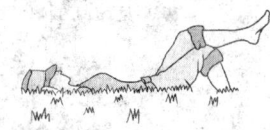

内部有压迫感

内心舒坦

第二,暂时将交易情况抛到脑后,闭上你的眼睛,问自己:"现在我的身体内部感觉如何?"一般有两种答案:一为"内部有压迫感",二为"内心舒坦"。

第三,如果对自己最初的分析判断信心十足,自认为市场"前途光明",因而拼命为亏损去补仓,交易最终未能如愿以偿,你是否还会坚信自己的分析判断?

第四,回想交易最糟糕的时候,问自己当时想要正确时的身体感受,然后在内心感觉一下,身体是否有不同的感受?当我们怀着"正确"的态度去交易,我们的执著会产生某种情绪化的东西。回想那种状态,直到你感受到这种情绪。

第二章
打造投资组合利器，分散规避投资风险

一、钱不多的人也要进行资产配置

作为普通投资者，要想达到自己理财的目的，将个人风险降到最低，重点就在于把握资产配置。很多人认为，只有资产雄厚的人才需要进行资产配置，如果钱本来不多，索性赌一把，就无须再配置了。其实不然，资产配置的本意就是指为了规避投资风险，在可接受风险范围内获取最高收益。其方法是通过确定投资组合中不同资产的类别及比例，因各种资产性质的不同，在相同的市场条件下可能会呈现截然不同的反应，而进行风险抵消，享受平均收益。比如，股票收益高，风险也高。债券收益不高，但是比较稳定。银行利息较低，但适当的储蓄能保证遇到意外时有资金周转。有了这样的组合，即使某项投资发生严重亏损，也不至于让自己陷入窘境。

首先，风险偏好是作好资产配置的首要前提，通过银行的风险测评系统，可以对不同客户的风险偏好及风险承受能力作个大致的预测，再结合投资者自身的家庭财务状况和未来目标等因素，为投资者配置理财产品、基金和保险等所占的比重，既科学又直观，在为投资者把握了投资机会的同时又可以降低投资的风险，对投资者来说起到了量身定制的效果。

在不同期限，不同币种，不同投资市场和不同风险层次的投资工具中，需要根据不同客户对产品配置的需求，以达到合理分散风险、把握投资机会、财富保值增值的目标。

若以投资期限的不同来划分，可将资产配置划分为短期、中期和长期三种方式。短期产品以"超短期灵通快线"、7天滚动型、28天滚动型理财产品和货币基金为主；中期产品由"稳得利"理财产品及债券型基金、股票型基金组成；长期产品则以万能型、分红型保险、保本型基金居多。

若以风险程度的不同来划分，可将资产配置划分为保守型、稳健型、进取型三大类。保守型配置，由"灵通快线"系列理财产品、货币型基金、分红型保险等组成；稳健型配置，由"稳得利"理财产品、保本型基金、万能型保险等组成；进取型配置，由偏股型基金、混合型基金、投资连结型保险等组成。

另外,作为资产配置的一部分,个人投资者也不应忽视黄金这一投资品种,无论是出于资产保值或是投资的目的,都可以将黄金作为资产配置的考虑对象。工行的纸黄金、实物黄金和黄金回购业务的展开,也为广大投资者提供了一个很好的投资平台。

■ 普通家庭如何做好资产配置

月入6 000元工薪家庭的理财规划

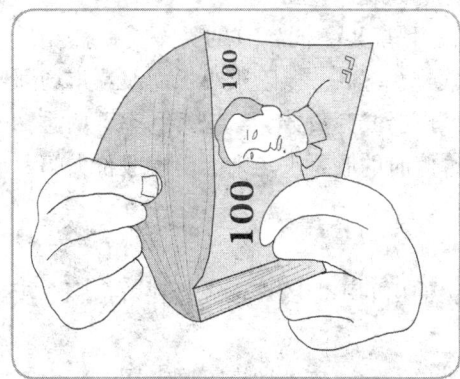

考虑到年轻人的抗风险能力和心理承受能力都比较强,家庭资产处于积累期,所以,专家建议高风险产品占的比例在50%左右,而中风险所占的比例可以在20%左右,而低风险产品则是人们相对比较熟悉的一些项目,比例可以控制在30%以内。

家庭理财有4招

(1)根据自己的投资经验和风险承受能力适当地调整股票的持有,建议根据价值投资理论选择蓝筹股并且长期投资。

(2)基金投资策略方面,建议进行一定的调整:根据市场动态,适当地将目前单一的股票型基金按照一定比例,调整为债券基金或混合型基金。

(3)考虑持有黄金、艺术品等能较好抵御CPI增长及通货膨胀的资产。

(4)运用银行理财产品,稳健对抗CPI。

在如此众多的选择前提下，再配合以理财师的专业眼光和科学分析，投资者可精选各种投资工具的具体品种，让你尽享资产配置的好处与优势。

二、如何合理选择投资组合

一般来说，根据投资组合实施时所依据的主要条件的不同，投资组合可以分为三种方式，即投资工具组合、投资比例组合、投资时间组合。

1.投资工具组合

投资工具组合即投资者并非把全部资金都用来进行一种投资，而应该将资金分成若干部分，分别选择不同的投资工具，进行不同领域的投资。

市场环境相同时，投资工具不同，其风险程度也不同，有的甚至是截然相反的。例如，在国家银行利率上调时，储蓄存款收益率高，风险很小；而股票市场则面临股价狂跌的风险，不仅收益率很低，甚至还会成为负数。当银行利率下调时，储蓄投资的利率风险增大，收益降低。但是，此时的股票市场则会出现股价大幅上涨，收益率获得空前提高。

2.投资比例组合

投资比例组合是指投资者在实际投资时，使用的不同的投资工具在数量、金额上存在着一定的比例关系。

由于投资工具的不同，其风险和收益水平也不同，流动性也不同；同时，由于投资者对收益的期望和对风险的偏好不同，投资者所选择的投资组合的比例就有所不同。

3.投资时间组合

投资时间组合即投资者并非把全部资金一次性地用于投资，而是将资金分次分批，有计划地进行投资。一般情况下，不同投资工具在期限上应是长期、中期、短期相结合。例如，45～50岁之间，这个年龄阶段的人，孩子成年了，家庭负担减轻且家庭略有储蓄，也可以采用长期、中期、短期相结合这种模式。

4.保守安全型投资组合

这一类投资组合模式适用于收入不高，追求资金安全的投资者。保守安全型投资组合具有以下特点：市场风险较低，投资收益十分稳定。其选择基本上是一些安全性较高，收益较低，但资金流动性较好的投资工具。

保守安全型的投资组合模式呈现出一个正金字塔形结构。各种投资的资金分配比例关系大约为：储蓄、保险投资为70%（储蓄占60%，保险10%）左右，债券投资为20%左右，其他投资为10%左右。保险和储蓄这两种收益平稳、风险极小的投资工具构成了稳固、坚实的塔基，即使其他方面的投资失败也不会危及个人正常生活，不能收回本金的可能性较小。

当然，这只是几种具有典型代表性的模式，分别反映出高、中、低三种投资目标层次。事实上，在实际操作中，各种投资工具的选择及其比例并没有严格的限定，也没有必要尝试每一种投资工具。投资者主要是根据自己的实际情况，确定投资组合，适当增加或降低风险及收益水平。

投资组合应遵守的四大原则：

1.资金原则

在投资市场中资金丰裕的人可以选择风险较大的投资工具，即使损失掉这笔钱，也不会给自己的工作、生活造成多大影响；相反，资金少，尤其是靠省吃俭用、积攒投资资金的人，千万不要选择风险较大的投资工具，而应选取风险较小的投资组合。

2.时间原则

投资不仅仅是一种金钱的投资，更是时间的投入，所有的投资过程都需要时间。而且，各种投资工具的特点各不相同，对投资者的知识、技能要求也不同，投资者从了解认识到熟练地掌握、运用一种投资工具，都需要花费一定的时间。

3.能力原则

投资者的知识越丰富，技能越高超，就有越多的获胜机会。兵法上讲究集中力量，力量越集中，杀伤力越强，越容易制胜。投资者也要发挥和集中自己的能力。同时要牢记一点，投资组合中的工具选择应是自己比较熟悉、力所能及的。

4.心理原则

心理承受能力强的人，可以选择风险高、收益高的投资组合，因为他们能够冷静地面对投资中的波折与失败，不会惊慌失措；相反，心理承受能力弱的人，则不宜选择高风险的投资组合，因为他们总担心失败，无法作出正确的决策，导致损失愈来愈大。

三、如何进行家庭式组合投资

面对各式各样的投资，要想使自己的资产既安全又能得到较高的回报，理财专家建议人们实行组合投资，即将诸项投资按一定比例进行搭配组合，扬长避短，减少投资风险，以期获得最大的投资收益。目前，这种新型的家庭理财方式越来越受到百姓的青睐，成为现代投资理财新理念。

组合式投资方式给现代家庭的投资理财观念带来了新的变革，人们越来越认识到单项投资具有风险性与局限性，开始由单项型向组合型转变。

另外，除了以上那样将储蓄进行组合式理财外，不少城乡百姓，将积蓄按比例分成几大块进行组合投资，一部分用来炒股或购买债券。股票市场风云变幻，起伏不定，虽说炒股收益大，但风险也大，可以以长期投资的心态少量购买，即使"套牢"也不会损失太大。即使炒股失败,由于还有银行储蓄和人寿保险,仍能维持正常的生活。

在实行组合式投资时,理财专家特别强调,要使资产结构合理,还必须注意所投资商品的持有期限和目标的完成期限相契合,绝不要以短期的投资工具(如短期债券)来完成长期的理财目标(如养老),也不要以长期的投资工具(如股票)来完成短期的目标(如购买电器)。无论采取何种投资组合模式。储蓄和保险投资都应该是不可或缺的组成部分。在考虑选择投资方案之前,最好能对有关方面的政策法规有一定的了解,以便结合自己的需要进行合理优化投资组合。

■ "双独"子女家庭如何理财

由于计划生育政策的实施,现在很多家庭都是独生子女家庭,因而这些独生子女将来家庭的构造就是4+2+1,两个年轻人赡养4个老人,抚养1个小孩,肩上负担之重可想而知,那双独子女家庭如何理财呢?

分析规划

从家庭现有资产和每年结余规划 → 子女教育金的规划 → 提前还房贷

家庭要有选择的投保保险产品 ← 家庭的出游计划 ← 部分投资金融产品

第三章
与最适合你的投资工具"谈恋爱"

一、看对眼，适不适合很重要

家住重庆杨家坪的黄阿姨一早就打开了家里的电视机，将节目调到财经频道的股市评论，津津有味地听了半天。然而听是仔细听了，黄阿姨却一直不肯付诸行动，自从去年12月她将股市内的资金退出后，就再也不想尝试股票了。

黄阿姨的家庭有房有车，收入稳定，儿子也已工作，简单的日常储蓄已经不能让黄阿姨满足，但是尝试过多种投资方式后，黄阿姨却依然不知道该如何投资，银行储蓄依然是她最重要的投资理财方式。

1. 试水基金遇到大跌

黄阿姨家如同万千普通的家庭一样，有一些投资欲望，却不知道该怎样投资。在她人生的50多年中，银行是她打交道最多的金融机构了。一家人靠工资收入供养了房贷车贷，还能存下一笔银行存款，黄阿姨和先生一直很满意这样的生活。

随着儿子大学毕业开始工作，黄阿姨却开始不满足现状了。"总听人说投资，钱生钱才是最好的方式，还说什么放银行跑不赢CPI，脑子里听多了这些观点，心就开始活了起来。"

2007年7月，在听周围的朋友如疯了一般谈论了半年多的投资经后，黄阿姨思前想后，保守地选择了基金，投入了3万元。"买基金的时候，听人说基金就不能像股票一样盯着，放那里就好。"黄阿姨坚定不移地执行了这条别人的经验，即使看到买到手的基金获得了超过预期的收益也没有妄动。然而随着之后股市的大跌，黄阿姨的基金也遭遇了灭顶之灾，亏损超过了30%，有一只甚至达到了50%。黄阿姨再也坐不住，将手中的基金全部赎回了，从此基金投资被她丢到了脑后。

2. 买股票累心干脆放弃

2014年3月，沉寂了一年后，黄阿姨禁不住朋友的劝说，开始投入了2万元资金炒股，在整体行情大好的情况下，黄阿姨很快就赚了5 000元，这让她欣喜不已。然而没有任何投资经历的黄阿姨对于股票完全是门外汉，只能听从朋友的意见，每天盯着同样的东西也让她头疼不已。就在她决定休息一周不紧盯股市时，大盘又出现了一次大跌，由于没有及时逃出，黄阿姨赚的5 000元全部吐了出去，还牵连到自己的本钱。

这样的大起大落让黄阿姨觉得十分累心，又坚持了几个月后，黄阿姨将所有的资金从股市内撤出，决定短期内不再尝试这一投资方式。

3. 一定要选择适合的投资方式

尽管基金、股票都让黄阿姨吃了些亏，但是黄阿姨并没有放弃投资赚钱的念头。"总听人说投资理财的方式有很多种，但是为什么我听到的无外乎是股票、基金？有没有适合我们中年人的投资方式？"黄阿姨不止一次地想到这个问题。

像黄阿姨这样有投资欲望，却找不到投资渠道的人不在少数。一提到投资，他们心中只会想到股票、基金，却又不愿意承受这样的高风险。比如，风险系数、分红信息和总回报率仍是超过一半投资者在投资基金时考虑的因素。而很多居民对于基金投资渠道了解程度不高，对于风险、分红和回报率的不确定可能是导致基金投资相对不高的原因之一。

其实根据黄阿姨的情况，应选择定期定额投资，这种方式类似于银行储蓄"零存整取"的方式。所谓"定期定额"就是每隔一段固定时间（例如每月25日）以固定的金额（例如500元）投资于基金。

原因是：一般来说，以下几类人群，特别适合定期定额基金投资：①比较忙，没有时间打理股票的人；②专业知识不足，需要专业人士管理资产的人；③风险承受能力较弱，需要化解风险的人；④不追求暴富，希望实现资产长期稳定增值的人。

从上面的例子可以看出，看对眼，适不适合才是最重要的，而只有结合经济的走势，也结合自己家庭的收入特点、自己的时间、经验等方面综合考虑，选择适合自己的理财方式，才是合适的投资方式。不能看到别人在某方面赚钱了，就不加分析地盲目跟风。当然，跟风有时也会跟对，但从风险角度来说，盲目跟风风险会比较大。所以应尽量选择适合自己的理财方式，适合自己的理财方式就是最好的理财方式。

在选择合适的投资方式时，以下几点建议可参考：

1. 股票的适合人群

真正适合炒股，并能在市场中长久生存的人，大部分都是具有很强的逻辑推理思维，心态稳定，接受能力强，逆境中的应变能力强，行事果断不拖泥带水，思维独立有见解，从不人云亦云的随风倒的人。这部分股市中的成功者，其中70%以上都是理科出身，在学校期间，他们就已经奠定了逻辑推理能力，相对非常理性。而文科出身的人，其推理能力相对较差，由于所受的教育和后期的熏陶，思维上相对过于感性。其表现刚好与前一种类型的人相反。

2. 债券的适合人群

中老年投资者，有一笔闲钱，用于养老，除了存银行没有更好、更安全的投资产品。债券的优点：由于债券票面利率是固定的，所以老百姓买了债券就不用烦神,自己会拿到多少利息,只要到期去取,收益都是固定的。相对来说的不足:相对来讲,国债的投资期限比较长,分别为3年和5年,如果这期间投资者急需用钱,虽然也可以提前支取,但是利息要受损失。

3.基金的适合人群

基金产品适合所有的人。基金以其省事、专业、较高的回报率吸引了越来越多人的眼球。中国目前基金数量已经很高,初具规模。基金从分类来说,分为公募基金以及私募基金。近年来,投资基金风险也是逐渐递减的,当然收益是也是逐渐递减的,不过大多数股票型基金近两年都有不俗的表现,给很多投资者带来了丰厚的回报。

4.实业投资

实业投资好的话也能带来丰厚的利润,但这样的投资需要机遇、勇气、商业智慧、商业手段等,而且也很累神,累身。但对于愿意挑战的人来说是一块乐土。

在繁多的投资品种中,你可以判断哪些产品不要买,在比较小的范围内再选择适合你自己的产品。根据你对经济形势的判断、你个人的情况和家庭情况、经济实力选择适合你自己的理财产品。

■ 与适合你的投资工具"谈恋爱"

增加财富的工具很多,很多投资人都陷在到底该选择哪一种投资工具的迷惑当中,不知如何抉择。

有的投资工具需要你投入很多的时间去观察分析,譬如股票、期货。有的投资工具只要你投入一点点的时间就能掌握精要,譬如基金、结构式商品、房地产证券化商品等。选择一种最适合你的投资组合才是最重要的,而不是单单追求报酬率。

二、投资属性与投资成败之间的关系

小王、小李、小丁同去买基金，小王是低风险偏好者，小李是中等风险偏好者，小丁是高风险偏好者。

正好新推出了以下三种基金：

银华稳进和双禧A都是类固定收益产品，可以在保值的基础上适度实现增值。

兴业合润分级基金的杠杆比率、交易机制的设计都使得该基金特别适合于风险偏好中等偏下和中等偏上的投资者。

银华深证100分级基金和国联安双禧基金本身就是属于指数型基金，股票仓位较高，适合喜好风险的投资者。

小王较为合适的是分类基金中的份额A，其中，银华深证100中的银华稳进和国联安双禧基金的双禧A皆为此类基金。从目前来说，两只基金的收益分别为一年定存+3%、一年定存+3.5%。

小李适合低风险份额合润A兼具零息债券（基础净值1.21元以下时只有本金）和可转债券（基础净值1.21元以上时恢复）。而高风险份额合润B只是在基础净值1~1.21元之间获得杠杆放大效应，放大倍数也限定在1.67倍，因此，可以说是一种有限度的放大。

合润A尤其适合那些不愿承担高风险，但也不愿限制享受低收益的低风险偏好投资者；下跌风险有限，上涨收益比较大，攻守兼备，兼具债券和股票型基金的双重特征。而合润B则适合于那些希望提高收益，但又不过分承担风险的积极型投资者。

小丁可以认购银华深证100分级基金和国联安双禧基金后持有；也可分拆后卖出银华稳进和双禧A；或者可以等上市后，买入银华锐进或双禧B。一般来说，银华锐进的杠杆相对于双禧B来说更高，因此更加激进，适合高风险偏好投资者。

不同的人应该选择不同的投资产品，因为有不同的风险偏好，也就是说，他们是属于不同的投资属性的。投资属性指的是投资者对于风险的态度，不同的人对风险的感知是不一样的，以此产生的决策也是大大的不同。性别、年龄、投资经验、职业等决定了不同投资者的决策行为。

投资人在投资时，最重要的是了解自己对风险的承受度，也就是所谓的"风险属性"，然后依据自己的风险属性，作出最适合自己的投资规划、资产配置，这才是正确的投资观念。

大多数投资人的决策过程是由心理因素来决定行为判断的，因此，明了自己的投资个性后，才能拟定投资战略，在理财的领域中好好发挥。正所谓知己知彼，百战不殆，不论积极型还是保守型的投资人，都有一套适合他们的让资产稳定增长的必胜策略。

三、不要钟情新玩具，传统工具也不错

投资理财工具的形式也会进化的，ETF、投资型保单、外币理财等崭新的理财商品不断问世，投资人不免焦虑，许多人连传统的股票、基金都搞不清楚，更何况是更新的产品。金融单位为了促销新的商品，当然想尽办法，动用资源推广这些新兴商品。它们也存在投资价值，有些工具的投资绩效甚至相当亮眼，但是除非你对投资理财已经稍有研究，对于选择标的的营运模式有最基本的认识，否则一般初级的投资人，还是多看多听多学习，毕竟这些新兴商品可能只是形式更加多元化，它们的投资报酬率与传统的投资工具并不会相差悬殊，既然如此，先操作熟悉的就好，不必羡慕别人拥有新玩意。比如说以下几种熟悉的投资方式就很不错。

1. 定期定额投资，长期的摇钱树

定期定额投资方法非常简单，你只要选定好基金，去任何一家金融机构办理该业务就可以了，然后每个月像银行扣取水电费一样，扣取你的钱，用于基金投资，这样，你就开始你的定投基金之旅了。

举例来说，现年30岁的你预计在30年后退休，并备妥400万元的退休金，若现在就开始每个月用700元进行投资，并将这700元投资在一种（或数种）年报酬率在15%以上的投资工具，30年后就能达到你的退休目标。如果你能够再节省一点，每个月多储蓄300元，用1 000元进行投资，并将这1 000元投资在一种（或数种）年报酬率在15%以上的投资工具，30年后，你就能储备近600万元的退休金，给自己更舒适的退休生活。

2. 储蓄

投资大师约翰·坦普顿告诉投资人致富的方法里，曾经提到成功与储蓄息息相关，要利用复利效应的神奇魔力，就必须先懂得俭朴，所以必须挪出一半的薪水，作为个人在投资理财时候的第一桶金。存下一半的钱是一个不容易执行的重大决定，它考验着你的决心、毅力与生活方式的调整。简约生活，增加储蓄的金额，正是我们学习理财的必备课程。

3. 黄金

现在，在中国主要还是以纸黄金的交易为主，但实际上，实物黄金的储备可以说是世界上目前最安全的投资方式，无论在什么时候，黄金也不会失去其价值。而且黄金作为一种世界公认的投资工具，它本身的地位任何货币都无法取代，历史也说明黄金值得投资，原因是它具有全球统一的报价，抗通货膨胀能力强，税率相对股票还要低得多，产权容易转移，对兑能力强，易于买卖及抵押的优点。而且，中国人传统上都有购买和收藏黄金的喜好和习惯。

4. 不动产投资

不动产投资主要包括住宅、写字楼、商铺等。相对于金融投资大小金额皆可，

对于这样的投资，首先需要一笔不小的资金，而且其变现能力相对较差，所以不要将资金全部投入不动产。但不动产投资可以保值增值，尤其是对于现在的楼市。商铺投资如果形成规模也是客观的收入，而且生活会相当的惬意，但也不是一般人能够处理好的。

5. 保险

一位前途看好的专业经理人，拥有拼命向前冲刺的精神与能力，年薪高达数百万台币，按照他的工作能力持续20年，一定可以带给他的家庭与孩子一个很宽裕的经济生活，他可能已经开始购置千万的房产，并已计划让孩子出国念书，一切都在他的计划中逐步往前进行。但是天不从人愿，因为过度疲劳辛勤工作，这位专业经理人在40岁左右的年纪，就因过劳死而离开职场，留给家人的除了遗憾、回忆之外，还有很多必须重新调整的家庭计划。显然，没有足够的保险，就没有保险的人生。

6. 其他投资

其他投资包括艺术品、收藏品，等等。这样的投资需要专业的知识以及独到的眼光，运气也是很重要的。现在最流行的商品的投资还是各种的"币"。

这些都是传统的投资方式，其实，做好这些一样可以非常有成效。

■老年人可选择传统方式投资

现在的投资方式多种多样，让投资人选择起来十分困难，尤其对于老年人，投资知识少，更是难以选择。

对于老年人，传统理财方式更容易理解和接受，比新方式要熟悉一些，用起来也更安心一些。

四、你需要掌握的投资法则

其实，理财界也有"适者生存，优胜劣汰"的金融达尔文哲学，市场不可能容许屡赔不赚的投资工具生存下去，也就是说，不同工具的游戏规则虽然不同，投资任何工具都有风险，但只要掌握大原则，谨慎操作，仍有获利的赢面。下面介绍一些你应该掌握的投资法则。

1.多头空头都能赚到钱，小心贪心让你破财

一旦你的投资标的达到自己设定的目标价，就应该停利卖掉，尽快落袋为安，否则妄想获得超额利润，让贪婪击垮理性，就很难保证下次你会不会这么幸运了。

2.精算净值、看准时机、分批进场

如果你想要购买某档投资标的，不妨慢慢将资金分批进场，不要一次就全部买进。如果市价跌破净值就多买一点，反之就少买一点，这样一来，平均持股价格降低了，最终你拥有的会更多。

3.买跌不买涨

有很多很棒的投资标的，其价值会被不公平地低估，通常都是因为市场对于若干坏消息反应过度。多做功课，留意有哪些投资标的是暂时性下跌，在"涨"声响起之前买进。不要浪费时间推测体质不健全的投资标的的翻身的可能性，应该寻找价值被不合理低估的好对象。

4.分散投资是千古不变的定律

如果你只投资单一股票或某个产业，一旦发生风险，你就可能赔得一塌糊涂。因此，唯一能够让你保持获利，并且不会危及老本的方法就是"分散投资"到数个优质标的上面，避免孤注一掷。

5.持股数量不要超过能追踪的范围

上市的股票共有几千多只，你每天能够拨出多少时间关心其中一只的营运状况与市场行情呢？你固然需要拥有多只股票来分散投资风险，但也不能多到无法掌握的地步，理想的持股数量应该介于3～5只股票之间，千万不要超过自己能追踪的范围。

6.买进后继续研究

投资人每周都应花上一定的时间和精力，阅读研究报告、分析产业的重要指标等，定期检视、研究手上的投资标的是否值得继续持有。

7.投资绩优股，永远都值得

普通的投资人总是想买到便宜又"大腕"的货色，但是实际的获利率却不见起色，反观专业的投资人，他们大多愿意多花一点钱买优质股票。多存点钱让你的选择变多一点，学学专业经理人投资市场上知名龙头股的策略，即使要花比较多的钱，但毕竟股票买了还可以卖，跌太多或涨不动，可是会让你亏本的。

8.基本面比消息面更实际

消息面往往会制造利多假象，引诱你掉入陷阱，当你听到某家公司很快就会被并购，你会因为想抓住接下来的行情，而奋不顾身地购买该公司的股票吗？最好不要这样。如果要买，也要买进那些经过基本分析之后，发现价格被低估，但前景很好的公司。

建议测量法：我属于哪一种投资类型

1.你现在的年龄是？

A.29岁以下　5分

B.30～39岁　4分

C.40～49岁　3分

D.50～59岁　2分

E.60岁以上　1分

2.你计划从何时开始提领你投资的部分金额？

A.至少20年以上　5分

B.10~20年　4分

C.6~10年　3分

D.2~5年　2分

E.2年以内　1分

3.你的理财目标是？

A.资产迅速成长　5分

B.资产稳健成长　3分

C.避免财产损失　1分

4.以下哪一项描述比较接近你对投资的态度？

A.我寻求长期投资报酬最大化，所以可以承担因市场价格波动所造成的较大投资风险　5分

B.我比较注重投资报酬率的增加，所以可以承担一些因市场价格波动所造成的短期投资风险　4分

C.市场价格波动与投资报酬率对我来说同样重要　3分

D.我比较希望市场价格的波动小，投资回报率低一些没关系　2分

E.我想要避开市场价格波动，愿意接受较低的投资报酬率，而不愿承受资产亏损的风险　1分

5.请说明你对通货膨胀与投资的态度：

A.我的目标是让金融报酬率明显超出通货膨胀率，并愿意为此承担较大的投资风险　5分

B.我的目标是让投资报酬率稍高于通货膨胀率，若因而多承担一些投资的风险是可以的　3分

C.我的目标是让投资报酬率等于通货膨胀的速度，但是要尽量减低投资组合价值变动的幅度　1分

6.假设你有一笔庞大金额的投资在股票中，并且该投资呈现三级跳的涨幅。比如说：一个月增值了20%，你可能采取什么行动？

A.投入更多资金在该股票上　5分

B.继续持有该标的　4分

C.卖掉少于一半的部位，实现部分获利　3分

D.卖掉大于一半的部位，实现大部分投资获利　2分

E.卖掉所有部位，获利了结　1分

7.假设你有一笔庞大金额的投资在股票中，并且在过去的一年中该笔投资价值持续下滑，比方说，你的资产在这段时间中下跌了25%，你可能会采取什么行动？

A.增加投资　5分

B.继续持有该标的　4分

C.卖掉少于一半的部位　3分

D.卖掉大于一半的部位　2分

E.卖掉所有部位　1分

通过对这7个问题的分析，我们可以将投资者归纳为下列三种类型：

7~15分：保守型投资人，可以忍受低风险。建议：对资金的流动性要充分考虑，以银行存款、保险为主，兼有一些基金、国债投资，避免介入风险较大的投资领域。

16~30分：稳健型投资人，可承受中度风险。建议：保持一定的投资组合，既顾及投资的收益性，又考虑到安全性，此外买一定数量的保险很重要。

31~35分：积极型投资人，可忍受高风险。建议：你可以选择在收益性更大的投资项目上投入更多的资产，比如股票、信托、股票型基金等，承担一定的风险，以获取更大的收益。

第四章

把风险和陷阱扼杀在摇篮中

一、投资的关键是要保住本金

通过炒股累积了身价不菲的沃伦·巴菲特，在谈到自己的成功秘诀时说："投资原则一，绝对不能把本钱丢了；投资原则二，一定要坚守投资原则一。"

徐永安是韩国某消费信贷公司的总裁，掌管着数百亿资产的流动。消费信贷事业听起来有点玄，说白了就是"放高利贷的"。当然利率没有高得离谱。徐永安从小就显示出了与众不同的运动员潜质，也迷恋花花绿绿的杂志，不过提起读书，他顿时没了兴趣。

他说："我真的对读书不感兴趣，当时父亲还经营着一家园林公司。他也知道以我这成绩想进大学算是没指望了，于是就给某私立大学'栽树'，让我进了那家私立大学体育系读书，说白了就是花钱'走后门'让我进了大学。但是，在进大学校门的前一天，父亲的话也给了我当头一棒，他说到大学毕业之前我要把他'走后门'用的钱全部还给他。"

徐父这样做的目的就是激发儿子去学习谋生的手段，既然儿子不能靠读书挣碗饭吃，那就只能另辟蹊径，父亲这样做也是为了儿子的未来着想。事实证明，徐先生的成功在很大程度上得益于父亲的严格教导。

徐先生说："没办法，我只有边读书边挣钱才行。正当我寻思赚钱的路子时，刚好有朋友出了急事，请求我借钱给他，于是我将攒到高中时的所有钱都借给了他，并要求他以后连本带利一起还。虽然朋友一个劲儿地说朋友之间还谈什么利息啊，但我历来信奉'亲兄弟，明算账'，就这样我获得了平生第一笔贷款利息。"

光凭交情就借钱给别人，有时候别说利息，就连本钱都会鸡飞蛋打。几次教训之后，徐先生再借钱给别人的时候，就要求他人留下抵押物品，那时候，大部分的"客户"都是他的同学，抵押物品都是些厚厚的专业书籍和教科书。他们实在还不上钱的时候，徐先生就将这些书卖到旧书店去，好歹能收回一些本钱。

"我在放贷，从中抽取利息的过程中，明白了一件最重要的事情，那就是'如何保住本钱'比'如何收回利息'更为重要，抵押物品不能成为我保住本钱的保证。"

徐先生正式进军消费信贷行业，是滞留日本的时候。走在日本街头，徐先生在想什么呢？他想："总有一天，韩国公民对于消费信贷企业的否定性认识会有所改变，消费信贷产业一定会成为朝阳产业。"

徐先生于是下决心对消费信贷产业的发源地——日本的消费信贷产业进行一番翔实的探究，并决定在日本小试牛刀。

■ 成功投资的基本原则

成功投资的基本原则有三：稳定性、回报率、周转率。

要说最具稳定性的投资商品，非银行的固定利息产品莫属。但相对而言，稳定性强的投资对象，其收益性要低一些。

这三者成功协调的程度决定了富人们赚钱的多少，最完美的效果就是三者步调一致。

回报率就是你投入的本金为你带来的收益回报和资本扩张的额度。

回报率高的商品，在投资的过程中伴随的风险也较高，稳定性也较差。

周转率就是能在多长的时间里把投资的本钱收回来。将相同的2亿韩元分别投资到银行商品、股票以及房地产当中，周转率最高的投资对象就是银行商品，反之，房地产的周转率最低，因为房地产要还原成现金，需要一段时间。

他首先将眼光瞄准了在日的韩国留学生，向他们提供小额贷款。积累了部分资金后，他开始在日本的韩国人聚居地做广告，逐步扩大自己的事业。目标群由最初的留学生转为在日本就业的韩国女性，抵押品是护照。他向用护照做抵押的留学生和来日工作的女性提供50万～100万韩元（约合5万～10万日元）的贷款。

他坚持只做小额信贷生意的理由，并不是因为没有能力提供大额贷款，而是他有因此连本钱都收不回来的经历。徐先生在日本"发财"回韩国之后，正式大规模进军韩国消费信贷行业。

徐先生说："公司越来越大，我不停地思索，创造出那些能很容易地回收本钱的消费信贷产品。"

徐先生的主力产品是无抵押、无保证、无"先利"（预先支付利息）的日利率为0.36%的小额个人消费信贷商品。小额信贷的好处之一是由于其金额小，在无抵押、无保证的情况下亦可贷出；其二，回收的可能性比大额信贷要高得多，相反，利息却比大额信贷要高，万一连本钱都收不回来，他只需稍稍提升一点利息，就能将损失转嫁到其他顾客身上。

"如何挣大钱？非常简单，亏本没亏到本钱的份儿上，这就是事业。倘若连本钱都保全不了，这样的事业能坚持多久呢？"徐先生如是说。

二、评估自己的风险承受能力

布袋和尚有首禅理诗："手把青秧插满田，低头望见水中天。六根清净方为道，退步原来是向前。"细品之下，其中蕴涵的哲理跟现在热门的投资理财也多有相通之处。

很多城里小孩都认为农民伯伯插秧就像走路一样，是向前一点一点插的。但这只是想当然的结果。如果你曾经观察过农夫在田中如何插秧苗，你就会发现农夫都是弓着身子，一步一步向后倒退着插的。看起来农夫的脚步是向后不断退让，实际上却是一步步前进，直到把秧苗插满了整个农田。以退为进，似退实进，事物的道理有时就是这么高妙。

投资理财也常需要我们抱着以退为进的想法，才能在这风云多变的市场行情里立于不败之地。投资理财，如果能一开始就抱有以退为进的想法，反倒更容易获取回报。

例如，当你准备投资基金时，不妨先假设买了基金之后，市场突然大跌，你惨遭套牢。然后你再问自己："我会不会难过到吃不下饭、睡不着觉？我的工作、生活会不会因此受到很大影响？我可以忍受跌到什么程度？"如果答案是你根本无法承受下跌风险，那就表示你不适合投资基金，你就要有自知之明主动选择放弃。而如果答案是你可以忍受基金较大幅度的下跌，并且保证对你的工作生活没有什么不良影响，那么恭喜你，你可以放心投资基金了。

能看到大幅后退的人，才更能以安然的心态，成功渡过市场的惊涛骇浪，迎来丽日蓝天的大步前进。

以退为进，退是为了更好地进。看似在考虑退路，实际上却是为了让你能最终稳健前进，避免因恐慌而杀跌出局。恐惧与贪婪是投资者的两大心魔，让自己预先充分设想恐惧，正是克服恐惧心理的一个很好的方法。

以退为进，暂退一点又何妨？只要你在投资之前就已经做好了最坏的打算，无论发生多么猛烈的下跌你也照样吃得香、睡得香，哪还有什么风险能阻挡得了你通过投资理财，赢取财富回报的前进步伐呢？

三、防范投资中的各种陷阱

现在，中国投资市场异常火热，在投资过程中，投资者要防范下面的几种陷阱，以防被诈骗。

1. 不要盲目跟随"炒股博客"炒股

股市火暴带动各种"炒股博客"如雨后春笋般涌现，投资者若盲目跟随"炒股博客"炒股，将可能面临财产损失求告无门的法律风险。同时，"炒股博客"可能成为"庄家"操纵市场的工具，股民若盲目将"炒股博客"上获取的所谓"专家意见"当成投资依据，只会大大增加投资风险，很有可能血本无归。

2. 谨防委托民间私募基金炒股

从2014年下半年股市逐渐升温以后，新入市的投资者有相当一部分对股票、基金等一窍不通，这就让民间私募基金有机可乘，他们常常以咨询公司、顾问公司、投资公司、理财工作室甚至个人名义，以委托理财方式为其提供服务。但事实上，首先民间私募基金本身并不是合法的金融机构，或不是完全合法的受托集合理财机构，其业务主体资格存在瑕疵。其次，民间私募基金与投资者之间签订的管理合同或其他类似投资协议，往往存在保证本金安全、保证收益率等不受法律保护的条款。

3. 不要私自直接买卖港股

调查显示，内地居民私自直接买卖港股的方式有两种，即内地居民利用"自由行"等机会到香港开立港股证券交易账户，投资港股；或者由证券公司协助开立港股证券交易账户进行投资。根据我国有关法律规定，除商业银行和基金管理公司发行的QDII（合格的境内机构投资者）产品以及经过国家外汇管理局批准的特殊情况外，无论是个人投资者还是机构投资者都不允许私自直接买卖港股。内地居民通过境内券商和其他非法经营机构或境外证券机构的境内代表处开立境外证券账户和证券交易都属于非法行为，不受法律保护。如果私自买卖港股，投资者的风险无形之中就将大大提升。

4.谨防非法证券投资咨询机构诈骗

总而言之，投资是自己的事，用的也是自己的钱，投资人在投资过程中务必谨小慎微，否则一个不小心，就可能给自己带来巨大的资金风险。

在投资市场热火朝天的时刻，谁要站出来说这种市场也有风险，投资者需要及早做好准备，这多少会显得不合时宜。但是风险因为市场的火热就不存在了吗？所以，每一个投资者都要清醒地认识到风险的存在，并做好积极的准备。

风险承受能力小测试

1.你的年龄是？

（1）25或以下；

（2）26岁到35岁；

（3）36岁到45岁；

（4）46岁到55岁；

（5）56岁到65岁；

（6）66岁或以上。

2.你的婚姻状况？

（1）单身；

（2）已婚；

（3）离婚。

3.你有多少个孩子？

（1）没有；

（2）1个；

（3）2个；

（4）3个；

（5）4个以上。

4.你的教育程度？

（1）小学；

（2）中学；

（3）专科或中专；

（4）大学或以上。

5.若把你所有的流动资产加起来（银行存款、股票、债券、基金等），减去未来一年内的非定期性开支（例如结婚、买车等），约等于你每月薪金的多少倍？

（1）20倍以上；

（2）15.1～20倍；

（3）10.1～15倍；

（4）5.1～10倍；

（5）2.1～5倍；

（6）2倍以下。

6.你估计5年后的收入会较现在增长多少？

（1）50%以上；

（2）30.1%～50%；

（3）20.1%～30%；

（4）10.1%～20%；

（5）0.1%～10%；

（6）收入不变或下降。

7.你平均每月的支出占收入？

（1）100%以上；

（2）80.1%～100%；

（3）60.1%～80%；

（4）40.1%～60%；

（5）20.1%～40%；

（6）20%以下。

统计分数方法：

（1）10分　（2）5分　（3）4分　（4）3分　（5）2分　（6）1分

测试结果：

81分或以上：由于你没有多少财务上的负担，可以很轻松地接受高于一般的风险，可选择高风险的投资项目以赚取较高的回报。

61～80分：你只有少量财务上的负担，能够接受较高水平的风险，对于比平均风险略高的投资项目均可以接受。

41～60分：你接受风险的能力属于一般水平，可以接受普通程度的风险。

21～40分：由于你个人负担较一般人重，故此接受风险的能力亦属于偏低，不可接受太高风险的投资项目。

20分以下：你接受风险的能力属于极低水平。因为你有沉重的负担，投资组合中应取向低风险型投资项目。

四、确保"后方"安全

正所谓"狡兔三窟",狡猾的兔子有三个窝。因此,"狡兔三窟"可以防止狐狸的侵袭。虽然兔子有三个窝,但若不提高警惕,也会成为狐狸的美餐,所以有"三个窝"的安全性要相对高一些。

投资的道理也是一样,如投资者仅有一笔资金,若这笔资金发生了问题,就会周转不灵,不能坚持下去,要是求全,便只能平仓止亏,把损失固定下来,当然,这也失去了反败为胜的机会。

在投资市场上这种情况经常发生。投资者若能坚持下去,也许只是多坚持一会儿,就可以赢利,但偏偏周转出现了问题,不得不暂停投资,这是一件很痛苦的事。若事后证明,能多坚持一会儿就可以突破难关、反败为胜,那么可想而知投资者会多么后悔。

成功的投资者,都会给自己准备几笔后备资金,然后将资金进行分配,有前有后,分配成多笔资金,部分用来保本,做一些稳健低风险的投资,部分可冒稍高的风险,小部分用作高风险项目。有进取的,有保本的,有攻有守,有前有后,形成一套完整的投资计划。

保本的投资安全性相对较高,回报较稳定,可作为高风险投资的后盾,一旦高风险项目出了问题,还有保本的资金支持。例如,炒股失手,损失了一笔,但还有后备金,可以在保本的资金里,拨出一些补充,继续再战。反过来也一样。若高风险的投资顺利,赚了大钱,则可以把一部分拨到保本投资当中,巩固投资的成果。

以上是从纵的角度看多笔资金的重要性,当然,从横向的角度看有多笔资金同样很重要。多笔资金可以放在不同的市场上,一些用在股票市场,一些用在外汇市场,一些投资在债券、基金等。这些市场各有不同的风险,任何时候,都不可能全部赚钱或全部亏损,有些赚,有些亏。这样,多笔资金便可以互补不足。

第五篇 精明储蓄：开个家庭小银行

第一章

钱进银行，是增多还是减少

一、储蓄：积少成多的"游戏"

在投资理财计划中，一个最重要的环节是储蓄。储蓄是一种积少成多的"游戏"，这个"积谷防饥"的概念在中国人眼中并不陌生。

以西方国家为例，上一代的人仍知道储蓄的重要，但现在的人只懂得消费，已经忘记了储蓄，美国的人均储蓄率是负数，意思是美国人不单没有储蓄，反倒先用未来钱，利用信用卡大量消费，到月底发工资时才缴付信用卡账单，有些更已欠下信用卡贷款，每一个月不是缴费，而是偿还债务。

人的一生中有一段赚钱的黄金高峰期，大约是40岁的前后20年时间，之前是刚开始工作的时间，收入有限且不稳定；之后的开支及家庭负担较大，赚钱能力也随着年龄而倒退。因此，这赚钱的高峰期就是筹备一生中，如置业、子女教育及退休等重大开支的最佳时期，每个人应好好把握。

还有这里所讲的储蓄，只需每月一部分的零钱，点点累积变洪流，长时间的储蓄好像滚雪球效应，可变成很大的收成。以每月储蓄1 000元为例，储蓄20年，每一年的回报以百分之八计算，预期总回报是60万。

每一个月储蓄多少没有一个定律，各人的收支情况都不同，但简单的可按每月收入扣除开支所剩下的余钱作为参考，把这余钱的一半作为储蓄已很不错，其他的拨作应急基金，以应付不时之需。

储蓄是一种习惯，是一种积少成多的"游戏"。每一个月开始之前先把预定的金额存起来，这对日常生活没有很大的影响；相反，把钱放在口袋里，最后都是花掉，连花到哪里去也忘记了。

二、储蓄是投资本钱的源泉

很多人错误地认为，只要好好投资，储蓄与否并不重要。实际上，合理储蓄在投资中是很重要的。储蓄是投资之本，对于月薪族来说更是如此。如果一个人下个月的薪水还没有领到，这个月的薪水就已经花光，或是到处向人借钱，那这个人就不具备资格自己经营事业。要想成功投资,就必须学会合理的储蓄。

很多人不喜欢储蓄,认为投资可以赚到很多的钱,所以不需要储蓄;有的人认为应该享受当下,而且认为储蓄很难,要受到限制;有的人会认为储蓄的利息没有通货膨胀的速度快,储蓄不合适。然而,事实并不是这样。

我们可以将每个月收入的10%拨到另一个账户上,把这笔钱当作是自己的投资资金,然后利用这10%达到致富的目标,利用其余的90%来支付其他费用。也许,你

■ 理财之道,始于储蓄

在中国居民漫长的理财历史之中,储蓄一直是人们的首选方式。储蓄是理财之道的基础,有着其他理财类产品所不具备的特性:安全可靠、存取方便、回报稳固。

急用现金用"部分提前支取"　　　　智能理财——要收益,更要便利

定期存款要约定"自动转存"　　　　定期存款别贪"大"

会认为自己每月收入的10%是一个很小的数目,可是当你持之以恒地坚持一段时间之后,你将会有意想不到的收获。也正是这些很小的数目成为很多成功人士的投资之源泉。

晓白工作已经有5年的时间,从一名普通的职员,慢慢做到公司的中层,薪水也一直稳中有升,月薪已有近万元,比上虽然不足,比下仍有余地。可是昔日的同窗,收入未必高过自己,可在家庭资产方面已经把自己甩在了后面。

晓白的年龄逐步向30岁迈进,可还一直没有成家。父母再也坐不住了。老两口一下子拿出了20万元积蓄,并且让晓白也拿出自己的积蓄,付买房首付款,早为结婚做打算。可是让晓白开不了口的是,自己所有的银行账户加起来,储蓄也没能超过六位数。

其实,晓白自己也觉得非常困惑。父母是普通职工,收入并不高,现在也早就退休在家。可是他们不仅把家中管理得井井有条,还存下了不少的积蓄。可是自己呢?虽说收入不算少,用钱不算多,可是工作几年下来,竟然与"月光族""白领族"没有什么两样。不仅是买房拿不出钱来供首付,前两年周边的朋友投资股票、基金也赚了不少钱,纷纷动员晓白和他们一起投资。晓白表面上装作不以为然,其实让他难以开口的是,自己根本就没有什么储蓄,又拿什么去投资?

晓白出现这种情况的原因就是缺乏合理的储蓄规划。很多像晓白这样的人,收入看上去不少,足够应对平时生活中的需要,可是他们就是难以建立起财富的初次积累。原因就在于,他们在日常生活中没有合理的储蓄规划,花钱也是东一笔、西一笔。对于处在事业起步阶段的人来说,出现这样的状况可以理解。可是如果收入已经渐进稳定,依然保持着零储蓄的生活,你就该好好反省一下自己的生活了。

三、最优秀的投资者也要懂得储蓄

随着时代的发展,今天的社会与从前的社会相比发生了很大变化。对许多优秀的投资者而言,他们也许拥有足够多的不储蓄的理由。比如他们因为年富力强,往往都认为以后可以赚到很多的钱,所以现在不需要储蓄;他们钟情于享受眼前的生活,寻找自由、浪漫与快乐,而不愿意受到金钱方面的束缚;他们认为储蓄对家庭来说并不十分重要,他们没有金钱上的压力,并且认为这种看法不会改变;他们没有看到储蓄的任何好处,因为现实中利息低、通货膨胀等因素确实都实实在在地存在着。

鉴于上述的几个观点,优秀的投资者们当然不认为储蓄会带来什么好处,这是很正常的事情。但笔者的看法并不是这样。储蓄能够让优秀的投资者们成为千万富翁,优秀的投资者们可以轻而易举地在银行存折中多出20%或更多的金钱,通货膨胀甚至还会帮助他们。

下面我们就来详细地剖析优秀的投资者们一定要储蓄的理由：

1. 持续地储蓄让你积累更多的投资基金

许多优秀的投资者都有一个错误的观点，他们认为投资会使自己自然而然地变得越来越富有。然而事实上，这是不可能实现的！也许优秀的投资者们并不认同我们的观点，也许他们会问：为什么投资不一定使自己变得富有呢？

优秀的投资者的投资越多，风险也越大。也有的优秀的投资者会这么说："我同意储蓄，但我的方法是每年储蓄一次，把全年需要储蓄的金额一次放到银行里不就行了！"我们不得不说，这种想法也是很难实现的。

■ 怎样才能养成储蓄的习惯

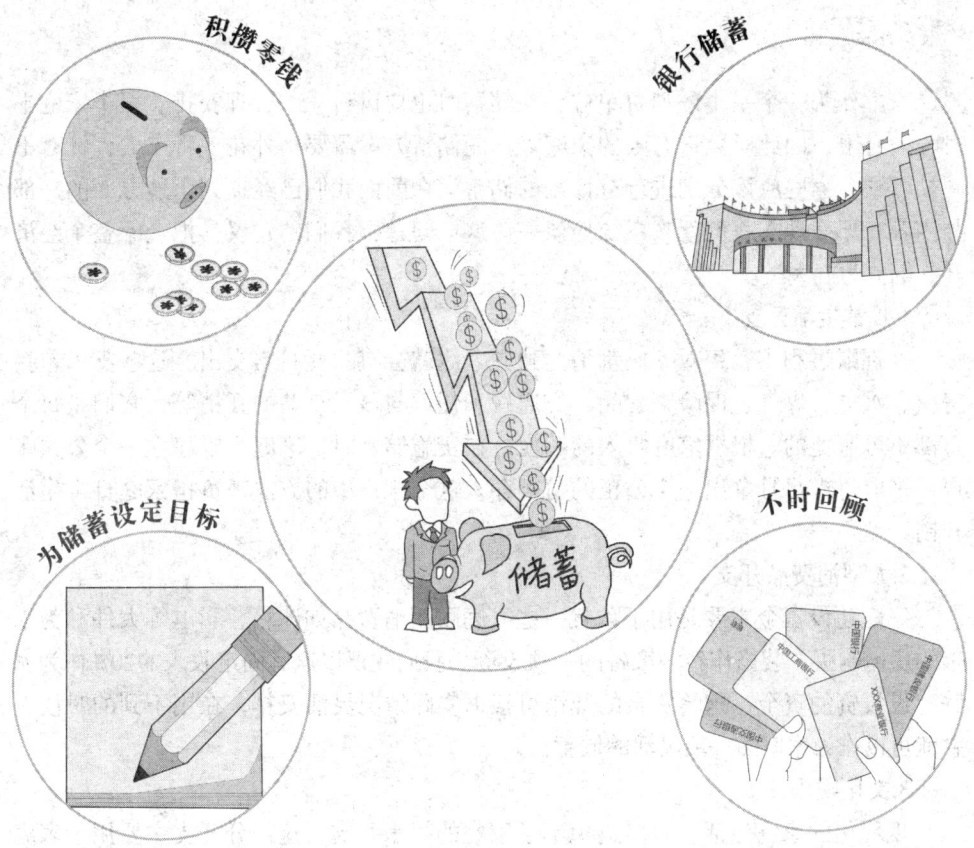

储蓄宜早不宜迟，越早储蓄，你就会越早得到积累的财产，越早拥有展开投资的经费。不要再相信那句"车到山前必有路"的名言了，它带给你的只会是得过且过的平庸生活。所以，马上开始储蓄吧！

2.储蓄是善待自己的最好方法

说到善待自己，优秀的投资者应该通过储蓄来付钱给自己，这样做以后，优秀的投资者会发现：不用收入的100%，而是用收入的90%或85%来支付生活所需的费用，这就让自己拥有了10%或15%的储蓄。

3.积累原始资本

假设这部分资本金的固定额度是家庭总收入的10%，那么优秀的投资者们应该如何累计这部分资本呢？首先优秀的投资者需要开设一个存储账户，每月月初，将收入的10%存入这个账户；要把持住自己，任何时候都不要轻易动用这个账户里的钱；找到适当的机会，用这个账户里的钱进行投资；当这个账户里的金额越来越多时，优秀的投资者们将得到更多的投资机会和安全感。

四、家庭储蓄方案

家庭作为一个基本的消费单位，在储蓄时也要讲科学、合理安排。一个家庭平时收入有限，因此对数量有限的家庭资本的储蓄方案需要格外花一番工夫，针对不同的需求，家庭应该分别进行有计划的储蓄。在前面我们已经提到了这方面的一部分内容，那么现在我们就来系统地谈一谈这个问题：我们的建议是把全家整个经济开支划分为五大类。

1.日常生活开支

在理财过程中，每对家庭都清楚建立家庭就会有一些日常支出，这些支出包括房租、水电、煤气、保险、食品、交通费和任何与孩子有关的开销等，它们是每个月都不可避免的。根据家庭收入的额度，在实施储蓄时，家庭可以建立一个公共账户，采取每人每月拿出一个公正的份额存入这个账户中的方法来负担家庭日常生活开销。

2.大型消费品开支

家庭建设资金主要是用于购置一些家庭耐用消费品如冰箱、彩电等大件和为未来的房屋购买、装修作经济准备的一项投资。我们建议以家庭固定收入的20%作为家庭建设投资的资金，这笔资金的开销可根据实际情况灵活安排，在用不到的时候，它就可以作为家庭的一笔灵活的储蓄。

3.文化娱乐开支

现代化的家庭生活，自然避免不了家庭的娱乐开支。这部分开支主要用于家庭成员的体育、娱乐和文化等方面的消费。我们的建议是：这部分开支的预算不能够太少，可以规划出家庭固定收入的10%作为预算，其实这也是很好的智力投资，若家庭收入增加，也可以扩大到15%。

■ 家庭理财规划金字塔

这里简单地勾勒一个"家庭理财规则金字塔"的图形，让你一目了然地注意到，你在哪些方面已经规划得很满意或者是否就从来没有意识到自己需要这样的规划。

风险

收益

增值、投机层：收益大、风险高，用以在不影响基本生活品质的前提下，博取高收益。

股票、外汇、期货、期权等 ← 风险投资账户

保值层：收益稳定、风险低，用以未来子女教育、养老及未来生活所需。

理财类保险产品国债、定期存款、债券、基金等 ← 保证收益账户

基石层：应急、备用钱、风险防范基金。

银行存款（零用、救急） | 保障性保险财产、健康、意外等（风险管理） ← 现金账户

杠杆账户

基本生活消费

日常生活消费（吃、穿、住、行、水电、气、物业、娱乐等）

4.理财项目投资

家庭投资是每一个家庭希望实现家庭资本增长的必要手段，投资的方式有很多种，比较稳妥的如储蓄、债券，风险较大的如基金、股票等，另外收藏也可以作为投资的一种方式，邮币卡及艺术品等都在收藏的范畴之内。我们认为以家庭固定收入的20%作为投资资金对普通家庭来说比较合适。当然，此项资金的投入，还要与家庭个人所掌握的金融知识、兴趣爱好以及风险承受能力等要素相结合，在还没有选定投资方式的时候，这笔资金仍然可以以储蓄的形式先保存起来。

5.抚养子女与赡养老人

这项储蓄对家庭来说也是必不可少的，可以说它是为了防患于未然而设计的。家庭如果今后生育小孩，以及父母的养老都需要这笔储蓄来支撑。此项储蓄额度应占家庭固定收入的10%，其比例还可根据每个家庭的实际情况加以调整。

上述五类家庭开支储蓄项目一旦设立，量化好分配比例后，家庭就必须要严格遵守，切不可随意变动或半途而废，尤其不要超支、挪用、透支等，否则，就会打乱自己的理财计划，甚至造成家庭的"经济失控"。

五、如何选择保证收益和非保证收益理财产品

面对品种繁多的银行理财产品，要选择一款适合自己的，也有不少学问。从获得收益的不同方式来看，银行理财产品可以分为保证收益理财计划和非保证收益理财计划，投资者可以对照自身情况进行选择。

1.保证收益型

目前银行推出的部分短期融资券型债券理财、信托理财产品、银行资产集合理财都属于这类产品。投资对象包括短期国债、金融债、央行票据以及协议存款等期限短、风险低的金融工具。例如招商银行的分3个月、6个月的票据集合理财计划就属于固定收益理财计划，银行将理财资金投资于包括转贴现银行承兑汇票、固定收益产品等。

这类产品计算简单，投资期限灵活，适合那些追求资产保值增值的稳健型投资者，如毕业不久的年轻人、退休人员等。

2.保本浮动收益型

保本浮动收益理财计划，是指商业银行按照约定条件向客户保证本金支付，本金以外的投资风险由客户承担，并依据实际投资收益情况确定客户实际收益的理财计划。

保本浮动收益型理财产品的优点是预期收益可观，缺点在于投资者要承担价格指数波动不确定性的风险。例如华夏银行推出的"慧盈一号"人民币理财计划就属于保本浮动收益型，投资于在香港上市的5只中资银行股票，预期最高年收益率

6.76%。该类产品比较适合有一定承受风险能力的进取型投资者,像一些组建了家庭的中青年人士,收入稳定增长而且生活稳定、注重投资收益的投资者。

3.非保本浮动收益型

非保本浮动收益理财计划是指商业银行根据约定条件和实际投资收益情况向客户支付收益,并不保证客户本金安全的理财计划。

该类产品一般预期收益较高,有些产品投资期限会较长,因此,该类产品比较适合风险承受能力强、资金充裕的投资者。

投资以上理财产品也要注意:

投资者在购买理财产品之前,应仔细了解产品的情况,主要应注意以下五点:

一是要了解清楚产品的性质,是保本的还是非保本的,收益是固定的还是浮动的,本金是否可以提前收回,费用怎样收取等,结合自身对于风险的承受能力选择适合的理财产品。

二是用富余的资金进行投资,即使是保证收益理财计划的债券型理财产品也具有一定的风险,即流动性风险,因为这类产品往往不允许投资者提前中止合同。

三是要看产品的投资方向。预期收益就是根据这些投资市场的表现来决定的,包括汇率、利率、黄金、信托项目、股票、期货、基金,等等。如果投资者看好某些投资领域,但是不懂操作的技巧,不愿冒太大的风险,或者无法直接进行投资,就可以选择挂钩这些领域的理财产品。

四是一定要认清预期收益。投资者要千万注意,不要将预期收益当做实际收益。预期收益是银行认为在正常的市场走势下获得的收益,银行并没有保证支付义务。在实际操作中,由于种种因素的影响,实际收益往往与预期收益有着偏差,即使是相对安全的固定收益理财品种,也会有实际收益低于预期收益的可能。

五是计算收益率。投资者购买理财产品时要注意收益率的计算方法。如一款理财产品年收益率为9%,另一款理财产品15个月的到期收益率为10%,单纯从数字上看后一款理财产品的收益率更高,实际上,把后一款产品15个月的收益率换成年收益率,仅仅是$10\% \times 12 \div 15 = 8\%$,低于前一种产品。

第二章

让小钱变大钱：存款利益最大化

一、存活期好还是存定期好

存款是银行的第一大业务。银行存款实行存款自愿、取款自由、存款有息、为储户保密的原则。

银行存款有活期和定期之分，作为普通大众的我们，到底是选择活期好还是定期好呢？我们先来看一下什么是活期存款和定期存款。

所谓活期存款是一种无固定存期、随时可取、随时可存，也没有存取金额限制的一种存款。而定期存款是指储户在存款时约定存期，开户时一次存入或在存期内按期分次存入本金，到期时整笔支取本息或分期、分次支取本金或利息的储蓄方式。定期存款包括整存整取、零存整取和存本取息三种方式。

存款时选择活期还是定期，具体要看你的资金对流动性要求如何。如果你的钱长期不用，可以存定期，而且最好分存为几张等额存单，这样就算有急用，也可以解存部分定期，不至于损失全部利息，而且存期越长，利率越高，肯定要比活期好。反之，如果你的钱很可能随时会用到，那还是活期比较好。

如果定期存款全部提前支取，你的存款只能按照活期的利率计算，与同档次定期存款利率相比，你将损失不少利息收入。因此最好在存款时做好计划，合理分配活期与定期存款，大额定期存款可适当化整为零，这样既不影响使用，也不减少利息收入。

二、应对低利息的存储策略

由于目前银行利率已经降到历史较低水平，那么对于储蓄这种依靠利息增值的理财方式来说，对各个家庭的冲击非常大，家庭辛辛苦苦存下来的钱眼看就要无法增值。面对这种情况，我们要保持清醒的头脑，通过适当的方法达到存储利益的最大化，只有这样才能减小低息对储蓄的直接影响。

1.选择合理的存期

一般来说，在币值稳定、通货膨胀率低的情况下，存期越长，利率越高，实际收益越大。我们认为，目前人民币存款利率已达到或接近谷底。近年来连续的几次降息对经济回升起到了明显的作用。由此我们建议在当前阶段，家庭的储蓄策略应以"中短期"为主，尤其是大额资金，应基本控制在2年期内，这样在利息率回调的时候家庭才不会因为储蓄年限的不协调而错过机会。

2.善用通知存款

通知存款是银行近年来推出的新储种，许多家庭还都不太熟悉。它是指家庭在存入一笔钱时不约定存期，而支取时只要提前通知银行约定支取存款的日期与金额即可，提前通知银行的日期可以是1天也可以是7天。这种储蓄方式使用于大额短期存款，因为它方便灵活，利率又高于同期的定活两便储蓄，无疑是家庭大额闲置资金的最佳储种选择。

3.活用外币存储

从小额外币存款利率看，在相同的存期内，不少外币存款利率要远远高于人民币存款利率，比如美元、英镑、港币等。由此，在低利率时代，家庭可以考虑适量存储一些外币来弥补人民币利率过低所造成的利息损失。

4.投资"教育储蓄"

教育储蓄作为新兴的储蓄项目对于刚刚建立的新家庭来说是颇具吸引力的。这种储蓄利率优惠，而且国家免征利息税。它的另一个好处是存贷结合，家庭一旦参加了教育储蓄，今后孩子升学若遇资金困难，还可向开户银行申请"助学贷款"，银行将会优先给予解决。

在这里我们提醒家庭应该注意的是：不要选择"存本取息＋利息零存整取"配套储蓄。因为央行的7次降息，大大缩小了各存期档次间的利差，"存本取息＋利息零存整取"配套储蓄已无利可图，其组合利息收入反而低于同期限定期存款利息。

三、针对不同储种的储蓄技巧

在储蓄存款低息和储蓄仍然是家庭投资理财重要方式的今天，掌握各储种的储蓄技巧显得尤其重要，掌握了这些技巧将使家庭的储蓄存款保值增值达到较好的效果。那么家庭不禁要问：目前银行开办的储种可谓种类繁多，面对不同的储种，是否都有与其相对应的储蓄技巧呢？答案当然是肯定的。

1.有关活期储蓄的技巧

对于活期储蓄来说，没有太多可供深究的技巧可言，家庭只需了解一些基本规定即可。对于活期储蓄，银行一般规定5元起存，由银行发给存折，凭折支取(有配发储蓄卡的，还可凭卡支取)，存折记名，可以挂失。它的特点是利息于每年6月30日结算一次，前次结算的利息并入本金供下次计息。

活期储蓄适合被普通家庭运用在日常开销方面，因为它的特点是灵活方便。但是由于活期存款利率较低，一旦活期账户结余了数目比较大的存款，家庭就应及时把其转为定期存款。另外，家庭在开立活期存折时一定要记住留存密码，这不仅是为了存款安全，而且还方便了日后跨储蓄所和跨地区存取，因为银行规定：未留密码的存折不能在非开户储蓄所办理业务。

2.有关定期储蓄的技巧

定期储蓄中又包含许多储种，它们的特点各自不同，当然在使用时的技巧也会有所不同。

整存整取是定期储蓄中历史最悠久的储种，它适用于家庭中节余的、较长时间不需动用的款项。在高利率时代，储蓄的技巧是期限分拆，即将五年期的存款分解为一年期和两年期，然后滚动轮番存储，这样做可以达到因利生利的效果，使收益最佳。而在如今的低利率时期，家庭都应该明白，其储蓄的技巧除了尽可能增长存期外，别无他法。这就要求家庭能存五年的就不要分期存取，因为低利率情况下的储蓄收益特征是存期越长、利率越高、收益越好。此外，家庭还要能够善用我们在前文中提到的部分提前支取、存单质押贷款等方法来避免利息损失。

零存整取也是许多家庭非常熟悉的一种储蓄方法，它适用于较固定的小额余款存储，因为其积累性较强。目前银行一般规定零存整取定期储蓄5元起存，存期分为一年、三年、五年3个档次，尤其适合收入不高的家庭生活节余积累成整的需要。它的规定比较严格，存款开户金额由家庭自行决定。很明显我们可以看出，这种储蓄方法不具有很强的灵活性，有一些家庭存储了一段时间后，认为如此小额存储效果并不明显，因此放弃者不在少数，其实这种前功尽弃的做法对家庭来说往往损失很大，因此采用这种储蓄方式最重要的技巧就是"坚持"。

存本取息是定期储蓄中的另一个储种，目前银行一般规定存本取息定期储蓄是5 000元起存。要使存本取息定期的储蓄效果达到最好，最重要的技巧就是把这种方法与零存整取储种结合使用。

3.有关定活两便储蓄的技巧

目前银行一般规定定活两便储蓄50元起存，可随时支取，即有定期之利，又有活期之便。这种储蓄方法的技巧主要是要掌握支取日，确保存期大于或等于3个月，这样做可以减少利息的损失。

4.有关通知储蓄存款的技巧

目前银行一般约定通知储蓄存款5万元起存，一次存入，可一次或分次支取，存期分为1天和7天两个档次。支取之前必须向银行预先约定支取的时间和金额。这种储蓄方式最适合那些近期要支用大额活期存款但又不知支用的确切日期的家庭，例如个体户的进货资金、炒股时持币观望的资金或是节假日股市休市时的闲置资金。

5.有关教育储蓄的技巧

教育储蓄作为国家开设的一项福利储蓄品种，目前银行一般约定教育储蓄50元起存，存期分为一年、三年、六年3个档次。存储金额由家庭自行决定，每月存入一次(本金合计最高为2万元)。因此，教育储蓄具有客户特定、存期灵活、总额控制、利率优惠、利息免税的特点。由于教育储蓄是一种零存整取定期储蓄存款方式，在开户时家庭与金融机构约定每月固定存入的金额，分月存入，但允许每两月漏存一次。因此，只要利用漏存的便利，家庭每年就能减少了6次跑银行的劳累，也可适当提高利息收入。

我们必须承认，储蓄也是需要动力的，它更是考验一个人自制力的最好方法，家庭一旦养成了储蓄的良好习惯，并能坚持下去，再配以一种或几种适合家庭的投资理财方式，以便获得较高的投资回报，将来家庭的前途一定不可限量。储蓄永远都是一个家庭的坚实基石，有了它，家庭就可以无忧无虑地进行投资、享受生活了！

四、如何实现存款利润最大化

家庭理财中储蓄获利是最好的一种选择。那么如何实现储蓄利润最大化呢？根据自己家庭的不同情况，可以作出多种选择。

1.压缩现款

如果你的月工资为3 000元，其中1 500元作为生活费，另外节余1 500元留作他用，不仅节余的1 500元应及时存起来生息，就是生活费1 500元也应将大部分作为活期储蓄，这会使本来暂时不用的生活费也能养出利息。

2.尽量不要存活期

存款，一般情况下存期越长，利率越高，所得的利息也就越多。因此，要想在家庭储蓄中获利，你应该把除了作为日常生活开支的钱存活期外，节余的都存为定期。

3.存款到期后，要办理续存或转存手续以增加利息

存款到期后应及时支取，有的定期存款到期不取，逾期按活期储蓄利率计付逾期的利息，故要注意存入日期，存款到期就取款或办理转存手续。

4.组合存储可获双份利息

组合存储是一种存本取息与零存整取相组合的储蓄方法，如你现有一笔钱，可以存入存本取息储蓄户，在一个月后，取出存本取息的第一个月利息，再开设一个零存整取储蓄户，然后将每月的利息存入零存整取储蓄。这样，你不仅得到存本取息储蓄利息，而且利息在存入零存整取储蓄后又获得了利息。

5.月月存储，充分发挥储蓄的灵活性

月月储蓄说的是12张存单储蓄，如果你每月的固定收入为2 500元，可考虑每月拿出1 000元用于储蓄，选择一年期限开一张存单，当存足一年后，手中便有12张存单，在第一张存单到期时，取出到期本金与利息，和第二期所存的1 000元相加，再存成一年期定期存单；以此类推，你手中会时时有12张存单。一旦急需，可支取到

如何实现理财最大利润

在预期加息的背景下，投资者选择人民币理财产品就需要仔细衡量了。因为期限过长的产品，会导致投资流动性差，如果央行真的加息，投资者就可能面临收益受损的"机会成本"。但是过短期限的理财产品，收益率可能并不尽如人意。

1. 增强现金的流动性

活期存款的收益是非常低的，所以建议投资者可以预留等价于6～12个月家庭日常支出之和的现金作活期储蓄，其余资产进行短期运作以提高投资收益。

2. 保本产品与短期产品搭配投资

此种投资期限相对较短，在加息环境下便于投资者及时进行投资调整，转换到新的产品中去；其次，这部分属于固定收益，适合保守型投资者的需求。此外，产品在保本的基础上，可以产生浮动收益让资产增值。

3. 到期日及付息日分设在不同的时间段

这对老年人理财更为重要。合理安排存款结构、产品期限、利息收入周期，可使老年生活更有保障，有助于提高生活质量。

期或近期的存单，减少利息损失，充分发挥储蓄的灵活性。

6.预支利息

存款时留下支用的钱，实际上就是预支的利息。假如有1 000元，想存5年期，又想预支利息，到期仍拿1 000元的话，你可以根据现行利率计算一下，存多少钱加上5年利息正好为1 000元，那么余下的钱就可以立即使用，尽管这比5年后到期再取的利息少一些，但是考虑到物价等因素，也是很经济的一种办法。

五、保守型投资者的储蓄投资方式

潇潇手头有50 000元，打算都存成定期获得利息，但是她又害怕这期间会有什么突发事件让她被迫中止存款，那样自己将会损失很多的利息。于是，本着保险起见，潇潇将这50 000元分成了5份，并分别以存期1年、存期2年、存期3年、存期4年、存期5年为期限存入银行。1年后，潇潇又将其中到期的10 000元转存了5年期的定期存款，2年后，潇潇又将另一个到期存款转存，并也以5年期的定期存入银行，依此类推，5年后，潇潇的所有账户都将变成五年期的定期存款，到期时间也都相差一年，这样，一旦潇潇急需用钱，就可以取出距离到期日期最近的一张存折，将利息损失降至最低。

这种储蓄策略就叫作阶梯式储蓄，它适合于保守型的投资者，是一种风险小、利益损失较低的储蓄投资方式。

虽说现在是微利时代，钱存银行，利乎其微，还要扣利息税什么的。不过相比较现在的投资渠道，储蓄也不失为一种稳妥的理财方式，钱闲着也是闲着，就先存着吧。

怎样存着才能获取高利息，又不失流动性，适应国家对利率的调整呢？不妨采用"阶梯式储蓄理财法"。

这种方法对于月光族来说尤为有用，既可以安排日常生活的开支又不至于太浪费，同时还能最大限度地获取定期利息。

王小姐26岁，在某中学任教，月收入3 500元左右。每月生活开销1 000元，逛街买衣服每月2 000元，交通费每月500元，是彻彻底底的"月光一族"。单位提供"三险一金"。父母均有退休金和医疗保障，身体健康。

专家认为，像王小姐这样消费欲望特别强的年轻人，要想摆脱"月光女神"的"光环"，就要尽量压缩不必要的开支，例如：交际应酬、购买奢侈品。建议王小姐使用记账的理财方法，坚持一个月，就会逐渐养成不乱花钱的好习惯。

对于王小姐来说，可考虑阶梯式组合储蓄法。在前3个月时，根据自身情况每个月拿出收入的30%进行理财。理财的前提是有财可理，首先要"节流"攒钱。最开始可将900元存3个月定期，从第4个月开始，每个月便有一个存款是到期的。如果不提取，银行可自动将其改为6个月、1年或者两年的定存；之后在第4到第6个月，每月再存入一定资金作为6个月的定存。这样"阶梯式"操作，不仅保证了每个月都有一个账户到期，而且自由提取的数目在不断增长。

六、让每一笔闲钱都生息的方式

很多人习惯将每月的节余积攒到较大数额再存定期，其实闲钱放在活期账户里利率很低，积攒过程中无形损失了一笔收入，不妨利用"十二存单法"，让每一笔闲钱都生息。操作上，可将每月节余存一年定期，这样一年下来，就会有12笔一年期的定期存款。从第二年起，每个月都会有一张存单到期，既可应付急用，又不会损失存款利息。另外还可以续存，同时将第二年每月要存的钱添加到当月到期的存单中，继续滚动存款。这样，如果每月节余1 000元，一年攒下12 000元，活期收益仅86.4元，按"十二存单法"操作，按一年期利率3.6%，可得利息432元。

亚维和老公今年都刚过30岁，每人每个月都有3 000多元钱的工资收入。以前，觉得挣的钱少，不值得理财。后来两家老人经常生病住院，亚维夫妻俩为老人花了不少钱。在这种情况下，夫妻俩还是买了房子，这多亏亚维充分利用了"十二存单法"。

亚维认为，除了必要的开支之外，剩余的钱对于工薪家庭来说放在银行里是最有保障的。她将这部分钱分作两部分，25%存为活期以备不时之需，75%存成定期，而且是存一年的定期。

从第二年起，亚维就每个月再把当月剩余的75%和当月到期的存单一起再存成一年的定期。

除了固定的工资收入之外，过年过节的分红、奖金一类的数额较大的收入，更要计划好如何去存储。亚维的做法是不要存成一张定期存单，而是分成若干张，例如：1万元存一年，不如分成4 000、3 000、2 000、1 000元各一张。为什么？当然也是为了应付不时之需了，需要1 000元时，就不要动其他的，需用5 000元时就动用4 000加1 000（或3 000加2 000元），总之动用的存单越少越好。

听完亚维的故事，理财师认为，亚维理财成功主要是因为合理地规划了家庭开支，其次，她的存款方式合理。其实，亚维的存款方式就是"十二存单法"，它在实际生活中会收到意想不到的效果。

这种储蓄方式操作起来简单、灵活，既能有效地累积家庭资产，又可以应对家庭财务中可能出现的资金短缺问题，是年轻家庭的不错选择。

李庆和赵林是一对结婚不到两年的夫妇，两个人每个月的工资合起来有6 000块钱左右。以前还没结婚时，两个人花钱大手大脚，到月底基本上没什么节余，所以一直觉得没钱，谈不上理财。但结婚时花了不少钱，而且贷款买了套小房子，每月要还房贷，以后还要准备生孩子、自己还要准备养老费用等，一盘算下来，两人脸

■怎样用闲钱来赚钱

随着人们生活水平的提高，现在很多人的现金都会有结余，于是人们开始想办法用这些暂时用不到的钱来赚取，使钱生钱。那么怎样才能做到这一点呢？购买理财产品成了多数人的选择。

于是人们又面临一个新的问题，就是如何选择合适的理财产品。其实无论选择哪类产品，最好要选择经过市场考验，过往业绩较好的银行。而且，选择前一定要弄明白产品的主要投资方向、未来收益和风险如何等关键因素。

具体来说，投资者在购买人民币理财产品时，要通过综合考虑六个方面，选择一款在各方面都较接近投资预期与风格的产品。

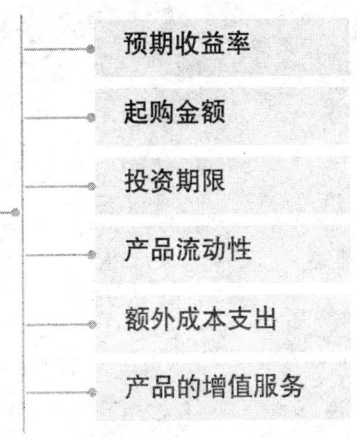

- 预期收益率
- 起购金额
- 投资期限
- 产品流动性
- 额外成本支出
- 产品的增值服务

都白了：要花钱的地方多得是，不能不开始存钱了！

小两口坐下来仔细算了算，两人的公司福利不错，上下班有班车接送，中午有免费工作餐，不定时还发点鸡蛋、牛奶、花生油之类的，除去日常生活费用和1 000多元的月供，两人每月实际上可以余下2 000块钱。但是说起怎么存钱，两人又犯了难：如果把节余的2 000块钱放在工资卡里不动，只能算活期利息，不划算，而且说不定什么时候又取出来花掉了。如果把钱存成定期，万一突然有急用临时取出来，利息还是只能按活期算，那也划不来。怎么办呢？小两口经过学习了解后，心中有了周密的打算。

首先，两人决定拿出两个月的节余4 000元钱，作为应急准备金，购买了货币型基金，这样收益比活期存款的利息高，赎回也很方便，如果有什么急事要用钱可以及时赎回。然后从第三个月开始，把每月节余的2 000元钱都存定期，存款期限设为1年。1年后两人手里就会有12张2 000元的定期存单，而且每个月都会有一张存单到期，不需用钱的话，可以将到期的存单自动续存，并将每月要存的2 000元添加到当月到期的这张存单中，继续滚动存款。这样两人手里始终有12张存单，并且每个月都有一笔资金可以动用。

李庆和赵林对这种存钱方式很满意，一来，一年期的定期与零存整取相比起来利息要高不少；二来，若急需用钱，可以根据用钱的数目及存单到期的先后顺序去考虑动用哪几张，这样就不会使其他的定期存款受影响，不像零存整取，一旦要提前支取利息就只能按活期计算了。

第六篇 投资股票：高风险必有高回报

第一章

选择一只能赚钱的潜力股

一、选股八大原则

市场上有几千只股票，面对各只股票，任何一个投资者即使有雄厚的资金，也不可能同时购买市场上的所有股票。如何选择风险小、收益大的股票进行投资，实在是一件难事。对于资金数量不多的小额投资者而言，在眼花缭乱的大量股票中选择好投资对象，就更为不易。正因为如此，便有"选股如选美"的感叹。但是，选股并非毫无策略可言，下述方法可谓选股之真谛。

1. 根据公司业绩选股

公司业绩是股票价格变动的根本力量。公司业绩优良，其股票价格必将稳步持续上升，反之则会下降。因此，长线投资者应主要考虑公司业绩进行选股。衡量公司业绩最主要的指标是每股赢利及其增长率。根据我国公司的现状，一般认为每股税后赢利8元以上且年增长率在25%以上者，具有长期投资价值。

2. 根据经济周期选股

不同行业的公司股票在经济周期的不同阶段，其市场表现大不一样。有的公司对经济周期变动的影响极为敏感，经济繁荣时，公司业务发展很快，赢利也极为丰厚；反之，经济衰退时，其业绩也明显下降。另一类公司受经济繁荣或衰退的影响则不大，繁荣时期，其赢利不会大幅上升，衰退时期亦无明显减少，甚至还可能更好。因此，在经济繁荣时期，投资者最好选择前一类股票；而在经济不景气或衰退时，最好选择后一类股票。

3. 根据每股净资产值选股

每股净资产值即股票的"含金量"，它是股票的内在价值，是公司即期资产中真正属于股东的且有实物或现金形式存在的权益，它是股票价格变动的内在支配力量。在通常情况下，每股净资产值必须高于每股票面值，但通常低于股票市价，因为市价总是包含了投资者的预期。在市价一定的情况下，每股净资产值越高的股票越具有投资价值。因此，投资者应当选择每股净资产值高的股票来进行投资。

4. 根据股票市盈率选股

市盈率是一个综合性指标，长线投资者可以从中看出股票投资的翻本期，短线投资者则可从中观察到股票价格的高低。一般来说,应选择市盈率较低的股票。但市盈率长期偏低的股票未必值得选择,因为它可能是不活跃、不被大多数投资者看好的股票,而市场永远是由大众行为决定的,因此,其价格也很难攀升。至于市盈率究竟在何种水平的股票值得选择,并无绝对标准。从我国目前经济发展和企业成长状况来看,市盈率在20左右不算高。

5.根据股票的市场表现选股

股票的净资产是股票市场表现的基础,但两者并非完全对应,即净资产值高的股票,其市价不一定都有良好的表现,相同或相近净资产值的股票,其市价可能有较大差异。因此,对短线投资者而言,市场价格如何变动,即其波动幅度大不大,上升空间广不广,亦是选股的重要依据。一般地说,短线操作者最好选择那些短期内有较大上升空间或市价波动幅度大的股票,这些股票提供的短期获利机会较大。

6.根据个人情况选股

大多数投资者常对某些股票有所偏好,这可能是因为对这类股票的公司业务较熟悉,或是对这类股票的个性较易驾驭,或是操作起来得心应手,等等。根据个人情况选股时,要全面考虑自己的资金、风险、心理、时间、知识等方面的承受能力。比如有的股票经常大起大落,变动无常,就不宜于在上述方面承受能力不强的投资者选择。

7.根据股价涨幅超前与否选股

通常同一行业中最好的两三只股票会有强劲的走势,而其他的股票则步履维艰。前者被称为"领导股",后者便是所谓的"同情股"。"领导股"也是涨幅超前股,是投资者应选择的对象。如何发现这些"领导股"呢?一个简易的方法是股票相对价格强度测定法。所谓"相对价格强度",是指某种股票在一定时期内涨价幅度与同期的股价指数或其他股票的涨幅度的比值。通常认为,相对价格强度在80以上的股票极具选择价值。

8.根据多头市场的四段行情选股

多头市场的行情走势通常可分为四段行情。

■多头市场选股通常有的四段行情

① 第一段行情为股价急升行情,整个市场的升幅极大,通常占整个多头行情的50%。

② 第二段行情也是相当有利的,股价指数的升幅超出整个多头行情的25%。

③ 第三段行情的涨幅明显较小,一般少于整个多头行情的25%,而且只有极有限的股票继续上升。

④ 第四段行情是多头市场即将完结的行情,此时该涨的股票都已涨得差不多,只有绩优成长股以及可在经济困境中获利的少数股票,才可能继续上升。

二、三个实用选股技巧

技巧一：查日前涨跌排行榜。

涨跌排行榜分为日涨跌幅排行、即时涨跌排行、板块分类涨跌排行、地区分类涨跌排行榜等。在选股前，一般应先查清各类排行前二十名的一月升涨情况，以便尽快地找出整个大市中的龙头股。其中龙头股一般为引领大盘的领头羊，升速既快升幅又大。除了大盘一波行情行将结束时，一般情况下龙头股常会连月高涨，与一般的个股有如天壤之别。例如2006年一波中的宏达、多佳等。同期比较时，它们与其他的个股升幅相差很大，当大盘第一波势走完时，它们总升涨率都已在100%以上。选到这样的好股，无论中线或短线（长线例外），如能在其中低价位进入，都是能有所收获的。抓住这样的中线好股，胜似长线十年。股市最终以资本利润说话，如持股三年的总兑利润为10%，这跟持三天的兑利10%没什么区别。因为在同等的比价条件下，风险和利益也均等，唯一的区别仅是方式不同而已。入市前多查查各类的涨跌排行榜，有利于了解当前的大概龙头股群的局势。特别是成交量的排行榜，假如当月的换手率大于20%，无论涨跌阴阳，都能说明该股是活跃的。活跃是个股的潜力所在，即使是有量的阴跌，至少也能说明有人在此价位有大量的接手。而无量的空涨空跌却很危险，因为陷阱的比率往往大于实际成交，所以很容易被假象所迷惑。不过，散户最要避免的就是高位追高低位杀跌。因为高位追高正是庄家所需要的，低位杀跌正是庄家洗盘的目的，故要谨慎从事。

技巧二：看图定策略。

以K线形式为主的参考图谱——走势图，是技术判断派的重要参考依据，它反映了股指或股价的即时动向、历史状况、内在实质、升降数据等。故无论短炒还是长做，最好是学会看图定策略。尤其是月K线图，一般都会潜藏着个股的可能后势，对炒股的进出决策会有很大的帮助。如长庄股的走势大都十分流畅；并列巨阴巨阳的个股短期内会有大的变化；在左上线低部买进的股票一般都会有不同的利润空间；熊下势大多越买越跌不如观察一段时间等。毛泽东的"不打无把握之仗"哲理，也可应用在股市上。仅凭运气虽然有时也行，但总不如"胸有成竹"来得更踏实一些。如2006年的大盘走势，开年就已在1 300点的波段上，不懂势的人会很犹豫不决的。因为此波起于998点，回调至1 223点，大熊之后心有余悸，看一看再说是最稳妥的办法。但其实大盘在它的月K线图上已有暗示，即2005年的8月已有巨量配合股指跃上5日均线，11月和12月分别守底1 074点，5月均线向上交10月均线，并回5月均线上。这种走势表明，大盘后势向上的欲望相当强烈。在任何K线图中，凡5月均线和10月均线向上交叉的走势，我们称为金叉走势，即后势大多会继续它的升势。其中日K线以天为计，周K线以周为计，月K线自然以月为计了。也就是说，当股指的月K线爬上5月均线时，后势一般会有几个月的上走升势期，此时买股，会有较大的赢利系数，是建仓的大好机会。

技巧三：判别大行情。

大势的判断是很重要的，判对了，可事半功倍，坐享行情带来的升涨喜悦。判错了，高位被套，在贬值的同时，还得受到亏割的打击。故长线得判个股的质地，中、短线得判大盘的可能后势。在一般的情况下，个股的大势比大盘的大势更为重要。其实，所有的个股在月K线峰势中，都会有周K线和日K线的许多个回调点，我们可称之为假跌或洗盘。那么当投资人确信投资人对一支个股的长期走势金石势判断没错的话，则每一次的回调，都是庄家大资金的进货点，也是小散户的跟风上轿点。例如，上海石化上一次的大行情高点是15元，在同比前期的情况下，3元的进价位升涨空间是170%，5元的升涨空间是63%，这当然是一只很不错的可选股了。但须注意的是，个股的大行情是以年为计算单位的，故每年的最低价和最高价都会不一样，每年同一个价位的性质也会不一样。

三、不同类型股民的选股技巧

每个人都有自己的个性，不同类型的股民在投资上会表现出不同的特点。按照自己的个性选股，是比较稳妥可靠的方法。

1. 稳健型投资者

如果投资组合中无风险或者低风险证券的比重较大，那么投资者的投资姿态是稳健型的。稳健型的投资者都很强调本期收入的稳定性和规则性，因此，通常都选择信用等级较高的债券和红利高而且安全的股票。所以，选股时应把安全性当作首要的参考指标。

2. 激进型投资者

若投资组合中高风险证券所占比重较大，说明投资者的投资姿态是激进型的。激进型投资者的目标是尽量在最短的时间内使其投资组合的价值达到最大。因此，其投资对象主要是震荡幅度较大的股票。

激进型的投资者通常运用技术分析法，认真分析市场多空双方的对比关系、均衡状态等情况，而不太注意公司基本面的因素，并以此为依据作出预测，选择有上升空间的股票。

3. 进取型投资者

进取型投资者介于激进型投资者和稳健型投资者之间。进取型投资者讲究的是，在风险尽可能小的前提下，使利润达到最大化。当然，其风险系数要高于稳健型投资，而低于激进型投资者。

进取型的投资者在选择股票时，通常采用基本分析法，深入了解各公司的竞争力、管理水平、产品特点、销售状况等情况，并以此对各公司的赢利和红利作出预

■不同类型的股民在选股时应注意的事项

每个人都有自己的个性，不同类型的股民在投资上会表现出不同的特点。按照自己的个性选股，是比较稳妥可靠的方法。

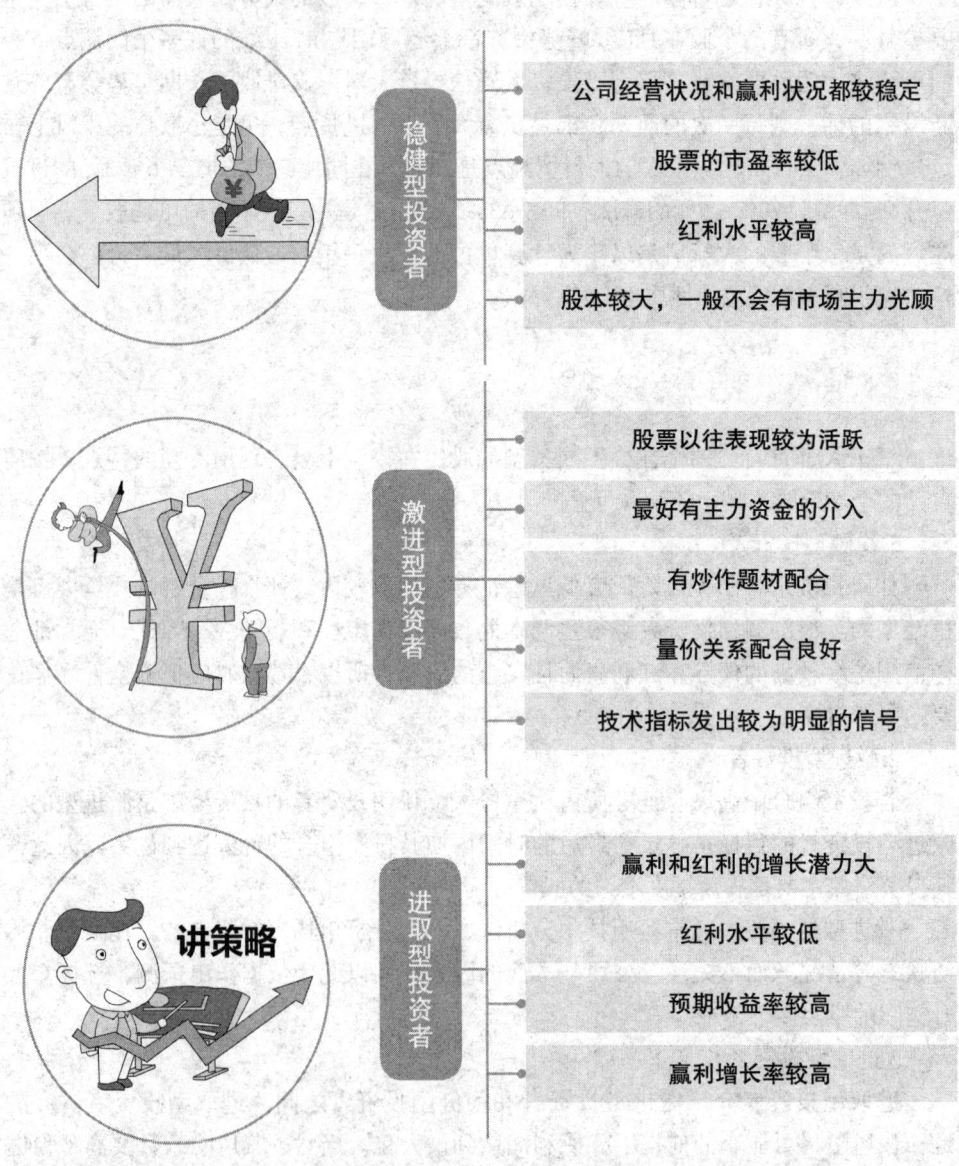

稳健型投资者
- 公司经营状况和赢利状况都较稳定
- 股票的市盈率较低
- 红利水平较高
- 股本较大，一般不会有市场主力光顾

激进型投资者
- 股票以往表现较为活跃
- 最好有主力资金的介入
- 有炒作题材配合
- 量价关系配合良好
- 技术指标发出较为明显的信号

进取型投资者
- 赢利和红利的增长潜力大
- 红利水平较低
- 预期收益率较高
- 赢利增长率较高

由于股票市场是一个高风险的市场，投资者往往追求高收益而忽略其风险因素，所以我国的大部分投资者都是激进型和进取型的投资者。

测,从而根据各股票的内在价值与市场价格的对比,选择价格被低估的股票。

四、如何选择最佳大盘股

在过去的一段时间里,投资者都热衷于盘子较小的股票,小盘股更受到很多投资者的欢迎。但随着机构投资者的壮大,太小盘子的股票已经容纳不了他们巨大的身躯,他们开始将投资目标转移到那些超级大盘股身上,特别是大盘蓝筹股。在这场前所未有的大转移过程中,投资者的投资理念也发生了革命性变革,开始推崇价值投资。

所以,投资者要花费相当大的精力,全新的视野来筛选大盘股,从中找出精品股。这类大盘股最大的优点就是,大盘的走势无法对它们产生巨大的牵制力,它们往往能够顶住大势的重压而走出一波独立行情,它们是大市指数的中流砥柱。

一般说来,最佳大盘应该具备以下几方面的特征:

(1)行业处在景气周期内,并且还将持续一段时间。

(2)成交萎缩到极点。

(3)绝对涨幅不大,应该少于50%。

(4)行业的低谷周期即将结束,股价徘徊底位已经有相当长的时间。

(5)媒体开始大谈价值投资观念。

(6)短线升幅不大,经过一定时间的调整。

(7)短线出现回调,产生难得的低位区。

总的说来,大盘股能产生令人惊讶的回报,但并不是说在大盘股里遍地是黄金。实际上,在大盘股中还存在不少的劣质品,只有少数的大盘股才能助你在股市中赚大钱,这需要投资者用自己的慧眼去识别。

五、如何选择最佳小盘股

小盘股一向深受市场人士的追捧。因为,小盘股与大盘股相比有以下优点:

(1)振荡幅度大,这本身就是一种机会的存在。

(2)只需较小规模的资金便可将股价推高,因而可以吸到大大小小的庄家介入。

(3)潜在的题材较丰富,如送股等。

(4)股权变更较容易。

(5)重组也易进行。

(6)很多黑马股都出身于小盘股。

(7)主营业务转型难度相对较少。

所以投资者在选择股票时，应选择流通盘小于1亿的小盘股，这样更容易在股市中赚大钱。

但是，要选择最佳的小盘股，需要具备以下几个条件：

■买卖股票的基本原则

在股票投资中，如果遵循正确的原则和买卖纪律，高收益和低风险是可以并存的。以下是投资者在股票买卖过程中应遵循的买卖法则。

大盘原则

大盘下跌时尽量空仓或轻仓，大盘盘整时不贪，有10%或以下的利润就考虑平仓，大盘上攻时选择最强势的个股持有。

价值原则

选择未来两年价值增长的股票，至少在未来一年价值增长。记住价格围绕价值波动的价值规律，它和波浪理论和江恩理论等同是自然法则。

趋势原则

股价呈现向上波动的趋势。

共振原理

价值趋势向上，价格趋势向上，股票价格短线、中线、长线趋势向上。基本面和技术面都无可挑剔的股票是最好的股票。

板块原则

大盘上攻时，个股呈现板块轮涨的特征，判断某一时期的主流板块，选择板块中的龙头追入。记住，资金有获利回吐的特性，没有永远的热点，努力寻求新的热点，在启动时迅速介入。

资金流原则

资金流入该股票，慎防股票的获利回吐。

资金管理

现金永远是最安全的，定期清仓，保障资金的主动性，等待机会，选择合适的时机重新建仓。

努力避免浮亏

被套是件痛苦的事情，即使暂时被套也令人难以忍受。正确地选择买点和卖点是避免被套的良方，写下买进和卖出的原因，严格地遵守买卖纪律，就能保障资金的主动性，虽然有时候要付出微亏的代价。

（1）绝对价格应该小，最好小于15元。
（2）盘中主力的获利尚不大，最好小于50%。
（3）成交量进入密集区。
（4）股权分散。
（5）国家股和法人股等非流通股比例小。
（6）公司业绩尚可，绝不能连续3年亏损，绝不能有退市风险。

六、牛市中如何选购新股

在牛市行情中，新股更是受到投资者的青睐。新股在牛市时上市，往往会使股价节节攀升，并带动大势进一步上扬。因为在大势看好时新股上市，容易激起投资者的投资欲望，使资金进一步围拢股市，刺激股票需求。

选购新股，没有历史走势可以进行技术分析，有一定的难度，但是从以往的经验看，还是有一定规律可循的。具体可参照以下几点：

1.看新股上市时大盘的强弱

新股和大盘走势之间存在非常明显的正相关关系，并且新股的涨和跌往往会超过大盘。在熊市中，新股以短炒为主，做长庄的情况很少出现；而牛市中，主力往往倾向于中长线操作。

2.看新股的基本面

除了公司经营管理和资产情况外，还应从发行方式、发行价、发行市盈率、大股东情况、每股收益、每股公积金、每股净资产、募集资金投向、公司管理层情况、主承销商实力等方面综合分析，最重要的是要看它是否具有潜在的题材，是否具有想象空间，等等。

3.看比价效应

对比与新股同类的个股的定位，发现新股价值被低估带来的炒作机会。

4.观察盘口

量是根本，以往的统计数据显示，新股首日上市最初5分钟的换手率在16%以下，表明主力资金介入还不明显，短线投资获利机会仅有20%左右。而如果换手率在16%以上，短线投资获利的机会可达到80%以上，若5分钟换手率达到20%以上，则短线投资获利机会高达95%以上。

新股炒作重在投机，讲究题材和时机的把握，不是每个新股都有投机的机会。过分追随被爆炒的新股，即使在牛市中，也会遭受损失。

在股市中，投资者相互冲突的理论、风险的恐吓性应用、投资收益的机会、认识多头市场和空头市场、识别行情中的技术骗线、识别市场中言论的真伪、识别主导市场走向的主力机构的"诡计"、投资者自身的投资理念及与投资行为相匹配的知识与技巧，加上人心中存有的自身很难控制的贪欲……凡此种种融合在一起，便构成决定买入的困难。如何判断最佳买入时间，可以参照以下几点：

（1）股价已连续下跌3日以上，跌幅已逐渐缩小，且成交也缩到底，若成交量突然变大且价涨时，表示有大户进场吃货，宜速买进。

（2）股价由跌势转为涨势初期，成交量逐渐放大，形成价涨量增，表示后市看好，宜速买进。

（3）市盈率降至20以下时（以年利率5%为准）表示股票的投资报酬率与存入银行的报酬率相同，可买进。

（4）个股以跌停开盘，涨停收盘时，表示主力拉抬力度极强，行情将大反转，应速买进。

（5）6日RSI（即相对强弱指标）在20以下，且6日RSI大于12日RSI，K线图出现十字星，表示反转行情已确定，可速买进。

（6）6日乖离率已降至–3～–5日30日乖离率已降至–10～–15时，代表短线乖离率已在，可买进。

（7）移动平均线下降之后，先呈走平势后开始上升，此时股价向上攀升，突破移动平均线便是买进时机。

（8）短期移动平均线（3日）向上移动，长期移动平均线（6日）向下转动，两者形成黄金交叉时为买进时机。

（9）股价在底部盘整一段时间，连续两天出现大长红或3天小红或十字线或下影线时代表止跌回升，可买进。

（10）股价在箱形盘整一段时日，有突发利多向上涨，突破盘局时便是买点。

（11）股价由高档大幅下跌一般分三波段下跌，止跌回升时便是买进时机。

（12）股价在低档K线图出现向上N字形的股价走势，以及W字形的股价走势便是买进时机。

（13）收盘价比五日均价低4%，确保信号发生在跌势。

（14）开盘价低于昨日最低价1%。

（15）收盘价反弹至昨日最低价以上。

七、熊市中如何选股

从某种意义上说，在牛市中你选什么股都是对的。但是牛市不是常有的，中国股市20多年的历史，真正的牛市也就是那么几次。牛市中你选热门股是赚得最多的，谁涨得好就买谁，可以不要怕追涨，见涨就追。可以不断做多。但是熊市中不一样，必须坚持工作线原则，否则可能严重亏损。什么时候选什么股，什么点位买，什么时候可以操作，什么时候不可以操作都要有计划，要有原因。

如何判断最佳卖出时机

股票市场错综复杂，稍不注意就会血本无归，那么在什么情况下要果断卖出，退出股市呢？

第一．低于买入价7%～8%坚决止损

研究发现，在关键点位下跌7%～8%的股票未来有较好表现的机会较小。长期来看，持续的将损失控制在最小范围内投资将会获得较好收益。

第二．高潮之后卖出股票

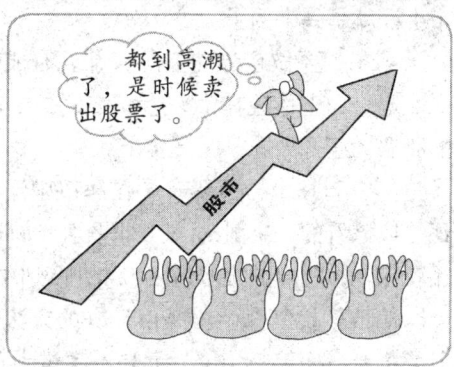

股票进入高潮区后，股价很难继续上升了，因为没有人愿意以更高价买入了。根据研究，股价在高潮后很难再回到原高点，如果能回来也需要3～5年的时间。

第三．获利20%以后了结

不是所有的股票会不断上涨的，许多成长型投资者往往在股价上涨20%以后卖出股票。如果你能够在获利20%抛出股票而在7%止损，那么你投资就不会遭受亏损。

第四．当一只股票突破最新的平台失败时卖出股票

因为股价是反映未来的。当有较大的不利消息时，如果预计该消息将导致最新平台构建失败，投资者应迅速卖出股票。

熊市中如何选股？说白了，在熊市中最好的操作就是不操作。但是有些人像是一天手中没有股票心中就闷得惊慌，总想不断地买卖，不断地进出。事实上，在熊市中并不是没有股票可做，有些股票也是涨得不错的。所以在熊市中硬是要操作的话，还是有股可选的。但是怎样才能够选到这种熊市的大牛股呢？笔者讲几条，仅供参考：

第一，坚持价值投资，做有业绩、持续增长的股票。要做好基本面分析和经济分析。符合国家的政策导向的股票一般比较有爆发力，比如最近节能环保类股票逆市上涨就是一个例子。

第二，要做趋势向上的，并且有成交量的配合，没有成交量，什么股票都很难涨。趋势向上体现在K线上就是要做顶在顶上的股票：K线一个底部比一个底部抬高的股票，逢低买进，逢高卖出。

第三，技术指标要有。在熊市中选股是很难的，技术指标不是唯一的，但是你还是应该看的，一般macd（即平滑异同移动平均线）趋势向上的，0轴刚出现红柱的比较保险；kdj（即随机指标）的j低于0才能逢低阴线抢反弹。

第四，控制仓位。熊市最好的方法是空仓休息。如果你想操作，无论你买什么股票都要严格控制仓位，最高不超过半仓，可以是20%~30%的仓位。这样的话你进可以攻退可以守。不要担心赚不到钱，资金安全才是第一位的。

第五，工作线原则。只有指数站上工作线才可以持股，否则只能短线操作，快进快出。

第二章
不同市况下股票操作技巧

一、牛市中如何赚钱

股神林园把牛市划分为三个阶段：牛市初期、牛市中期和牛市末期。针对市场的变化可以采取不同的操作策略。

1.牛市初期赚钱法则

熊末牛初过渡期，股市呈现恢复性上涨，大部分股票都会上涨，这是对熊市过分下跌的修正。牛市初期，会产生由几只大盘蓝筹股为代表的上涨行情，而且，这些龙头股的上涨会贯穿整个牛市。

熊市末期和牛市初期时，林园会买入并持有最能赚钱的优质公司（其中含有大市龙头个股），这期间林园会采取"乌龟政策"，只买进不卖出。他的账户基本上长期不做交易，这样会把利润赚饱、赚足。

2.牛市中期操作方法

行情如果进入牛市中期，市场中会出现一批较为优质的公司股票的上涨，而且市场会给它们轮流上涨的机会，这时换股炒作会变得很重要。

例如，假设林园判断深沪股市会逐步向牛市中期演变，这可能需要一段时间。于是，他需要抓紧调研一批较优质的公司，作为进入牛市中期可能选择的"猎物"。林园目前的首要任务就是把这些公司彻底搞清楚，为牛市中期的大决战做好充分的准备。

3.牛市末期操作方法

到牛市末期，市场中大多数股票都会上涨。

根据过去的实战经验，到了牛市的中后期，才是林园最赚钱的时期。他作为一个"钱迷"，当然一切以赚钱为最高目标，当有别的事与之发生冲突时，他会选择商业利益为首。目前，他已经在做调研工作，因涉及的公司相对较多，他已没有时间做公司调研以外的事情，随着市场的变化，他会深深地感受到时间的紧迫性。正所谓行情不等人，投资者必须时刻做好准备，待有利时机到来时，立即介入。

二、熊市中如何操作股票

在牛市中可以赚钱,在熊市中照样能赚到钱,关键就是你如何操作熊市中的股票的问题了。

操作熊市中的股票,一是要忍痛"割肉",意思就是说,你在高位买入的股票,一旦遇到熊市,就应当果断地、速战速决地、极早地将它抛出,如果股票继续下跌,就可少亏一部分;二是可采用逐次平均买进法,多至六次,少至三次。以三次为例,每次各投资1/3,算出均价,在股价反弹后上升到你购入的平均价,并除去各种费用后抛出,就可获取利润;三是可采用加倍买入摊平法,就是在第一次用1/3资金买进后,如继续下跌,则第二次用2/3的资金投入,以求摊平成本。如资金宽

■卖出股票四原则

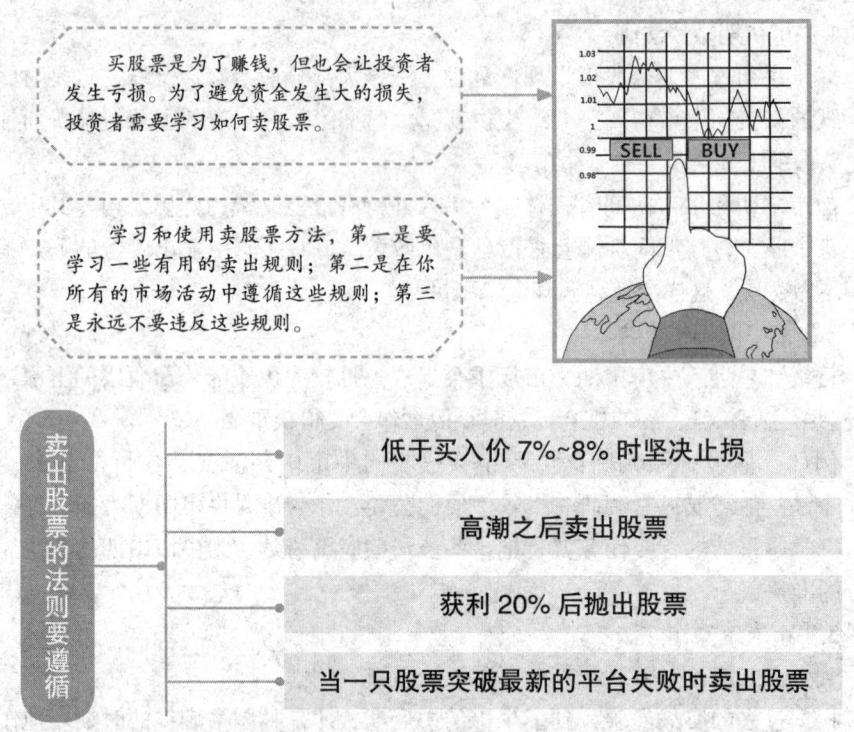

买股票是为了赚钱,但也会让投资者发生亏损。为了避免资金发生大的损失,投资者需要学习如何卖股票。

学习和使用卖股票方法,第一是要学习一些有用的卖出规则;第二是在你所有的市场活动中遵循这些规则;第三是永远不要违反这些规则。

卖出股票的法则要遵循:
- 低于买入价7%~8%时坚决止损
- 高潮之后卖出股票
- 获利20%后抛出股票
- 当一只股票突破最新的平台失败时卖出股票

股票和股票市场都是遵循一定规律的,成功地卖出股票的要诀在于毫无例外地简单执行我们以上总结的规律。买入股票后就应该时刻保持警惕,在符合卖出规则的情况发生时坚决卖出股票。严格执行卖出规则,不仅可以帮助你避免大的损失,而且将帮助你增长财富。

裕，也可用三段加倍买进平摊法，即将资金分成八等份，第一次至第三次分别投入1/8、3/8和4/8的资金，这个办法在第三次买进后，股票价位回升到第二次买进的价位，再除去各种费用之后抛出，亦有利可图。

另外，进行短线操作，不能不仔细研究K线图，K线图是一种记录股价走势的特殊语言，每一条日K线相当于一个短语，描述了当天的股价变化情况；由许多条K线构成的图形则相当于一个语句。精通K线的人会从图表上读到"看涨语句""看跌语句"及"不明朗语句"，在读到"看涨语句"时进，读到"看跌语句"及"不明朗语句"时在场外观望。若能做到，必能在跌势中保存实力，同时又能赚一点短线差价，只是K线图这门语言相当深奥，需下工夫去研究。不过为了利润，多下点工夫是值得的。当然除K线图外其他的技术分析工具也需参考。

股市是一个风险市场，因此入市者应对所面临的风险进行细致的推敲，并预先想好对策。只要做到这一点才能在亏损时不慌不乱。总之，熊市之中操作股票并不可怕，关键是：投资者应精心设计，用心去做，不要将手头的资金一次用光。你不妨按上述办法去操作，看看是否能最终获取利润。

三、震荡市中散户生存法则

大盘持续震荡，市场热点不一，散户往往把握不准市场中的机会。在震荡市中炒股，散户需遵循四大生存法则。

1.坚持少操作原则

在牛市中选什么股都是对的，牛市中选热门股是赚得最多的，谁涨得好就买谁，可以不断做多，这种行情在2007年三四月份的券商概念中，已经得到了充分体现。而在股市震荡，个股走上熊途的情况下，散户最好减仓兑现，减少操作。

2.选股要与时俱进

以前日本股市从4万点跌至1万点时，大多数个股都惨不忍睹，尤其是地产股，但丰田汽车一直没怎么跌，甚至还有涨幅。美国的纳斯达克指数在科技泡沫中从5 000点跌至1 500点，但道琼斯指数的成分股并未出现大跌。

事实上，即使在A股处于熊市的时候，也有股票可做，有些股票也是涨得不错的。例如2001年到2002年年底，中国股市一直处于大的熊市之中，但东风汽车、哈药集团、界龙实业等股票的走势就十分的牛气。

3.跳出习惯性想法

在股市上涨至6 000点以上时，还是会有散户高歌猛进，甚至对风险提示置之不理。这是散户投资者没有从根本上改变多头思维所致，若在此时买入，熊就会一掌把你拍死。

4.不要轻易补仓

下跌趋势中买入个股被套，为摊低成本，在低位买入，谁知像踏入沼泽地，越陷越深。补仓是无奈的选择，是被动性的建仓，其成功率很低。因为股价每次的反弹都是暂时的修整。向下破位是最后的结果，补仓损失越补越大，像去救触了电的人一样，被全部击中。

在震荡市中，宁可错过也不要做错，大势所趋，不要做无谓的抵抗，如果确实经不住要买入一些股票，可以选一些热点板块做做T+1，绝不能在股市长期蹲守。

■莫上习惯性想法的当

第三章

掌握了风险，你就掌握了股市

一、股市最大的风险是什么

在投资股票的活动中，由于市场信息的不可靠性、投资人的知识和认识的差异性、经济领域知识的专门性、股市分析技术的复杂性、股票市场的投机性和被操纵性、股价变化的随机性、千百万投资者的参与性等因素的存在，使投资者决策行为的实际结果与预期结果出现偏离，从而导致投资者收益的落空，造成资本金的损失。这就是我们所说的股市风险。

股市风险来自不同方面，形式各种各样。总的来说，主要有系统风险和非系统风险。系统风险是指市场上的某一种原因或因素给市场上的所有证券参与者带来损失的可能性。如政策风险、利率风险、突发性利空消息风险、上市公司倒闭风险和股灾风险。这些风险是投资者无法避免的，但可以减少损失；非系统风险是指某些因素对个股造成的损失风险，这些风险是属微观层面。如操作失误风险、内幕交易风险、投机垄断风险、投机诈骗风险、上市公司摘牌风险、财务报表风险、信用风险、经营管理风险等，投资者通过提高自身素质加强理论学习，是可以避免的。

股市最大的风险来自投资者自身的素质差异和由于人性弱点而产生的操作失误。中国的股市已经发展了20多年的时间，市场的投机操纵性仍然相当严重，真正能在股市赚钱的只是极少数人。在大部分输家中，又有一部分人伤痕累累，输了又输，最后倾家荡产。这充分说明投资者素质还不高，对股市的规律不甚了解，他们仍然不能克服自身人性的弱点，在与庄家斗智斗勇的过程中总是败下阵来。对于他们来说，股市是一口陷阱，不断地挖掘会使他们愈陷愈深。相反，对于少数赢家来说，股市是一座金矿，不断地挖掘会使他们的财富不断增长。从表面上看，股市似乎是投机家和冒险家的天堂，实际上它却是智者、勇者的投机场所。投资者需要的是知识、勇敢、智慧、灵活，要能够承受挫折和失败的煎熬，同时又不能被胜利冲昏头脑，要胜不骄、败不馁，做一个理智的投资者。此外，还要不断地总结经验和教训，善于探索股市的客观规律，准确把握股市的脉搏，踏准股市运行的节奏。当然，这并不是一朝一夕就能做到的，入市者只有不断地学习、摸索和实践，付出千辛万苦的努力，经受股市多次涨跌的洗礼才能真正成为股市赢家。

果断止损，规避"套牢"风险

鳄鱼原则

(1) "鳄鱼原则"源自鳄鱼的吞噬方式：猎物愈试图挣扎，鳄鱼的收获愈多。

(2) 假定一只鳄鱼咬住你的脚，并等待你的挣扎。如果你用手臂试图挣脱自己的脚，则它的嘴便同时咬你的脚与手臂。你越挣扎，陷得越深。

(3) 万一鳄鱼咬住你的脚，务必记住：唯一的生存机会便是牺牲一只脚。

止损的必要性

止损是人类在交易过程中自然产生的，并非刻意制作，是投资者保护自己的一种本能反应，市场的不确定性造就了止损存在的必要性和重要性。成功的投资者可能有各自不同的交易方式，但止损是保障他们获取成功的共同特征。

世界投资大师索罗斯说过，投资本身没有风险，失控的投资才有风险。学会止损，千万别和亏损谈恋爱。

止损为何这么难

侥幸的心理作祟。某些投资者尽管也知道趋势上已经破位，但由于过于犹豫，总是想再看一看、等一等，导致自己错过止损的大好时机。

价格频繁的波动会让投资者犹豫不决，经常性错误的止损会给投资者留下挥之不去的记忆，从而动摇投资者下次止损的决心。

执行止损是一件痛苦的事情，是一个血淋淋的过程，是对人性弱点的挑战和考验。

二、控制了仓位，就控制了风险

良好的仓位控制技巧，是投资者规避风险的武器。在股市中，投资者只有重视和提高自己的仓位控制技巧，才能在股市中有效控制风险，并且争取把握时机反败为胜。

例如，在市场行情处于疲弱态势中，投资者必须注意掌握以下要点：

1.持仓比例

在弱市中要对持仓的比例做适当压缩，特别是一些仓位较重的甚至是满仓的投资者，要把握住大盘下滑途中的短暂反弹机会，将一些浅套的个股适当清仓卖出。因为，在大盘连续性的破位下跌中，仓位过重的投资者，其资产净值损失必将大于仓位较轻投资者的净值损失。股市的非理性暴跌也会对满仓的投资者构成强大的心理

■巧用补仓法，提前解套

被套后该怎么办呢？补仓是被套后的一种被动应变策略，它本身不是一个解套的好办法，但在某些特定情况下它是最合适的方法。股市中没有最好的方法，只有最合适的方法。只要运用得法，它将是反败为胜的利器；如果运用不得法，它也会成为作茧自缚的温床。战略性补仓在时机的选择方面要遵循以下原则：

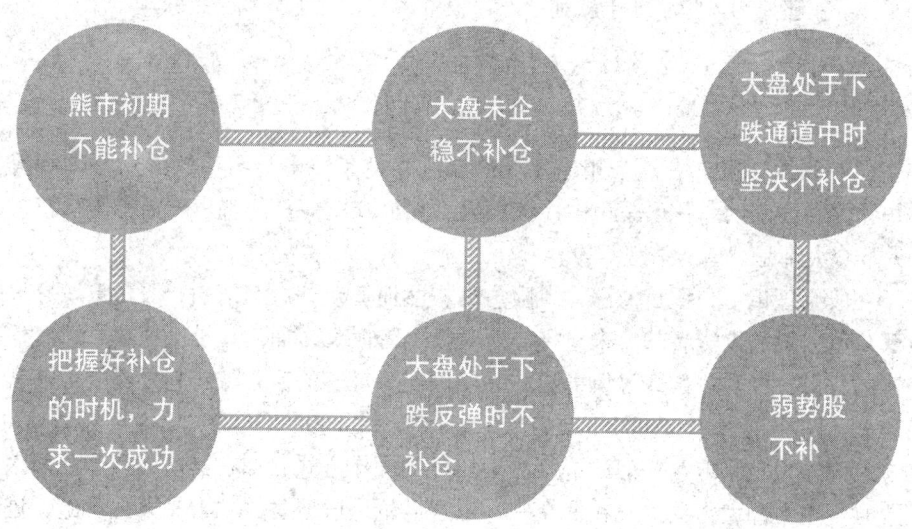

战术性补仓时机的选择：对于以短线操作为主的战术性补仓来说选择的范围较大，不论投资者现在是处于深套或浅套状态中，都可以考虑补仓。只要大盘不是正好处于加速下滑途中时，都可以积极参与战术性补仓操作，关键是要把握好个股到达阶段性底部的时机。

压力，进而影响到投资者的实际操作。而且熊市中的不确定因素较多，在大盘发展趋势未明显转好之前也不适宜满仓或重仓。所以，对于部分目前浅套而且后市上升空间不大的个股，就要果断斩仓。只有保持充足的后备资金，才能在熊市中应变自如。

2.仓位结构

当股市中"熊"气弥漫，大盘和个股接二连三地表演"高台跳水"时，投资者不要被股市这种令人恐慌的外表吓倒，跌市中非理性的连续性破位暴跌，恰是调整仓位结构、留强汰弱的有利时机。股民可以将一些股性不活跃、盘子较大、缺乏题材和想象空间的个股逢高卖出；选择一些有新庄建仓、未来有可能演化成主流的板块和领头羊的个股逢低吸纳。千万不要忽视这种操作方式，它将是决定投资者未来能否反败为胜或跑赢大市的关键因素。

3.分仓程度

当股市中"熊"气弥漫，大盘和个股接二连三地表演"低台跳水"时，我们也不要被这种令人恐慌的外表吓倒，依据当前的股市行情，前期曾经顺利逃顶和止损的空仓投资者要敢于主动逢低买入。

股市中真正影响投资思维的是你的仓位状况。市场中充满着各种不确定因素，无论多么看好某只股票，都不要一次性满仓买入，应以适当的部分资金先完成早期建仓。当确认分析正确时，不断顺势增加买入；当发现分析有误时，则及时果断退出。为了能够控制风险，处于赢利状态，投资者可以逐渐分期分批获利了结。

三、反群众心理进行操作

在股票投资里，有一个相当重要的原则，就是要实行与一般群众心理相反的操作，即在群众的一片乐观声中应该警惕，在群众的一片悲观声时要勇于承接。因为，群众大都是"追涨杀跌"的。

在股票理论上，股价愈涨，风险愈高，然而群众却愈有信心；股价愈跌，风险愈低，但一般的投资者却愈来愈担心。对投资者而言，如何在投机狂热高涨时保持理智的分析，以及在群众恐惧害怕的时候仍保持足够的信心，对其投资能否获利关系甚大。

有时主力也采取与一般的群众心理相反的操作方式，如在群众一片悲观而杀出股票时，主力却大力买进；在群众一片乐观而抢进股票时，主力又大力卖出，进行调节。

既然要与一般群众反向操作，就必须了解群众的一般心理。要了解群众的一般心理，可参考以下指标：

1.投资顾问意见

大多数的投资顾问都鼓励客户逢低买进，逢高卖出，然而现实中许多例子都显示，投资顾问经常作出相反的建议。因此，当大多数投资刊物看法乐观时，往往趋近顶峰；大多数投资刊物看法悲观时，往往接近谷底。

2.证券公司人气是否兴旺

如果证券公司以往喧腾不已，而如今人烟稀少，且顾客无视其好坏、漠不关心股价的开跌在下棋聊天，书报摊有关股票方面的书籍卖不出去，此时通常股价已跌至谷底。

3.共同基金持有现金比率

共同基金的投资组合中持有现金增多，表示股价要下跌；持有现金减少，表示

■ "抢跌杀涨"：反群众心理

1. 投资顾问意见

投资顾问一般都鼓励客户逢低买进，逢高卖出。

2. 证券公司人气是否兴旺

如果证券公司以前很热闹，现在人忽然减少，说明股价在下跌，而且跌得很厉害，反之，股价在上涨。

3. 共同基金持有现金比率

共同基金的投资组合中持有现金增多，表示股价要下跌；持有现金减少，表示股价要上涨。

4. 融资余额的趋势与额度

地方融资平台

融资速度增加说明股价在上涨，反之，说明股价在下跌。

股价要上涨。因此持有现金的比率可当作一指标,当现金持有比率非常高时,往往股价已接近谷底;反之,现金持有比率非常少时,股价常接近顶点。

4.融资余额的趋势与额度

由于投资余额表示投资人信心的增减,在股价的循环中,由谷底复苏时,融资余额缓慢增加;随着股价的上涨,投资人信心的增强,融资额度及增加的速度逐渐增加,终于达到顶点。此时,融资部分成为股票重要供应来源,反转时,融资较多的股票往往跌幅最重。

总而言之,群众的心理研究在股票投资中不宜忽视。成功的投资者,通常是特立独行,做别人不敢做的事情,并择善固执的投资人。

四、不可过于迷信股评家

中国证券市场虽然建立的时间不长,却造就了一大批股评家。对于众多股民来说,由于不可能知道上市公司的内幕,也不具备进行技术分析的条件,听股评家的评论显得必不可少。可是,几年下来,一些股民开始对股评家的权威产生了怀疑,若是照着股评操作,不是被套就是踏空。

确实,有不少股评家是利用别人的资金为自己"抬轿",甚至更有黑心的人为庄家出货做"吹鼓手",煽动别人高价买进,让主力成功出逃,获取暴利,被广大中小股民斥为"黑嘴""庄托"。但是,那些为了谋取一己私利,而甘愿充当"黑嘴""庄托"的股评家,毕竟只是少数。

对股市"黑嘴""庄托"的识别主要通过两方面:

1.神话级的股评家不能过于迷信

极少数股评家之所以能成为"黑嘴",最主要的是要股民信任他,甚至是崇拜他的预测能力。于是,他们往往会与庄家联手,制造种种神话,博取股民的信任。

此外,还有一类股评家喜欢用十分精确的预测获取投资者的信任。我们知道股市从市场长远趋势、股价大致运行规律等方面是可以预测的,但具体到特定时间、价位的精确预测是不可能的。如果有这样的股评家能够精确地预测股价在未来的某日,甚至是某时将产生拐点,将能涨跌到具体某个价位,对这样的股评,投资者大可置之一笑。

2.和个股有利害关系的股评家不可信

某些股评家平时发表股评,也比较规矩,但是,一旦所做的股评与自己所在的单位有利益冲突,或与自己有利害关系时,往往就难以遵守职业道德了。

此外,除了极少数的股评"黑嘴"以外,也存在一些滥竽充数的股评。有些股评家水平极低,只要一推荐股票,该股十之八九要下跌。这些水平低的股评家如果不积极提高自身水平,只是一味乐此不疲地每日推荐跌幅"黑马",那将是害人不浅的。

那么，是否因为股评没有主观欺骗，就可以任由股评在股市中散播泛滥，增加股民的投资风险呢？事实上，迷信股评家最关键的还是在于个人，正所谓"谣言止于智者"。要知道，在股票市场，没有任何人可以控制风险。因此，股民最重要的是要相信自己，提高自己的分析能力，而不要轻易就被股评家所鼓动。

五、把传言和内幕消息当可有可无的参考

在股市里，每天都有许多权威人士做不同的分析和预测。有不少投资者总爱关注，又不敢相信，但实际上还是受到一定影响。

事实上，在股票交易中，专家的意见有一定的作用，因为专家经过较长时间研究各家上市公司的财务结构、上游材料供应、下游产品经销、同行竞争能力、世界经济景气影响、国内经济发展情况以及未来各行业发展潜力，在这个基础上作出的分析，往往是比较正确的。根据他们的建议选择投资对象和投资时机，犯错误的机会要小一些。

但是对于专家的意见，投资者还是应该表现出一定的鉴别意识和批判精神。

投资人不要相信所谓的专家、股评家、投资人，期望经纪人会告诉你在未来两个月内如何通过股指期货、期权、股票来赚钱，这完全是一种不可能的幻想。如果能够实现的话，他们也根本不会告诉投资人，他们自己早就赚饱了。

所以相信传言和所谓的内幕消息，会导致股市的不理性和动荡，而这似乎又在某种程度上印证了消息的可靠性和传言的真实性。

六、跳过题材炒作设置的陷阱

题材其实就是炒作股票的借口，用来激发市场人气的工具。有些题材确有实质性内容，而有些则纯粹是空穴来风，甚至是刻意散布的谣言。很多题材对上市公司本身有多大好处是不能随便确定的，许多具体情况需要具体分析。但股市的特点是只要有题材，人们就乐于挖掘和接受，而题材的真实作用反而被忽视了。

分析题材是真是假其实不难，可以分析上市公司的各种公告和报表。但最好的方法是拿题材与盘面比较，看盘面是否支持该题材的存在。对于真正的炒股高手来说，根本用不着整天打听什么消息，一切都在盘面上清楚地反映出来了。

某个题材到底能给盘面造成多大的影响，不取决于题材的情况，而是取决于盘面当时的处境。盘面的反应就是供求关系的变化，盘面的状态就是指目前供求关系的状态。

比如说一根火柴能否引起森林大火呢？不一定，这不取决于此根火柴，而取决于森林的状态。市场也是这样，气氛有高有低，人气有旺有衰，同样的题材投入市

场中，反应常常因时而异。这就是市场的微妙之处。只要懂得了题材与市场的这种关系，就等于站到了市场之上，置身事外来分析市场的反应。

　　反过来，通过市场对题材的反应，也可以看出目前市场所处的状态。一个对坏消息毫无反应的市场无疑是个强势市场，而一个对庄家鼓吹的种种利好题材没有什么反应的市场是弱势市场。在牛市中，即使庄家不去鼓吹，投资者也会自己去发掘。所以题材是借口，市场状态才是关键。

第七篇 投资基金:把"基蛋"放进更多的篮子里

第一章

新手入门必知常识

一、基金=股票+储蓄

在所有的投资项目中，利润与风险都是成正比的：炒股获利最多，但风险最大；储蓄获利较少，但风险也最小，如果把股票与储蓄的优势集中在一起，体现出"取长补短"的形式，就形成基金的优势了。

有人说，基金很像股票，有"准股票"之称。但是，两者之间也有很多不同之处，主要表现在以下几个方面：

1.具有不同的权限

股票投资者对股票发行公司具有一定的直接管理权限。而基金投资者与基金的投资对象则没有直接关系，不能对其具体的经营活动进行干预。

2.具有不同的逆反性

股票发行后，只能在证券交易市场上流通，不可逆反发行股票的公司；基金则正好相反，封闭型基金在发行之后一定的年限内可以返给基金管理公司，退回自己的本金；开放型基金则可以随时逆反。

3.具有不同的获利水平

基金投资与股票投资一样，都可以根据投资对象的实际业绩获取分红，并使分红升值。但两者却具有不一样的获利水平和稳定性：股票投资获利来源于股票二级市场的价格波动水平，与股票发行公司的经营状况密切相关；投资基金与投资股票相比，投资者每年都可根据其投资的份额获取相对稳定的收益。然而，基金并不像股票那样能够获取暴利。

4.具有不同的风险度

股票投资受其所投资的公司经营效益及市场状况影响，在所有投资形式中是风险最大的。与其相比，投资基金则可以通过平摊的方式最大限度地规避风险：投资股票主要是投资者直接与上市公司打交道，其盈亏直接关系到投资者的收益状况；投资基金则不同，是投资者委托基金管理公司向股票或其他方面投资，这样，就可以节约交易成本，提高投资收益。基金往往能够明确地告诉投资者这类基金将投向何处，赢利是多还是少，风险是大还是小。投资者想赢利多少，想担多大风险，完全可以凭借自己的欲望选择不同种类的基金。

通常，当基金规模较大时，往往可以通过分散投资来减少投资风险，也可以在一些政策和交易费用上得到许多优惠，降低交易成本；当基金规模较小时，能迅速从一个投资品种转向另一个投资品种，表现出极大的灵活性。规模较小的基金往往有可能买到升值潜力较大的小型公司股份，从而获得较大的投资收益。

■ 基金到底是只什么"鸡"

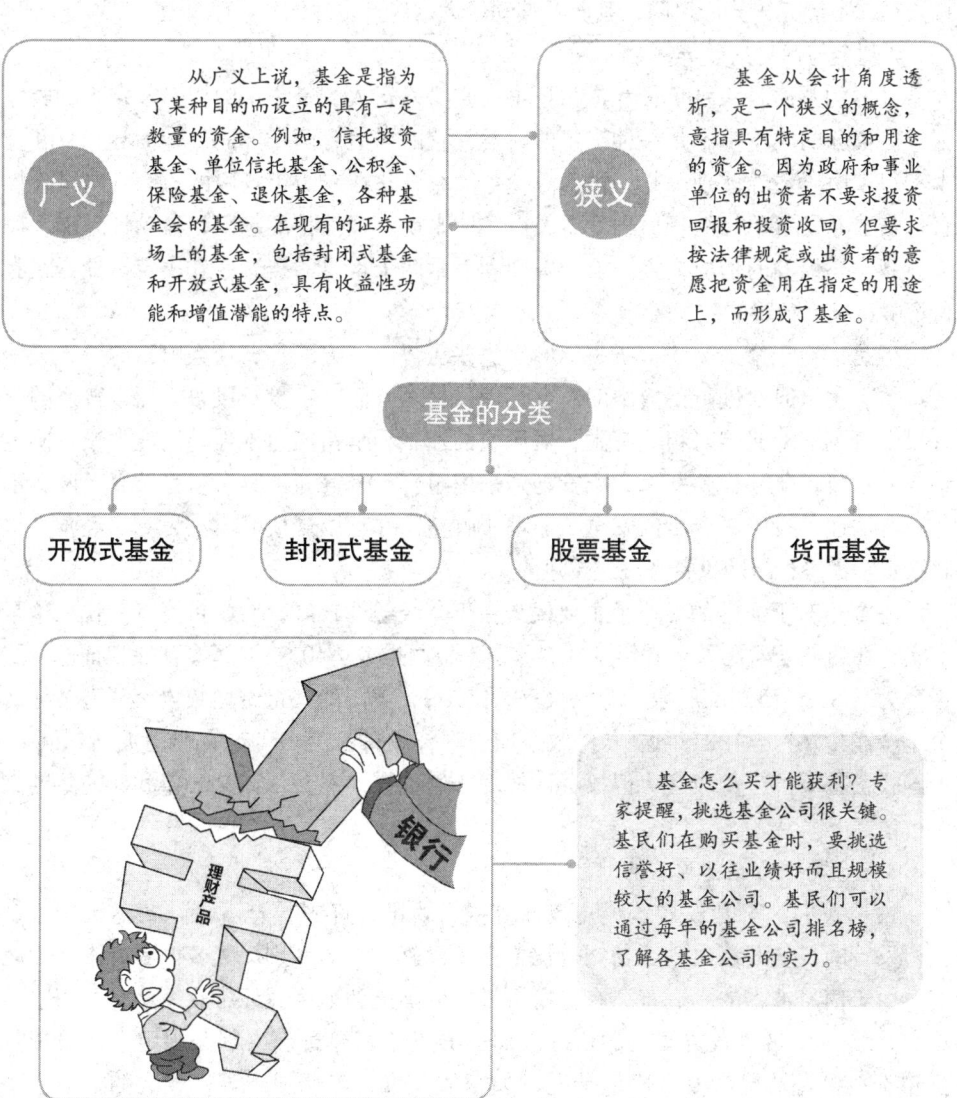

广义：从广义上说，基金是指为了某种目的而设立的具有一定数量的资金。例如，信托投资基金、单位信托基金、公积金、保险基金、退休基金、各种基金会的基金。在现有的证券市场上的基金，包括封闭式基金和开放式基金，具有收益性功能和增值潜能的特点。

狭义：基金从会计角度透析，是一个狭义的概念，意指具有特定目的和用途的资金。因为政府和事业单位的出资者不要求投资回报和投资收回，但要求按法律规定或出资者的意愿把资金用在指定的用途上，而形成了基金。

基金的分类
- 开放式基金
- 封闭式基金
- 股票基金
- 货币基金

基金怎么买才能获利？专家提醒，挑选基金公司很关键。基民们在购买基金时，要挑选信誉好、以往业绩好而且规模较大的基金公司。基民们可以通过每年的基金公司排名榜，了解各基金公司的实力。

二、基金与其他有价证券相比的投资优势

基金同其他有价证券相比拥有其自身的优势,下面我们来一一解析。

1. 基金与股票的差异

有的投资人将基金和股票混为一谈,其实不然。一方面,投资者购买基金只是委托基金管理公司从事股票、债券等的投资,而购买股票则成为上市公司的股东。另一方面,基金投资于众多股票,能有效分散风险,收益比较稳定;而单一的股票投资往往不能充分分散风险,其收益波动较大,风险也较大。

2. 基金与债券的差异

债券的本质是一种负债和借款证书,它是发行人的资本证券,是投资人的收益证券。债券的收益基本是一种确定的收益,它的增值有两个方面,即债券利息和资本利得。由于债券体现的是一种债权债务关系,它在二级市场上的流动性与风险性直接与债券发行单位的资信程度有关。一般来说,资信程度越高,流动性越强,风险就越小。债券的构成要素中,期限和利率是两个重要的概念,它决定了债券在有价证券市场上独特的魅力。

但是,对于个人来说,投资债券有一些劣势。一方面,普通人财富有限,无法通过持有大量股票进行低成本的组合管理;另一方面,在投资股票方面,普通的个人投资者不够专业同时精力有限,对风险的控制和承担能力不强。而证券投资基金集合大众资金化零为整并由专家管理,采用组合投资等新工具可以弥补以上两点不足。它保证了投资者资本的安全、流动、收益,并且以规模势力大、专家经营、组合投资等优势,帮助投资者规避了风险。

基金相对于债券的另一个主要优势在于其收益性较好,对于投资者来说,这是实实在在的益处。比如1991年,香港股票基金回报率达40.5%,远东认股权证基金回报率为37.8%,澳洲的股票基金回报率为27.7%,美国的20世纪增长投资者基金等25个基金在1976年至1981年这5年的收益增长率,最高者达465%,最低者亦达243%。中国投资基金虽起步较晚,但投资回报却普遍不错,尤其是在2006年和2007年的大好行情之下。

3. 基金与银行储蓄存款的差异

由于我们国家开放式基金主要通过银行代销,许多投资者误认为基金是代销银行发行的,从而认为基金与银行储蓄存款没有太大的区别。其实两者有本质的区别。由于信息披露的不完善,在监管不健全的国家和地区就经常会发生贷款回收困难,最终导致储户利益损失的情况。而证券投资基金管理人则必须定期向投资者公布基金投资情况和基金净值情况,如净值公告、定期报告等,相关的损失会小很多。

三、投资基金前先问三个问题

在投资之前,我们一定要先问自己三个问题:

我有房产吗?

我有余钱投资吗?

我有赚钱能力吗?

1.我有房产吗

在进行任何投资之前,你应该首先考虑购置房产,因为买房子是一项所有人都

■为什么投资基金前先问自己三个问题

投资基金是好是坏,更多的是取决于投资者对于以下这三个问题如何回答,这要比投资者在其他的投资类刊物上读到的任何信息都更加重要。

在你确实打算要进行投资之前,应该首先考虑购买一套房子,毕竟买房子是一项几乎所有人都能够做得相当不错的投资。虽然也存在例外的情况,但在99%的情况下购买一套房子是能够赚钱的。

如果手中有不急用的闲钱,可以委托基金管理公司的专家来理财,达到轻松投资、事半功倍的效果。

在投资市场的投资资金只能限于你能承受得起的损失数量,即使这笔损失真的发生了,在可以预见的将来也不会对你的日常生活产生任何影响。

能够做得相当不错的投资。

实践证明，有些人在买卖自己的房屋时表现得像个天才，在投资基金时却表现得像个蠢猪。这种情况并不让人感到意外，因为房主可以完全按照自己的意愿买卖房屋，你只要先支付20%或更少的首期房款就可以拥有自己的房屋，这就利用财务杠杆给你增添了很大的经济实力。每一次当你购买的基金价格下跌时，你就必须在账户上存入更多的现金，但是在买房子时就不会发生这种事情。

2.我有余钱投资吗

如果手中有不急用的闲钱，为实现资金的增值或是准备应付将来的支出，就可以委托基金管理公司的专家来理财，既分享证券市场带来的收益机会，又避免过高的风险和直接投资带来的烦恼，达到轻松投资、事半功倍的效果。

3.我有赚钱能力吗

如果你是一位需要靠固定收入来维持生活的老人，或者是一个不想工作只想依靠家庭遗产产生的固定收益来维持生活的年轻人，自己没有足够的赚钱能力，你最好还是远离投资市场。

四、确定投资目标

每一只基金都会有自己的投资目标。投资目标明确了该基金日后具体的投资方向，在股票和债券上面的选择依据，等等。根据投资目标，投资者也可以了解到基金投资所具有的风险与收益状况，为自己设定投资目标。

个人投资者的投资目标很多，比如教育、养老、购房等，这些目标所能够承受的风险是不同的，养老是低风险承担水平，教育是中等风险承担水平，而购房一般属于高风险承担水平，即使收益率要求相同，也需要投资不同类型的基金才能够实现正确的投资。

确定理财目标是成功投资的第一步。确定理财目标，首先要了解自己的财务状况，根据自己的实际情况，设定理财目标。

理财目标并不是一成不变的，所有的目标都是动态的。在不同的阶段，理财的目标也是不一样的，它应该有长期、中期、短期之分。在设定具体目标时，有几个原则必须遵循：一是要明确实现的日期；二是要量化目标，用实际数字表示；三是将目标实体化，假想目标已达到的情景，这样可以加强人们想要达到的动力。

例如，三种常见的理财目标——养老金储备、教育储备及应急储备和其他短期目标。许多个人投资基金是出于长期理财目标，尤其是储备养老金。据测，如果个人退休后的生活质量要与退休前相差不大，那么其退休后收入至少应该有他退休前的税前收入的70%~80%。如果你计划在60岁退休，那么你至少要准备22年的养老金，因为对60岁的人而言，平均寿命预期是82岁，而且呈上升趋势。最理想的状况是，个人通过多种途径来储备养老金，比如社会保险金、企业养老金和个人储蓄（包括个人养老账户投资理财）。

许多父母或者祖父母投资基金是为了孩子将来上大学的费用作准备。对教育储备而言，投资期限格外重要。如果你在孩子一出生就开始储备，那意味着有18年的投资期限。

应急储备是为了满足难以预料的紧急支出需求。许多投资者用货币市场基金来做应急储备。单独投资货币市场基金，或者同时投资于债券基金，都是短期投资的理想选择。

五、确定投资期限和成本

投资期限对于正确估计投资风险和进行适当的投资配置十分重要，投资期限较长便可以采取相对积极的投资方式，比如选择成长型股票基金；反之，就需要选择货币市场基金等近似无风险的基金品种。一般而言，在其他条件相同的情况下，建议投资者选择较长期限的投资方式，以期取得较好的投资效果。

可能投资者会问：到底多长期限算是长期投资？20年以前的茅台酒的价格在今天已经翻了好几十倍，明代上等官窑瓷器的价格在今天可能数以千倍计。是不是投资期限一定要10年、20年以上才算是长期呢？其实，长期投资并不是字面意义上的只要长期持有，必然可以获得比较好的回报。投资期限的长短要视具体的产品而定，对于不同的投资品种来说，这个长期的尺度也是不同的。长期投资中的长期应该与自己期望的投资期限相吻合，所以投资者在投资之前，就需要作投资目标规划，以了解自己的投资期限究竟是多长，在此基础上再选择期限匹配的投资产品，就更具合理性了。当然，无论怎样，一般做3年以上的投资打算还是必要的，短于此期限的话，就会受到更多的投资限制。

除了考虑投资期限，我们还需考虑投资成本。

六、评估自己的风险承受能力

不切实际地谈论自己有多么勇敢的人，最终很可能得到饥寒交迫的下场。投资者在购买基金之前最好不要忘记会有亏老本的风险，所以问问自己能够承担多大额度的亏损，能够承受亏损的时间有多久是十分必要的。投资有风险，有些基金的风险相对较高。而且投资回报率越高的基金往往风险也越高，出现亏损的可能性也越大。因此，考虑基金的回报率，必须同时考虑自己的风险承受能力。

其实，每个人的风险承受能力是千差万别的。影响一个人的客观风险承受能力的因素是多种多样的，主要与他的年龄、职业和家庭结构有关。

如何考虑基金的投资成本

基金购买价格上的成本

不同的基金产品,其净值是不同的,要用较小的资金购买较多的基金份额,或者运用最小的资金创造最高的收益。

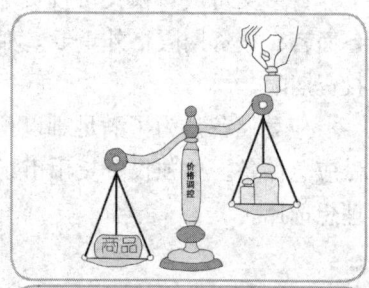

基金进场时机上的成本

影响基金净值高低的因素众多,在不同的市场环境下,不同的投资时机,基金的购买成本是完全不同的。

基金基本面成本

由于不同的基金产品,采取不同的投资策略和资产配置方法,也就呈现出了基金管理人不同的管理和运作基金的能力,从而造成基金运作上的净值差异化。

基金投资的时间成本

基金管理人管理和运作基金的能力直接决定着基金净值增长的幅度,同时也影响着投资者持有基金的时间成本。净值增长较快,将使投资者的投资周期得到缩短,从而创造更多的累积利润。

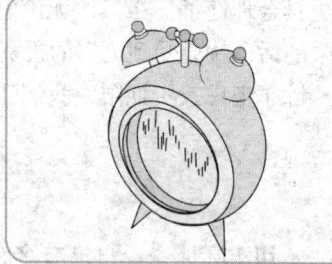

基金的创新成本

这是一种投资者容易忽略的成本,主要表现为通过基金管理人对基金产品、交易制度、收益分配创新而带来的投资成本的变化。

1.年龄

当你刚踏入职场,开始自己的职业生涯时,风险承受能力是相当强的。因为,你的收入会随着工作经验的增加、社会关系的展开、职位的提升而不断增加。同时,你还拥有未来几十年的工作能力,有充分的机会提升自己的职业素质和技能,有充裕的时间规划结婚、购房、退休等人生目标,适合长期有风险的投资,可以勇敢地进入股海淘金。

但随着年龄的增加和家庭的组建,你的日常家庭支出会不断增加。而且,职业方向在这几年中也将确定下来,未来收入的提高也相对有限。因此,风险承受能力就不断下降,适合投资各类基金和债券。退休以后,医疗等不确定的支出在所有支出中将占比较大的部分,此时已不适合进行高风险的投资,而应以保值、增值为主,确保自己已有的资产不受通货膨胀的影响。简言之,个人的风险承受能力随年龄的增加而减弱。

■推荐一个简单的自我评估风险承受能力的方法

年龄分数:75减年龄即为得分,投资者可视具体情况自己调节比例。

＋

职业分数:收入稳定的得正10分,收入不稳定的得负10分。

＋

家庭结构分数:(2-所需抚养的人数)×10,如所需抚养人数大于2人,则为负分。

三者分数相加,即为总得分,也是股票投资在你投资中最多可占的比例。不过这仅属一般情况,现实情况错综复杂,投资者可视具体情况自己调节比例。

2.职业

风险是对于未来的不确定性，当未来职业和收入相对固定时，你的工作收入风险比较小，而风险承受能力会比较大。所以，如果你从事职业的收入比较稳定，那么你的风险承受能力比较强，适合中长期有一定风险的投资，例如股票、封闭型基金、股票型基金。如果你所从事职业每月的收入起伏比较大，那么你的风险承受能力相对较弱，适合中短期风险较小的投资，例如国债、债券型基金、货币型基金以及少量的股票型基金。对于已经退休在家的人，虽然收入稳定，但相对于在职而言收入大幅减少，意外支出会加大。他们的风险承受能力更弱，适合短期无风险的投资，例如短期国债、货币型基金，有充裕资金的也可适当投资股票型基金。

3.家庭结构

如果你现在上有老下有小，都需要抚养，就必须谨慎对待自己的投资，因为你的投资结果将会直接影响到全家的生活状况。可以说这时的风险承受能力是比较低的，不适合长期高风险的投资。如果你现在是"一人吃饱，全家不饿"，可以大胆地为自己的投资作出全面合理的规划，因为风险承受能力较高，完全有能力应对投资结果带来的影响。

第二章

基金不仅要选好的，更要选对的

一、货币市场基金：高于定期利息的储蓄

货币基金是指投资于货币市场上短期有价证券的一种基金。该基金资产主要投资于短期货币工具，如国库券、商业票据、银行定期存单、政府短期债券、企业债

■ 货币市场基金的优点

货币市场基金的优点

1. 流动性好、资本安全性高

这主要源于货币市场是一个低风险、流动性高的市场。同时，投资者可以不受到期日限制，随时可根据需要转让基金单位。

2. 风险性低

货币市场工具的到期日通常很短，货币市场基金投资组合的平均期限一般为4~6个月，因此风险较低，其价格通常只受市场利率的影响。

3. 投资成本低

货币市场基金通常不收取赎回费用，并且其管理费用也较低，货币市场基金的年管理费用大约为基金资产净值的0.25%~1%，比传统的基金年管理费率1%~2.5%低。

4. 货币市场基金通常被视为无风险或低风险投资工具

适合资本短期投资生息以备不时之需，特别是在利率高、通货膨胀率高、证券流动性下降，可信度降低时，可使本金免遭损失。

券、同业存款等短期有价证券。

货币基金的特色是安全性好、流动性高，因为其投资的货币市场工具大多数风险较低，易于变现。货币市场基金往往被投资人作为银行存款的良好替代物和现金管理的工具，享有"准储蓄"的美誉，而其收益水平通常高出银行存款利息收入1至2个百分点，所以又被称之为"高于定期利息的储蓄"。

货币基金单位资产净值通常保持在1元。尽管这种"1元净值"并不是硬性规定和保底要求，但由于其投资的短期证券收益的稳定性，使基金经理得以经久不变地把单位净值维持在1元的水平，波动的只是基金支付的红利水平。

倘若你有1 000个基金单位，那么你的基金净值就是1 000元，衡量该基金表现的标准是收益率，体现在红利的多少。例如，上述投资1年后的收益率为6%，而且你选择了红利再投资，则届时你就拥有1 060个基金单位，净值1 060元。

上述保持1元净值的一般属于收益分配型的基金，即投资人可以选择红利再投资或者现金分红。另一类为收益积累型基金，即把红利自动地转为再投资，该类型的基金中有一部分基金的净值可能在分红后调整到1元以上。

二、指数型基金：低投入高回报

沃伦·巴菲特曾经说过："大部分机构投资者和个人投资者都会发现，拥有股票最好的方法是收取最低费用的指数型基金。投资人遵守这个方法得到的成绩，一定会击败大部分投资专家提供的结果。"

那么，深受巴菲特喜爱的指数型基金到底是什么呢？它有何特点？我们该如何投资指数型基金？

所谓指数型基金是一种以拟合目标指数、跟踪目标指数变化为原则，根据跟踪标的指数样本股构成比例来购买证券的基金品种。与主动型基金相比，指数型基金不主动寻求取得超越市场的表现，而是试图复制指数的表现，追求与跟踪标的误差最小，以期实现与市场同步成长，并获得长期稳定收益。

指数型基金具有以下特点：

1.低成本性

指数型基金往往具有低管理费及低交易成本的特性。一方面，由于指数投资不以跑赢指数为目标，只需根据指数成分变化来被动地调整投资组合，不需支付投资研究分析费用，因此可收取较低的管理费用；另一方面，指数投资倾向于长期持有买入的股票，相对于主动式管理因积极买卖形成高换手率而必须支付较高的交易成本，指数投资不主动调整投资组合，换手率低，交易成本低。

2.具有透明度

由于指数投资完全反映投资组合及投资报酬率，因此基金的投资组合内容非常明确而且公开，投资人比较易明了组合特性并完全掌握投资组合状况，便于作出适当的预期。

3.可以分散投资

被动式投资组合通常较一般的主动式投资组合包含较多的标的数量，随着标的数量增加，可减低单一标的波动对整体投资组合的影响程度，同时通过不同标的对市场风险的不同影响，得以降低投资组合的波动程度。

指数型基金虽然具有低投入高回报的特点，但是我们在投资指数型基金时，仍然要注意一定的投资策略。

（1）依据市场行情把握投资时机。对投资时机的把握是难之又难的，即使是专业的投资分析师也难以对时点进行准确的判断。但投资指数基金时，仍需对大势作出判断，如果判断为牛市行情，即可选定一个相对低的点位买入并长期持有，将会获得与市场相近的回报。但如果只是想做短线投资，则需更为慎重，低吸高抛的目标无法实现时就会给投资者带来很大的损失。

（2）立足于选择一个好的指数来选择指数基金。结合市场行情，看指数有没有很强的赢利能力，是否有较高的投资价值。对市场主要指数进行比较和选择主要从以下几个方面进行：第一，市场指数的代表性。这主要通过总市值和流通市值来比较。第二，市场指数的发展前景。这主要通过每股收益、净资产收益率、税后利润、资产负债比率和市盈率等指标来比较。第三，市场指数的风险收益特征。这主要通过对指数的收益和风险指标来比较。

（3）选择对指数跟踪效果好的指数基金。我们可以观察指数基金跟踪指数的偏离度，偏离度越小，跟踪误差越小，其有效性越好。举例说，假设指数涨20%，但是跟踪误差偏离了5%，这样你可能只赚了15%，相当于少赚了5%。

这里还要提醒投资者，从指数基金本身的特点来看，产品更加适合于进行长期投资，投资人应在对产品有了充分的了解后进行资产配置。

三、债券型基金：稳中求胜的基金

所谓的债券型基金，是指以债券为主要投资标的的共同基金。除了债券之外，尚可投资于金融债券、债券附买回、定存、短期票券等，绝大多数以开放式基金形式发行，并采取不分配收益方式，合法节税。目前国内大部分债券型基金属性偏向于收益型债券基金，以获取稳定的利息为主，因此，收益普遍呈现稳定增长。

根据投资股票的比例不同，债券型基金又可分为纯债券型基金与偏债券型基金。两者的区别在于，纯债型基金不投资股票，而偏债型基金可以投资少量的股票。偏债型基金的优点在于可以根据股票市场走势灵活地进行资产配置，在控制风险的条件下分享股票市场带来的机会。

如果你不想把投资都放在股市中，那么就可以考虑在组合中纳入现金或者债券。对于基金投资人来说，就可以买一些债券型基金。但是投资之前至少需要关注以下几点：

第一，了解债券型基金持仓情况。

在国内，债券基金的投资对象主要是国债、金融债和企业债等固定收益类品种，也可投资可转债甚至少量股票。为了避免投资失误，在购买前需要了解你都持有些什么债券基金。

第二，选择适合的费率方式。

国内不少债券型基金都提供多种费率模式供选择。以工银强债券基金为例，该基金推出了A、B两类收费模式，两类模式对应的基金代码也不一样。对此，投资人可根据自己不同的需求来选择适合自己的费率方式，能够起到降低成本、提高收益的作用。

投资债券型基金时除了应该关注其持仓情况和收费标准之外，投资者至少还应

■ 债券型基金的优点

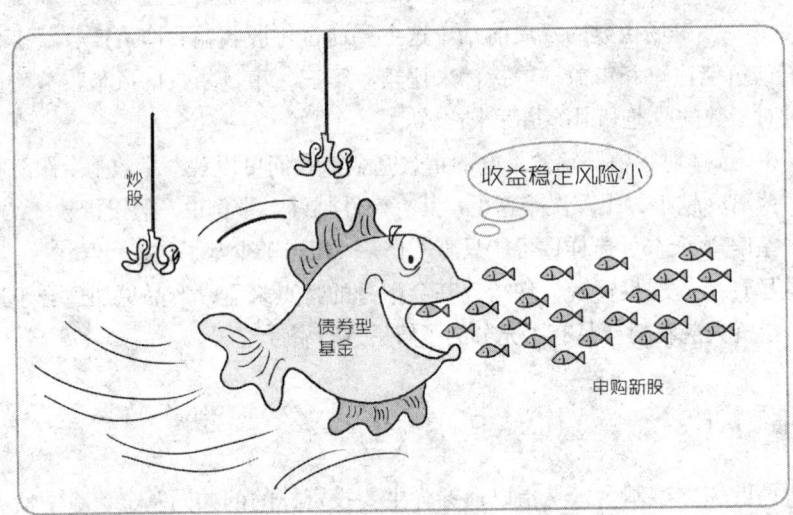

不收取额外费用
不收取认购或申购的费用，赎回费率也较低。

风险较小
由于债券收益稳定、风险也较小，相对于股票基金，债券基金风险低，但回报率也不高。

收入稳定
投资于债券定期都会有利息回报，到期还承诺还本付息，因此债券基金的收益较为稳定。

注重当期收益
债券基金主要追求当期较为固定的收入，相对于股票基金而言缺乏增值的潜力，较适合于不愿过多冒险，谋求当期稳定收益的投资者。

该关注债券基金的业绩、风险、基金经理是谁等问题,这些对于投资赢利都有很大的影响。

四、混合型基金:折中的选择

通过前面的分析,不论是货币基金、股票型基金还是指数型基金、债券型基金,都是有利有弊,投资者如果在它们中间没有合意的选择怎么办?这里有一个折中的方案——混合型基金。

■混合型基金为何在国内吃香

国内市场

国内组合投资的理念尚未普及,投资者往往只盯着净值表现,谁跑得快我就买谁。

基金在排名压力下自然也会追求业绩,这样一来,设计一些投资范围灵活的基金自然可以更容易适应市场,混合型基金自然受到青睐。

国外市场

在国际市场上,共同基金往往要么是股票型基金,要么就是固定收益类基金,混合型基金这种"杂交"品种并不是主流。

国外资产管理公司在设计共同基金时,往往十分注重突出产品的风格特点,对风险收益特征设计得尽可能鲜明。

混合型基金是指投资于股票、债券以及货币市场工具的基金，股票投资可以超过20%（高的可以达到95%），债券投资可以超过40%（极端情况下可以达到95%）。混合型基金的风险和收益介于股票型基金和债券型基金之间，股票投资的比例小于股票型基金，因此在股票市场牛市来临时，其业绩表现可能不如股票基金。但是由于仓位调整灵活，在熊市来临时，可以降低及规避风险。

混合型基金与传统基金相比具有相当大的优势，主要体现在：

第一，牛市可以积极加大股票投资，熊市可以完全放弃股票投资。换言之，它根据时机的不同，可以成为最积极的股票基金（股票投资比例可以达到净资产的80%），也可以成为最纯粹的债券基金（股票投资比例为0）。在国外成熟市场，混合型基金在投资人的资产结构中占据了相当的比例。根据美国投资公司协会2001年对共同基金家庭持有的调查显示，34%的持有人拥有混合型基金。譬如2005年债市走牛使得当年的债券基金收益一举超过了股票型基金，而债券市场吸引力的不断增强也为混合型基金树立了良好的财富效应，促进了其快速发展。

第二，风险更小、收益更稳定。由于混合型基金关于股票投资下限的规定，一般会远低于股票型基金，这样基金经理可以通过更为灵活的资产配置策略，主动应对股指的高波动。因此，混合型基金被认为具有"进可攻、退可守"的特性，可以根据市场趋势进行大类资产的灵活配置。

值得投资者注意的是，由于混合型基金具备投资的多样性，因此其投资策略也具备灵活性。

五、基金排行榜：选择基金的标杆

现在很多网站，都专门为基金产品开辟出一个板块，将市场上大部分的基金都呈列于此，你可以非常方便地了解到每只基金的相关详细信息，如基金类型、基金托管行、基金管理人、销售机构等。

不过，基金产品如此之多，广大基民尤其是新入市的基民会觉得摸不着北。每个网站的基金超市都罗列了很多不同的基金，让人觉得"乱花渐欲迷人眼"，头昏脑涨地一下子失去了方向，更别说要选基金投资了。

那么，作为一个基金初学者有什么方法可以让你系统地了解基金产品的优劣，再从中寻求适合自己的产品投资呢？基金初学者最好能有一定的方法和路径，才能从中选到优秀的基金产品，再根据自己的投资目标以及风险承受能力进一步细化投资。市场上的基金虽然多，但是投资者完全可以将范围缩小到每一类基金来比较。比如说，你要投资股票型基金，就可以只了解190多只股票型基金；或者你想买货币型基金，市场上的货币型基金也就60多只而已。市场上一些专业的基金研究机构，根据基金的类型、每只基金的收益率、净值高低情况定时（每日、每周等）对基金的收益情况按高低进行排名，这会省去投资者很多麻烦。基金排行榜就好像以前考试结束，老师会根据成绩高低排名次一样，每只基金的投资成绩会直接在排行榜上体现出来，这既是压力，也是一种动力。投资者可以跟踪排行榜一段时间，看看哪些基金是长期榜上有名的，然后就可以重点关注这些"优等生"的具体情况了。

目前，国内的基金已经超过600只，而且数量还在不断增加，给基金排行者带来了更多的任务。公开的基金业绩排行榜为我们提供了大量信息，是挑选基金时的参考依据。

在公开的基金业绩排行榜中，较为普及的是银河证券基金研究中心、晨星等机构发布的排行榜。这些基金业绩排行榜都会列出过去1周、1个月、3个月、6个月、1年、2年的回报率和排名，这样，我们既能看出一只基金近期的表现，也能知道这只基金中长期的表现。基金在每个评比期间的排名各不相同，到底要以哪一个数字为准呢？

我们不能用一时的表现来"录取"基金。一般而言，基金在过去6个月内的回报率属于短期业绩，很难据此推断基金经理团队的能力，但可以用它来观察基金最近的变化。建议大家首先还是要看过去较长一段时间的业绩表现，同时也关注近期表现。过去一年以上的回报率是非常重要的指标，因为通过它已经可以看出很多东西，但又不至于长到包含很多过时的信息。

在基金业绩排行榜中，投资者最应关注的是星级评价。以晨星评级为例，不同星级的标准是什么呢？该标准是综合考虑基金的回报率和风险后，给基金打分。如果一只基金回报率较高，但风险也非常高，不一定给评五星级。晨星根据"风险调整后的收益"指标，由大到小，前10%被评为5星；接下来22.5%被评为4星；中间35%被评为3星；随后22.5%被评为2星；最后10%被评为1星。看星级可以比较全面地知道一只基金过去的业绩表现。

排行榜不是万能的，但它的确可以作为重要参考依据之一。

第三章

重量级基金投资：开放式基金的投资技巧

一、掌握与基金相关的信息

开放式基金作为一种重量级的基金类型，其投资当然是讲策略的，其中第一点便是要及时掌握与基金相关的信息。投资开放式基金不是一劳永逸的事，一旦你把资金投进去，你得到的只是不同种类的开放式基金，它不是现实的货币。换句话说，你期望中的基金的增值也只是纸上富贵。随时收集各种信息，联系基金经理人，以便调整策略。

为了及时掌握与所投开放式基金相关的信息，我们需要做到以下两点：

第一，随时关注报刊上披露的相关信息。

我国法律明文规定，基金公司必须定期在指定的报刊上公开报价。应关注有关的年报、基金市场指数及各类基金每日、每周的升降名次等。这个信息源对于投资者随时了解所投资基金的状况是非常重要的。这些信息主要包括基金的报价、业绩的报告、认购、赎回基金的统计数字和基金的费用支出、派息的数目、股息、收入等，这里主要说一下报价。开放式基金的报价一般在报纸上公布。但有一点需注意的是，新闻媒体上的基金报价由于估值时间以及买卖方法的不同而各有不同，只能作为投资者买卖基金时的参考，并不表示投资者可以按此报价进行即时的基金买卖。投资者在递单买卖前，需要把所获得的各项数据和各种信息综合起来加以考虑，以便分析出比较有利的价值，再进行买卖。

第二，随时关注基金公司的人事动态。

开放式基金的主要持有人以及他们持有基金的数目占基金单位总数的比例，是影响该项基金稳定性的两大因素。

一般来说，如果基金内的大部分持有者是机构投资者，那么该项基金的稳定性就不如持有者大部分为个人投资者的基金强，这是因为机构投资者的投资额一般都较大。在这种情况下，如果机构投资者大规模地赎回时，由于大量的基金被卖出，定会导致该项基金的市场价格猛降。所以，基金公司为了保持基金资产的相对稳定，都会想方设法采取各种措施使资金持有者按大、中、小的划分保持一定的比例关系，避免出现比例失调或严重倾斜的情况。

■封闭式基金和开放式基金有何不同

基金规模的可变性不同

封闭式基金均有明确的存续期限，在此期限内已发行的基金单位不能被赎回。在正常情况下，基金规模是固定不变的。

而开放式基金所发行的基金单位是可赎回的，而且投资者在基金的存续期间内也可随意申购基金单位，导致基金的资金总额每日均不断地变化。

基金投资策略不同

由于封闭式基金不能随时被赎回，其募集得到的资金可全部用于投资，这样基金管理公司便可据此制定长期的投资策略，取得长期经营绩效。

而开放式基金则必须保留一部分现金，以便投资者随时赎回，而不能尽数地用于长期投资。一般投资于变现能力强的资产。

做到了以上两点，投资开放式基金获利便有了基本的保障。

二、抓住市场转折点

投资开放式基金的关键在于抓住转折点，有人称之为抓住公司命运发生变化的转折点，也有人将其称为规划资本的时效技巧。

一般来说，在市场经过一段时间下跌之后，没有人期盼它能再次上涨了，人们都不谈论股市了，这个迹象正表明了股市有可能出现转折点。

要想在投资开放式基金中获利，就得寻找市场上的重大转折点，寻找由盛而衰的拐点，这样随波逐流与逆流而动都可以赚钱。

每一位投资人都知道这样的投资原则：逢低买进、逢高出手。但很少有人真正坚持这个原则，因为很多投资者抓不住投资的最佳点。既然抓住转折点如此重要，那么应该怎样识别转折点，也就是说，什么时候投资市场开始发生转折呢？

我们就以某只股票型基金为例来说明一下：

中西部一家电子公司以劳资关系十分融洽著称，可是由于规模成长，公司不得不调整对待员工的方式。在个人相互影响下，导致劳资摩擦、怠工式的罢工、生产力低下，而这家公司不久前才因劳资关系良好和劳工生产力高而普受好评。该公司本来很少犯错，偏偏在这个时候犯下错误，误判某种新产品的市场潜力，结果盈余急剧下挫，其股价也一样。

该公司的管理阶层马上拟订计划，矫正这种状况。虽然计划几个星期内就能做成，但付诸实施产生效果所需的时间远长于此。这些计划的成果开始反映到盈余上时，股价到达一个价位，我们将此价位称之为买点A。但所有的利益充分实现在盈余报表上，花了约一年半的时间。这段时间快结束时，第二次罢工发生。这次罢工没有拖得很久，不过，消息传到金融圈，说该公司的劳资争议愈演愈烈。虽然公司高级主管大量买进，但股价还是下跌。可是价格没有跌太久，从进出时机的观点来说，这是另一个正确的买进机会，我们称之为买点B。

现在我们来看看，投资人如在买点A或买点B买进这只股票型基金，可望获得多大的利润。

在买点A，这只股票型基金仅仅几个月内便从前一个高点下跌24%左右。约一年内，在这个价位买进的投资人，市值增加55%～60%。接着罢工潮带来买点B，价格回跌约20%。但是几个月后，这只股票型基金的价格已比买点B上涨50%，也就是比买点A涨了90%以上。更重要的是，这家公司的前景十分光明，从每个角度来看，未来几年都将有很高的成长率。

三、净值高低不重要

新手选择开放式基金时十分看中净值，有人将净值高作为不买的理由，更有人将净值作为是否买入的最重要指标，尤其是新手。我们可以牢记这样一句话：净值高不是任何障碍。原因如下：

（1）有人认为净值高份额就少，所以不买。我们要看的只是投入该基金"每1块钱"的获利能力，而不是份额。

（2）有人认为高净值容易跌得多，而1块钱的好像很少会变成几毛钱。其实，如果你买股票看市盈率、价格(相当于基金的净值)是有道理的，但是对于基金没有任何道理。

基金净值不断上涨的动力是由于基金所选择的股票组合在基金经理的调整下仍具有持续增长性。所以，基金的净值高并不代表风险就大。

（3）净值高的基金的历史业绩肯定好，手中往往有不少超级牛股。打个比方，高净值的基金就像在一次考试中取得前十名的学生，他们在下次考试中取得前十名的可能性要远大于那些成绩排名靠后的学生(相当于净值低、往常表现不好的基金)，也就是说高净值的基金往往能给你带来更好的收益。

四、不要忽视新基金的不确定性

国内开放式基金市场这两年有较快的发展，品种也在不断丰富之中。因为产品特征不同，很大程度上决定了基金风险收益特征的不同，加上新产品上市还有一个市场适应的过程，这就可能导致新的开放式基金与老的开放式基金在表现上会出现差异。

总的来说，新的开放式基金的不确定性较多。

其一，新基金的基金经理有可能是我们所不了解的新人，或者资历不深，或者之前未有公开信息显示其投资业绩；新基金的团队磨合情况、研发实力等信息也不得而知。而老基金的基金经理过往业绩和团队磨合情况及研发实力已有公开信息，一目了然。

其二，新基金短期业绩具有不确定性。虽然历史并不代表未来，但历史数据仍然可以给投资者提供参考。老基金净值每天公布，其持仓情况也每季公告一次，这使得投资者的投资分析有迹可循。而新基金无历史业绩，其起点为零，加上还有一个募集、建仓的过程，而此间市场的变化可能很大，因此新基金短期业绩的不确定性增大。

其三，新基金给投资者带来的总费用率具有不确定性，尤其是新基金公司的新募集基金。

■投资基金应避免3个误区

误区一

低价基金都是绩差基金

当前基金跌破面值分为多种情况，并不是所有低价基金都是绩差基金，一些跌破面值的基金依然具有投资价值。

误区二

低价基金等于低成本，投资者可以购买

基金份额并不像股票一样具有特定的内在价值，不存在上涨空间和下跌空间的问题，从而不具备"高卖低买"的基础。

误区三

低价基金投资收益一定差

暂时的低价并不代表基金一直保持低价，基金的投资价值及创造的投资收益，需要以未来基金净值的增长率来衡量。

此外，投资者认购时新基金还未成立，所以规模也不确定。而且，根据以往的经验，国内新基金一旦开放，就会有较多投资者赎回，这种额外的份额波动也会影响基金的短期运作结果。

所以，投资者在考察一只新的开放式基金时，不要只根据基金公司旗下其他基金的表现来决定自己是否认购其发行的新基金，因为管理团队固然十分重要，但有时产品特征直接限制了管理团队某方面能力的发挥。既然基金以长期投资为好，所以投资者应尽可能多地了解相关信息，可以在观察新基金运作一段时间后再决定是否申购，以减少新基金因为信息不完备而带来的负面问题，或尽量在新基金销售后期认购，以减少规模等方面的不确定性带来的问题。

五、巧打时间差，购买开放式基金

投资者购买基金的主要目的是为了省去较多的资产配置时间，通过专家理财，来实现既得利益。但人们在实际购买基金时，常常具有时间管理的意识，而缺乏时间管理的方法，主要表现在对基金产品的购买时点、资金组合等缺乏应有的时间观念，不能巧打"时间差"，从而错过了很多获取收益的机会。

1.认购期和申购期的"时间差"

开放式基金认购期一般为一个月，建仓期却需要三个月。从购买到赎回，投资者需要面临一个投资的时间跨度，这为投资者选择申购、赎回时间点进行套利，创造了"时间差"。因此，对于偏好风险的投资者来说，只要掌握了股票型基金的建仓特点，就能获取较高的基金建仓期收益。

2.场内与场外转换的"时间差"

在基金的投资品种中，有一种LOF、ETF指数基金既可以进行场内的正常交易买卖，还可以进行场外的申购、赎回，并存在多种套利机会。怎样研究分析和把握套利时点，对投资者购买此项基金是十分重要的。

3.前端和后端收费的"时间差"

为了鼓励基金持有人持有基金时间更长，同时增强基金持有人的忠诚度，各家管理公司在基金的后端收费上设置了一定的灵活费率，即随着基金持有人持有基金时间延长而呈现后端收费的递减趋势。对于资金量小，无法享受认购期大额资金费率优惠的，不妨选择交纳后端收费的方式，作一次长期价值投资。

总之，投资者只要善于把握不同基金产品的特点，捕捉基金产品投资中的机会，就能因巧打"时间差"带来获利机会。

六、如何把握开放式基金的赎回时机

基金投资者经常被教育要"长期投资",但是这里的"长期投资"是以某种特定的市场状况未发生改变为前提的。一旦情况发生了改变,我们就需要把开放式基金赎回。

与股票卖出的点位决定其收益类似,基金的赎回也是大有技巧可讲的。一般说来,对于开放式基金的赎回时机要把握以下几个原则。

1.考虑换手

(1)股票型与混合型的换手。从理论上讲,股票型基金是以高仓位为特征的,这样才能在牛市中跑得更快。但高仓位的问题在于,一旦市场出现大的调整,很难留有足够的现金在低位建仓。而混合型或平衡型基金由于仓位留有余地,或者把仓位减下来也相对容易,在震荡市中常常能抓住低位建仓的机会。因此,牛市转到震荡市时,某些平衡型基金有可能比股票型基金表现好,值得把表现相对落后的股票型基金换成平衡型基金。

(2)偏股型与偏债型、货币型基金的换手。当市场由牛市或震荡市转入节节下跌的熊市时,任基金经理的能力再强,也很难挣钱。这时即使很不情愿,也必须将偏股型基金转为偏债型、货币型,后者也即"股市的避风港"。这在A股市场不好且境外市场也很糟糕时适用。

(3)A股基金与QDII的转换。如果A股不好了,而境外存在正处大牛市或高速成长的市场,境内又刚好有投资该市场的QDII,那更好的选择可能是将A股基金换成QDII。

2.赎回前考虑成熟

在基金赎回以前,你需要考虑各方面的因素。如果符合以下其中的一条,说明你选择赎回基金的时机已经成熟。

(1)你有更好的投资渠道。譬如购房、购买汽车等家用车,或你还有其他令你赢利更多的投资项目。

(2)你手里持有的基金出现了你不喜欢的变故。譬如:分红、拆分或扩募等你不情愿的事件发生;抑或是你非常信任的基金经理辞职(变更)和调整,使你对该基金的未来很迷茫;更或者是本来非常吸引你的该基金的要素条件发生了明显的变化,使基金成长的基本条件大不如之前的增值或速度趋缓,或业绩随基金理财方式与方法的改变而走下坡路,这时你可以考虑将该基金转换成其他的基金或是赎回。

3.赎回时设立止损点

基金赎回时必须设立止损点,基金的止损点在市场处于高位时尤其重要。如目前的A股,市场有很大可能盘整往上涨,但没人敢说一定不会在哪一天突然崩溃,这时就要考虑对基金设立止盈点了。由于基金止盈前往往已经有大额浮盈,很多基民都很难接受像炒股那样,把止盈位设在盈亏平衡点(考虑申购赎回费用),这时可以接受的止盈点是基金现有获利50%的位置,或是基金净值从当前净值下跌20%的位置,因为这时市场往往跌破1/3,大势已去,必须赎回了。

■ 开放式基金赎回流程图

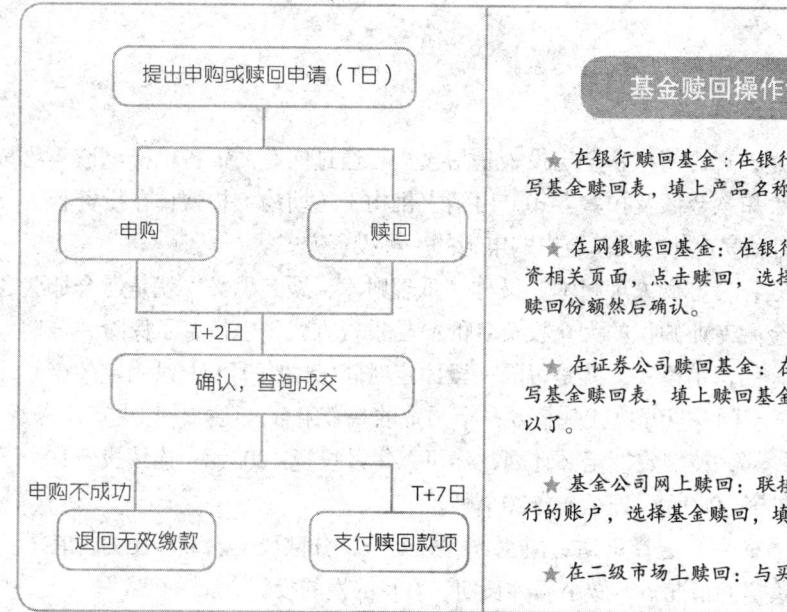

第四章

基金定投："懒人理财术"

一、基金定投有什么优势

基金定期定额投资，简称基金定投，是指投资者通过向有关销售机构申请，约定每期扣款时间、扣款金额及扣款方式，由销售机构于每期约定扣款日在投资者指定银行账户内，自动完成扣款及基金申购申请的一种投资方式。

这种投资方式，俗称懒人理财术，又称傻瓜理财术，顾名思义，就是适合那些没有时间、没有金融专业知识的大众投资者的简易投资方式，它借鉴了保险"分期投保、长期受益"的营销模式，就是每隔一段固定时间(例如每月1日)以固定的金额(例如2 000元)投资于同一只开放式基金或一个预定的基金组合。比如，你决定投资2万元买某只基金，那么按照定期定额计划，你可以每月投资2 000元，连续投资10个月，也可以每月投资1 000元，连续投资20个月。

对广大投资者而言，选择定期定额业务的好处是，分散风险、减轻压力。在不加重投资人经济负担的情况下，做小额、长期、有目的性的投资。

第一，定期投资，积少成多。定期定额投资的金额虽小，但累积的资产却不可小觑，长期投资下来，其获利将远超过定存利息所得。而且投资期间愈长，相应的风险就越低。一项以中国台湾地区加权股价指数模拟的统计显示，定期定额只要投资超过10年，亏损的概率则接近零。

第二，懒人理财，手续简便。基金定投虽然被称为懒人理财术，但是投资者在选择具体的基金对象时却不能偷懒，选好种子才能使财富的成果更加丰硕。

货币基金和中短债基金是首选品种。在定投业务中，货币基金和中短债基金收益比较低、风险相对较小，从投资安全的角度考虑，这两者是工薪阶层首选定投的对象。

第三，平均成本，分散风险。定期定额投资计划的最大特点就是利用"逢低加码，逢高减码"的平均成本投资概念，长期不断地分期投资，也免去选择投资时机的麻烦，分散投资风险。

平均成本法就是定期投资固定金额的投资产品，分散投资时点，可因平均投资成本的效用而避免套牢亏损，避免在时机未成熟时一次性买入投资单位。用"平均

基金定投：弱市中的避风港

基金定投好处多!
基金定投

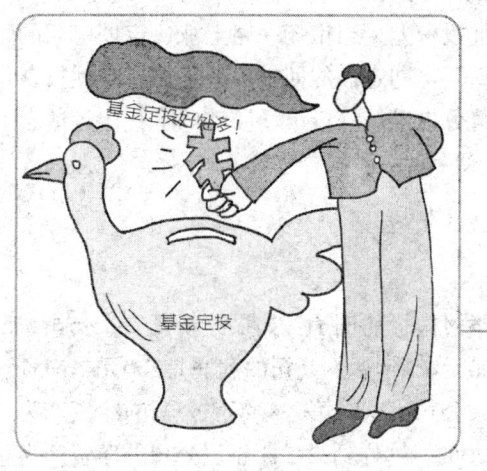

在海外成熟的金融市场上，有超过半数的家庭购买基金，而他们投资的方式通常都采用定期定额投资。资金经过长时间的复利投资，累积的效果非常惊人。

所谓“定期定额”，就是每隔一段固定时间以固定的金额投资于一只或几只开放式基金，是应对震荡市场取得稳健收益的投资方式。

基金定投的优势

首先，定投兼具储蓄与投资双重特色，类似于银行的“零存整取”。

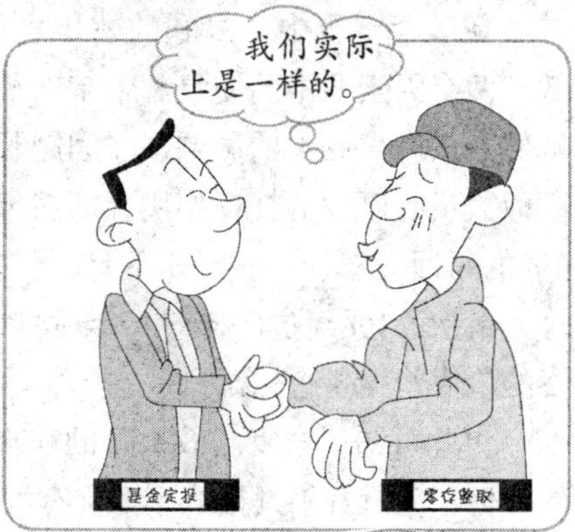
我们实际上是一样的。
基金定投
零存整取

其次，平均成本，分摊风险。

最后，自动扣款，操作简便。

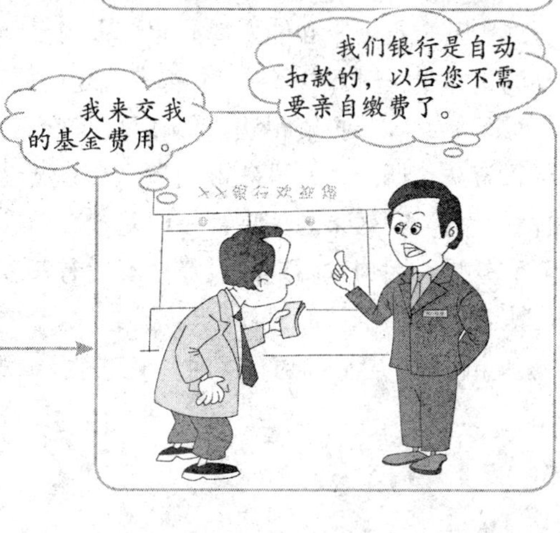
我来交我的基金费用。
我们银行是自动扣款的，以后您不需要亲自缴费了。

成本法"来分散投资时机,只要市场未来有上涨的机会,那么无论下跌趋势持续多久,投资者都没必要担心回报(国际上基金长期投资平均收益率为8%)。

经验证明,定期定额回报率不比一次性投资差,当市场一路上涨,定期定额的回报率比一次性投资略差。当市场一路下跌,定期定额的回报率一定比一次性投资好。因此,定期定额的优点主要是可以借着分批进场降低市场波动风险,比较适合长期投资理财计划,是可以随时开始的比较便利的一种投资工具。

二、基金定投"复利"的魔力

关于复利的魔力,不少理财书籍都曾举过这样的例子:如果你新设一家公司,只发行100股,每股10元,公司净资产1 000元。1年后,公司的利润是200元,净资产收益率为20%。然后,将这些利润再投入公司,这时第一年年底公司的净资产为1 200元。第二年公司的净资产收益率仍为20%,这样到第二年年底公司的净资产为1 420元。如此运作79年,那么1 000元的原始投资最终将变成18亿元的净资产。

复利的这种魔力同样体现在基金定投中。那么,在基金定投中,这种复利的效果从何而来呢?

在基金定投中,复利的效果主要取决于两个因素:时间的长短和回报率的高低。两个因素的不同使复利带来的价值增值也有很大不同:时间的长短将对最终的价值数量产生巨大的影响,时间越长,复利产生的价值增值越多。回报率对最终的价值数量有巨大的杠杆作用,回报率的微小差异将使长期价值产生巨大的差异,以6%的年回报率计算,最初的1元经过30年后将增值为5.74元,以10%的年回报率计算,最初的1元经过同样的30年后将增值为17.45元,4%的微小回报率差异,却使最终的价值差异高达3倍。

由此可知,"复利效果"的前提是:每年均有正报酬的获利率,才能利滚利。但任何一项投资工具报酬率都会有波动(除非投资者投资的是保本型理财产品),所以股票、基金投资未必能发挥如此惊人的复利效果,主要原因是股价、基金净值是变动的,并非像例子中那样每年都有固定的回报。

但是,如果投资得法,仍然可以享受长期复利的效果。例如,通过基金定期定额投资法长期投资,虽然报酬率仍会有波动,但时间将分散净值波动的风险,并发挥最大的复利效果。如果第一期基金净值下跌,第二期又进一步下跌,当然就没有复利效果,因为这两期的投资根本没有获利,也就不能"利滚利"。但是换一个角度来看,净值下跌的时候,正是买入基金的好时机,因为同样的投入可以获得更多的基金份额,等到净值反弹时,一次就可以赚回来。

三、如何办理基金定投

投资者到基金代销网点办理基金定投业务申请时，会与销售机构签订约定定期定额投资合同，合同中规定每月执行申购的时间及申购金额，由销售机构于每月约定申购日在投资者指定资金账户内自动完成扣款和基金申购申请。

销售机构每月在约定日扣款一次，如果当日余额不足，则申购不成功，即使第二天补足金额，也不能办理；如果在扣款日因投资者选择了多只基金扣款，但资金账户余额不足，则银行按基金代码从小到大顺序依次扣款，无法扣款的基金按交易失败处理。

投资者办理变更、终止定投计划时，须注意以下事项：

（1）投资者变更每期扣款金额、扣款日期、扣款账户等，须携带本人有效身份证件及相关凭证到原销售网点申请办理业务变更，具体办理程序遵循销售网点的规定。签订定期定额投资协议后，约定投资期内不能直接修改定投金额，如想变更只能到代理网点先办理"撤销定期定额申购"手续，然后重新签订《定期定额申购申请书》后方可变更。

（2）投资者终止"定期定额投资计划"，须携带本人有效身份证件及相关凭证到原销售网点申请办理业务终止，具体办理程序遵循销售网点的有关规定。客户如想取消定投计划，除了赎回基金外，还应到销售网点填写《定期定额申购终止申请书》，办理终止定投手续；也可以连续3个月不满足扣款要求，以此实现自动终止定投业务。

（3）"定期定额投资计划"业务的变更和终止的生效日，须遵循销售网点的具体规定。

四、基金定投的投资策略

基金定投理论的逻辑推理是这样的，当市场呈现上涨走势时，基金单位价格(即基金净值)相对较高，此时同额度资金买到的基金单位数量相应较少；而当市场呈现下跌走势时，基金单位价格降低，此时能够买到的基金单位数量增加。从一个较长时间段看，总投资由大量相对低位的基金份额和少量高价基金份额组成，摊薄的结果是每一单位的平均成本将会比单笔投资的单位成本低，这就减少了套牢的风险。

上面的逻辑推理似乎非常严谨，可以推导出基金定投是空头市场中很好的防御性投资方式的结论。但投资者不能忽视的一点是，是否能够取得收益在根本上仍然取决于所选择基金的投资能力；而且不同类型的基金实施定投后，也会出现明显的分化。

实践证明，并非每只基金都适合定期定额投资，只有选对投资标的，才能为投资者带来理想的回报。

（1）定期定额投资最好选股票型基金或者是配置型基金。

（2）定期定额投资最好选择波动大的基金。

（3）依财务能力调整投资金额。

（4）达到预设目标后需重新考虑投资组合内容。

（5）要活用各种弹性的投资策略，让定期定额的投资效率提高。

■ 什么人适合基金定投

领固定薪水的上班族

有特殊需求者

退休族

不喜欢承担过大风险者

五、基金定投的七大铁律

1. 设定理财目标

不同的人生阶段会有不同的需求及目标,一般来说,在校的学生以及初入社会的年轻人,可以设定目标为购房自备款;而已婚夫妇,可以为子女的教育基金以及退休金预作准备。

2. 量力而行

定期定额投资一定要做得轻松、没负担。在投资之前最好先分析一下自己的每月收支状况,计算出固定能省下来的闲置资金,3 000元、5 000元都可以。

3. 选择有上升趋势的市场

超跌但基本面不错的市场最适合开始定期定额投资,即便目前市场处于低位,只要看好未来长期发展,就可以考虑开始投资。

4. 投资期限决定投资对象

定期定额长期投资的时间复利效果分散了股市多空、基金净值起伏的短期风险,只要能遵守长期扣款原则,选择波动幅度较大的基金其实更能提高收益,而且风险较高的基金的长期报酬率应该胜过风险较低的基金。如果较长期的理财目标是5年以上至10年、20年,不妨选择净值波动较大的基金,而如果是5年内的目标,还是选择绩效较平稳的基金为宜。

5. 持之以恒

长期投资是定期定额积累财富最重要的原则,这种方式最好要持续3年以上,才能得到好的效果,并且长期投资更能发挥定期定额的复利效果。

6. 掌握解约时机

定期定额投资的期限也要因市场情形来决定,比如已经投资了两年,市场上升到了非常高的点位,并且分析之后判断行情可能将进入另一个空头循环,那么最好先行解约获利了结。如果你即将面临资金需求时,例如退休年龄将至,就更要开始关注市场状况,决定解约时点。

7. 善用部分解约,适时转换基金

开始定期定额投资后,若临时必须解约赎回或者市场处在高点位置,而自己对后市情况不是很确定,也不必完全解约,可赎回部分份额取得资金。若市场趋势改变,可转换到另一轮上升趋势的市场中,继续进行定期定额投资。

■如何寻找适合自己的基金

基民往往会问这样一个问题，到底什么样的基金才是好基金？其实，适合自己的才是最好的。

投资基金必须确认可以做中长期投资，树立中长期的投资观念，而不是看到行情好就来个波段操作。投资基金不能有不切实际的幻想，要了解自己的性格和心理素质。

如果你是比较保守的投资人，则有稳定收益的平衡型或债券型基金会比较适合你。

如果你追求高收益、高风险，则可考虑积极成长型但风险可能较高的股票型基金。

将所有的钱统统投资于股票型基金并非成熟的基民所为，因为股市中总有难以预料的风险。

第八篇 投资债券：
稳定安全投资之首选

第一章

购买债券前必须了解的常识

一、债券的生钱之道是什么

人们之所以购买债券的一个重要原因就是知道它能带来收益。个人投资者和投资机构一样,他们购入债券是基于两种考虑:一方面是期待在一定时期内,比如3年、5年或者10年,甚至更长时间内有定期的利息收入;另一方面是期望能安全地保住本金。

如果你有一笔钱,然而在几个月之后就可能动用,你希望这笔钱动用之前的几个月能为你提供利润,在要用的时候又能立即兑成现金。在这种情况下,这笔钱较好的去处是购买短期债券。债券的另一大类是长期债券。在长期债券这一类中,有几种情形可以决定投资期限的选择,包括期待的利息率,以及在这一段时间里可供

■债券的优势

使用的钱和设想的收益。

下面介绍一下短期债券、中期债券和长期债券：

（1）短期债券：偿还期限在1年以下的债券为短期债券。短期债券的发行者主要是工商企业和政府。企业发行短期债券大多是为了筹集临时性周转资金。在我国，这种短期债券的期限分为3个月、6个月和9个月。

（2）中期债券：偿还期限在1年以上5年以下的为中期债券。

（3）长期债券：偿还期限在5年以上的为长期企业债券。

一般说来，最长期的债券的利率也应该是最高的，因为它们的风险经历了相当长的时间。在大多数时候，实践与理论一致，但也有一定的时期，长短期利率倒挂，这主要是对远期通货膨胀率看跌造成的。

但是投资债券要注意通货膨胀，即使到期时本金全数拿回，但这些钱并不见得能买到在最初购买债券时所能买到的东西。由于通货膨胀造成的购买力损失，不仅仅限于本金，通货膨胀同样也影响购买债券时的利率所得。

二、哪些债券品种投资者可以参与

购买债券，要处理好长期收益和短期收益以及风险与收益的关系，把长期收益、短期收益和风险结合起来考虑。既要量力而行，也要有长远眼光和承担风险的准备。一般来讲，有资金实力、敢于承担风险而又注重长期收益的人，可购买长期债券；相反，则应购买短期债券。

此外，还要考虑所发行的债券能否上市。如果允许上市，可适当投资于中长期债券；如果不允许上市，最好投资于短期债券。

当然，投资者都希望选择期限短、流动性强、安全性高并且收益好的债券。但同时具有这些条件的债券是不存在的，投资者只能根据自己的资金实力、用途和目标侧重于某一方面，作出切合实际的投资选择。

不同债券流通场所决定了个人投资者介入债市的途径。我国债券市场分为交易所市场、银行间市场和银行柜台市场。交易所市场通过交易指令集中竞价进行交易，银行间市场通过一对一询价进行交易，银行柜台市场则通过挂牌价格一对多进行交易。

交易所市场属场内市场，机构和个人投资者都可以广泛参与，而银行间市场和柜台市场都属债券的场外市场。银行间市场的交易者都是机构投资者，银行柜台市场的交易者则主要是中小投资者，其中大量的是个人投资者。

目前在交易所债市流通的有记账式国债、企业债和可转债，在这个市场里，个人投资者只要在证券公司的营业部开设债券账户，就可以像买股票一样的来购买债券，并且还可以实现债券的差价交易。而柜台债券市场目前只提供凭证式国债一种债券品种，并且这种品种不具有流动性，仅面向个人投资者发售，要更多地发挥储蓄功能，投资者只能持有到期，获取票面利息收入；不过有的银行会为投资者提供凭证式国债的质押贷款，提供了一定的流动性。

个人投资者要想参与更广泛的债券投资，就只好到银行间市场寻宝了。例如，除了国债和金融债外，2007年债市创新的所有品种都在银行间债券市场流通，包括次级债、企业短期融资券、商业银行普通金融债和外币债券等。这些品种普遍具有较高的收益，但个人投资者尚无法直接投资。

但这并不意味着个人投资者无法参与到银行间市场债券市场。个人投资者可以通过储蓄存款、购买保险和委托理财等渠道，把资金集中到机构投资者手里，间接进入银行间市场。

近年来，基金管理公司发展迅速，除了非银行金融机构设立的基金管理公司外，商业银行设立的基金管理公司也已经起航。基金被认为是个人投资者进入银行间债券市场的一种更为规范的做法，基金和理财业务在本质上是相同的，但也存在一定的区别。目前，商业银行开展的理财业务，通常先是以自有资金先在银行间债券市场购入一定数量的债券，然后按其总量，向个人投资者进行分销。理财资金与商业银行资金在银行间债券市场上的运作并没有明确的区分。基金则不同，其资金与银行资金没有任何关系，并且投资者借基金投资于债市所取得的收益完全取决于该基金管理公司的运作水平。

三、影响债券投资收益的因素有哪些

债券投资收益可能来自于息票利息、利息收入的再投资收益和债券到期或被提前赎回或卖出时所得到的资本利得三个方面。因此，息票利率、再投资利率和未来到期收益率是债券收益率的构成因素；而基础利率、发行人类型、发行人的信用度、期限结构、流动性、税收负担等可能影响上述三个方面，从而最终影响债券投资收益率。

基础利率是投资者所要求的最低利率，一般使用无风险的国债收益率作为基础利率的代表，并应针对不同期限的债券选择相应的基础利率基准。

债券收益率与基础利率之间的利差反映了投资者投资于非国债的债券时面临的额外风险，因此也称为风险溢价。可能影响风险溢价的因素包括：

第一，发行人种类。不同种类的发行人代表了不同的风险与收益率，他们以不同的能力履行契约所规定的义务。例如，实业公司、金融机构、外国公司等不同的发行人发行的债券与基础利率之间存在一定的利差，这种利差有时也称为市场板块内利差。

第二，发行人的信用度。债券发行人自身的违约风险是影响债券收益率的重要因素。如果国债与非国债在除品质外的其他方面均相同，则两者间的收益率差额有时也被称为是品质利差或信用利差，反映了国债发行条款与其他债券发行条款之间的差异。债券发行人的信用度越低，投资者所要求的收益率越高；反之，则较低。

第三，提前赎回等其他条款。如果债券发行条款中赋予发行人或投资者针对对方采取某种行动的期权，这一条款将影响投资者的收益率以及债券发行人的筹资成本。一般来说，如果条款对债券发行人有利，比如提前赎回条款，则投资者将要求相对于同类国债来说较高的利差；反之，如果条款对债券投资者有利，比如提前退回期权和可转换期权，则投资者可能要求一个小的利差，甚至在某些特定条款下，企业债券的票面利率可能低于相同期限的国债利率。

第四，税收负担。债券投资者的税收状况也将影响其税后收益率，其中包括所得税以及资本利得税两个方面。不同的债券条款对于不同投资者来说意味着不同的税后收益率。例如，零息债券没有利息支付，其面值与发行价格之间的资本利得需要缴纳资本利得税，而与投资者所处的所得税税收等级无关，国债利息一般不需要支付所得税。

第五，债券的预期流动性。一般来说，债券流动性越大，投资者要求的收益率越低；反之，则要求的收益率越高。

第六，到期期限。由于债券价格的波动性与其到期期限的长短相关，期限越长，市场利率变动时其价格波动的幅度也越大，债券的利率风险也越大。因此，到期期限对债券收益率也将产生显著的影响，投资者一般会对长期债券要求更高的收益率。

第二章

金边债券：国债投资

一、国债

国债，这个名词大家都不会陌生，尤其是那些中老年朋友。他们比较保守的理财观念使得国债在20多年前曾风靡一时。那时候，最流行的名词就是"国库券"。不过后来随着金融改革，"国库券"退出了人们的视野，直到1981年我国恢复发行国债后，才又一度掀起购买国债的浪潮。人们之所以这样欣赏它，主要是因为它的低风险，以及确定期限，持有人可以到期收回本金和利息。这在那个追求安稳的年代，无疑是投资的上好选择。时代发展到今天，国债还是有它独特的魅力，依旧受人追捧。

国债都有哪几种

凭证式国债	无记名式国债	记账式国债

它的性质是一种国家储蓄债，可记名、挂失。它以"凭证式国债收款凭证"记录债权，但不能上市流通，并从购买之日起计息。在持有期内，持券人如遇特殊情况需要提取现金，可以到购买网点提前兑取。	它的性质是一种实物债券，以实物券的形式记录债权，面值不等，不记名，不挂失，但可上市流通。在发行期内，投资者可直接在销售国债机构的柜台购买。在证券交易所设立账户的投资者，可委托证券公司通过交易系统申购。	它的性质是以记账形式记录债权，通过证券交易所的交易系统发行和交易，它可以记名、挂失。由于记账式国债的发行和交易均为无纸化，所以效率高、成本低，交易安全。

国债又称公债，是政府举债的债务，具体是指政府在国内外发行债券或向外国政府和银行借款所形成的国家债务，中央政府向投资者出具的、承诺在一定时期支付利息和到期偿还本金的债权债务凭证。

国债是国家信用的主要形式，在国家资金紧张或者需要进行经济上的宏观调控时，都会发行国债。例如，在通货膨胀的时候，政府为了减少流通中的货币，就可能采取财政上的措施，发行大量的国债。由于国债有国家财政信誉作担保，信誉度非常高，历来有"金边债券"之称，为稳健型投资者所喜爱。

二、选择什么样的国债

国债又称"金边债券"，其收益高、安全性强。目前我国个人投资者可购买的国债共分两大类：一类为可上市国债，包括无记名国债和记账式国债两种；另一类为不可上市国债，主要是凭证式国债。

凭证式国债并非实物券，各大银行网点和邮政储蓄网点均可购买，由发行点填制凭证式国债收款凭单，内容包括购买日期、购买人姓名、购买券种、购买金额、身份证号码等。凭证式证券不能上市交易、随意转让，但变现灵活，提前兑现时按持有期限长短取相应档次利率计息，各档次利率均高于或等于银行同期存款利率，没有定期储蓄存款提前支取只能按活期计息的风险，价格（本金和利息）不随市场利率而波动。凭证式国债类似储蓄又优于储蓄，通常被称为"储蓄式国债"，是以储蓄为目的的个人投资者理想的投资方式。

记账式国债又称无纸化国债，通过交易所交易系统以记账的方式办理发行。投资者购买记账式国债必须在交易所开立证券账户或国债专用账户，并委托证券机构代理进行。因此，投资者必须拥有证券交易所的证券账户，并在证券经营机构开立资金账户才能购买记账式国债。和凭证式国债不同，记账式国债可以上市转让，价格随行就市，有获取较大利益的可能，也伴随有相当的风险，期限有长有短。

凭证式国债和记账式国债特点各异，投资者可结合自身情况进行取舍。但有业内专家指出，后者实际上比前者收益更高。

首先，从利率（收益率）来看，凭证式国债虽然比银行利率高，但比记账式国债还是要低。其次，从兑取成本来看，假定记账式国债在交易所流通的手续费与凭证式提前兑取的手续费同为2%，但记账式国债可以按市价在其营业时间内随时买卖，而凭证式国债持有时间不满半年不计利息，持有1年以后按1年为一个时段计付利息，投资者如提前兑取，须承担未计入持有时间的利息损失。

此外，还有无记名国债。无记名国债为实物国债，是我国发行历史最长的一种国债。投资者可在各银行储蓄网点、财政部门国债服务部以及承销券商的柜台购买，缴款后可直接得到由财政部发出的实物券或由承销机构开出的国债代保管单。

有交易所账户的投资者也可以委托证券经营机构在证券交易所场内购买。无记名国债从发行之日起开始计息,不记名也不挂失,一般可上市流通。

了解了以上几种国债,投资者可以按照自己的偏好和风险承受度来选择适合自己的国债品种。

■如何买卖国债

三、怎样进行国债交易

国债交易需要一定的策略。记账式国债与凭证式国债均有固定的利息收入,但是价格在波动,这就意味着如果低买高卖,就能赚取差价。与股票不同,国债的波动总会在一个合理区域内,因此能够赚取的差价收益远小于股票,但风险也要小得多。

■国债交易的注意事项

一、注意期限、种类和购买量的合理搭配

目前发行的国债以中长期居多，如果未到期转让，必然造成损失。为避免被动，购买时最好结合国债发行的期限及个人情况，将资金分散投资在不同期限的国债上，从而保证能够获得所购买国债上的全部利益。

二、了解发行人的资质和信誉

目前发行的国债主要有国债、国家重点建设国债和企业国债，相比较而言，国债及国家重点建设国债都是国家财政担保，基本上没有风险。企业国债利率较高，风险则根据发行人的实际情况有所不同，购买时要弄清发行人、担保人的实际情况和信用级别。

三、购买国债一定要到银行、大型优质证券公司的正规代销点购买

国债通常由各家商业银行和大型证券公司发售；铁路、电力、三峡等国家重点建设国债一般由中信证券公司或国家开发银行牵头主承销；企业国债则规定由中信证券、银河证券等几大证券公司联合承销。后两者均可委托当地商业银行代理发行。

由于国债对利率较为敏感，买入的时机不一定选择在发行时，投资者完全可以等到国债出现大幅下跌之后再考虑买入。由于其面值为100元，利息是固定的，因此一旦价格跌破100元，相应的实际收益就会提高。例如，2003年发行的7期国债，发行面值100元。票面年利率2.66%，但由于目前交易价格仅为89.1元，因此实际年利率达到了4.73%。

在国债市场要成功做到低买高卖，就一定需要重点考虑同期限品种的实际收益率。比如，如果市场7年期的实际利率均在3%，而目前有一只7年期国债的实际收益率却达到了5%，由于其实际收益率高，在选择同样品种时，投资者应买入5%的7年期国债。由于买的人多，而卖的人少，其实际收益率就会逐步向3%靠近，价格就会出现上涨，如果以此作差价，就能在短时间获得2%的收入。

另外，对国债影响较大的是利率，如果市场对于银行利率的增加较为强烈，则国债价格将下跌，风险最大的是长期债；反之，利率如果有下降，长期债就会受到追捧。

四、记账式国债的申购和兑取流程

1.记账式国债的申购

记账式国债是现在很常见的一种债券类型，它和实物形态的票券相对，没有实物形式而是在电脑账户中记录的。在我国，上海证券交易所和深圳证券交易所已为证券投资者建立电脑证券账户，因此，可以利用证券交易所的系统来发行债券。我国近年来通过沪、深交易所的交易系统发行和交易的记账式国债就是这方面的实例。如果投资者进行记账式债券的买卖，就必须在证券交易所设立账户。所以，记账式国债又称无纸化国债。记账式国债具有成本低、收益好、安全性好、流通性强的特点。

记账式国债是通过证券公司进行申购和交易的，因此需要开立交易账户，已有股东账户的不用另外开立。由于国债主要是在上海市场交易，因此不必开设深圳股东账户。开户费用为40元，办理的时间为工作日的上午9：30～11：30，下午1：00～3：00。开户后第二天办理完指定的交易之后即可申购新债或买卖已上市的国债。

交易流程：通过柜台委托或者电话委托进行。

首先，输入股东账户号码和交易密码；其次，输入需要买卖的国债代码；然后，输入委托的价格和数量。

2.记账式国债的兑取

记账式国债一般分为在交易场所发行、商业银行柜台、银行间债券市场及三个市场同时发行这几种方式。其中，前两种发行，散户投资者都可以购买，而银行间债券市场的发行多是针对机构投资者。个人投资者不是所有品种都可以购买。已经开立账户的客户只需要携带本人身份证、账户卡和存折到代理销售的证券营业部或银行柜台,填写预约认购单,开立保证金账户,转入认购资金,就可以办理。在交易所买卖不收取印花税等费用。

记账式国债的兑取与无记名实物券和凭证式证券有很大不同。记账式国债的兑取通过证券账户、基金账户、国债专用账户办理。

记账式国债到期兑付时,交易场所于到期交易前停止挂牌交易,将到期的本息直接划到投资者账户中。

■股市暴跌,亦有"避风港"可去

国债回购:风险极低的短期避险投资渠道

记账式国债:有差价波动风险,可获双重收益

国债回购其实是一种以国债作抵押的交易行为,也是一种拆借资金的信用行为,可在交易所挂牌交易。国债回购交易的时间一般都很短,如1天、7天或者28天。

这种国债是在证券公司购买并且可以在交易所交易。由于其可以交易,其收益就存在着两种不同的形式。一种是通过低买高卖获得的差价收益,另一种是持有到期后可以获得的利息收益。

五、凭证式国债如何兑取

凭证式国债如何兑取呢？一般有两种方式：可以到期一次还本付息，也可以提前兑付。办理兑取时，只能到原购买点，不能通兑。

1.到期兑取

投资者持有发行期内购买的凭证式国债到期到原购买点兑取。凭证式国债没有规定到期日的，投资者在发行期内的购买日期即为到期日期，从购买日起按债券期限对月对日计算，投资者可以在从到期日起的兑付期内到原购买点办理兑付。所有投资者应留意凭证式国债的购买日期。到期时利息按规定利率计算，逾期不加计利息。投资者持发行期结束后购买的凭证式国债到期兑取时，可在兑取期内到原购买点办理。利息按实际持有天数和相应档次利率计算。利息最长计算到兑付期的最后一日。如果投资者在兑付期内没有办理兑取事宜，可以在原购买点问清延期兑付地点和办法等，一般延期需要支付少量手续费。

2.提前兑取

投资者如果在购买了凭证式国债后需兑现，可以随时到原购买点提前全额兑取。不能部分提前兑取，但提前兑取除偿还本金外，利息按实际持有天数和相应的利率档次分档计息。投资者要求提前兑取，可以持"凭证式国债收款凭单"和证明本人身份的有效证件办理兑付手续。

凭证式国债到期或提前兑取的手续与银行定期储蓄存款兑取类似，只是在计算利息时有差别。

六、商业银行柜台国债投资策略

作为面向个人投资者的债券市场，商业银行柜台国债市场近年来吸引了越来越多的百姓投资者。

1.商业银行柜台国债交易的特点

（1）收益明显高于银行存款，具有较高的投资价值。由于目前国债收益率高于银行存款利率，且无须上交利息税；国债具有最高的信用等级，安全性好；可以随时到从事该业务的商业银行按照所报价格随时买卖。

（2）收益率随市场利率波动，存在明显的价格风险。虽然国债属于固定利率产品，投资者定期能够获得利息，到期获得本金，但是，其价格同样受市场利息波动的影响，在不同的时间买入和卖出，除了应计利息的差别外，还面临着折现因子差异而带来的价格风险，投资者选择适当的买卖时机显得十分重要。

（3）四家商业银行报价全辖统一，但各行买卖差异明显。工、农、中、建四家商业银行按规定每日在交易前报出柜台国债的买卖价格，并将其传送到中国债券信息网站集中发布，各行的价格全辖统一。但是，各行由于在债券存量、对未来利率走势判断等方面的不同，报价各不相同，有时候甚至出现一家银行的买价比另一家银行的卖价还高，即存在理论上的无风险套利的机会。

（4）柜台国债价格与市场利率变化高度相关，但其波动速度明显慢于交易所债券市场的价格波动速度。

2. 商业银行柜台国债投资策略

（1）消极的投资策略。消极投资策略一般指投资者在买入债券后到卖出前，不做或很少有买卖行为，只要求获取不超过目前市场平均收益水平的收益。对于一般的个人投资者来说，消极的投资策略主要就是买入债券并持有到期。这种策略的收益率和现金流都是确定的，所以，只要选取信用程度较高的债券以规避信用风险，持有到期的策略就是有效的投资策略。这种策略特别适合于要求稳定现金流的老年投资者。例如，目前如果采取消极投资策略对柜台国债进行投资，那么，投资者就能稳获4.7%以上的收益率，远高于银行存款利率。

（2）积极的投资策略。积极投资策略指投资者根据市场情况不断调整投资组合，以超过市场平均收益率为目标的策略。

七、如何选择适合自己的国债投资策略

国债投资策略可以分为消极型投资策略和积极型投资策略两种，每位投资者可以根据自己资金来源和用途选择适合自己的投资策略。具体在决定投资策略时，投资者应该考虑自身整体资产与负债的状况以及未来现金流的状况，从而达到收益性、安全性与流动性的最佳结合。

一般而言，投资者应该在投资前认清自己的状况，明白自己是积极型投资者还是消极型投资者。积极型投资者一般愿意花费较多时间和精力管理他们的投资，通常他们的投资收益率较高；而消极型投资者一般只愿花很少的时间和精力管理他们的投资，通常他们的投资收益率也是相应较低的。必须明确一点，决定投资者类型的关键并不是投资金额的大小，而是他们愿意花费多少时间和精力来管理自己的投资。大多数投资者一般都是消极型投资者，因为他们都缺少时间和缺乏必要的投资知识。

1. 消极型投资策略

消极型投资策略是一种不依赖于市场变化而保持固定收益的投资方法，其目的在于获得稳定的债券利息收入和到期安全收回本金。因此消极型投资策略也常常被称作保守型投资策略。在这里介绍最简单的消极型国债投资策略——购买持有法。

购买持有是最简单的国债投资策略，其步骤是：在对债券市场上所有的债券进

■消极型投资策略的优缺点

优势

所带来的收益是固定的，在投资决策的时候就完全清楚，不受市场行情变化的影响。它可以完全规避价格风险，保证获得一定的收益率。

如果持有的债券收益率较高，同时市场利率没有很大的变动或者逐渐降低，那么这种投资策略也可以取得相当满意的投资效果。

由于中间没有任何买进卖出行为，因而手续费很低，从而也有利于提高收益率。

缺点

首先，从本质上看，这是一种比较消极的投资策略。因而往往会丧失提高收益率的机会。

其次，如果发生通货膨胀，那么投资者的实际投资收益率就会发生变化，从而使这种投资策略的价值大大下降。

最后，也是最常见的情况是，由于市场利率的上升，使得购买者持有这种投资策略的收益率相对较低。由于不能及时卖出低收益率的债券，因此，在市场利率上升时，这种策略会带来损失。

行分析之后，根据自己的爱好和需要买进能够满足自己要求的债券，并一直持有到到期兑付日。在持有期间并不进行任何买卖活动。

2.积极型投资策略

在预测了市场利率变化的方向和幅度之后，投资者可以据此对其持有的债券进行重新组合。这是因为，市场利率将直接决定债券的投资收益率。很显然债券投资的收益率应该同市场利率密切相关：在市场利率上升时，债券投资的要求收益率也会相应上升；在市场利率下降时，债券投资的要求收益率也会相应下降。一般在计算债券价格时，我们会直接简单地将市场利率作为贴现率，对债券的未来现金流进行贴现。因此可以通过对市场利率变化和债券价格变化之间的关系作出准确的判断，据此来调整持有的债券。调整组合的目的是，在对既定的利率变化方向及其幅度作出预期后，使持有的债券收益率最大化。

由于市场利率与债券的市场价格呈反向变动关系，因此在市场利率上升时，债券的市场价格会下降，而在市场利率下降时，债券的市场价格会上升，因而前者的正确调整策略是卖出所持有的债券，而后者的正确调整策略是买入债券。

第三章
没事多注意：债券投资中的若干事项

一、是什么在影响债券投资收益

这个标题就说明了投资债券不是一个收益绝对稳定的项目，投资者很难取得一个固定值，在大多情况下会遇到一个变动的量。如果你对债券投资理解得还不够深，你可能无法明白为什么。

其实，债券的投资收益主要由两部分构成：一是来自债券固定的利息收入，二是来自市场买卖中赚取的差价。这两部分收入中，利息收入是固定的，而买卖差价则受到市场较大的影响。而在市场上，是什么在影响债券的收益呢？

1.债券的票面利率

债券的票面利率因为发行者信用度不同、剩余期限不同等原因而各有差异。一般，债券票面利率越高，债券利息收入就越高，债券收益也就越高。反之，则收益越低。

2.银行利率与债券价格

由债券收益率的计算公式可知，银行利率的变动与债券价格的变动呈反向关系，即当银行利率升高时，债券价格下降，银行利率降低时，债券价格上升。

3.债券的投资成本

根据成本与收益原理，成本高了，收益自然会降低。而在债券投资中，成本大致有购买成本、交易成本和税收成本三部分。购买成本是投资人买入债券所支付的金额，交易成本包括经纪人佣金、成交手续费和过户手续费等。要想收益高，就要注意降低相关的成本。

4.市场供求、货币政策和财政政策

微观的市场供求关系，宏观国家的货币政策和财政政策都会对债券价格产生影响，从而影响到投资者购买债券的成本。因此，这三个因素也是我们在考虑投资收益时不可忽略的。

5.通货膨胀率

一般，通货膨胀率越高，债券的收益就越低，资金也就会被无形地损耗，而通货膨胀率降低时，债券的收益就会相对高些。

现今，人们理财投资的意识逐渐确立起来，对于不同投资项目的收益率变化分析及其影响因素的分析越来越仔细，对较小的利益也开始追逐。而债券就是那较小利益的一种。但债券贵在其自身的低风险，所以仍然吸引了不少投资者。

■ 影响债券投资收益的几大因素

二、如何提高国债的收益率

国债曾经是老年投资者最钟爱的投资方式，也是最简单、最易接触债券市场的方式。对于投资者来说，国债最大的吸引力就是安全性上的保障，而且，目前国债的收益率仍然比银行存款收益率高，其收益所得无须缴纳利息税。所以无论市场怎样，投资者对于国债的定位仍应是储蓄替代品种。

目前，股票市场仍在持续震荡调整，国债由于其稳定性成为投资理财的安全后盾。而购买国债最大的风险在于资金流动性风险，尤其是购买记账式国债，如果投资者很可能在到期前就提前支取资金，那么还是应该选择凭证式国债，因为它有提前支取的特点，在有加息预期的前提下，购买凭证国债更加安全。

那么，如何提高国债的收益率呢？

国债的收益率与投资时间长短密切相关。尽管有分析人士认为，长期国债收益率受通货膨胀率、贷款利率的影响，其收益率经过前期的大幅调整，加息对其收益率提高的效应逐渐减弱，投资价值逐渐显现。然而，投资专家认为，长期债券的收益虽然相对较高，但有着流动性差、难以抵抗长期市场波动风险的缺点。

如何计算国债收益率呢？

1.名义收益率

名义收益率=年利息收入÷债券面值×100%。通过这个公式我们可以知道，只有在债券发行价格和债券面值保持相同时，它的名义收益率才会等于实际收益率。

2.即期收益率

即期收益率也称现行收益率，它是指投资者当时所获得的收益与投资支出的比率。即：即期收益率=年利息收入÷投资支出×100%。

3.持有期收益率

由于债券可以在发行以后买进，也可以不等到偿还到期就卖出，所以就产生了计算这个债券持有期收益率的问题。持有期收益率=[年利息+（卖出价格−买入价格）÷持有年数]÷买入价格×100%。

4.认购者收益率

从债券新发行就买进，持有到偿还期到期还本付息，这期间的收益率就为认购者收益率。认购者收益率=[年利息收入+（面额−发行价格）÷偿还期限]÷发行价格×100%。

5.到期收益率

到期收益率是指投资者在二级市场上买入已经发行的债券并持有到期满为止，这个期限内的年平均收益率。目前，财政部计算国债到期收益率的方法如下：

对剩余期限为一年及一年期以下的国债，一般计算单利到期收益率，计算公式为：$Y=(M-Pb)÷(Pb×N)×100\%$。公式中Y：单利到期收益率；M：到期一次还本付息额；Pb：市场买入价；N：从买入到持有到期的剩余年份数。公式中N=剩余天数÷365天或（366）天。注：闰年取366天。

三、债券市场风险分析与防范

试问，在投资的一切形式里，能没有"风险"这两个字吗？不能，所以，你就不要妄想投资债券能为你规避所有的风险。从某种角度看，世界上没有无任何风险的事物。

债券作为一种金融投资工具，它的风险主要有以下几种。

1.利率风险

利率风险是指利率的变动导致债券价格与收益率发生变动的风险。这主要与国家的宏观经济调控有关系。一般来说，利率同债券价格呈相反的运动趋势：当利率提高时，债券的价格就降低；当利率降低时，债券的价格就上升。

为了减小这种风险带来的损害，投资者应当在债券的投资组合中长短期配合。不论利率上升或者下降，都有一类可以保持高收益。

不同年龄的不同债券风险分析

在人生的不同年龄阶段，理财目标与理财攻略也有不同。

单身时期

单身青年应提高储蓄率，有计划地积累第一桶金，既为今后扩大投资奠定基础，也为结婚、置业做好筹划。

这是一个已经建立家庭但还没有孩子的时期，或许很短暂。建议合理使用信用卡，通过无息贷款获取差额收益。投资应追求收入的成长性，核心资产可按股票70%、债券10%和现金20%的比例进行配置。

蜜月时期

家庭成长期

教育金筹集在这一阶段最重要，孩子从小到大连续支出的总金额可能不亚于购房花费。在保险需求上，人到中年，对养老、健康、重大疾病的需求较大。

此阶段从子女完成学业到自己退休，理财重点是扩大投资，制定合适的养老计划。建议将投资的50%购买或股票型基金，40%用于债券或定期存款，10%用于投资货币型基金等。

家庭成熟期

退休养老期

理财专家建议，退休后就应该健康第一，财富第二。老年人的主要收入是退休金、积蓄和理财收入，风险承受能力弱，保本最重要。

2.价格风险

债券市场价格常常变化，若其变化与投资者预测的不一致，那么，投资者的资本将受到损失。这点，就是债券本身带有的风险。要规避它，就只能靠投资者的眼光和长远的谋划。

3.违约风险

在企业债券的投资中，由于各种原因，比如管理不善、天灾人祸等，可能导致企业不能按时支付债券利息或偿还本金，从而给债券投资者带来损失的风险，这就存在着不能完全履行其责任的可能。

为了减少这种风险，投资者在投资前，不妨多了解一下公司经营情况，再参看一下相关部门对企业的信用评价，然后再作决策。

4.通货膨胀风险

债券发行者在协议中承诺付给债券持有人的利息或本金的偿还，都是事先议定的固定金额。当通货膨胀发生时，货币的实际购买能力下降，就会造成在市场上能购买的东西相对减少，甚至有可能低于原来投资金额的购买力。

对于这种风险，投资者最好在投资国债时，也投资一些其他的理财项目，如股票、基金等。

5.变现风险

变现风险是指投资者在急于转让时，无法以合理的价格卖掉债券的风险。由于投资者无法找出更合适的买主。所以就需要降低价格，以找到买主。为此投资者就不得不承受一部分金钱上的损失。

针对这种风险，投资者应尽量选择流动性好的，交易活跃的债券，如国债等，便于得到其他人的认同，也可以在变现时更加容易。

第九篇 投资外汇：从汇率转换中挖出财富

第一章

外汇：聚敛财富的新工具

一、外汇交易是一种概率游戏

在我国凡持有有效身份证件，拥有完全民事行为能力的境内居民个人，均可进行个人实盘外汇交易。

（1）有效身份证件包括身份证、军官证、武警警官证、士兵证、军队学员证、军队文职干部证、军队离退休干部证和军队职工证，港、澳地区居民和台湾同胞旅行证件、外籍旅客的护照、旅行证、外交官证等；民航总局规定的其他有效乘机身份证件。对16岁以下未成年人，可凭其学生证、户口簿或者户口所在地公安机关出具的身份证明办理。

（2）拥有完全民事行为能力的人是指18周岁以上、精神正常、能够辨认自己的行为的公民。此外，16周岁以上不满18周岁的公民，以自己的劳动收入为主要生活来源的，也视为完全民事行为能力人。

外汇交易是一种金融投资，因为风险巨大，所以每次交易要如履薄冰，要像作战一般做到"知己知彼，知天知地"，对各种优劣条件作出充分估计，考虑到各种影响因素，然后制定作战计划，在交易中也是如此。

由于外汇交易中涉及的情况都是非确定性的，所以概率和统计的思想在交易中占据着核心，在思维的习惯上我们必须坚持以概率思维进行交易，以统计思维进行评估。桥牌和国际象棋以及赌博都是这样。

那么如何培养概率和统计思维呢？首先在交易系统的设计中要利用历史数据对系统进行检验，得出各种统计特征，比如最大单笔亏损以及胜率等，只有凭借大量的统计数据得出的检验结论才能形成优良的交易系统，接着利用新的行情数据对已经初步建立的交易系统进行外推检验，并根据统计结果对系统进行针对性的检验，然后在正式交易中利用交易日志对系统进行定期的修正和改进。另外，在非自动化交易和多系统综合分析中涉及一个概率分析，也就是说当诸多矛盾因素合成时，必须在赋予不同因素的不同权重的基础上进行交易决定，而这涉及概率、潜在风险和报酬分析。

■ 为什么说外汇交易是一种概率游戏

外汇交易是一种金融投资，因为风险巨大，所以每次交易要如履薄冰，要像作战一般做到"知己知彼，知天知地"。

由于交易系统的胜率存在改进的余地，导致我们有朝着100%胜率迈进的冲动，这种冲动有两个误区：

胜率100%不是持续成功交易的决定性因素。

很多成功的交易员胜率不足50%，但仍然能以可观的速度积累利润，相反很多胜率很高的交易者却因为一两笔单子前功尽弃，关键的原因在于，单笔最大亏损要小，平均赢利比平均亏损要大。

追求胜率会导致模型的过度优化，即增加太多限制条件来力图囊括所有的数据。

根据数据建立交易系统，几乎所有的数据都得以在交易系统中得到阐释，这个系统在这段数据上表现完美，但如果运用在其他数据段上要么发不出信号，要么错误信号太多。这就是过度优化。

二、防守是外汇交易的最重要前提

再怎么样强调防守的首要位置都不为过，防守是保存自己实力的唯一办法。严峻的现实统计表明，90%的外汇交易者会在1年之内被市场清洗出局。因为他们缺乏防守意思，他们的主要精力集中于"将利润翻倍"，心存幻想是人类的天性，但金融市场不太喜欢这个天性，墨菲定律是金融游戏的最大定律。

记住，防守是最重要而且是唯一重要的事情，只有你学会防守，市场就会在1/2的概率游戏中让你尝到甜头。下面几句话要理解清楚：没有相当把握，坚决不操作；在追逐利润前先留好退路。防守的理念已经阐述得差不多了，那么怎么具体执行呢？防守最重要的方式之一就是严格止损。

严格止损包括以下两个步骤：

第一，合理设立止损。合理地设置止损，保证自己交易错误后能及时地、以最

■外汇交易的准备工作

随着外汇市场发展，聚集在市场中的财富会越来越多，炒汇者做好交易前的准备比急匆匆地交易更加重要。没有充分准备的交易往往只能带来灾难性的后果，古人云：磨刀不误砍柴功。做交易也同样如此。进行外汇交易前的准备工作至少应包括以下几个方面。

一、基本准备

基本准备是初步认识和了解市场的过程，也是进行交易必不可少的过程，它包括：学习基本交易理论；了解常用的技术工具；熟悉交易品种；掌握各交易所的交易交割规则；熟悉开户、交易流程等。

二、模拟交易

进行模拟交易是对你所学习的知识的一个验证。在你不具备交易能力之前，进场实地交易一定会付出巨大的代价，所以，多做几次模拟交易可以减少和缓冲这个痛苦过程。

三、小单量交易

小单量交易是对严格意义上的模拟交易的进一步考验，在这个阶段获利仍不是你追求的目标，你仍处于学习阶段。

小单量就是视投资者的承受能力而定的交易。

四、再次认识自我和市场

通过小单量交易你一定会再次从新认识自我和市场，这种从新认识是一个重要的过程，它会决定你是否应该继续交易。

小损失退出交易，并且最大可能地减少错误的结束交易，也就是被市场的噪声清洗出局，失去了很好的赢利头寸。合理设置止损包括两个方面：一是找到天然位置，这固定了最小止损值，具体来说，即做多时止损设立在支撑线下方，做空时止损设立在阻力线上方；二是最大止损比率，一般在8%以下，最好是5%以下，也就是止损金额是账户总额的8%～5%以下，这个固定了最大止损值。上面两个因素确定了一个止损的客观区域，我们可根据自己的风险偏好在客观的基础上，进行主观的取舍。

第二，严格执行止损。在下单交易时，就要定好止损的位置，并且在碰到止损位置时坚决执行。纪律是市场生存的保证因素。严格止损包括进场设立止损，另外还有就是根据行情的有利发展，可以将止损跟进到下一个天然位置，但是却不能根据行情的不利发展将止损改大。另外在市场没有否定你的前提前，不要提前止损，因为市场没有否定你的假设前提，你的判断仍旧是正确的，要做到有理有据。

三、外汇买卖的技巧

任何事物的发展都有一定的规律，外汇市场的变化也不例外。因此，投资者可以根据外汇市场的变化规律运用一些技巧来获得收益。

1. 利上加利

利上加利即在汇市对自己有利时追加投资以获取更大利益。但投资者必须对行情判断准确，并且信心坚定。例如，当汇市朝着预测的方向发展，且已升到你预测的某个点时，本来出手即可获利，但如果你不满足于这点小小的利润，并坚信汇价还会上涨，而且也无任何表明汇价将下跌的迹象，则应加买，扩大投资额。如果行情接着高涨，那么，即使不能全胜，但大胜已是确定无疑了。同样道理，当汇市明显下落的时候，也可以采用加利技巧，只不过需要改变交易位置罢了。

2. 自动追加

当汇市比较平稳、没有大的波动，而只在某一轴心两边小幅度摆动，即汇市处于盘局时，便可以采用自动追加技巧。具体操作是：当你已确认汇市处于盘局时，便在最高价位卖出而在最低价位买入，如此反复操作。表面上看，这种操作似乎是违背顺势而作的做法，而且每次获利不多，但因为多次反复操作，收益会积少成多，总的利润是相当可观的。

3. 积极求和

入市后，发觉市势向相反方向运动，则你必须冷静，认真分析所出现的情况，不可盲目交易。如果你经过认真分析后，确认市势已经见底，不久即可反弹，便可一直追买下去。这样，等到汇价反弹时，便可以逐步获利。即使汇价反弹乏力，也可以抓住机会打个平手。

■投资计划：轻松外汇交易的决定因素

4.双管齐下

如果确认行情是上下起伏波动，呈反复状态，则可以在汇价升到高价位时追买，当汇价跌至低价位卖出，以平掉开始入市时的淡仓而套取利润，同时用再一次的高价位点入市以平掉前次的追仓获得。这样不仅没有亏损，反而有利可图，这种双管齐下的技巧（低价位时卖出而高价位时买进），实际上是以攻为守和以守为攻的技法。但运用这一技巧时必须小心，绝不可多用，因为一旦汇市趋势呈单边状况而不是反复波动，就会无法套利平仓。

四、外汇交易VS期货交易

外汇交易与期货交易有些什么不同呢？

1.外汇市场资金流动性高

即期外汇市场的每日交易量高达一点四兆美元,使得外汇市场成为全世界最大、资本流动性最高的金融市场。其他金融市场的大小与交易量和外汇市场比较起来,就显得逊色多了。

2.外汇市场24小时无休

外汇市场是一个24小时不间断的市场,美东时间的星期日下午5点,外汇交易就从澳洲的悉尼开始了,然后7点由日本东京开盘,接着凌晨2点英国伦敦开始,最后就是早上8点美国纽约开始。对投资人而言,不论何时何地发生任何消息,投资人都可以即时地作出反应。

3.成交的质量与速度

期货市场的每笔交易都有不同的成交日、不同的价格或是不同的合约内容。每一个期货的交易员都有以下的经验,一笔期货的交易往往要等上半小时才能成交,而且最后的成交价一定相差甚远。虽然现在有电子交易的辅助及限制成交的保证,但是市价单的成交仍是相当的不稳定。外汇交易商提供了稳定的报价和即时的成交,投资人可以用即时的市场报价成交,以避免在市场状况最繁忙的时候,无法成交的情况。在期货市场中,成交价格的不确定是因为所有的下单都要透过集中的交易所来撮合,因此就限制了在同一个价位的交易人数、资金的流动与总交易金额。而外汇交易商的每个报价都是可直接执行的,也就是说只要投资者愿意即可成交!不会出现有价而不成交的情况!

4.外汇交易免佣金

在期货市场进行买卖,除了价差之外,投资人还必须额外负担佣金或手续费。所有的金融商品都有买价与卖价,而买卖价之间的差异就定义为价差,或是成交的成本。一直到今天,因为缺乏透明度,期货市场不合理的价差依旧是存在的事实。现在,投资人可以借由线上交易平台所即时显示的买价与卖价,用来判断市场的深浅度以及真正的交易成本。外汇交易的价差比期货买卖还要低很多,特别是盘后的交易,因为期货的投资人容易因流动性低而遭受很大的损失。

第二章

"攻"于技巧：外汇买卖的制胜术

一、巧用平均价战术

在外汇买卖的一般策略中，平均价战术被很多人奉为经典，不少专业书刊、训练教材都有介绍，相当一部分交易者亦以这套战术来从事外汇买卖。

平均价战术的要点：当汇价于A点时，根据所搜集的资料判断行情会上升而买入，但可能基于某些因素而暂时下跌。故当汇价下跌至B点时，更应买入（因原有资料显示行情会上升），总体买入的价位就是A点与B点之间的平均价，比A点低。一旦行情涨回A点，便可反败为胜。依照这个策略，如果行情从B点继续下跌，则C点再买，再跌又在D点再买。总之平均价越拉越低，只要市价回升至平均价以上则可获利丰厚。跌市做法亦同此理。这套战术是否确实可行呢？虽不排除有时会有成功的可能，但基本上是相当危险的。首先这种做法属于逆市而行，并非顺市而行，既然在A点买入后而行情下跌，已证明了原先认为大市会升的判断是错误的。"不怕错，最怕拖"是外汇交易首要原则之一。无论你信心多大，只要你手上的单子出现浮动损失，就应按事前设好的止损点迅速认赔出场。太坚持自己最初的看法，一而再、再而三地逆市投入，只会招致越来越大的损失。外汇保证金交易是信用扩张100倍以上的交易，当你在B点再买时，你要先补足在A点买入的浮动损失；又跌在C点再买时，又要先补足在A点和B点买入加起来的浮动损失。这样就不是什么两套本钱、三套本钱所能应付的。有些人没有想到这一点，往往资金预算无法控制，半途就被断头。

有人说，如果拥有充裕的资金，在小幅震荡的行情中可以利用这一招平均价战术，但遇到周期险转势，这套平均价战术就变成了担沙填海，等于踏上不归之路。所以尤其对于新手来说，平均价战术真的不可乱用。

二、如何建立头寸、斩仓和获利

"建立头寸"是开盘的意思。开盘也叫敞口，就是买进一种货币，同时卖出另一种货币的行为。开盘之后，长了（多头）一种货币，短了（空头）另一种货币。

选择适当的汇率水平以及时机建立头寸是赢利的前提。如果入市时机较好，获利的机会就大；相反，如果入市的时机不当，就容易发生亏损。

"斩仓"是在建立头寸后，所持币种汇率下跌时，为防止亏损过高而采取的平盘止损措施。例如，以1.60的汇率卖出英镑，买进美元。后来英镑汇率上升到1.62，眼看名义上亏损已达200个点。为防止英镑继续上升造成更大的损失，便在1.62的汇率水平买回英镑，卖出美元，以亏损200个点结束了敞口。有时交易者不认赔，而坚持等待下去，希望汇率回头，这样当汇率一味下滑时会遭受巨大亏损。

"获利"的时机比较难掌握。在建立头寸后，当汇率已朝着对自己有利的方向发展时，平盘就可以获利。例如在120点买入美元，卖出日元；当美元上升至122日元时，已有2个日元的利润，于是便把美元卖出，买回日元使美元头寸轧平，赚取日元利润；或者按照原来卖出日元的金额原数轧平，赚取美元利润，这都是平盘获利行为。掌握获利的时机十分重要，平盘太早，获利不多；平盘太晚，可能延误了时机，汇率走势发生逆转，不盈反亏。

三、金字塔式加码的优越性

在账户出现浮动利润，走势仍有机会进一步发展时加码，是求取大胜的方法之一。加码属于资金运用策略范畴。

增加手中的交易，从数量而言，基本上有三种情况：第一种是倒金字塔式，即是每次加码的数量都比原有的旧货多；第二种是均匀式，即是每次加码的数量都一样；第三种是金字塔式，即是每次加码的数量都比前一批合约少一半。

如果行情一帆风顺的话，那么上述三种处理都能赚钱。如果行情逆转的话，这三种处理哪种比较科学、哪种比较合理就高下立判了。

假设我们在1 920元买入大豆合约，之后价格一路上扬，随后在1 955元加码，到2 005元又再加码。又假设手头上的资金总共可以做70手合约，如果以上述三种方式分配，就会产生三个不同的平均价。

（1）倒金字塔式：在1 920元买10手，1 955元买20手，2 005元买40手，平均价为1 978元。

（2）均匀式：在1 920元、1 955元、2 005元三个价位都买入同等数量的合约，平均价为1 960元。

（3）金字塔式：在1 920元买40手，1 955元买20手，2 005元买10手，平均价只为1 942元。

如果大豆期价继续上扬，手头上的70手合约，均匀式加码比之倒金字塔式每吨多赚18元的价位；金字塔式加码更是比倒金字塔式多赚36元的价位。赚得多也是金字塔式比较优越。

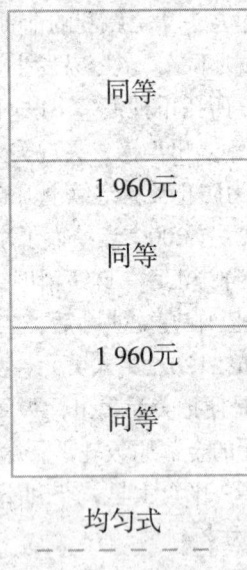
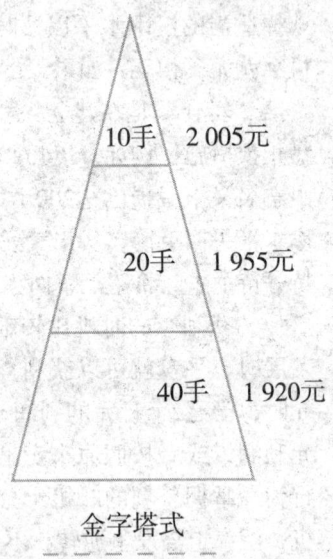

| 倒金字塔式 | 均匀式 | 金字塔式 |

反过来，如果大豆期价出现反复，升破2 010元之后又跌回1 965元，这样一来，倒金字塔式由于平均价高，马上由赚钱变为亏钱，原先浮动利润化为乌有，且被套牢；均匀式加码虽勉强力保不失，也前功尽弃；唯有金字塔式加码的货由于平均价低，依然有利可图。

做空头时也是同样道理。在高价空了货跌势未止时加码，也应一次比前一次数量要减少，这样，空仓起点时的数量保持最大，最后一次加码数量最少，维持金字塔式结构，这样平均价就比较高，在价格变动中可以确保安全。

四、买得精不如卖得精

把握好正确的买点只是成功了一半，加上正确的平仓才是完全的成功。这是任何投机市场亘古不变的法则，外汇市场也不例外。

有些汇民朋友在外汇分析上很有一套，无论基本面、技术面都有自己的独到见解，但是他们操作业绩却往往不尽如人意。其中一个原因就是平仓的时机几乎总是错的，要么过早地平仓，没有取得随后的丰厚利润；要么就是迟迟不平仓，以至于最后行情又回到买入点，甚至被套牢。可见，把握好平仓时机是非常重要的基本功之一。

1.高抛法和次顶平仓法

投资者都希望能够有一种方法，一种灵丹妙药，比如技术分析中的某一指标，一旦指标达到某一数值时，就可以准确平仓。然而，遗憾的是到目前为止没有这样的技术指标。其实，只要不过分追求精确，方法当然是有的。高抛法和次顶平仓法可以做到正确平仓，但不是精确平仓。

所谓的高抛法是指投资者在买入货币时，已经给这一货币定好了一个赢利目标价位。一旦汇价达到了这一目标，投资者就平仓。一般来说，运用这一投资策略的投资者大多数都是运用货币基本面和技术面结合分析，比如黄金分割线、平均线、形态等确定出一个合理的目标价位，然后等待货币达到这一目标价位立即平仓。

次顶平仓法不是事先给自己确定一个目标价位，而是一直持仓直到看到汇价显示第二次有见顶迹象时才抛出。一般而言，采用这一平仓策略的投资者通常采用的是技术分析法来判断见顶迹象，主要是从汇价走势的形态和趋势来判断。具体来说，是通过双顶、头肩顶、三重顶判断中期头部确立，果断平仓。

2．两法结合效果更好

无论是高抛法还是次顶平仓法，都可以取得相当好的投资效果。世界上许多成功的投资者与基金经理，都是运用其中的一种方法。不过无论是采用哪一种方法，都各自有其不足之处。对于运用"高抛法"的投资者来说，必须首先掌握一套对货币所在国经济基本面进行分析的方法，投资者所设定的目标位肯定要高于其当前的市场价。所以说，除非你在外汇市场上确有自己的独到之处，否则的话设立目标价位可能是比较危险的。

而对于运用次顶平仓出法的投资者，则主要是根据汇价走势来判断，并不事先给自己确定一个目标价位，不足之处也是显而易见，这要求投资者必须投入较多的时间和精力盯盘。这就是为什么部分人孜孜不倦地钻研什么是"真顶"，什么是"假顶"，以免受骗上当。

将两种方法结合起来使用效果会更好一些，这样平仓比较理性。当汇价到达买入之初设定的目标价位时，就应该立即平仓。因为投资者在定目标价位时，总有自己的理由，而开始设定的目标位，一般还能比较理智。当汇价不断上涨，多数人的脑子开始发热。为了避免犯错，最好还是及时平仓。投资者平仓后可能汇价还会上涨，这只能说是投资者判断失误，而不是由于投资者头脑发热的缘故。如果行情真的还有继续上涨空间就应该有勇气再次买入，不过这是又一笔新的操作，重新理智地设定目标位，而不要受前一笔单子的影响。

五、忽略日常的波动

国际汇市起伏跌宕，外汇价格的变化受多重因素的影响，比如一国的经济基本面的优劣、短期国际局势的变化和突发事件、市场上资金流向和技术分析的结果等。但是作为普通投资者很难在每天成千上万条消息中寻找到对汇市有影响的消息，而由于一些投资者对技术分析的掌握参差不齐，往往会出现错判的情况。

所以要进行外汇投资，就要把握大势，忽略日常的波动。

把握大势指的是抓住货币波动中的行情。一般情况下，外汇汇率在一段时间里振荡都比较小，如果投资者过分注重于短线的频繁进出，因思维定式的关系，可能错过大行情。通过观察与统计，每年国际外汇市场总会有几次涨（跌）幅超过4%以上的振荡。如果投资者能在这几次行情中稳稳地拿住升值货币或抛空贬值货币，毫无疑问，他将在外汇投资中赢利。

那么如何才能把握住每年仅有的几次行情呢？对一段时间中基本面和技术面分析后得出同向的结论，同时市场的看法支持该结论时，往往产生大行情的机会会大大提高，这时尽早地介入将会令投资者获益匪浅。

比如，前几年有次美元兑所有币种均出现大跌，在此之前，美联储主席的讲话成为市场关注的焦点，市场普遍认为他的讲话将会比较保守，对美国经济复苏信心不足，事实果不其然。格林斯潘认为，商业投资目前软弱无力，没有回复的迹象，而这恰恰是今后美国经济恢复的关键所在。另外，失业率的高涨也是美联储关注的重点问题。至此市场对美国经济复苏进程将减缓深信不疑，引起美元大跌。

第三章
"守"住底线：外汇投资的保本之道

一、拉响红色警报，熟悉外汇风险

有一天，莫小姐在一家银行里看到一款外汇理财产品。她本不想买，可是一方面觉得心里有着试试新的理财方式的冲动，一方面发现当时的外币利息很低，而这家银行的理财产品利率达2%。她认为尝试一下未尝不可。

但是她忽略了观察外汇信息，没有想到外汇有年限的问题，而这段时间里，可能就有所波动。当时，她还认为这样的决定很明智，毫不犹豫地购买了几千元这种产品。

过了一段时间，她有一笔外汇储蓄到期了，这回她选择了一款收益要大于3年期的，而期限为3年的理财产品。后来，随着美元利率的不断攀升，外汇理财产品的收益逐渐攀高。后来，1年期美元利率也快超过她的3年期外汇理财产品时，她才醒悟自己是多么没有远见！

从此，她总结出一点经验，那就是在投资外币时，一定要关注外汇利率的变动，要有超前意识，最好不选择过长期限的理财产品。

风险，并没有因为外汇市场具有公开、透明、不为人所控制等优点所屏蔽，投资者仍能清楚地在外汇市场上感受到它的存在。所以，在此不得不再次提醒投资者应时常拉响你头脑中的红色警报。

二、不要在赔钱时加码

在形势好的时候，加码可能将利润放大，而在形势不好的时候，加码则容易促成亏损的加重，那投资者为什么会选择在亏损的时候加码呢？原因很简单，有些投资者眼看赔钱，便想在汇价下跌的过程中趁低买入一笔，企图拉低前一笔的汇价，并在其反弹之时一起平仓，弥补亏损。这种操作思维其实也无可厚非，但问题是如果汇价总不回头的话，等待你的无疑就是恶性的亏损了。在这样的情况下，万一你的账户资金不够充足的话，爆仓也就不足为怪了。

以欧元/日元的操作为例，某投资者于某年2月26日在160.05价位买入了一手欧

■外汇投资中的几类主要风险

- 储备风险
- 交易风险
- 经济风险
- 会计风险

可否"出售"外汇风险

如果说"藏汇于民"是将汇率风险转嫁给国内民众或投资者的话，那么外汇资产的证券化及其衍生品，就可以说是将汇率风险转嫁给国外民众和投资者。如果中国将部分储备资产证券化，或者仅将部分外汇储备的贬值风险加以定价出售，就等于建立一个以中国部分储备资产为原生品的衍生品市场，这不仅可以达到风险转嫁的目的，而且这一产品的价格还可看作是一个判断中国储备资产外汇风险高低的参考标准。

元/日元，之后汇价也不负众望，不断地向高点攀升。不过，连日来的上冲让欧元筋疲力尽，终于在2月27日当汇价抵达161.37的高点时来了个急转身，大幅下挫至161的下方。虽然事已至此，但由于对汇价的反弹仍抱有一定的希望，该投资者并没有急于平仓出场，相反的是，他还在2月28日汇价下破160的时候加仓——又买入了0.5手的欧元/美元，企图可以在其相对底部获得机会。可"天下事不如意十之八九"，汇价不仅没有"回头"的意愿，还接连破了159、158价位。这时，投资者只能看着那离买入价越来越远的汇价黯然神伤，并且追悔不及。只是一切都已成为事实，唯一的挽救方法就是斩仓，以免在资金不足的情况下让爆仓来解决一切问题。

当然其中不乏幸运者的存在，现实生活中也有在亏损的时候加码而最终赢利的例子，但不可否认的是，他们所承受的压力也会随之加大。所以，投资者在外汇保证金交易中若是碰上这样的问题，尽量不要在赔钱的时候加码，以免得不偿失。

三、贪婪和恐惧是拦路虎

外汇市场是一个高风险、高收益的市场，不经过长时间的锤炼很难成为高手。笔者的感受是，从事外汇买卖，特别是保证金交易，最关键的是要克服自己的贪婪和恐惧心理，贪婪和恐惧是任何高风险行业从业人员获得成功的"拦路虎"。只有在交易中克服这些心理上的弱点，你才能战胜自己，进而获取利润。

汇市是24小时全天候的市场，每天都存在很多机会，如果事先没有认真准备，并制定明确的交易计划，人们就很容易被市场的短线波动干扰，盲目入市，造成非常被动的局面。事实上，这是贪婪的心理在作怪，任何事情"欲速则不达"，机会只留给有准备的人。

另外，恐惧也是一种可怕的心态。在市场中追涨杀跌最容易产生这种心态，最常见的情况是，价格一开始上涨，头脑就发热，把交易计划抛在脑后，匆忙入场，事后证明这样入场的价位往往是买在最高价。然后，又会产生一种侥幸心理，祈祷汇价会朝着有利于自己的方向发展，但市场无情，价格一路下跌，于是就产生了恐惧心理，总以为跌势已经形成，于是平仓或追沽，结果常常卖了个地板价。

在市场波动中，如果通过追涨杀跌有了赢利，就会更加相信自己是正确的，也就不害怕了，在贪婪的驱使下，把目标位定得更高或更低，盲目乐观。而此时市场一般会发生比较大的转折，一举将自己套牢。在最需要冷静的时候，投资者往往冷静不下来。汇价快速下滑或上升，其实应该是最好的买入或卖出的机会，但是由于贪婪或是恐惧心理的存在，投资者往往作出相反的决定。如此反复，投资者心态彻底恶化，就再也无法从容面对市场的压力了。

■如何解决初涉汇市投资者的疑难问题

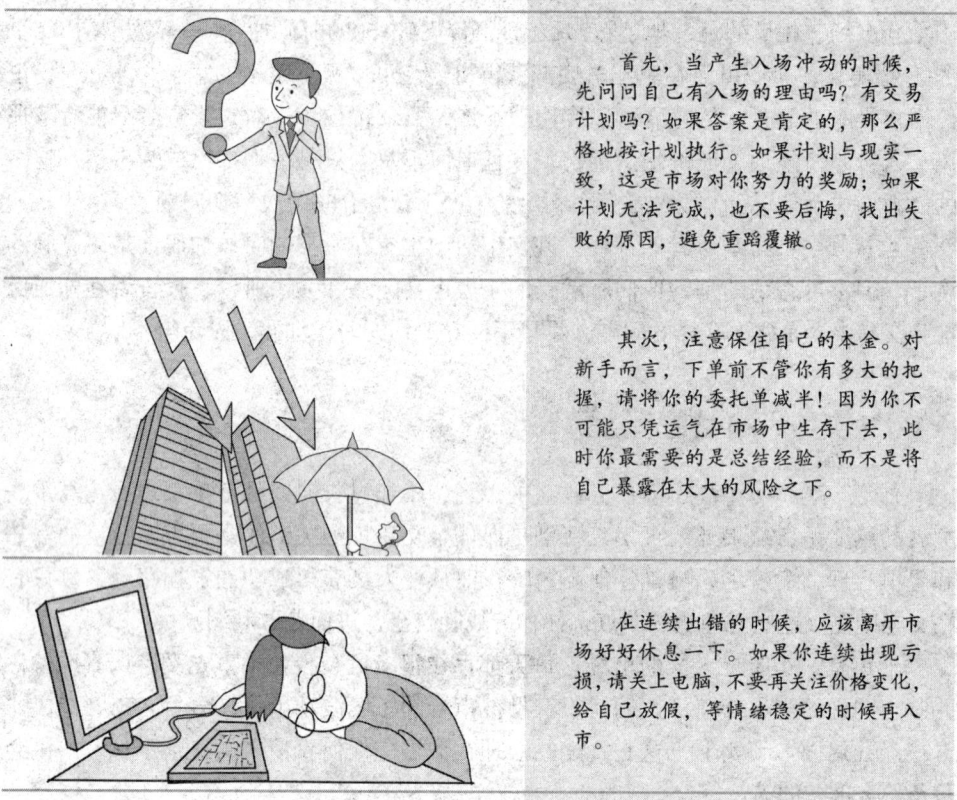

首先，当产生入场冲动的时候，先问问自己有入场的理由吗？有交易计划吗？如果答案是肯定的，那么严格地按计划执行。如果计划与现实一致，这是市场对你努力的奖励；如果计划无法完成，也不要后悔，找出失败的原因，避免重蹈覆辙。

其次，注意保住自己的本金。对新手而言，下单前不管你有多大的把握，请将你的委托单减半！因为你不可能只凭运气在市场中生存下去，此时你最需要的是总结经验，而不是将自己暴露在太大的风险之下。

在连续出错的时候，应该离开市场好好休息一下。如果你连续出现亏损，请关上电脑，不要再关注价格变化，给自己放假，等情绪稳定的时候再入市。

四、盲目跟风，损失惨重

有调查机构曾经调查过银行炒汇的投资者入市的依据是什么？结果令人惊讶，超过50%以上的投资者回答是"因为大家都这么说"。投资者未进行具体分析，思想上既无法把握，操作上也未作出任何准备工作，仅仅因为看见许多人在买入或卖出，便跟随入市，结果往往是钱没有赚到，陪着亏钱倒是常事，然后再安慰自己："不止我一个，很多人也亏了。"外汇投资不同于商品买卖，一百个人中，八十个人说好，那就是一个好的商品，但一百个人中，即使有九十九个人共同买入一个币种，也可能全是输家。外汇市场上人的多少不是问题，关键在于能否赢利。

汇市受诸多复杂因素的影响，其中汇民的跟风心理对汇市影响甚大。有这种心理的投资人，看见他人纷纷购进某种货币时，也深恐落后，在不了解的情况下，也买入自己并不了解的某种货币。有时看到别人抛售某家货币，也不问他人抛售的理由，就糊里糊涂地抛售自己手中后市潜力很好的货币。有时谣言四起，由于羊群心理（跟风心理）在作怪，致使汇市掀起波澜，一旦群体跟风抛售，市场供求失衡，供大于求，广大投资者往往会上那些在汇市上兴风作浪的用意不良的人的当，汇市一泻千丈，被这些人所吞没而后悔莫及。因此，投资者要树立自己买卖某种货币的自我意识，不能跟着别人的意志走。

也有很多投资者举棋不定，具有这种投资心理的投资人，在买卖某种货币前，原本制定了计划，考虑好了投资策略，但当受到他人的"羊群心理"的影响，步入某种货币市场时，往往不能形成很好的证券组合，一有风吹草动，就不能实施自己的投资方案。

例如，投资者事前已经发觉自己手中所持有的某种货币价格偏高，是抛出某种货币的时机，同时也作出了出售某种货币的决策。但在临场时，听到他人你一言我一语与自己看法不同的评论时，其出售某种货币的决策马上改变，从而放弃了一次抛售某种货币的大好时机。或者，投资者事前已看出某只股票、某种货币价格偏低，是适合买入的时候，并作出了趁低吸纳的投资决策。同样地，到临场一看，见到的是卖出某种货币的人挤成一团，纷纷抛售某种货币，看到这种情景，他又临阵退缩，放弃了入市的决策，从而失去了一次发财的良机。

还有一种情况是，事前根本就不打算进入某种货币市场，当看到许多人纷纷入市时，不免心里发痒，经不住这种气氛的诱惑，从而作出了不太理智的投资决策。由此看来，举棋不定心理主要是在关键时刻不能作出判断，错过良机。

■炒汇不要急于求成

散户投资者常常急于求成，盲目跟风打游击往往不如守住一只好的股票。

五、切勿"亏生侥幸心，赢生贪婪心"

外汇市场价位波动基本可分为上升趋势、下跌趋势和盘档趋势，不可逆势做单，如果逆势单被套牢，切不可追加做单以图扯低平均价位。大势虽终有尽时，但不可臆测市价的顶或底而死守某一价位，市价的顶部、底部，要由市场自己形成，而一旦转势形成，是最大赢利机会，要果断跟进……这些顺利做单的道理，许多散户投资者都知道，可是在实际操作中，他们却屡屡逆市做单，一张单被套几百点乃至一两千点，亦不鲜见，原因何在呢？一个重要的原因是散户由于资本有限，进单后不论亏、盈，都因金钱上的患得患失而扰乱了心智，失去了遵循技术分析和交易规则的能力。

散户大群在做错单时常喜欢锁单，即用一张新的埋单或卖单把原来的亏损单锁住。这种操作方法是中国香港地区和中国台湾地区的一些金融公司发明的，它使投资者在接受损失时心理容易保持平衡，因为投资者可期待价位走到头时打开单子。

实际上，散户投资人在锁单后，重新考虑做单时，往往本能地将有利润的单子平仓，留下亏损的单子，而不是考虑市场大势。在大多数情况下，价格会继续朝投资者亏损的方向走下去，于是再锁上，再打开，不知不觉间，锁单的价位便几百点、几百点地扩大了。

解锁单，无意中便成了一次次的做逆势单。偶尔抓准了一两百点的反弹，也常因亏损单的价位太远而不肯砍单，结果损失还是越来越大。

大概每个投资者都知道迅速砍掉亏损单的重要性，新手输钱都是输在漂单上，老手输钱也都是输在漂单上，漂单是所有错误中最致命的错误，可是，散户大群还是一而再、再而三地重复这一错误，原因何在呢？原因在于散户大众常常凭感觉下单，而"大户"则常常按计划做单。

散户盲目下单导致亏损，垂头丧气，紧张万分之余，明知大势已去，还是存侥幸心理，优柔寡断，不断地放宽止蚀盘价位，或根本没有止蚀盘的概念和计划，总期待市价能在下一个阻力点彻底反转过来，结果亏一次即足以大伤元气。

和这种亏损生侥幸心相对应的散户心理，是赢利后生了贪婪心。下埋单之后，价位还在涨，何必出单？价位开始掉了，要看一看，等单子转盈为亏，更不甘心出单，到被迫砍头出场时，已损失惨重。

许多人往往有这种经验：亏钱的单子一拖再拖，已亏损几百点，侥幸回到只亏二三十点时，指望打平佣金再出场，侥幸能打平佣金时，又指望赚几十点再出场……贪的结果往往是，市价仿佛有眼睛似的，总是在离你想出单的价位只有一点点时掉头而去，而且一去不回头。

亏过几次后，投资者便会对市场生畏惧心，偶尔抓准了大势，价位进得也不错，但套了十点八点便紧张起来，好容易打平佣金赚10点20点后，便仓皇平仓。

亏钱的时候不肯向市场屈服，硬着头皮顶，赚钱的时候像偷钱一样不敢放胆去赢，如此下去，本钱亏光自然不足为奇。

■理财忌讳之一：贪婪

投资理财，稍不注意就会掉入隐藏的陷阱

避免陷阱，按时"体检"财务状况

★ 资产盘点。对一年以来的资产负债归类、总结和分析，通过对家庭的现金流向有足够清晰的了解和通盘把握，检查家庭理财方式的习惯和误区，评估家庭资产的整体状况。

★ 审视理财方案。结合市场环境、个人目标和风险承受能力、职业生涯的变化等因素作出理财工具选择和淘汰。

六、犯最高价买入、最低价卖出的毛病

有些投资者想买入某个币种，但在某个趋势未结束以前，却左思右想、犹豫不决，等到趋势大幅反转，汇价被大幅抬升或者大幅打压，便急急忙忙赶着追市，往往买入的是当时的最高价，卖出的是当时的最低价。而有另外的一些投资者，经过分析和计划，想等到某个价位进行操作，但好不容易等到价位到达，却不敢按原计划买入（卖出），担心方向错误。结果价格短暂徘徊之后大幅上升（下降），反而急忙修改计划入市，不但错过了一个良好的入市时机，而且由于匆忙入市，往往导致亏损。

总而言之，这些不好的心理障碍，必须在长期的市场操作中不断加以克服，形

成良好的操作心理和习惯，才可能做到赢多输少。

外汇买入价是银行向客户买入外汇(标价中列于"/"左边的货币，即基础货币)时所使用的汇率。卖出价是指银行卖出外汇时所使用的汇率。外汇中间价是买入汇率和卖出汇率的平均数。

例如，美元/日元的汇率为115.25/115.35，表示客户向银行卖出美元买入日元（银行买入美元）的汇率为115.25，而客户向银行卖出日元买入美元的汇率为115.35。

因此，如果你想将100美元兑换成日元，那么，你将按照115.25的汇率，兑换得11 525（即，100×115.25）日元；如果你想将10 000日元兑换成美元，那么，你将按照115.35的汇率，兑换得86.69（即，10 000/115.35）美元。

澳元/美元汇率为0.5830/0.5840，表示客户卖出澳元买入美元的汇率为0.5830，而卖出美元买入澳元的汇率为0.5840。

你可能会发现，确定汇率后，在计算兑换得的货币数额时，还要确定是用乘法还是用除法。相关计算办法，可以用两句话来概括："（货币）从左到右，乘以左（汇价）；（货币）从右到左，除以右（汇价）"。

所以，按照上述报价，你要把100澳元兑换成美元时，就获得100×0.5830美元；你要把100美元兑换成澳元时，就获得100÷0.5840澳元。

第十篇 投资期货：
赚取未来的钱

第一章

投资期货的知识准备

一、揭开期货的神秘面纱：基础知识

期货（Futures），通常指期货合约。期货是由期货交易所统一制定的、规定在将来某一特定的时间和地点交割一定数量标的物的标准化合约。这个标的物，可以是某种商品，也可以是某个金融工具，还可以是某个金融指标。期货合约的买方，如果将合约持有到期，那么他有义务买入期货合约对应的标的物；而期货合约的卖方，如果将合约持有到期，那么他有义务卖出期货合约对应的标的物，期货合约的交易者还可以选择在合约到期前进行反向买卖来冲销这种义务。广义的期货概念还包括了交易所交易的期权合约。大多数期货交易所同时上市期货与期权品种。

1.期货合约种类

1）商品期货

商品期货是指标的物为实物商品的期货合约。商品期货历史悠久，种类繁多，主要包括农副产品、金属产品、能源产品等几大类。

（1）农产品期货：1848年CBOT（美国芝加哥商品交易所）诞生后最先出现的期货品种。其主要包括小麦、大豆、玉米等谷物；棉花、咖啡、可可等经济作物和木材、天然胶等产品。

（2）金属期货：最早出现的是伦敦金属交易所（LME）的铜，目前已发展成以铜、铝、铅、锌、镍为代表的有色金属和黄金、白银等贵金属两类。

（3）能源期货：20世纪70年代发生的石油危机直接导致了石油等能源期货的产生。目前市场上主要的能源品种有原油、汽油、取暖油、丙烷等。

2）金融期货

金融期货指是交易双方在金融市场上，以约定的时间和价格，买卖某种金融工具的具有约束力的标准化合约。

（1）外汇期货：20世纪70年代布雷顿森林体系解体后，浮动汇率制引发的外汇市场剧烈波动促使人们寻找规避风险的工具。1972年5月，芝加哥商业交易所率先推出外汇期货合约。目前在国际外汇市场上，交易量最大的货币有7种，美元、日元、英镑、瑞士法郎、加拿大元和法国法郎等。

■期货交易运作机制的特点是什么

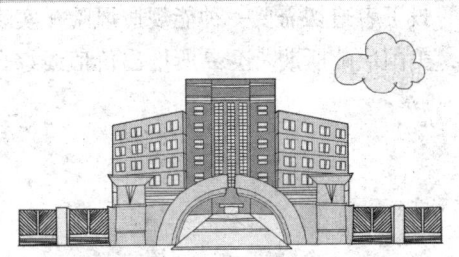

期货交易要在法定的场所——期货交易所内进行。

期货所交易的不是现在的商品而是在未来某个时间交付的商品。

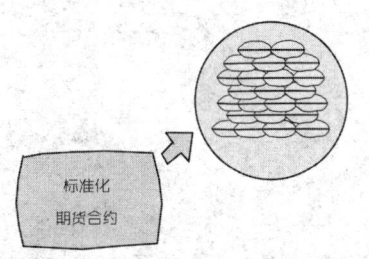

期货交易的对象是代表了规定质量和规定数量的商品的标准化合约。

期货交易采用集中竞价交易制度,以使产生的价格具有广泛的代表性。

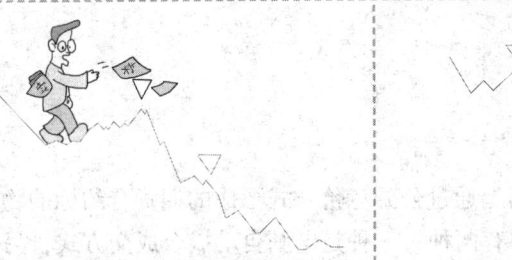

期货交易具有做空机制,即投资者可以在还不拥有某一商品的时候就进行卖出。

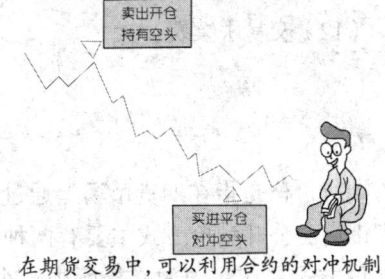

在期货交易中,可以利用合约的对冲机制,而不必考虑收购、运输、存贮等琐碎的环节。

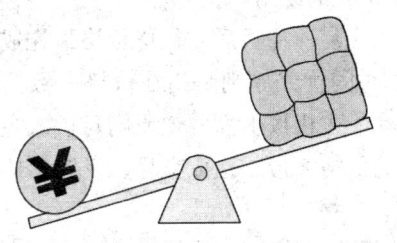

期货交易实行特有的保证金制度,只需要有1/10甚至1/20的资金就可以交易相当于商品总值的合约。

期货交易通过每日结算制度进行风险控制,这不仅可以有效地保证资金安全,而且可以随时兑现自己的投资。

（2）利率期货：1975年10月，芝加哥期货交易所上市国民抵押协会债券期货合约。利率期货目前主要有两类：短期利率期货合约和长期利率期货合约，其中后者的交易量更大。

（3）股指期货：随着证券市场的起落，投资者迫切需要一种能规避风险、实现保值的工具，在此背景下，1982年2月24日，美国堪萨斯期货交易所推出价值线综合指数期货。

2.期货合约的组成要素

（1）交易品种。

（2）交易数量和单位。

（3）最小变动价位，报价须是最小变动价位的整倍数。

（4）每日价格最大波动限制，即涨跌停板。当市场价格涨到最大涨幅时，我们称"涨停板"，反之，称"跌停板"。

（5）合约月份。

（6）交易时间。

（7）最后交易日。

（8）交割时间。

（9）交割标准和等级。

（10）交割地点。

（11）保证金。

（12）交易手续费。

二、期货价格是怎样形成的

期货价格是指在期货市场上通过公开竞价方式形成的期货合约标的物的价格。期货市场的公开竞价方式主要有两种：一种是电脑自动撮合成交方式，另一种是公开喊价方式。在我国的交易所中，全部采用电脑自动撮合成交方式。在这种方式下，期货价格的形成必须遵循价格优先、时间优先的原则。

所谓价格优先原则，是指交易指令在进入交易所主机后，最优价格最先成交，即最高的买价与最低的卖价报单首先成交。时间优先原则是指在价格一致的情况下，先进入交易系统的交易指令先成交。交易所主机按上面两个原则对进入主机的指令进行自动配对，找出买卖双方都可接受的价格，最后达成交易，反馈给成交的会员。

例如，根据价格优先的原则，买方的最优报价为C的2 630元／吨和B的2 630元／吨，卖方的最优报价为A的2 630元／吨。根据时间优先的原则，在买方报价中，C的入市时间最早，因此，C先与A撮合成交100手。然后是B的80手与A剩下的50手以

■影响期货价格的因素

（1）供求关系。期货交易是市场经济的产物，因此，它的价格变化受市场供求关系的影响。

（2）政治因素。期货市场对国家、地区和世界政治局势的变化非常敏感，罢工、大选、政变、内战、国际冲突等，都会导致期货价格的变化。

（3）政府政策。各国政府制定的某些政策和措施会对期货市场价格带来不同程度的影响。

（4）心理因素。所谓心理因素，就是交易者对市场的信心程度。

2 630元／吨撮合，成交量为50手。

期货价格的频繁波动，是受多种因素影响而成的。在大豆期货交易中，天气的好坏、种植面积的增减、进出口数量的变化都将在很大程度上影响价格的波动。在股票指数期货交易中，人们对市场利率升降、公司业绩好坏的预期，都会影响指数期货价格的变化。由于期货价格是由众多的交易者在交易所内通过集中竞价形成的，市场参与所有的报价，充分体现了他们对今后一段时间内，该商品在供需方面可能产生变化的预期，在这种价格预期下形成的期货价格，能够较为全面、真实地反映整个市场的价格预期，具有预期性和权威性。

期货价格中有开盘价、收盘价、最高价、最低价、结算价等概念。在我国交易所中，开盘价是指交易开始后的第一个成交价；收盘价是指交易收市时的最后一个成交价；最高价和最低价分别指当日交易中最高的成交价和最低的成交价；结算价是全日交易加权平均价。

三、买空和卖空指的是什么

1.买空

买空亦称"多头交易"，与卖空相对，是指交易者利用资金，在市场上买入期货，等到将来价格上涨时，再高价抛出，从中获利的投机活动。在现代证券市场上，买空交易一般都是利用保证金账户来进行的。当交易者认为某种股票的价格有上涨的趋势时，可通过交纳部分保证金，向证券公司借入资金购买该股票期货，买入的股票交易者不能拿走，它将作为货款的抵押品，存放在证券公司。如以后该股票价格上涨，当上涨到一定程度时，他又以高价向市场抛售股票，将所得的部分款项归还证券公司贷款，从而结束其买空地位。交易者通过买入和卖出两次交易的价格差取得收益。当然，如果市场股价的走向与交易者的预测相背，那么买空者非但无利可图，并且还将要遭受损失。由于在以上过程中，交易者本身没有任何股票经手，却在市场上进行购买股票的交易，故称之为"买空"交易。

一般投资者在进行证券交易时，都是运用自有资金，而交易者在买空时，除交付少量保证金外，其购买股票的大部分资金由证券公司垫付，也就是借入资金。买空交易的全过程是由先买入后抛售股票两次交易构成。

2.卖空

卖空就是现在没有某种期货，而先从别的地方借入该期货卖出，等到自己有了该种期货后再归还给他人的一种期货交易方式。

对于卖空，需要注意的是：

（1）卖的是合约，不是实际的物品。物品一定要先买后卖，但是你只是卖合约，就好比你约定用8 000元卖一台电脑给别人。

（2）卖出也是需要保证金的。由于卖空交易的投机性强，对市场影响较大，卖空者的行为具有明显的投机性，因而各国的法律都对卖空有较详细的规定，以尽量减少卖空的不利影响。在某些国家，通过法律形式禁止股票的卖空交易。

四、期货交易的理念和方法是什么

1.成功的期货投资者的必备素质

（1）正确的投资理念——顺势与止损。

（2）稳定有效的交易方法。

（3）良好的交易习惯。

以上三条素质的获得需要经历长期刻苦的学习。

2.成功的期货投资者的特点

期货是与普通投资不同的风险交易领域，因此这个市场上的成功者也必然具备与其他行业成功人士不同的特点：

（1）成功的期货投资者通常受过良好的教育，但是学历与赢利不成正比例。

（2）遇到过重大挫折而不气馁。

（3）不贪钱。

（4）热爱投资事业。

（5）性格坚强且爱独立思考。

反之，喜欢扎堆的人、遇事没有主见的人、做错交易喜欢推卸责任的人、看重面子的人、太想钱的人、怕孤独的人都不大可能在期货投资上成功。

从交易方法上看，成功的期货投资者有两种类型：

（1）第一种是拥有自己设计的经过长时间模拟和实战考验的交易和风险控制系统的投资者。他们拥有自己的交易系统，并且能把握系统的成功率和死穴，赚钱时是系统意料中的事，亏钱时认识到这是系统中的死穴，在20%的失败概率下该亏钱的就亏，没有太大压力，因为知道自己设计的系统每次发出的信号有80%的成功率。

（2）第二种就是"半桶水"的期货投资者。"半桶水"是指自知自己的水平有限，不可能像第一种成功的期货投资者的建立自己的交易系统，却敢于根据别人验证过的、成功的交易系统，一丝不苟、前后一致地跟着做，像简单得不能再简单的"格兰威尔移动平均线八大法则"，因此能保证相当的成功率。

五、哪些人可以进行期货交易

参与期货交易的投资者可以分为两大类：一类称为套期保值者，另一类称为风险投资者。套期保值者主要是利用期货交易来转移现货交易风险，从而达到减少成本、稳定利润的目的，在时机较好时也会利用实物商品买卖作为"后盾"进行投资获

国内期货品种有哪些

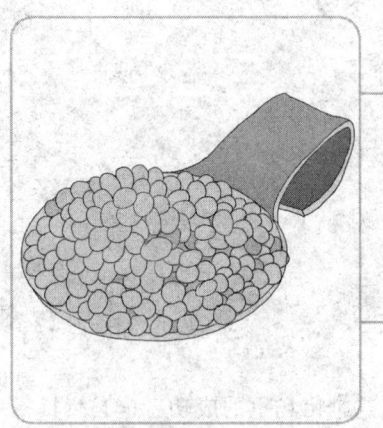

我国是大豆的故乡。近年来,世界大豆贸易增长很快,价格波动剧烈。大豆属于国际性商品,有很大的差价利润可图。

影响大豆价格的主要因素:市场供求变化;尤其是美国、巴西等国的生产情况;大豆库存量及供给动向;天气情况;国家粮油政策的影响;玉米、小麦等期货价格的影响,这几种物品有一定的替代性。

豆粕85%用作饲料,东北三省是我国主要豆粕生产地。

影响豆粕价格地主要因素:豆粕供给及需求因素;豆粕与大豆、豆油的比价关系;进出口政策;汇率因素。

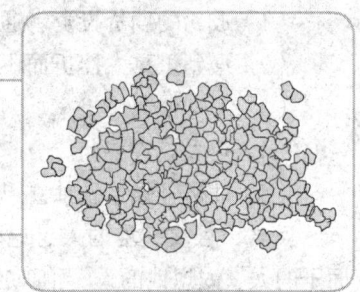

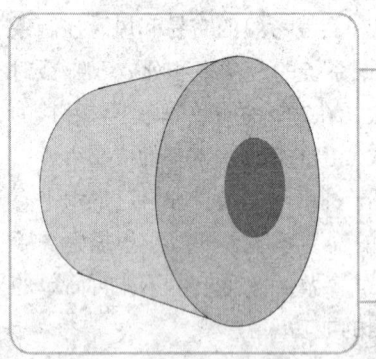

世界铜矿资源主要分布在美洲和中非。我国的铜资源比较匮乏,铜产地主要在江西、湖北、甘肃等地。

影响铜市价格的主要因素:产铜国铜市影响;产铜技术设备及贮存的影响;进口量的影响;国际国内政治经济形势,国际间战争等。

铝、天然橡胶、小麦、强筋小麦等也是我国期货投资的主要品种。

利。风险投资者则主要利用期货交易作为一种类似股票的投资手段,以追求高利润。

套期保值的参与者可以是农业、制造业、商业、金融业等行业中的商品生产者、加工者、营销者、进出口商、金融机构。通过期货交易,可以在很大程度上减少经济活动中存在的风险。

(1)生产者:商品生产需要一个周期,此期间价格的变动会影响生产者的利润。在生产周期内参与期货交易,可以将利润事先固定,若时机选择得当,不仅可以稳定利润,还可以获得一笔额外收入。

(2)营销者:商品从购入到售出需要一段时间,进行期货交易既可灵活地选择购入和售出时机,减少仓储费用,又可为库存商品进行保值。

(3)进出口商:从订货到提货需要一段时间,且付款一般会发生币种间兑换的问题。货价或汇率的不利变动会带来不必要的损失。虽然在国际贸易中制定了许多回避风险的措施,如离岸价、到岸价等,但都难以完全达到目的。并且这些需要反复谈判,费时费力,而参加货物和外汇套期保值,既可以稳定利润,也可少费口舌。

(4)金融机构:利率、汇率的变动会给金融机构的经营带来一定的风险,通过在期货市场做套期保值,能有效地规避相应风险。

(5)风险投资者:任何一个具备一定资金而又想追求高回报率者都可参与期货交易的风险投资。

六、期货交易不同于其他交易的特点

期货交易是一种特殊的交易方式,它有不同于其他交易的鲜明特点。

1.交易的对象——期货合约

同生活中其他的买卖不同,期货买卖的对象并不是实物,而是和这些东西有关的合约,这份合约中规定了买卖双方的权利和义务。合约对相关问题提前进行了详细的规定,买卖合约的双方都要遵守这个规定,任何人不得随意违反。

2.交易的地点——期货交易所

大部分的期货都在期货交易所上市,所以交易的地点自然是期货交易所。在期货交易所里,不仅有严密的组织结构和章程,还有特定的交易场所和相对制度化的交易、结算、交割流程。我国国内的期货产品都是在期货交易所交易的。

3.交易的载体——利用标准化合约

这是指同一家交易所对标的物相同的合约内容都有标准化的规定。例如,在上海期货交易所上市交易的铜期货合约,每张合约的内容都是一样的,交易品种都是阴极铜,交易单位都是5吨,交割品级都要符合国标克B/T467-1997标准,其他的有关规定,包括报价单位、最小变动价位、每日价格最大波动限制、交易时间、最后交易日、最低交易保证金、交易手续费等,这些规定对每份铜期货合约来说都是相同的。

4.交易的经费——只需缴纳保证金

进行期货买卖时，不需要支付全部金额，只要交出一个比例(通常为5%~10%)的金额（即保证金）作为履约的担保金就行。

5.交易的方式——到期交割

期货合约是有到期日的，合约到期需要履行交割义务。商品期货到期时，交割的是商品，即实物交割。而其他的期货则可能有所不同，比如股指期货的标的物是一揽子股票，实物交割在操作上存在困难，因而采用现金交割。在股指期货合约到期时，依照对应的股指期货的价格，也即合约规定的交割结算价，计算出盈亏，交易者通过交易账户的资金划转完成交割。

6.交易中的独有方式——双向交易

这种交易方式是其他投资项目所没有的，也是期货投资中不得不提的一种方式。它实际上是指：我们既可以先买一张期货合约，在合约到期之前卖出平仓(或者到期时接受卖方交割)，也可以先卖出一张合约，在合约到期之前买进平仓(或者到期时交出实物或者通过现金进行交割)。就算手头没有一张合约，依然可以先卖出。这种可以先买也可以先卖的交易被称为双向交易。

第二章

行而必防：规避期货投资的风险

一、期货市场风险主要包括哪些

期货市场风险主要包括：市场环境方面的风险、市场交易主体方面的风险、市场监管方面的风险。

1.市场环境方面的风险

股票指数期货推出后将引起证券市场环境发生变化，而带来各种不确定性。主要来自以下几个方面：

1）市场过度投机的风险

股指期货推出的初衷是适应风险管理的需要，以期在一定程度上抑制市场的过度投机，但在短期内难以改变交易者的投机心理和行为，指数期货对交易者的吸引力主要来源于其损益的放大效应。在一定程度上，指数期货工具的引进有可能是相当于又引进了一种投机性更强的工具，因此有可能进一步扩大证券市场的投机气氛。

2）市场效率方面的风险

市场效率理论认为：如果市场价格完全反映了所有当前可获得的信息，那么这个市场就是高效的强势市场；如果少数人比广大投资者拥有更多信息或更早得到信息并以此获取暴利，那么这个市场就是低效的弱势市场。

3）交易转移的风险

股指期货因为具有交易成本低、杠杆倍数高的特点，会吸引一部分纯粹投机者或偏爱高风险的投资者由证券现货市场转向股指期货市场，甚至产生交易转移现象。市场的资金供应量是一定的，股指期货推出的初期，对存量资金的分流可能冲击股票现货市场的交易。国外也有这样的例子。如日本在1998年推出股指期货后，指数期货市场的成交额远远超过现货市场，最高时曾达到现货市场的10倍，而现货市场的交易则日益清淡。

4）流动性风险

如果由于期货合约设计不当，致使交投不活跃，就会造成有行无市的窘境。撇开其他因素，合约价值的高低，是直接影响指数期货市场流动性的关键因素。一般而言，合约价值越高，流动性就越差。若合约价值过高，超过了市场大部分参与者的投资能力，就会把众多参与者排除在市场之外；若合约价值过低，又势必加大保值成本，影响投资者利用股指期货避险的积极性。因此，合约价值的高低将影响其流动性。

■导致期货风险的内部因素

1. 交易主体不健全

在我国，从投资者结构上来看，呈现出典型的散户型特点。这样易造成机构投资者操作市场的情况，另外其自身的投资风险意识和在两个市场上的投机性心理也增加了期货运作中的风险。

2. 期货交易者的内部控制缺陷导致的风险

（1）从业人员的专业技能差。
（2）内部约束机制不完善，部门之间没有形成严格的监控关系。
（3）对员工的职业道德教育不够。

2. 市场交易主体方面的风险

在实际操作中，股票指数期货按交易性质分为三大类：一是套期保值交易、二是套利交易、三是投机交易。相应地，有三种交易主体：套期保值者（Hedger）、套利者（Arbitrageur）和投机者（Speculator）。而参与交易的投资者包括证券发行商、基金管理公司、保险公司以及中小散户投资者，投资者因参与不同性质的交易而不断地进行角色转换。虽然股票指数期货最原始的推动力在于套期保值交易，但利用股票指数进行投机与套利交易是股票指数期货迅速发展的一个重要原因。

1）套期保值者面临的风险

参与股票指数期货交易的，有相当数量是希望利用股指期货进行套期保值以规避风险的投资者。虽然开设股指期货是为了向广大投资者提供正常的风险规避渠道和灵活的操作工具，但套期保值交易成功是有前提条件的，即投资者所持有的股票现货与股票指数的结构一致，或具有较强的相关关系。在实际操作中，再高明的投资者也不可能完全做到这点，尤其是中小散户投资者。如果投资者对期货市场缺乏足够的了解，套期保值就有可能失败。

2）套利者面临的风险

套利是跨期实现的。根据股指期货的定价原理，其价格是由无风险收益率和股票红利决定的。从理论上讲，如果套利者欲保值的股票结构与期货指数存在较强的相关关系，则套利几乎是无风险的。但获取这种无风险的收益是有前提的：即套利者对理论期货价格的估计正确。如果估计错误，套利就有风险。由于我国利率没有市场化，公司分红派息率不确定，并且，股票价格的变动在很大程度上也不是由股票的内在价值决定的，种种原因使得套利在技术上存在风险。

3）投机者面临的风险

投机者面临前面所讲的三大风险："杠杆作用""价格涨跌不具确定性""交易者自身因素"。简单地说，就是投机者是处在一个不具确定性的市场中，任何风险在杠杆作用下都将放大了几十倍，包括自身的一些因素。

投机交易在股指期货交易成交量中往往占很大比重，香港期货市场1999年市场调查表明：以投机盈利为主的交易占了整个市场交易的74%〔避险占17.5%，套利占8.5%〕。期货市场中，参与交易的资金流动快，期货市场的价格波动一般比别的市场更为剧烈。

3.市场监管方面的风险

对股指期货的监管依据不足，带来股指期货在交易规则上变数较大，游戏规则的不确定性将蕴藏着巨大的风险。虽然这种风险不会时常出现，但在出现问题时，不可避免地会用行政命令的方式干预市场。

证券、期货市场是由上市公司、证券经营机构、投资者及其他市场参与者组成，由证券、期货交易所的有效组织而得以正常进行。在这一系列环节中，都应具有相应的法律规范。

二、期货市场风险有哪些特征

中国期货市场风险具有以下几方面的特征。

1.风险存在的客观性

期货市场风险的存在具有客观性。一方面，这种客观性体现了市场风险的共性，即在任何市场中，都存在由于不确定性因素而导致损失可能存在。随着交易方式、交易内容日益复杂，这种不确定性因素带来的市场风险也越来越大。另一方面，期货市场风险的客观性也来自期货交易内在机制的特殊性，期货交易具有杠杆放大效应等特点,也会带来一定的风险。

此外,期货市场风险的客观性还来自股票市场本身的风险。股指期货市场之所以产生,是出自规避股票市场风险的需要,影响股票市场的各种因素也会导致股指期货市场的波动。为了规避股票市场的风险,股票市场投资者通过股指期货市场将风险对冲,期货市场便成为风险转移的场所。

2. 风险因素的放大性

股指期货市场的风险与股票现货市场的风险相比,具有放大性的特征,主要有以下两方面原因:

其一,期货交易实行保证金交易,具有"杠杆效应",它在放大收益的同时也放大了风险。

其二,期货交易具有远期性,未来不确定因素多,引发价格波动的因素既包括股票市场因素,也包括股指期货市场因素。

3. 风险的可控性

尽管期货市场风险较大,但却是可以控制的。

从整个市场来看,期货市场风险的产生与发展存在着自身的运行规律,可以根据历史资料、统计数据对期货市场变化过程进行预测,掌握其征兆和可能产生的后果,并完善风险监管制度,采取有效措施,对期货市场风险进行控制,达到规避、分散、降低风险的目的。

对于单个投资者来说,期货市场风险主要来自于期货价格的不利变化,这也是期货交易中最常见、最需要重视的一种风险。除此之外,对于初次进行股指期货交易的新手投资者,还可能因为对期货市场制度和规则了解不够而带来风险。投资者可通过认真学习相关规则避免此类风险。

期货市场采取的"T+0"交易方式,为投资者及时止损化解风险提供了条件。在期货市场上,尽管由于保证金交易制度使得投资者的收益和风险有所放大,但实际上,只要投资者根据自身特点制定交易计划,遵守交易纪律,期货交易的风险是可以控制的。

三、股指期货市场风险有哪些特征

投资大师巴菲特说:"第一是安全;第二还是安全;第三是牢记前两条。"作为散户,假如要投资股指期货,就应充分了解股指期货有哪些风险。

首先,股指期货有三大风险:

(1)基差风险。基差是指股指期货当时的现货价格与指股指期交割日的期货价格之差,可分为买入基差和卖出基差,与买期保值和卖期保值互为反方向,买入期货的同时卖出现货称为买期保值,它们之间的价差称为卖出基差。现货价格与期货价格走势大体是相同的，这是套期保值得以实现的前提，但走势相同不等于价格变动幅度相同。在实际操作中，由于基差变化不一致，使操作结果不是稍有盈余就是小有损失，为避免基差变化带来的损失，可按一定基差买卖现货进行保值，基差风险是股指期货相对于其他金融衍生产品（期权、掉期等）的特殊风险。从本质上看，基差反映着货币的时间价值，一般应维持一定区间内的正值（即远期价格大于

散户如何投资股指期货

散户如果有良好投资技巧和投资心理，也一样可以投资股指期货。

（1）在日常交易中，投资者可以通过中国期货保证金监控中心的系统查收结算账单、检查账户内资金等情况。

（2）随着股指期货的推出，实质性股指期货概念公司的业绩肯定会大幅提高。逢低介入这类股票，投资者可望分享因股指期货交易带来的收益。

（3）把沪深300样本股作为重点投资对象，并注重波段投资。由于存在做空机制，一味持股并不足取，注重波段操作或许可以取得更好的收益。

（4）投资者一定要树立止损的观念，有些高位套牢的股票很难获得解套机会，投资者不妨及早割肉，以免损失扩大。

即期价格）。但在巨大的市场波动中，有可能出现基差倒挂甚至长时间倒挂的异常现象。基差的异常变动，表明股指期货交易中的价格信息已完全扭曲，这将产生巨大的交易性风险。

（2）标的物风险。股指期货交易中，标的物设计的特殊性，是其特定风险无法完全锁定的原因。股指期货由于标的物的特殊性，使现货和期货合约数量上的一致仅具有理论上的意义，而不具有现实操作性。因为，股票指数设计中的综合性以及设计中权重因素的考虑，使得在股票现货组合中，当股票品种和权重数完全与指数一致时，才能真正做到完全锁定风险，而这在实际操作中的可行性几乎为零。

（3）交割制度风险，股指期货采用现金交割的方式完成清算。相对于其他结合实物交割进行清算的金融衍生产品而言，存在更大的交割制度风险。如在股指期货交易中，百分之百的现金交割，而不可能以对应股票完成清算，假如没有足够的保证金，就有可能爆仓。

其次，防范股指期货的风险，应做到以下几点：

（1）熟悉期货交易规则、期货交易软件的使用及期货市场的基本制度，控制由于对交易的无知而产生的风险，特别是对习惯做多的股票交易者而言，要学会做空。

（2）仓位和止损控制，由于每日结算制度的短期资金压力，投资者要学会抛弃股票市场满仓交易的操作习惯，控制好保证金的占比，防止因保证金不足被强行平仓的风险。不可抱侥幸心理硬扛或在贪婪心理驱使下按自我感觉逆趋势加仓。

（3）合约到期的风险控制，由于股指期货存在到期日，投资者不仅要把握股指期货合约到期日向现货价格回归的特点，另外，还要注意合约到期时的交割问题。

股指期货交易的风险和收益是成正比的，期货的风险不可小视，有的投资者认为它是新生事物，必然会逢新必炒；也有人认为股指期货和股票一样，万一套牢"死了都不卖"，总有机会"解套"，那就真的只有等死了。有的更弄不清股指期货以股票指数为标的物的期货合约，不涉及股票本身的交割，其价格根据股票指数计算，合约以保证金交易，以现金清算形式进行交割。它的特点是高回报、高风险，既能一夜暴富，也可能一夜归零。

股指期货交易关键在于要掌握好风险控制的方法和原则，克服赌博心理，坚持纪律，才能在股指期货交易中游刃有余。

四、散户如何才能做好自身的风险管理

只要是投资都是有风险的。就像是教育投资，比如让孩子读大学，而不去上大专、技校等，虽然花费了时间和金钱，但是也会遇到高学历人才供过于求，而技术工人高价难请的情况。我们很难做到把风险完全看透并且控制住，但是可以利用各种方式把大的风险杀死。比如在孩子上大学的时候，给他选择好的专业，并且在大

■投资者避免风险成功交易的3要素

很多人认为股指期货不适合中小投资者参与，提醒投资者要远离股指期货。那么散户真的不能投资吗？其实，散户如果有良好投资技巧和投资心理，也一样可以投资股指期货。

（1）注意基本面的信息，加强技术面的分析，提高自身判断能力，采取灵活的交易手段降低交易风险。

（2）不要满仓操作，控制好资金和持仓的比例，避免被强行平仓的风险。

（3）坚持止损原则，及时止损，随时提醒自己，将风险控制在自己可承受的范围。

学期间让他多做实践活动。

在期货交易中出现的风险大体可以用以下三种方式控制：

（1）交易所制定制度帮助投资者控制风险。例如，2008年上半年期货中的典型代表——豆油主力0809合约，从2008年1月24日9 890元/吨连续上涨一个多月，价格涨至最高14 630元/吨，紧接着从3月4日开始连续下跌（当中多次跌停）至前几日最低10 360元/吨。在豆油行情如此剧烈的情况下，大连商品期货交易所采取了扩大涨跌停幅度和提高保证金比例等一系列的风险控制措施来化解市场风险，其做法有利于使动荡的期货市场价格回归理性。

（2）资金管理风险控制。对于个人投资者甚至套期保值的机构投资者来说，资金管理非常重要。一方面，由于期货市场是以小搏大、杠杆比例放大的市场，如果满仓操作，相当于购买了5~10倍左右的物品价值，其涨跌幅度直接对可用保证金产生巨大影响，如果期货价格有小波动，可用金不足会导致投资者看对了方向却被强行平仓出局。建议投资者在资金比例上使用一半左右的资金操作，控制可能发生的单边市场风险。另一方面，套期保值的期货头寸比例设计也不能太大，近期一位拥有现货的机构投资者在某期货品种上投入保证金100万元，结果80万元用于做套期保值，最终由于行情单边下跌速度太快，该品种套期保值头寸在持续补保证金的情况下还是由于资金不足而被强行平仓。

（3）止盈止损的风险控制。不少投资者在做期货交易的过程中常常开仓价格点位不错，但由于贪心导致了利润高位没有变现，行情走完反而出现亏损。

第十一篇 投资黄金：
抵御通货膨胀的利器

第一章

走进金世界，挖掘黄金矿

一、黄金独特的投资优势

黄金是人类最早发现并利用的金属之一，它的稀缺性使得各个朝代的人们都视其为贵重的物品、财富的象征。因为黄金不仅由于其本身的稀缺性而有较高的商业价值，而且有着令所有人倾倒的美学价值。正因如此，黄金投资有其独特的优点。

1.无风险

单纯从风险上看，黄金投资基本没有风险，所以是良好的财产保值、增值的方式之一。因为它的世界货币地位和为国际所认可的流通能力，使它可以打破地域和语言的限制，在各个国家内使用。因此，黄金可以用来抵抗通货膨胀及政治动荡等因素造成的对财富的影响。于是，几乎所有的投资者都将黄金作为投资对象之一。而黄金之所以能够抵抗通货膨胀，主要是因为它具有高度的流通性，全球的黄金交易每天24小时进行，黄金是最具流通能力的硬体资产。

2.无折旧

无论何种投资，主要目的不外乎是使已拥有的财产保值或增值，即使不能增值，最基本的也应维持在原有价值水平上。但是，如果财产价值逐渐减少的话，就完全违背了投资目的。黄金就不必担心这点，它不会有折旧的问题。

3.流通无阻

黄金是流通性良好，并能在世界上通行无阻的投资工具。这点只需要举个例子就可以说明，只要是纯度在99.5%以上，或有世界级信誉的银行或黄金运营商的公认标志与文字的黄金，都能在世界各地的黄金市场进行交易。

4.投资必备

没有一种投资理论不强调黄金投资的重要性，它们都会建议投资者尽量利用投资组合来进行投资，并且投资组合必有的一项就是黄金。尤其是在政局动荡不安，或者经济萧条的年代，黄金才是最能保值的东西。

5.收藏价值

如今我国黄金市场上关于某项主题的纪念金条、金砖等金制品都已经全面推出，它们都经过工艺化、艺术化的加工，图案精美，极富收藏价值。

■投资黄金的好处

黄金作为贵金属，是一种硬通货。不论通货膨胀还是货币贬值，都不会对黄金的价值产生影响，反而价值会随着通货膨胀而升值，因而黄金投资深受人们的喜爱。

无风险

即使政局和经济不稳，尤其是发生战争或经济危机时，黄金的价格仍能维持不变甚至稳步上升，保持了资产的价值。

无折旧

当金饰久经佩戴变得失色之时，黄金本身的价值并没有消减。只要重新清洗就可以恢复原来的光泽，可以随时熔炼制造全新的金饰或金条。

流通无阻

黄金是世界通行的货币。在世界各地的银行、首饰商、金商都能够把黄金兑换为当地的货币，黄金可以全世界通行无阻。

投资必备

黄金在任何时间、任何地方，其价值都不会被地区的突变而撼动。所以被多数投资者选择。

收藏价值

因其价值的固定性决定了它具有收藏价值。无论是古代金器还是近现代的纪念品，都是很好的藏品。

个人炒金可通过银行开户交易。目前对于个人投资者，银行黄金投资业务主要有三种，分别是账户黄金买卖、个人实物黄金买卖和个人实物黄金投资。

把钱放在银行里，只能越存越少；投资房产，流动性太差；用来炒股，很多人又难以承担高额的风险。此时，炒金则成了普通投资者最理想的选择。

二、把握大方向，踩准买卖节拍

如果你现在想要投资黄金，应该有什么方法？目前市面上的黄金投资工具，不外乎黄金条块、金币、黄金存折、黄金账户、黄金期货和黄金基金等。

（1）把握大方向。基本上，黄金存折适合对于对黄金市场较不熟悉或者投资属于稳健型的人；积极型和风险承受度较高者，则可以考虑黄金存折加上黄金基金；专业又喜欢冒险者，可以黄金存折为基本避险部位，再增黄金基金、期货、选择权等投资。

（2）踩准买卖节拍。正确分析只是成功投资的第一步。而在分析方面，投资者往往把注意力放在如何判断进场点上，而不知道判断出场点比判断进场点更重要，也是更难的一个操作技巧。

把握大方向与踩准买卖节拍同等重要。在分析方面，对整个市场的趋势判断正确，俗称方向对了。但如果买卖时间不科学、不理性，同样可能是高点进低点出，而如果买卖时间是科学的，那么，整个盈利状况将大为改观。市场分析是操作的前提。从正确的市场分析出发，才能建立起科学的交易系统。理性的买卖时间是把正确的分析发挥最大效果的一个过程，而心理控制则是这两者的基础和纽带。一个人如果心理素质不好，即便有了正确的分析，也可能因为心理因素的不完善从而直接影响买卖时间的科学性，这样就使最后的赢利结果不是自己应得的那部分。投资市场不同于社会生活的任何其他方面。当人们从事任何其他社会职业时，人性的弱点往往还可以用某种方法掩饰起来，但是在投资市场上，每个人都必然把自己的人性弱点充分地表现出来。这是根本无法遮掩的。所谓公开竞价，其实就是公开展示人性。人性弱点在投资黄金时表现在四个方面：懒、愿、贪、怕。

所说的"懒、愿、贪、怕"，要完全克服是不可能的，因为它们是人性的表现，是与生俱来的。但是它们的表现程度是可以控制的。成功的投资者能够成功地把它们控制在一个适度的范围内，不使其影响理智的思维。道理虽然简单，但做起来却非常之难。因为它要求一个人能脱胎换骨地改造自己。

所以，要想战胜对手，就要先战胜自己。不能战胜自我的人，是绝不可能在投资市场最后成功的。投资者应该明白一句话：投资黄金三分靠分析，掌握大方向，七分靠操作，准确把握买卖时点。

三、黄金期货：时机比趋势更重要

黄金期货能达到杠杆效果，比如黄金期货既可以做多，也可以做空，投资者有双向选择的机会。黄金期货的缺点是，由于存在交割期的限制，除了保证金比例要不断增加之外，到期前还面临是否平仓的选择，如果不选择平仓，则到期时必须交割实物黄金，这并不是一般的投资者愿意选择的。

有投资者认为，如果看准金价的中长期趋势，就可投资黄金期货了。事实并非如此，不管是黄金期货还是黄金保证金交易，最重要的还是利用好杠杆原理，如投资者花5 100元（假设保证金为10%）买入一手黄金期货合约，相当于买了51 000元价值的现货黄金，但如价格出现下跌，则投资者有追加保证金的义务，否则会被强行平仓。专家表示，市场往往是在大部分散户被平仓之后才出现重要拐点的，因此，利用杠杆交易，选择时机比看好趋势更重要。

需要注意的是，一直以来，黄金被人们看作是一种风险较小的投资渠道，但这里建议对黄金的投资不要超过投资者个人总资产的10%。比较理想的做法是，投资黄金市场不要陷得太深，应稳扎稳打，同时将投资视线转向商品市场这个大领域。从过去的30年金价走势来看，通货膨胀的速度超过了金价的上涨幅度，这将有损投资者的购买力，可以说黄金的波动类似股票，而回报率却与债券相仿，但当股市上演熊市行情时，黄金往往能保持稳健，如果股市表现糟糕、美元又比较疲软，那么投资黄金是一个理想的风险规避方式，"因此，如果你担心股市回调、美元走软或者是政治紧张局势加剧的话，那么适度投资黄金将是一种明智的选择，但前提是，愿意承受适当的波动"。

四、揭开中国黄金定价的奥秘

在我国黄金统收专营的管理体制中，黄金由国家行政定价，原定价权属于国务院，定价权下放归属中国人民银行。2001年以前，黄金定价的原则是在历史金价的基础上，根据生产成本的变化小步逐年上调金价。2002年10月2日，上海黄金交易所正式运行，金价在交易的过程中形成，原行政定价及周报价制度废止。上海黄金交易所采用的价格是参照国际黄金价格，根据国内供求关系，通过计算机交易系统自由报价，按照时间优先、价格优先的原则撮合形成的。

2008年，黄金期货在上海期货交易所上市。此后，许多境内黄金投资者，都养成了看着外盘做内盘的习惯。因为，上海黄金期货的价格几乎完全跟着COMEX（纽约商品交易所）走，可以说是纽约金价的"影子"。

从交易时间上看，上海期货交易所的开盘时间，在纽约市场开盘之后，沪金开盘价主要由纽约期金的开盘价决定；纽约市场收盘后，其电子盘继续，沪金收盘价又追随电子盘的波动。针对我国期货的研究表明：上海期金价格波动与国内黄金供需变动的关系不大，主要是受外盘的影响。上海期金与纽约期金开盘价同涨同跌，存在极大的相关性，相关系数达0.94。

在黄金价格方面，中国的价格一直充当影子的角色，主要是中国没有黄金定价权。2008年中国黄金产量首次超越南非，成为世界第一产金大国，这一纪录一直保持至今。同时，中国也是世界上最大的黄金消费国。然而极不相称的是，世界黄金定价权一直牢牢掌握在欧美市场手中。这种局面，与澳大利亚垄断铁矿石价格，欧佩克决定全球石油价格，形成了鲜明对比。

五、预测黄金价格的三大方法

对于黄金投资者而言，最关心的问题莫过于黄金价格了。对价格的准确判断是赢利的基础，然而黄金是兼具商品和货币双重属性的特殊产品，它的价格走势有什么特点，其价格又如何准确预测？

■如何预测黄金价格的走势

根据这些年来黄金的历史趋势，可以总结出黄金的预测方法：

| 根据供需变化预测 | 根据美元走势预测 | 根据黄金生产成本预测 |

在介绍预测黄金价格的方法之前，可以先总结一下多年来黄金价格走势的基本特点，这样才能对预测黄金价格的方法有一些较好的理解和把握。目前我们公认的黄金价格走势特点为：

首先，从超长时段来看，黄金价格基本上是持续上涨的趋势。这个特点主要源自于黄金与信用货币的各自特性决定了以信用货币标记的黄金价格长期来看必然上涨。另外1944年布雷顿森林体系建立后，以美国为首的西方国家纷纷采用了以信用泡沫刺激经济增长和配置资源，从而导致了第二次世界大战后国际经济体系内累积的信用泡沫越来越多，进一步加大了黄金价格上涨的内在动力。

其次，趋势一旦形成，则多年不会逆转。黄金可以说是世界货币，其美元价格的长周期变化趋势反映了世界地缘政治格局和国际经济、世界货币体系的重大变化，而这种内在决定因素的变化往往是长周期的，一旦发生变化，则将延续多年。黄金价格机制的上述特点直接决定了黄金价格走势的特点，即黄金价格的趋势一旦形成，则在相当长的时间内都不会变化。此外，突发事件影响较大，一般情况下单位时间内的波幅则较小。

最后，黄金价格对重大事件会提前反映。黄金价格的转折或重大变化往往能够对重大地缘政治事件、国际经济金融事件的发生作出提前反映。

六、应对金价走势的投资策略

依据黄金从1900年到2007年的价格走势，可以把黄金的价格波动大致分为四个阶段：

（1）1900年到20世纪70年代中期，黄金处于金本位时代，价格恒定，已经明确界定，没有交割波动风险。

（2）从20世纪70年代中期到1980年，黄金非货币化后受世界政治经济因素影响，金价大幅波动，从35美元一度冲上850美元的历史高位区间。

（3）从1980年到2001年，供需形势平缓，黄金一度脱离投资者的视线，价格持续回落。

（4）从2001年到2007年，黄金价格从252美元持续上扬，有突破850美元不断创出新高的动能。

纵观黄金的四个阶段的价格走势，可以看出，黄金价格波动具有明显的长周期和季节性价格波动特点。统计1996年到2006年国际黄金现货价格波动，发现日内价格最大波动幅度在5%以内，单日波动5%出现的概率非常之低。大部分交易时间日内价格波动幅度在2%以内。在周波动幅度方面，黄金现货周波动幅度在5%左右的交易周也是屈指可数。这些数据都表明黄金期货日内价格波动并不算活跃，日内短差交易如果保证金投入大，市场容量相对小的话，可能不易获得预期的收益。当然，由于黄金期货受国际政治、经济多方面的因素影响，尤其是一些突发性事件影响，价格会出现快速的反应和异动，这个时候是短线交易者的好机会。

黄金市场主要有三种投资策略：一是日内短线的价差波动交易；二是几个交易日到十几个交易日内的波段交易；三是单一方向长期趋势交易。从大多数商品期货交易者的实际需求看，前两种投资策略占了明显比例。这主要是因为商品期货杠杆交易比例高，行情转化快。但对于参与黄金期货的投资者来说，就必须结合黄金市场的特点来进行自己的选择和把握。

总之，综合当前黄金市场的结构特点以及黄金期货合约设置，投资者在参与黄金期货时，可以确定投资方向，以长期趋势为准，滚动操作单边方向。也可以积极结合黄金季节性结构特点和技术波段，进行波段交易，除非技术比较突出，不鼓励进行日内短线交易，除非出现突发性事件导致行情波动并预判正确。

七、新手"炒金"注意事项

伴随着黄金市场的再次走俏，"金市"里又多了一批满怀致富热情的新手。而新手投资黄金，该注意哪些事项呢？

1. 制定详细计划

"凡事预则立，不预则废"，这是千百年来被验证的真理，而在黄金投资中，投资者理应在开始投资前，作出一份切实可行的投资计划。在这份计划书中，应当包括投资者个人的财产情况、家庭情况、投资目标（期望能获得多大回报），选择什么投资产品，按照什么步骤来执行，如何来不断检查，完善投资者的计划，等等。投资者要充分结合自己的理财特点和风格来拟订这份计划，以使它更加贴切自身的情况。

2. 选择好的金商

在制订出好的投资计划之后，就该是好的金商上场了。在市面上，有琳琅满目的黄金投资产品，它们都是由不同的珠宝机构或者银行提供的服务项目。种类繁多，令人目不暇接。那么，你该如何选择？

你可注意以下"三比"：

（1）比实力。实力大小是评估金商的一个重要标准。实力雄厚、知名度高的商业银行和黄金珠宝公司的产品和服务都很受大众青睐，而由于其有足够的资金做后盾，也比较值得信赖。

（2）比信誉。信誉好不好，在商场上几乎决定了一个生意人的成败。诚信是每个经营者都应当提倡的，而这也是一条普通的商业规则。如果金商的信誉度不高，还是淘汰掉比较好，以免有后患。

（3）比服务。在很多情况下，投资者不会太在意金商的服务。往往只要质量好，金商的态度或者售后服务不好也可以迁就一下。可是，在购买后真出现了问题，你能得到应有的对待么？所以，你最好心里有个底，留意一下金商的服务机构、所做的售后承诺以及服务的执行情况。

3.学习相关知识

"磨刀不误砍柴工"，投资者不妨在正式开始黄金投资之前，努力学习一下黄金投资方面的知识。仔细阅读一些专业文章，会让你在投资的时候更加得心应手。

学习这些知识的途径不外乎四种：从书本和有关文章中学习；从网站搜索各种资源学习；向先入行的投资者学习；在实践中学习。

4.做好心理准备

一个投资者如果没有做好心理准备，不可能投资成功。因此炒金人也要在事先有所准备。黄金市场上也有一定风险，投资者一定要正确面对。为了能让你的心里更有底气，你可以常常浏览国内和国外的时政，也可以多了解一些影响金价的政治因素、经济因素、市场因素等，进而相对准确地分析金价走势，从而做到在面对风险时能镇定自若。

5.选购黄金藏品

黄金藏品大都珍贵而精致，所以除其本身具有价值外，还兼具文化、纪念和收藏价值。倘若你能在众多黄金制品中挑到成色好、样式新颖，并且极具纪念和收藏价值的金品，你就能投资成功。所以选购好的黄金藏品，也是投资的重中之重。

第二章

纸黄金投资,纸币变金币

一、通过概念透视纸黄金

纸黄金是一种个人凭证式黄金,投资者按银行报价在账面上买卖"虚拟"黄金。投资者的买卖交易记录只在个人预先开立的"黄金存折账户"上体现,不发生实金提取和交割。

透过纸黄金的概念我们可以了解到:

(1)纸黄金为记账式黄金,不仅为投资人省去了存储成本,也为投资人的变现提供了便利。投资真金购买之后需要操心保存、存储;需要变现之时,又有鉴别是否为真金的成本。而纸黄金采用记账方式,用国际金价以及由此换算来的人民币标价,省去了投资真金的不便。

(2)纸黄金与国际金价挂钩,采取24小时不间断交易模式。国内夜晚,正好对应着欧美的白日,也就是黄金价格波动最大之时,为上班族的理财提供了充沛的时间。从价格上看,纸黄金更为敏感,当国际金价上涨或下跌时,纸黄金能随时反映这种变化。

(3)纸黄金提供了美元金和人民币金两种交易模式,为外币和人民币的理财都提供了相应的机会。同时,纸黄金采用T+0的交割方式,当时购买,当时到账,便于做日内交易,比国内股票市场多了更多的短线操作机会。

另外,中国银行纸黄金目前报价在同业之中最具有优势,较小的双边点差为投资人获得更多的收益提供了机会。正是由于投资者不用进行实金的提取,这样就省去了黄金的运输、保管、检验、鉴定等部分步骤,因此与其他黄金投资品种相比,它的交易费用是最低的。炒"纸黄金"每克的买卖差价为1元;高赛尔金条需要支付一定的加工费,一买一卖的差价是1.5元/克;而贺岁金条在回收时,一般报价里包含了约2%的手续费,即1克金条要收2元钱手续费。

但是与国际上的炒金业务相比,纸黄金目前最大的问题在于,它只能看涨不能看跌。所以当国际金价处于下降通道时,投资机会就很小。再加上它一般不会像股票那样暴涨暴跌,不仅没有任何存金利息,而且买卖间都有一定的差价,所以不太适合短期投资。

■ 纸黄金的投资特点与注意事项

纸黄金投资的特点

- **交易时间长**：纸黄金的报价紧跟国际市场的黄金价格，24小时交易，交易市场容量远大于国内黄金交易市场。

- **投资门槛低**：目前我国开展纸黄金网上交易业务的几家银行规定，纸黄金交易起点为10克的整数单位。

- **开户容易，操作简单**：投资者只要带着身份证和不低于购买10克黄金的现金，就可以到银行柜台开设纸黄金买卖专用账户；然后按照银行"纸黄金投资指南"，可进行纸黄金买卖。

投资纸黄金的注意事项

一是注意培养自己的判断能力。

二是对自己的收益期望值要有定位，及时止损止赢。

三是越是火热越要冷静，在市场很火爆的时候控制仓位。

四是如果投资者在10秒内没有确定下单则该报价失效，银行将重新报价。

二、如何分析纸黄金行情

决定黄金买卖成败的诸因素中，最关键的，是对黄金的价位走势是否能够作出正确的分析和判断。黄金买卖完全是靠运气，即使能够获得收入，但是结果根本不能控制，应通过一定的分析进行预测。预测价格走向的主要方法有两种：基本分析和技术分析。两者是从两个不同的角度来对市场进行分析，在实际操作中各有各的特色，因此投资者应结合使用。

（1）所谓基本分析，就是着重从政治、经济、个别市场的外在和内在因素进行分析。同时，再加上其他的投资工具，以确定市场的目前状况是应该入市还是离市，并采取相应策略。

以基础分析为主要分析手段的分析家，一整天都在研究金矿公司的行情、政府部门的有关资料以及各个机构的报告，来推测市场的未来走势。

黄金的基本分析在时间段上分为短期（通常是3个月）因素和长期因素。我们对于其影响作用要分别对待。

（2）黄金投资的技术分析。士兵要想在战争中获得胜利，除了要配备精良的武器以外，还要练就一身过硬的杀敌本领。同样，投资者在进行黄金交易时，除了要有准确的信息来源以外，还要掌握技术分析这个武器。技术分析起源于统计学，它可帮助我们在市场上寻求最佳的介入价格，与基本分析相辅相成，都是不可缺少的分析工具。

技术分析是通过对市场上每日价格的波动，包括每日的开市价、收市价、最高价、最低价、成交量等数字资料，透过图表将这些数据加以表达，从而预测未来价格的走向。每种分析方法都不会是十全十美的，我们既不能对技术分析过分依赖，也不能偏向于基本分析。

从理论上来讲，在通过基本分析以后，可以运用技术分析来捕捉每一个金市的上升浪和下跌浪，低买高卖，以赚更大利润。而且，技术分析是以数学统计方程式为基础的一种客观分析方法，有极强的逻辑性，它把投资者的主观见解进行过滤，要比凭借个人感觉的分析者稳当得多。

三、纸黄金的投资策略：放长线钓大鱼

随着国内黄金市场逐步开放，个人黄金投资品种先后出台，给普通投资者提供了更多的投资选择，人们开始关注起黄金这个新兴的投资品种。纸黄金作为投资理财的一个重要组成部分，从其资产的安全性、流动性考虑，将其纳入整个家庭理财的投资组合中，不失为一种理智的选择。

美元的弱势会越来越明显，很多经济体都会增加外储中的黄金比例；同时，

机构和个人为对抗通货膨胀，必然形成对黄金等贵金属的大量需求。因此，全球黄金牛市到来的可能性是比较大的，而且正由于相同的原因，也很可能持续下去。因此，对美元与美国经济的消息面应当进行重点关注。长期持有纸黄金，依现在的形势是不错的选择。

纸黄金就是个人记账式黄金，投资者可以通过把握市场走势低买高抛，赚取差价。但是，黄金市场风云变幻，金价走势受供求、政治、经济、技术和心理等诸多因素影响。有时大起大落，风高浪急。有时多空胶着，波澜不兴。

可以看出，纸黄金适合放长线钓大鱼。

四、鳄鱼法则：及时止损

及时止损是一项极其重要的投资技巧。由于投资市场风险颇高，为了避免万一投资失误时带来的损失，每一次入市买卖时，我们都应该订下止蚀盘，即当汇率跌至某个预定的价位，还可能下跌时，立即交易结清，因而这种计单是限制损失的订单，这样我们便可以限制损失的进一步扩大了。只有这样，才能保证自己的利益最大化，损失最小化。

止损设置非常重要，这在保证金市场中是投资者必备、必学的风险控制技能。止损的设置多种多样，跟不同的资金量、仓位、入场价格有相当大的关系。以下介绍几种实用的中线止损方法：

（1）均线止损法则。一般来讲，均线具有助涨助跌的作用，同时也可作为一条弯曲的趋势线来使用，一旦金价跌破一条重要的均线，行情可能宣告反转。一般22日均线具有这个功能。若22日均线为上涨趋势时，每当金价回落到该均线便是建立中线多单的机会，而在该均线之下设立止损，一旦价格有效跌破即可止损出局，防止亏损扩大。

（2）日K线止损法则。当价格处于上涨趋势时，对于中线投资者来讲，（这里指的中线投资者为投资周期在1周以上的）可以前一日大阳线的最低点为止损价位，当价格跌破该价位时为空头信号，应考虑止损离场。相反当价格处于下跌趋势时，在价格刚开始下跌时出现的大阴线的最高价作为合理止损价。

（3）重要支撑压力止损法则。在重要的支撑下面设置止损，一旦价格有效跌破该支撑位则止损离场，甚至可以追空，因为重要支撑位一旦被跌破往往意味着行情的反转，价格将跌得更多，在重要的压力位上设置止损，一旦价格有效突破该压力位则止损离场，并可考虑追多，因为价格一旦突破重要压力位，行情往往会顺着突破的方向再上涨较多。

事实上，每次交易我们都无法确定是正确状态还是错误状态，即便赢利了，我们也难以决定是立即出场还是持有观望，更何况是处于被套状态下。程序化止损正是由于上述原因。当价格到达止损位时,有的投资者错失方寸,患得患失,止损位置一改再改;有的投资者临时变卦,逆势加仓,企图孤注一掷,以挽回损失;有的投资者在亏损扩大之后,干脆采取"鸵鸟"政策,听之任之。为了避免这些现象,可以采取程序化的止损策略。

■ 鳄鱼法则

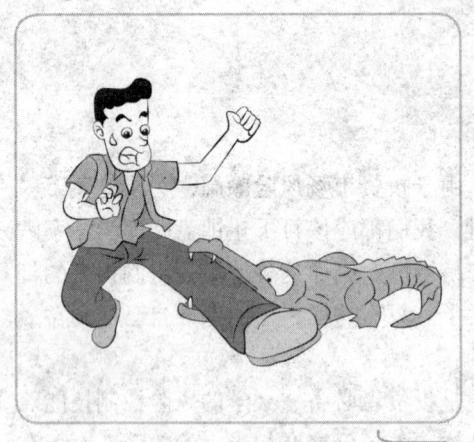

假定一只鳄鱼咬住你的脚,如果你用手试图挣脱你的脚,鳄鱼便会同时咬住你的脚与手。你愈挣扎,被咬住得就越多。所以,万一鳄鱼咬住你的脚,你唯一的办法就是牺牲一只脚。

这就是"鳄鱼法则",映射到投资学中,就是要我们学会即使止损,不然你的牺牲更大。大家都了解止损的重要性和必要性。但是止损为什么这么难?

其一,侥幸的心理作祟。某些投资者尽管也知道趋势上已经破位,但由于过于犹豫,总是想再看一看、等一等,导致自己错过止损的大好时机。

其二,价格频繁的波动。价格频繁的波动会让投资者犹豫不决,经常性错误的止损会给投资者留下挥之不去的记忆,从而动摇投资者下次止损的决心。

其三,执行止损是一件痛苦的事情,是一个血淋淋的过程,是对人性弱点的挑战和考验。

第三章

实物黄金投资：黄金变金山

一、在哪里购买实物黄金更安全可靠

实物黄金目前的购买渠道：

1.银行购买

各大银行均可购买，收取的加工费不定。

（1）建行买入的时候需要收取每克12到16元的加工费，回购的时候收取每克16元的手续费。一来一回需要30多元的加工费。对于购买多的朋友来讲，里面的火耗是非常大的。

（2）工行每克收取12元的加工费，不提供回购。投资者需要自己去寻找回购的公司和机构。

（3）中行主要提供纪念币的购买，都是限量发行的种类。虽然购买的时候比较贵，但是时间很长。品种的稀少性也会带来不错的升值空间。但是需要较长时间，适合留给下一代。

（4）农行推出的黄金，手续费和工行差不多，并且提供回购，购买比较方便。还有高赛尔黄金，也是比较理想的投资选择。

（5）其他商业银行购买的实物黄金普遍收取的加工费都会比四大行偏高，达到20元左右。当然需要根据不同的品种而定。

2.其他购买途径

内地的黄金公司，收取的加工费是10元左右。回购的基本需要回到原来公司回购。国内银行的报价，采用一天一报或者两报的形式报价。

香港也可购买实物黄金，唯一的不足就是出入境不太方便。而在价钱和加工费上都是具有绝对优势，首饰类黄金，普遍比国内黄金的低15%。

在香港购买实物金条方面也是比较便宜的，例如香港万兆丰的投资金条，加工费收取8港币，提供回购，并且出售的金条在全香港的金店都能够回购，且回购不收取手续费。

■ 黄金 T+D 与纸黄金的比较

交易单位不同

黄金 T+D：1 000 克/手，最小交易单位为 1 手。
纸黄金：最小单位为 10 克。

投资特点不同

黄金 T+D：黄金延期交收业务，客户可以每天申请交割，也可以延期交割。
纸黄金：投资周期长，黄金价格短期内上涨空间小，所以需要投资的时间长。

交割期限不同

黄金 T+D：没有固定的交割日期，可以一直持仓。
纸黄金：有固定交割日期。

二、如何选择实物黄金

根据世界黄金协会的统计，实物黄金仍是以中国和印度为代表的亚洲买金者的首选，在西方黄金投资者中，只有不到1/3的人持有金条或金币，而约有八成的亚洲投资者则希望持有实物黄金。将实物黄金产品作为投资标的，其中包括金条、金币、金饰品等，这在我国的黄金消费投资需求中也占到了很大的比例，"藏金于民"便是来源于此。

每年春节将至，市场便迎来了黄金的消费旺季。股市的动荡和对通胀的担忧，使得很多敏感的投资者在金价不断走低之时选择了抄底。由于实物黄金产品具有投资型、收藏型、金饰品等形式，由此产生的投资成本和额外收益也会出现很多不同。因此购买时注意考量其用途和溢价因素。

1.投资型：溢价少，变现易

一般来说，投资性金条的纯度较其他纪念性金条或黄金饰品要高一些，几乎不含杂质。投资型金条价格通常都是参照上海黄金交易所原料金的实时牌价，溢价幅度大概在每克10元左右，而收藏型金条、金币等相关产品由于工艺成本高，溢价幅度要远远高于投资型金条。业内专家认为，对于以平衡资产风险与保值需求的投资者而言，投资型金条应该是最佳的投资品种。

从购买渠道来说，现在市场上已经包括了上海黄金交易所、银行代理实物黄金、金商自有品牌和银行自有品牌这几大类的投资性金条。一般规格为50克、100克、200克和500克甚至以千克计算。上海金交所的实物黄金在提交时，价格以实时的交易所报价为基准，只需要收取一笔2元/千克的提金费用，对于有藏金需要的投资者来说，无疑是投资成本最低的选择。

实物金的长线投资策略适合多数的普通投资者，无须多少专业知识和投入过多的时间精力。由于金条、金币占用资金量大，类似房产等固定资产投资，资金流转周期长，需要投资者有耐心，忌迎合市场情绪。

2.收藏型：工艺精，有内涵

虽然收藏型黄金产品在投资性方面有所不及，但由于其工艺精美，往往具有特殊的文化内涵，在受欢迎程度上并不逊于投资型金条。纪念性金条或金币一般都有发行题材和发行量的限制，例如贺岁金条是以农历年生肖为题材制成的纪念性金条或金币。例如，随着上海世博会来临，多家机构在2008年时就已经开始发售"世博金"，而且由于发行量的限制，成套销售的金条卖得非常火暴。

如果纯粹为了收藏纪念或鉴赏，专家建议投资者应选择权威产品，在鱼龙混杂的各类机构产品中择优藏金。一定要选择中国人民银行、中国金币总公司等权威部门发行的黄金制品，这主要是对于黄金制品的成色和品质的保证，也会对将来的兑现提供最好的保证。在保证权威部门发行的前提下，可以根据自己的喜好选择题材，像近年来热门的生肖、奥运以及世博题材黄金制品，其附加值都已经被市场所承认。

3. 金饰品：不具备投资价值

说起黄金投资，很多老百姓最先想到的是购买金饰品。但是，从纯投资角度而言，金饰品不适合做黄金投资。金饰的主要用途是用来装饰、美化生活，它的意义在于美观、好看，购买黄金首饰并不是投资黄金，而属于消费层面，与真正意义上的投资实物黄金有着显著区别。

金饰品由于加工费用、工艺费用比较高，以及企业本身的利润需求，价格相对于金原料而言的溢价较高，其溢价幅度一般都会超过20%。此外，金饰品要变现又将面临很高的折价，折价的幅度常常会超过15%。一般首饰金店都会回收废旧黄金首饰，当前的金饰品如果要直接向一般的金店进行回售，其价格将远远低于同期上海黄金交易所金含量相同的原料金价格。

三、实物黄金当今形势及投资策略

从一个数据或许能看到，自2000年以来，无论是哪一年的价格幅度变化中，黄金价格的最高价与最低价之前的差距总是超过了100美元，比如2008年最高时为1 032美元/盎司，最低价为680美元/盎司，价差为350美元左右，所以投资者完全可以在一年内做两到三次逢低买入和获利卖出。

对于投资者如何选择最佳购买时机和最佳卖出价格，投资者自己可以做一套黄金投资策略。

在各大金店的实物金销售当中，很多咨询者表示，实物金投资中最大的问题是，选择买入的价格和准备卖出的价格不是很容易把握。近期，一些投资者更会发出这样的疑问，既然黄金价格逐年攀升，以至高位，是否还有继续投资的价值。其实，黄金价格和其他投资产品价格一样，在某种程度上，也有其自身的变化规律。实物黄金投资并不是简单的低买高卖，还得讲究策略，需仔细分析黄金的季度性变化、年度变化、长期变化。

1. 季节性变化

一般情况下，每年的黄金消费淡季是5、6、7月份，投资者可以选择在这个时间段内购买，但购买量不能一下子达到饱和，也就是说，如果你准备用20万元做黄金投资，那么一次性购买不能超过投资总额度的1/2，就是一次性购买额度不能超过10万元，如果价格在这时还会继续下降，每下降60美元～100美元，继续拿出可用投资资金的1/2来购买，直到可用资金用完，这时候投资者所承受的风险是最小的。对于拥有实物黄金的投资者来说，黄金价格出现上涨的时候，就算握在投资者手上的实物金都有了获利空间，也不能一下子全卖掉，这一点非常重要。例如，有一波黄金上涨的时候，很多投资者在930美元左右的时候就已经全部回购了，而在这之后，黄金价格又上涨了50多美元。

所以，建议投资者，在没有迹象确定黄金价格是否会继续上涨或出现下跌的情况下，一定要有选择性的购买或谨慎回购，而不是全部一次性投资，这样一来，投资者承受的风险是最大的，而收益是最小的。投资者对回购的选择一般可以在每笔获利到80美元~300美元的范围内逐步进行，切忌武断地判断市场，用全买全卖的极端方式。

投资实物黄金抵御通胀风险

股市、基金低迷，房地产投资不明朗，国际金融危机汹涌而至，广大投资者如何调整投资方向、应对市场风险呢？黄金作为一种投资避险工具出现在广大投资者面前。

如意金条，兼具投资收藏两种功能。

多种黄金投资方式，能多方位地满足百姓多元化投资的需要。

投资实物黄金，能够助你稳健理财。

实物黄金的优势

实物黄金

实物黄金作为抵御通胀的"天然货币"，对通胀有很好的抵御作用，因此实物黄金更适合那些希望长期保值、有真正提金需求的投资者。

2.短期行势:黄金价格上行动力不足

研究大宗商品的暴跌历史,不难发现,市场总是在接近疯狂的时候出现了更加疯狂的举动,而后,对理智的渴求似乎只有用一次暴跌才能换回。不过本次黄金价格上扬是否是疯狂或不理智的行为,有待观察和分析,各个黄金专家也是各执一词,观点不一。

一些专家指出,市场的调节是中长期的,所以对短期内不合理的价格波动幅度,市场会给予调整,这是自然而然的事,但并不影响中长期内合理的价格走势。

3.中长期形势:经济、政治黄金支撑黄金价格

2015年以来,全球市场对黄金避险需求进一步增加。除美元之外,巴西雷亚尔跟2014年的俄罗斯卢布一样,接近崩盘;欧元和日元还在持续着量化宽松,对美元汇率无任何走强迹象;与人民币相关度较高的澳元等商品货币,因大宗商品价格下跌,以及人民币汇率的走弱,也出现了大幅贬值;印度央行已将利率下调至6.75%,创接近五年新低,卢比走势也不容乐观。

■个人投资者三步参与黄金期货

黄金期货的投资方法与其他期货品种并没有什么不同,都要经历开户、银期转账、入金、交易等。常言道,"千里之行,始于足下",可见无论做什么投资,前期准备过程都是十分重要的。

step1 细读"风险揭示",要想参与黄金期货交易,第一步就是要选一个值得信任的期货公司。

step2 开通银期转账账户。

step3 划入保证金。

在这样一个背景下，黄金作为对冲纸币风险的一种主要方式，以这类货币计价的黄金将受到追捧。印度为了应对民众疯狂的购金行为，用各种办法限制民众对黄金的进口、投资和消费。但趋势是很难被阻止的，在美国市场金银币发行量猛增，但依然脱销；COMEX注册黄金库存已降至17万盎司左右，2亿美元就可以取走纽交所仓库所有实物黄金，投资者在用交割实物的方式，证明对黄金的信任，以及对其他市场的担忧。黄金市场的避险需求有望重新被激活。

四、金条投资指南

一直以来，业内将投资收藏类金条约定俗成地分成"官条"和"民条"。所谓"官条"，是指其发行主体具有权威性，如中国金币总公司，是中国人民银行直属的、我国唯一一家经营贵金属纪念币的专业公司，是中央银行履行贵金属货币发行和贵金属储备的重要单位。而"民条"则是指普通的商业企业发行的金条。从权威性来看，"民条"自然不如"官条"。金条的制作工艺和制作单位也是投资者选择的一项重要依据。金条的制作工艺有"浇铸"和"油压"之分，相对来说，"油压"的图案更细腻、更清晰。

目前市场上的金条可谓种类繁多。不过总体来说不外乎两种：投资型金条和收藏型金条。投资型金条以高赛尔投资型金条为代表，这种金条就是原料金，没有任何特殊的造型和图案，其价格与黄金本身的价格直接挂钩，一般通过银行代销。另一类就是收藏型金条，这类金条除了黄金本身的价格外，还有产品题材、制造工艺、文化内涵等因素。目前市面上比较受百姓认可的有生肖金条、贺岁金条、奥运金条等。

很多人喜欢买贺岁金条，但黄金成品变现，要先回收熔化，测量纯度，然后才能根据当天黄金价格支付现金，且一般要收取一定的手续费。因此，如果投资了金饰品、贺岁金条，必须待其价格上涨到覆盖掉加工费后才能有收益，但往往要等待几年。所以黄金投资不会因为它做成了不同形状就会增值，贺岁金条的意义在于它的收藏价值。在目前国内黄金投资品种很少的情况下，最朴素的金条应该是不错的选择。

秦小姐购买了30克的朴素型金条，当时价格为210元/克，过了一段时间，金价涨到230元/克，北交所回购。

花费：210元/克×30克+(10元/克×30克)=6 600元

回购：230元/克×30克-(2元/克×30克)=6 840元

收益：6 840元-6 600元=240元

秦小姐最终获利240元。

实际上，实物金风险低、也具有保值功能，适合于刚入门的、资金量不大，长期投资、不能承受风险的投资者。

金条的保存需要注意两个问题，一个是安全问题，必须把黄金放在最安全的地方，防止被偷窃，有条件的可以购买保险箱。另外就是现在购买的纪念性金条有比较好的外包装，不要随意损坏，有纪念证书的要一起保存好。另外，还需注意的是，收藏型金条不宜投资。

国际黄金交易价格连连上涨，张女士购买的金条反倒"贬值"了。日前，张女士致电某报表示，半年前，她听某金店店员介绍，今年金价持续看涨，投资黄金比炒股收益大。于是，她以290元/克的价格买了两根100克的金条，共花了5.8万元。

前两日，张女士听说国际黄金价格高达每盎司1 356美元，想去金店卖出金条，却被告知该金条无法回购，建议她去武汉黄金交易市场咨询。张女士辗转找到武汉黄金交易市场，其工作人员告诉她该金条回购价只有260元/克，按这个价格算，张女士不但一分钱没挣，反而赔了6 000元，张女士大呼"上当"。

原来张女士购买的是一款收藏型金条，这类金条一般都有固定题材、工艺成本较高，市场售价往往比上海黄金交易所价格每克高40元~150元。价格虽高，在回购时却难卖高价，眼下，武汉只有武汉黄金交易市场和部分典当行可回购该类金条。

收藏型金条有没有收藏价值和升值空间？一位收藏界人士表示："尽管很多收藏型金条都打出'限量版'旗号，但目前来看该类金条只有纪念价值，买回家压箱底，或留给子孙后代作纪念都可，要想升值，除非国际金价再上几个台阶。"普通百姓都以为买实物黄金可以保值增值，但事实上，若想通过买卖实物黄金增值，必须长期持有，这个周期可能长达10年以上，实物黄金可以传给后代，但绝不是中短期投资黄金的好方式。

五、黄金饰品及天然金块投资知识

目前，我国国内黄金投资渠道狭窄，可以方便投资的品种非常少，造成社会民众和学者对黄金的知识了解有限。许多普通公民迫切想投资黄金，却存在不少的认识误区，为此必须先要掌握以下知识。

在国内，老百姓平常所能看到的黄金制品，主要是黄金饰品。但黄金饰品并不是一个好的投资品种。黄金饰品具有美学价值，购买黄金饰品本身所支付的附加费用非常高，购买价格与黄金原料的内在价值差异较大，从金块到金饰，珠宝商要进行加工，要加上制造商、批发商、零售商的利润，最终到达购买者手中时这一切费用都由购买者承担。而卖出时，这部分费用只有购买者自己承担，所以黄金饰品的实际交易成本费用非常高。

比如，2001年世界黄金价格处于近25年的历史最低位，平均价格为270美元/盎司，当时的黄金饰品价格为每克90元左右，而2005年黄金价格上涨到了480美元/盎司时，黄金饰品的市场价格为每克125元。可见如果投资者投资黄金饰品，即使世界黄金价格上涨了这么许多，同样也无法享受到黄金上涨的收益，投资首饰性黄金获得的大量投资收益，都将消耗到各种中间成本中了。

天然金块简单地说就是直接从地表开采出来的天然的黄金块，是未经任何的人工提炼和加工的。每一枚天然金块的形成都来源于其先天的形态构成以及后天的自然腐蚀。某些天然金块含有单一的或是混合的水晶体，由此可以看出其缓慢的形成过程。

六、投资实物黄金的三项重要提示

随着我国的经济发展，越来越多的投资者开始进行实物黄金投资。实金投资包括金条、金币和金饰等。投资者进行实物黄金投资有以下三项重要提示：

（1）金饰实物不适合投资。首先，黄金首饰市场都是"只卖不收"，而即使有珠宝加工点愿意收购旧黄金首饰，但是给出的回购价都与当天的千足金价格相差近百元，大大低于消费者的预期。一般消费者只能选择将手里的金饰换购。购买金饰品与黄金投资并不是一回事。金店的黄金首饰主要功能在于装饰，收藏功能差，佩戴时还会有磨损，如果购买不久的黄金首饰要变现，肯定多多少少要吃点亏。相对于银行来说，金店对黄金回购丢失发票的问题上有一定的变通，那就是可以选择在柜台兑换黄金首饰。同时，黄金饰品变现出售时，即使是全新的饰品，也只能按照二手饰品来对待，价格最高不超过新品的2/3。

（2）纪念金币和礼品金条，价值可能会超过本身的铸金价值。如2005年"北京奥运金"本色金第一组发行时最低零售价格是135元/克，同年12月发行的第二组最低零售价格升为156元/克，2006年12月发行的第三组的最低零售价格已涨到188元/克。一般而言，纪念意义越重大，收藏价值越高，另外，金银币章的收藏最好整套收藏，还有很重要的一点，收藏要有权威性。只有同时具备上述三个条件的纪念金币和礼品金条，才具备投资价值。

（3）投资者在进行黄金实物投资时应选择受法律保护、有明确政策规范的合法投资渠道，以避免不必要的投资损失。

黄金实物投资是一项长期投资，通过长期投资可以分享金价持续上涨所带来的收益，从而达到资产保值增值的目的。

■黄金期货投资的三大人群和三大误区

随着黄金期货上市步伐的加快,投资者对黄金期货的认知热情逐渐高涨起来。从目前来看,有兴趣参与黄金期货市场的投资者主要有三类。

第一类是比较有经验的证券投资者。他们能够准确把握证券市场的操作节奏,愿意把握投资机会。

第二类是期货商品投资者。他们比较熟悉和了解期货交易规则,同时看好黄金期货未来的投机机会。

第三类是原有的黄金市场投资者。

第十二篇 投资房产：
我的地盘我做主

第一章

投资房产就是投资房价

一、你了解房价的真实面目吗

作为在市场上流通的商品，总是有公允价格的，但是对于房屋的价格，我们多数人仅持有一个模糊的概念。以下从几个不同的角度来对房价进行估算，看看房价后面的真实"价格"。

1. 抓住房价跳动的脉搏

房价的升降起落固然是正常的情况，但是这样的情况又不是房价自身导致的，那么，房价的涨落主要是受什么影响呢？

一是宏观政治经济环境，这是最重要的因素。经济增长，房价一般也上涨；经济衰退，房价一般也下跌。如果经济平稳增长，房价的变化也就不太大。

二是货币政策。它其实和宏观经济紧密相连，随宏观经济的变化不断调整。一般而言，加息可能压制房价，降息可能促升房价；汇率升值则促升房价，贬值则压制房价。

三是房地产政策。国家通过相应的政策来调控房地产市场。如果政府扶持，一般会出台积极的政策，房价就上涨；如果觉得房价过高，政府就会出台抑制措施，稳定房价。

四是房地产成本。建造成本高，则价格自然升高。

2. 测算房价的上下限

房价下限是指房价泡沫彻底破裂，恐慌心理使得房主不断抛售，房价持续下跌，跌破合理价位，如"非典"时期。

房屋上限因为房屋自身特性，不可流动性、不可复制性等，所以在不同的地段，房价不同。但是，随着全球经济的一体化，在世界范围内，国际现代化都市的房价有趋同的趋势。因此，区域房价的合理空间可能被大大抬升，这也是北京、上海这些大都市房价不断上升的原因之一。

3. 房地产泡沫

对于房地产泡沫来说，即价格的虚涨。因为贵到什么程度，大家心里都没谱，越是价格上涨，越是这样。实际上，很难区分正常上涨和泡沫，更多的时候两者是

■中国楼市泡沫不会破灭?

中国楼市泡沫什么时候才破灭呢?有经济学家曾经多次断言:就在近几年!不过,也有人说中国楼市泡沫不会破灭,以下是这一论点的支持理由。

三大理由支持

1. 房地产商的资金链不会断开

首先,房地产商的资金链不会断,通胀还将继续。因为央行执行"外汇本位"基础货币制度没有改变。

虽然国有银行可以控制房地产借贷,但如果每年都有10亿元人民币基础货币投入市场,可想而知,房地产商的资金链会断裂吗?

2. 中国正处在城市化进程中

中国正处在城市化的过程中,对房产刚性需求仍然旺盛。在楼市泡沫环境下,房价在一定程度上降价是必然的,但20%~30%的降价算不上泡沫破灭。

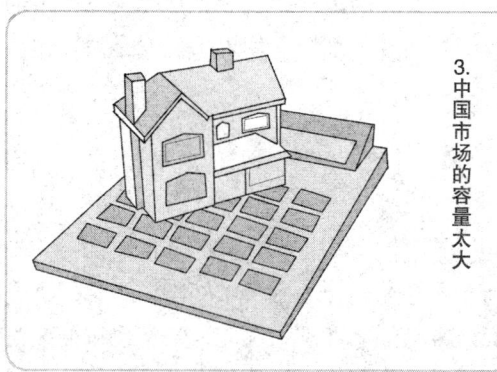

3. 中国市场的容量太大

市场的容量太大,具有超越现有经济学理论的巨大潜能。

互相掺杂的。

所以，买房一定要慎重，不光要考虑自己日后的发展，也要考虑国家整体经济的发展。

二、高价值增长是投资房地产的关键

谈到房地产投资，有很多人首先会提出这样的问题："我要投资一个物业，是看它的增值潜力呢，还是看它的租金回报呢？"对房地产投资者来说，这的确是一个很重要的问题。以许多人的投资经验来看，物业价值增长潜力的大小，应该成为选择物业投资最重要的出发点，因为它给我们提供了一个创造财富的杠杆。对一个金融机构来说，你要买房贷款，第一件事情就是你是否有抵押品。

然后，再看租金收入。通常，我们在媒体物业销售的广告上总能看到"租金保证"一类的话，这对投资人来说，是一个不可忽视的信息，它意味着房地产经销商以租金保障为诱饵，促使投资人购买其物业。如果一个用于投资的物业在一定的时间内提供了持续的租金，这就等于向投资者提供了启动资金。从长远利益考虑，不管房地产商人是否意识得到，这一承诺体现的价值，远比这一物业真正的租金价值更高。

在观察价值增长和租金收入的关系，即高的租金相对于低的价值增长，或高的价值增长相对于低的租金回报时，我们应该认识一个规则：一个好的投资房产，它的价值增长所得到的回报，将比它的租金收入高得多。

投资房地产价值的高增长，导致了房地产的另一个优势，即你所拥有的净资产会很快增加。其结果是，你的债务由于所拥有的物业价值的增长，而使其在整个物业价值的比例中变得越来越小，属于你的资产却越来越大，并逐渐高于你所欠的债务，使你在投资房地产的财务状况中逐渐处于一个有利的地位。

但是，这并不意味着你在选择一个用于投资的地产时，仅仅从地产的价值增长来考虑，从而忽视租金收入的因素。这里要强调的是：在优先考虑价值增长的情况下，我们也要把租金收入作为另一方面的投资获利的因素，因为租金收入可以帮助你抵消购买和管理物业方面的费用，诸如贷款利息、维修费用等，也就是说，租金收入是你持有物业的基本保证。

三、一个资深房产投资者的"选房"经验谈

从1997年买下人生第一套房，到1999年从房产增值中第一次收获惊喜，这十几年间，"投资买房"成为小张生活的副业，到今年，小张手中一半资产都投进在房产领域。作为十几年投身"房地产投资"市场的老江湖，随着房产二次调控政策

高房价之下，聪明人的购房思路

很长时间以来，房价是"乱花渐欲迷人眼"，而老百姓们则是"为伊消得人憔悴"。一边是国家的调控政策的轮番轰炸，另一边是房价节节攀升。究竟是现在就买，还是等到房价回落？在房价这么高的情况下，如何买房？在房价走势不明形势之下，聪明的购房人需要掌握四个基本原则。

第一原则 → 现在该不该买房？先明确自身的生活居住需求。

首先从家庭成员状况、日常起居、家庭休闲、社交等家居生活的基本层面来确定住房需求。

第二原则 → 该买什么价位的房？在自身购房财力之下，确定价格承受范围。

判断价格底限，可以用贷款最高额度与最高年限，来计算出每月还款额，只要月还款额占家庭月收入比的1/3以下即可。

第三原则 → 该买什么类型的房？衡量房子的性价比是否最优化。

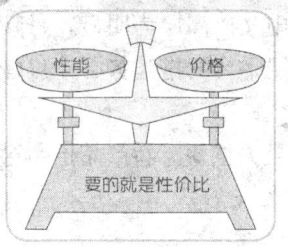

衡量住宅性价比是否最优化。我们购买一套住宅，并不仅仅是一套房子，还有附属在房子上的生活环境。

第四原则 → 怎么买房能最省钱？精打细算，采取最省息的贷款方式。

开发商或房产中介往往会出于自己的利益，为买房人指定银行。买房人需建立贷款理财意识。

的发布，身边已有数十位朋友向小张咨询什么时候下手买房，甚至有朋友直接抛给"我"一个大困难——"兄弟，给咱推荐个好点儿的屋子吧！"

小张常拿市面上的新产品——金地长青湾"丹陛"，给他那些取"购房经"的兄弟们举例，"丹陛"是金地在浑南新区开发打造的高层产品，在市场上众多高层产品中，第一时间就捉住了小张这个选房老手的目光。"丹陛"是小张所熟悉的金地长青湾园区内的新品，金地在沈阳从2006年就给他留下深刻印象，一个非常理性的开发商，所建的产品总会不时给市场以惊喜。长青湾可算面向沈阳高端悉心打造的园区，据小张所知，很多海归都聚居在那里，生活氛围非常吸引人。

但最感动小张这个投资专家的却另有原因，其一，就是地块。都说"沈阳发展看浑南"，城市近几年的建设大家也有目共睹，市中心发展饱和，周边又缺乏成为城市副中心的资质，数来数去，沈阳能承接未来城市进阶的地方就属"十字金廊"，2010年大浑南开发战略公布，沈阳行政中心南迁大势已定，全运会在这里选址召开，地铁高速在这里大力部署，生活配套和自然资源都领先沈阳其他区域……一句话，浑南正以"火箭式"的速度，跃升为未来沈阳的新核心。

其二，就要数投资回报了。股票期货等金融类投资，程序烦琐难以操纵，而地产物业类投资则因其好操纵掌控，升值迅速等特点让人们竞相选择。地产投资分贸易和住宅两种，商展增值需要对产品各方面作出调研和预估，操纵难度远远大于住宅类投资，但大部分人不知道住宅投资也有区别：小型物业VS大型物业。

小户型投资成功，只让人获得较少的利润回报，除此之外再无他物。小张第一套房就属于小户型投资，收回本钱后也没余下太多利润。而丹陛140~180平米属大户型投资，假以时日，豪宅区的底蕴、金地品牌的加持、优质物业和景观配套的成熟……方方面面都会让投资不仅收获较多回报，也会收获身价的提升。在高端住宅领域，会所的开放也是资产升值的分水岭。其中又以高层为明显。丹陛被三大顶级湖区会所围绕，目前业主俱乐部正式启动，圈层平台的搭建势必让丹陛迎来新一轮价格上扬。

小张说"好房趁早"，投资时机的把握也至关重要。新产品抢断第一时间更利于选择最好的房源，争取最低的房价。

第二章

投资房产交易知识全掌握

一、开盘买房是良机吗

开盘是房地产项目已经由政府相关部门认可,拿到了房地产预售证书后,向社会公开发售本房产项目中的销售单元,也就是说只有开盘后的房子才正式取得了预售资格,可以开始进行贷款等商业行为。

房产在开发之初,卖出去的房子是开发商募集资金的一个渠道,资金对哪家开发商而言都是很有吸引力的,为了更多地吸引资金,刚开盘时,开发商都在价格上有较大的优惠。一般比买现房在价格上可优惠10%以上。

■开盘买房存在的不确定因素

根据图纸买房,看到的仅仅是欲购房屋的户型图、整个物业的效果图,而非实物。有关面积、户型、装修标准难以判断。

开发商财务情况难把握。若开发商在物业建设过程中因实力不足,缺乏必要的资金,使工程停顿,那么购房者就会蒙受巨大的损失。

市场行情与价格涨跌难以预测。

刚开盘的房子付款较为轻松，随着施工进度而支付，一般分为三次。首次付款时间为开工时，付定金和首期房款，一般仅付1万元的定金和总房款的10%左右；第二次时间是工程进行一半时，付款额约为总房款的60%；第三次付款时间为房屋已经交工或者即将投放使用时，购房者付完全款，同时房地产商将房屋交给购房者。

开盘时买房子虽然价格较低，但也会承担不少的风险。

二、尾房里"淘金"

房价节节上涨，对财力有限的购房者来说，如何买到价格适当、地段和房型都理想的房子，实在颇费心神。有一天，在某金融机构工作的张小姐就从某楼盘的尾房中淘到了一套如意的房子。

■ 教你如何从尾房"沙里淘金"

（1）要懂得区分尾房、烂尾房和空置房。购买时只要查验开发商是否持有卖房所需证件及其真实性，就可避免损失。

（2）要择优购买，切勿只图低价而买了"假实惠"。验收尾房时，要仔细检查房屋的各类设施，还应与开发商签署相关文件，以明确责任。

（3）请教专业人士以获得切实可信的指点。购房者若对一些楼盘早有垂青，可请一些专业人士通过实地考察加以甄别，谨慎选择尾房。

张小姐本来看中了一套4 300元/平方米、90多平方米的期房。但在付款前她发现附近另一处原价在4 800元/平方米左右的楼盘，正以4 500元/平方米的特惠价出售尾房，面积在100平米左右。经过比较，张小姐选购了一套尾房。她认为该楼盘品质不错，但原先的售价超出了她的购买能力。如今该房每平方米让利达300元，虽然房屋面积和价格都超出了她的购房计划，但她目前的经济实力仍可应付，而且从长远来看，这套尾房也较具投资价值。

一直以来，尾房给人的感觉就是被挑剩下的，基于"便宜无好货"的想法，许多购房者对此望而却步。

首先可以了解一下产生尾房的原因：一些被客户挑剩下的尾房确实存在朝向差、楼层次、景观不理想、户型不合理等问题；但还有一部分尾房是开发商留作自用、出租，或作为精品典藏的户型；另外，还有部分尾房则是客户有意购买但暂时保留，或前期被人购买后又退房的，后面两种情况中，就不乏好房。

作为一个想买房却又财力有限的普通购房者，若能以全新理念审视尾房的价值，那么，有些物美价廉的尾房完全可成为一种上佳的投资选择。

三、买房不可忽视哪些问题

房子越建越多，关于房屋的各种问题也开始接踵而至：房屋漏水、墙体脱落、房产纠纷……因此，购买房子之前，一定要注意以下几大问题。

1.选准看房时机

一般来说，阳光明媚是看楼的好天气，这个时候，你应该到你喜欢的房子里去瞧瞧，首先看户型是否合理，通风是否良好，朝向景观如何，设备是否齐整好用，还得考虑一下夕照是不是很严重，夕照严重的房子会让你整个夏天差不多浪费掉一个房间。雨天也得去看看。关于市政配套，首先就是交通问题，然后是水电煤气暖气、肉菜市场等。

2.要学会对比

如果想要买到合意又便宜的房子，货比三家是少不了的。如果通过房屋中介来买楼，可以要求多提供一些房源来比较，每个房源最好都参照第一条去"眼见为实"一下，然后列个表格比较优劣，找出最合适自己的那一套来。如果是自己找房子就利用一下互联网，到专业网站去多找些选择对象。

3.要查清楚房子的产权问题

在签订合同之前千万别忘了查清楚房子的一些问题。首先要求卖房者提供合法的证件，包括身份证、房屋所有权证、土地使用权证以及其他证件。其次应到当地房地产管理部门查验房屋的产权状况，包括是否真实有产权，产权证上的记载事项是否真实，以及房屋是否属于禁止交易的房产，若房产已列入拆迁范围，或被法院依法查封，则房屋所有权人进行交易的行为是无效的。最后要对欲购房产进行详细了解，如抵押贷款合同的还款期、利率、本息，房屋租赁协议中的租金、租期等问题，当然身份证的真假也不可不判断清楚。

四、如何评估升值潜力

目前，购房人在购房时，无论是用来自住，还是用来投资，都把房子的价值空间作为一项重要的参考指标，但许多购房人对房子的升值空间并没有非常清楚的认识，那么，究竟什么样的房子才具有升值潜力呢？

一些购房人将房价作为唯一的判断标准，认为只有房价涨了才是升值，这其实是购房人不理性的一种表现：一方面房价表面涨了，但不一定有价就有市；另一方面房子升值与否并不一定仅仅体现在房价上。一些有经验的开发商和购房人提出，房子交通、环境、配套的改善及好的物业管理、社区文化所带来的居住品质的提高，也是房子升值的一种体现。

1.住得好才能卖得好

人们生活在社会中，必然要依赖于社会环境。交通是否便利、生活配套设施是否齐全会直接影响到人们生活质量的优劣。试想，如果业主每天上下班都要倒上三四趟公车，买一点生活用品就要花半个小时在路上，生活品质就无从谈起。对于居住型的项目来说，能使居住者更方便、更舒适的交通、配套、环境等硬件的改善，也是项目升值的一种体现。另外，有实力的开发商会在搞好楼盘质量这一硬件的同时，也把软件做好，为业主们创造良好的生活环境，让业主们乐于在社区中享受生活的种种乐趣。只有业主们认可了项目的居住品质，才愿意到这个社区中生活，才会对房价有良好的心理承受力，楼盘才可以保有价值甚至提升价值。

2.高品质软件提升房子价值

楼盘项目就像一台计算机，良好的硬件设施固然重要，但如果没有过硬的软件，整个体系就会瘫痪，变得毫无用处。物业管理就像是操作员，时时维护着这个体系的运转，所以优秀的物业管理队伍也是房子高品质的一个重要体现。房子保养得好是房屋升值的基础。好的物业管理会给房子做定期的维护，保护楼盘原有的外观，这样的房子才不会在市场中失去竞争力。"孟母三迁"的故事尽人皆知，可见良好的人文环境对人类的成长和生活来说是十分重要的。现代的人们不仅要求高品质的物质生活，更需要高品位的精神生活。因此，社区文化也就成为房子能否升值的一个重要因素。目前，很多购房者在购房时也越来越关注项目的社区文化。业主们期望邻里之间能有更多的交流空间，老人、孩子们能得到更多的关爱，社区中有更多家的感觉。

交通、配套、物业管理和社区文化是房子内在的品质，这种品质的外在体现就是房子的升值潜力。在购买过程中,对楼盘的硬件和软件做全方位的考察是十分必要的。房子附近的交通条件、购物环境、教学设施的配套、物业管理的素质以及社区文化的建设等都应被列为考察的条件。良好的软环境对于生活的品质来说是至关重要的,更是房子在日后能够保值、升值的基础。好房子是住出来的,不是卖出来的。在选择房子的时候,作为消费者的你一定要擦亮眼睛,买到能升值的房子,才不会让你在掏了钱之后大呼上当。

五、买房时如何"杀价"

杀价是一门大学问,它如三军作战,攻心为上。大至外交谈判,小到日常买菜,都要讨价还价一番。因此,掌握一些讲价技巧,不但可以为自己省钱,而且还能自得其乐。

对于大多数买房人来说,买房砍价的空间到底有多大是一个谜。有趣的是,许多购房者对自己的购房价格三缄其口,而不同的购房者对同一房产也能得到不同的报价。种种迹象表明,房地产价格存在较大的弹性空间,但并不是所有的购房者都能吃到房价折扣这块"蛋糕",许多人稍不注意就会成为"冤大头"。那么,房价的正常打折范围有多大?买房人如何砍价最有效?如何能买到最划算的商品房?

■ 如何巧用房贷由"房奴"变"房主"

现在,越来越多的人加入到贷款购房者的行列。因房子而为银行"打工",已是无法改变的事实。那么,如何巧妙地利用银行房贷方式为自己解忧,由"房奴"变为"房主"呢?

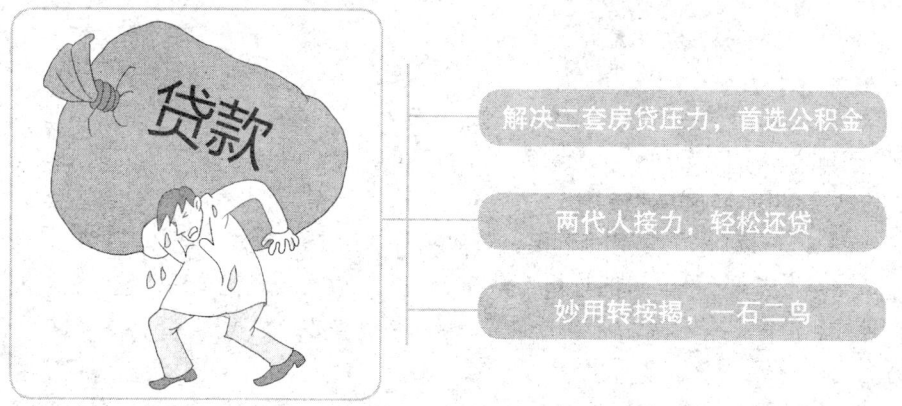

解决二套房贷压力,首选公积金

两代人接力,轻松还贷

妙用转按揭,一石二鸟

1.商品房的利润空间

有多年房产开发经验的某开发公司总经理曾说，房地产开发市场有很多不可预知的因素，包括政策因素、土地因素、成本因素、市场因素等，如果前期没有充分估计，就有可能增加3%～5%的成本，利润如果低于8%就可能赔钱。

2.5次砍价机会

一位业内资深人士说，对于消费者而言，他们有5次砍价机会：一是期房开盘之初，为了吸引购房者，开发商往往有一些优惠，但是这种优惠是和期房的升值预期挂钩的。由于从期房到现房，房价涨幅一般在10%左右，所以优惠幅度一般被控制在10%以内。二是在买房人一次性付款时，此时的折扣空间一般高于存款利率而低于贷款利率。三是团体购房时，因为开发商不仅节约了宣传和代理费，也不用操心楼层、朝向的调配，当然会让利销售。四是买尾房可以得到优惠。一般来说，开发商为了尽快收回资金或为下一楼盘做宣传，会将尾房打折出售，有的尾房甚至可以拿到8折的优惠。五是已经买了房的业主，再带一个客户来买房子，一些开发商也会提供一些优惠措施作为回报。

3.不要一味追求砍价

正如人们常说的那样，"天下没有免费的午餐"，如果消费者一味追求砍价，价是砍下来了，恐怕得不偿失。某楼盘的销售部经理张小姐对买房如何拿到折扣深有体会："如果楼盘砍价空间很大，就意味着它有一些不规范的隐患存在。"张小姐的话虽有以偏概全之嫌，但她道出了行业内的公开秘密：暗箱操作的机会有很多。

4.如何吃"折扣"

据业内人士介绍，正在热销的楼盘一般不会打折。但只要购房者下足工夫，还是能拿到折扣的。某楼盘销售部经理透露，这个工夫来自两个方面：首先，买房前一定要多了解这个项目及周边项目的情况，包括价位、性能，做到有自己的心理价位和心理预期；其次，要尽可能取得第一手"优惠情报"。

六、"以房养房"是否划得来

刚刚毕业两年的陈先生买了一套50多平方米的房子，房子到手之后，陈先生就去找了几家房产中介，把房产挂牌出租。

"半间卧室自己住，一室的出租。"才到手的房子，为什么选择跟别人合住呢？原来陈先生毕业不久，目前月收入4 000元左右，每月要负担按揭还贷，还要应付日常生活开销，比较吃力，所以出租另一半房屋，实现"以房养房"，可减少还贷压力。

随着人们对房地产领域投资意识的加强，许多人都将赚钱的目光转移到了"以房养房"的方式上。所谓"以房养房"，有两种情况，一是出租旧房，用所得租金偿付银行贷款来购置新房；二是投资性购房，出租还贷。不少市民买一套新房自住，再买一套租价高、升值潜力大的房子出租，用每个月稳定的租金收入来偿还两套房子的贷款本息。以现在市场上的租金水平来计算，后者的收益率肯定要高于银行存款的利率。此外，租金收益也相对稳定。这种"以房养房"的理财方式，在目前房贷政策紧缩、房产降温可期的情况下，风险究竟有多大呢？

我们先来看一个故事："以房养房"长线投资。

上海房价已经很高是不争的事实，但是，若考虑到上海较高的城市定位及其强劲发展势头等长期利好，或许能以这样的观点来看待房价的高低：对于长期投资者来说，目前已到高位的房价仍可接受，升值是必然的，只是空间的大小有不同。因此，若以富余的自有资金进行房产投资保值增值，在还贷负担并不重的情况下，以房养房仍不失一种可取的投资理财途径。但对于短线投资者，则宜适时了结。当然，在"以房养房"进行投资时，选房一定要注重房屋的环境、交通及商业配套等因素，宜选小区品位较高、交通便利、配套成熟及人气旺盛的房屋，因为这些因素好坏对租金影响很大。区域租金的差异往往决定"以房养房"回报之高低。另外，利率又往往是影响"以房养房"成败的有效杠杆，所以，"以房养房"者又要时常关注利率变化及经济宏观走势，保持投资应有的敏感性，该出手时就出手，及时防范和化解风险。

业内人士表示，"以房养房"的方式对于消费者来说确实比较划算，但对于购房者自身的要求也比较高，里面有很多学问需要掌握。

■房地产商常用促销手法

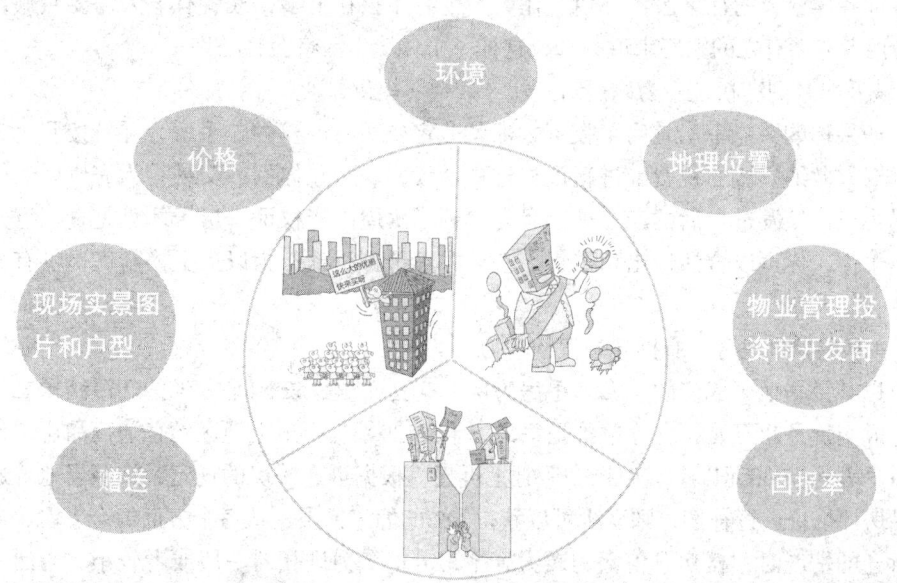

第三章

二手房投资"鸡肋"变真金

一、如何挑选二手房

随着已购公房上市速度的加快,二手房交易程序的简化、税费的降低,二手房交易市场也逐渐地活跃起来。在城区购买一套面积适中的二手房,既是普通百姓购房自住不错的选择,也是投资置业的途径之一。怎样在二手房这个大市场中选择自住方便、将来又易于出租或出手的二手房呢?建议投资者注意以下的几个方面。

1.地理位置优越、交通便利是首要因素

如果你不想将每天两三个小时甚至更多时间,浪费在从偏远的家到市中心的办公室的上下班途中,而你又没有打算买车的话,在公司附近寻找一个合适的二手房将能满足你的要求。

2.方便的购物、就医、教育环境

大多数的旧居民区附近,大有成熟的大型超市,小有方便的小菜市场,不出500米就可以找到市属大医院、幼儿园、小学、中学等。多年的社区人文环境造就了周围各种各样繁荣的社区服务环境。作为一个有小孩在上学,或者有老人需要照顾,或者两者兼而有之的家庭来说,选择这样一个环境生活将会轻松许多。

3.及时拿到产权证,为以后对房屋"处置"提供方便

如果你购买二手房是为了投资,那就一定要买有产权的二手房,并且按照规定买卖双方缴纳应缴的税费,进行产权过户手续,那么在你们的交易行为完成后,房管局将很快核发过户后的产权证。只有拿到了房屋的产权证,房子才算是真正意义上属于你,你可以合法地出租出售、甚至办理抵押贷款,为以后更换新房提供有力支持。

4.某些繁华地区,有拆迁升值的潜力

以某繁华地区成交的一套二手房为例,这套面积是52.54平方米的砖混结构二手房,成交价是28万元,合算单价是每平方米5 329元。而附近地区的普通商品房单价在每平方米7 000元以上。如果今后赶上拆迁,根据拆迁楼房的规定,按照当地普通商品房评估价进行补偿,则至少可以获得30%的静态回报。从各个方面综合来看,遇到拆迁的情况时,楼房升值潜力较大,平房升值潜力则相对一般或者较小。当然,

赶不上拆迁，再大的升值潜力也仅仅是潜力。

如果你在逐渐红火起来的二手房市场上多"淘"一"淘"，没准还能"淘"出一块不大不小的"金子"来。

为帮助购房者了解二手房交易政策，保障合法权益，笔者在二手房交易环节发出风险提示，并就这些风险提出相应的规避办法。

1.中介不规范

不规范中介通常不具备完善的工商营业执照、资质证书、备案证明等相关手续，从业人员素质和自身抗风险能力低，不重视企业品牌形象，一旦出现交易纠纷，消费者权益难以得到保证。

2.中介乱收费

购房者买房时，第一看中介机构是否合法；第二是看经纪人员是否具备相关注册信息；第三是看收费和服务是否公示。

3.过户其他房

中介机构利用一份看房协议，带着购房者看多套房屋，将不是购房人看中的房屋过户到购房人名下。

4.交房遇麻烦

交易完成后，因相关水电气等费用未结清、原房主户籍未迁出的情况时有发生，购房人利益受损。

5.买到瑕疵房

中介机构不提示、不告知待售房屋瑕疵，诱导购房人在不知情的情况下购买带有瑕疵的房屋。

6.诚意金陷阱

中介机构设置诚意金在某一条件下可自动转为定金的条款，诱导购房人缴纳定金性质的诚意金。

7.买到差价房

中介机构通过业主委托公证的形式，安排利益相关人与购房人签订明显高于委托价的房屋，获取房屋差价。

二、投资二手房需要注意事项

现如今，买新房似乎成了遥遥无期的梦想，所以二手房就成了一种被追捧的方式，只是在购买二手房时也有很多问题需要注意。

（1）看房子要有恒心，要做好艰苦的准备。因为大多数单价便宜的房子基本上都不会让人特别满意。下面就有一个人历时半年看房，最终确定一套房子的亲身经历。

来东莞3年，从事媒体工作的傅岩如是直言，由于压力太大和房价日渐攀升等原因，原有的想法开始逐渐被放弃。"我开始换位思考，并打算在二手房中为自己挑选一个合适的家。"

于是在2002年年底，每逢周末，他和女友就走于城区的大街小巷之间，并光顾了无数家中介公司。

"大约看了20多套房，当然收获也不小，基本上做到心中有底。"他以略带几分得意的口吻说，对于每个区域的二手房只要到现场一看，大致能摸准其处于什么价位，"中介公司压根别想浑水摸鱼"。

"看来看去，今年5月最终相中了南城老海关附近一套116平方米的二手房。"双方在杀价1.5万元之后，便于次日以36万元的价格爽快成交，真正做到了"该出手时就出手"，从而结束了搬来迁去的租住生活。

在首付之后，他每月只需月供2 000元，并且可以在5年内还清尾款。"与买新房相比，差不多省下了一半的价钱，如果除去原来每月六七百元的月租，实际支出完全在自己的承受范围之内。"傅岩欣慰地表示，此举将可以让自己轻松地过好"小日子"。

（2）长辈看房子眼光独到，看中好的房子，带长辈看一下，更能决定结果。因为长辈毕竟和房子打交道的时间比自己长，更能明白什么样的房子是好的，什么样的房子是金玉其外，败絮其中。

（3）好的房子不能犹豫太久，出手尽量要快。

因为现在买房子的人毕竟是多数，如果你下手稍微晚了一点，就会被别人抢先，而给自己添了无穷悔恨。

（4）不能完全排斥中介公司的作用。中介公司收的费用比较高，但是为我们省去了很多烦心事。

比如说中介公司会帮我们办理各种证件，水电煤气物业费都会和房东结清，原房主的户口也会迁出，这对外地人购房非常重要。

（5）房子周围的设施很重要。淘房中对二手房所处区位环境的选择十分重要，如果不想将时间浪费在上下班的途中，最好在自己工作单位附近选择一套相对合适的二手房，同时考察其周边的大型超市、菜市场以及医院学校等设施是否配套，通常多年的老社区一般都会形成较为成熟的社区服务环境。

（6）找一个老练的中介员工，如果诚心帮你买房，你看房子的成功率会提高许多。"实际上，买二手房只要多看多走，一定能够淘到自己满意的房子。"这是"过来人"的真实感受。在淘房过程中，与中介公司人员多交朋友很有必要，毕竟现在低价急抛的二手房已经不多，一旦有明显低于市场价的好房源，通常都会在几天之内便被卖掉。

（7）购买前，算好三笔账。一是算好市场前景账，二是算准购房经济账，三要算清房价变化账。

■二手房楼市花招有哪些

| 楼盘报价注意"起"字 | 位置图与实际距离差异大 | 手机短信广告很吸引人 | 优惠品种让人一头雾水 |
| 刻意营造紧张气氛 | 配套设施之手口头承诺 | 未售出成已售出 | 装修标准难以货真价实 |

三、小产权房是投资"雷区"

"小产权房"并不是一个法律上的概念，通常是指村集体经济组织在集体土地上集中建设用于安置集体内部成员的农民住宅楼后，擅自将其中一部分房屋销售给本集体经济组织以外的成员，擅自销售的那一部分房屋。这类房屋无法办理房屋所有权证，仅有乡或镇政府（街道办事处）或村委会（居委会）的盖章才能证明其权属。

近些年，随着房价的持续走高，许多购房者将目光转向了看似物美价廉的"小产权房"。殊不知，小产权房后面有很多不为人知的"雷区"。购买看似便宜的"小产权房"，实则可能要承担一系列风险。

1.落户是大麻烦

"我们当初购买这套房主要是图便宜，因为原先的住宅要拆迁，就舍近求远到这买了房。"购买小产权房的刘女士说，"当时这套房子买的时候每平方米均价只有5 000元，与城里的同质房源相比，便宜了一半。但因为是'小产权房'，至今拿不到两证，全家户口仍落在××区的福建路，这给生活带来了诸多不便。"

"因为难以在当地落户，交社会医疗保险、行使选举权等都不能与当地相关部门进行对接，我们这些从'外地'迁入的业主，很难融入当地的生活圈子。"

2.业主权益难保障

真正让"小产权房"业主们普遍困扰的，是在正当权益受到侵犯时，无法得到及时保障。"小产权房"因房价低，不仅基础设施配套跟不上，物业管理也是十分混乱。直到出现纠纷需要调解时，他们才被相关部门告知，由于不具备房屋产权，恐怕难以得到法律支持。

因为"小产权房"业主拥有的实际上只是集体土地房的使用权，所以涉及房屋产权人才有的权益时，根本无权主张，"他们至多算是业主代表，维权时身份很是尴尬"。

3.无法申请办理房屋产权登记，不能依法上市交易

小产权房不是在国有建设用地上建设的，没有国有建设用地使用权证，不能办理相关的用地规划、建设工程规划、建筑施工许可等批准许可手续，以及质量、消防、环保等竣工验收手续，最终无法办理房屋所有权证。相应的，买受小产权房后再次出卖，也就只可能是进行"地下交易"，无法在房管部门办理登记过户手续。

4.无法办理继承手续

小产权房手续不全，若买受人购房后去世，其继承人也无法办理正式的继承和登记手续。

5.无法办理抵押借款

小产权房手续不全，银行等金融机构将不会同意以小产权房作为合法的抵押物发放贷款。

6.房屋质量无法保证

小产权房的地质勘查、建设工程设计、施工、监理等各个环节均不是严格按照《招标投标法》的规定进行操作的，对建设工程施工承包人的资质和工程施工质量等问题也难以进行有效的监控，相关各方为追求利益的最大化难免会牺牲买受人的利益。因此，小产权房存在质量问题的情况是很常见的。一旦质量问题暴露出来，可能又要面临档案不全、各方面敷衍、回避、施工单位无处追寻等一系列问题。

四、购买二手房要注意哪些警示

随着近几年房价逐年增长，对于大多数人来说，购买一套地理位置好、交通便利、配套设施成熟的住宅越来越力不从心。于是像市区这样的热点地带，就成为二手房的天下，而且，随着城市的扩延，未来建房大都在市区边缘，今日的市区边缘就是明日的市区。所以，购买二手房的误区，更需多加注意。

1.产权是否清楚

购买二手房对购买者来说，地点、环境、价格及房屋质量都是重要的参数，但产权是否清楚是购房的关键所在。因为无论地点多佳、环境多优、价格多低廉、质

量多好，你都要为此投资一笔数额大的资金，所以应考虑资金的安全性，买卖的合法才能住着放心。

购买二手房的第一步应搞清房源。

购买二手房，第二步是向房产管理部门查阅产权来源。房主是谁、档案文号、登记日期、成交价格等其他一些资料。

购买二手房的第三步是调查该宗房屋有无债务链，包括银行按揭合同、保险合同、抵押贷款合同、租约及贷款额、还款期限、已还贷额、利息、租金金额。

最后，购买二手房除了要向卖方索要一切产权文件、资格证件、身份证件、相关证件外还要到房屋管理部门查询相关记录进行"对照"才能证实各个细节。

■二手房合同容易出现的问题

做低成交价避税

因为税收政策调整对不满二年的二手房交易产生较大影响，于是房地产中介机构开始大量推荐满二年的房屋。很多房地产中介机构将满二年作为二手房房源的一大卖点。为少交纳营业税，一些房地产中介机构还帮业主将合同成交价做成普通住宅标准。

统计数据紊乱

阴阳合同大量存在，与各地最低过户价标准过低有关，近年房价大幅飙升，最低过户价格标准已远远偏离市场价格，通常相差二至三倍。按最低过户价格标准操作的阴阳合同，直接导致房管部门根据二手房合同价进行统计的二手房均价难以反映市场成交价格的真实情况。

2.使用权并不等于产权

购买二手房，必须是产权交易。切记使用权是不能交易的。产权房交易有交易规则，使用权房交易纯属投机。我国宪法明确规定，社会主义的公共财产神圣不可侵犯。国家保护社会主义公共财产，禁止任何组织和个人用任何手段侵占或破坏国家和集体的财产。所谓房屋的使用权是指产权属于国家，使用者在一定期限内对房屋有使用权，没有占有、收益、处分的权利。所以使用权是不能交易的。

购房者千万不要被交易条件，特别是交易价格所诱惑。

3.价格是否合理

价格交易是二手房买卖过程中最费时、最困难的环节，卖方期望价高，买房期望价低，双方须取得均衡才能成交。

购买二手房对置业人来说，最重要的动机是价格相对便宜，这也是二手房交易市场存在和吸引人的重要原因。由于价格因素是能否成交的关键，价格是否公道就成为定盘的星。

4.中介是否一房多卖

委托中介购买二手房要警惕中介一房多卖。所谓一房多卖就是指中介公司与购房人草签代理协议。协议本身没有实质的法律依据，通过签订协议，中介公司可站在比较有利的位置选择：谁出的中介费用最高就与谁成交。因为作为代理的中介公司本身最了解所代理房屋的底价，在成交价格不公开的情况下，超过底价部分的成交价格都会成为所谓的"代理费"，显然没有封顶。一房多卖的目的就是为了赚取更多的差价。就购房者来说，为此会多支付若干无法增值的货币。

五、二手房买卖如何规避风险

二手房交易中有许多潜在的风险，了解二手房交易中的相关知识，不仅能增加二手房买卖的"保险系数"，规避交易风险，减少交易纠纷，同时还可以省心、省时、省力。以下是一些典型案例分析，希望对二手房买卖双方能有所帮助。

1.所有权不清的房屋不能购买

刘先生看中了陈女士在合群路上的一套面积为62平方米两房一厅的房屋，双方约定成交总价为33万元。刘先生先预付40%的房款就可得到房屋钥匙，过户手续办完后，刘先生再将尾款付清。刘先生很爽快地付了预付款给陈女士，陈女士打了收条并将房门钥匙交给了刘先生，两人约好第二天去办理过户手续。没想到在办理过户手续时，陈女士前夫提出来，合群路的这套房子是他和陈女士的共同财产，产权证上的产权人是他和陈女士两个人，他不同意将房子出卖，这笔交易不能进行。刘先生一下子惚了，满腔怒火向陈女士发泄，言语自然不好听，陈女士也不甘示弱，双方大吵了一场，刘先生向陈女士讨要预付的房款也没有结果，大家不欢而散。而后，刘先生以不归还房门钥匙为要挟，经过几番讨要，才终于要回了预付款，原本高高兴兴的买房却变成了一场劳心费神的闹剧。

上述案例中，刘先生没有查看对方有关房屋资料，也没有对房屋的所有权进行确认就草率地支付部分房款，如果卖方并非房屋所有权人，买方的房款可能一分钱也收不回来。案例中刘先生虽然大费周折才收回房款，但已经算是比较好的结局。

2.未收到购房款不要办理过户手续

张先生在大街小巷张贴售房启事，打算出售96平方米的一套三房两厅房屋，售房启事贴出后不久，就有一位姓李的先生致电表示愿意购房，看房后双方签订了一份协议约定成交价为100.3万元，办理过户手续时产生的费用双方各付一半。协议签订后张先生就将所有的过户资料都交到产权部门办理过户手续，过了10天左右，李先生致电张先生，说他急需用钱不能买房了，之后就再也没有出现。

在二手房交易中，对卖方而言最主要的风险即是在未收到购房款或任何抵押金的情况下，就办理过户手续，如上述案例中张先生这样，因为对方失约，导致交易夭折，因而需要办理二次过户手续，费时费事不说，还损失了一笔费用。

六、异地二手房投资："鸡肋"还是商机

近年来，在规避高房价和追求品质生活的需求引导下，越来越多的购房者选择在自然环境、生活环境较为舒适的异地购房。

一些北京购房者会选择在环境优美、气候宜人的青岛、威海等地购房；而一些上海购房者则会选择周边的苏州、昆山等地购房。异地房产除具明显的价格优势外，还可同时满足养老、休闲、投资等多种需求，具有高性价比的特性。但由于异地购房客观上存在严重的信息不对称，因此在产权性质、贷款政策、物业信息等方面存在一定的风险。

房地产专家认为，异地购房首先需从风险和回报两个方面综合评估房产的投资价值，并密切结合政策变化情况，在充分考虑自身经济实力和支付能力的基础上作出理性决策。

1.确认异地购房贷款资格

2010年4月17日，国务院出台了《关于坚决遏制部分城市房价过快上涨的通知》（以下简称《通知》），对异地购房作出了一定的限制。

《通知》明确表示对于不能提供一年以上当地纳税证明或社会保险缴纳证明的非本地居民暂停发放住房贷款。

由于各地政策执行情况和具体实施细则存在一定的差异，购房者应在购房之前就自身具体情况咨询当地银行和贷款咨询服务机构，来确定自己是否具有在该地贷款购房的资格。

2.二套房贷认定标准不一

2011年出台的楼市调控新政,将贷款购买商品住房的首付款比例调整到30%及以上,对贷款购买第二套住房的家庭,则严格执行首付款比例不低于60%、贷款利率不低于基准利率1.1倍的规定。这里须特别注意的是,二套房贷的认定标准各地也有所区别,对于异地购房是否属于二套房,购房者可到当地房地产相关部门或房地产经纪公司进行咨询,以便选择最有利的贷款方式。

如果异地购房者所购买的异地住房被认定为第二套房,则要从贷款首付比例和贷款利率两个方面进行整合分析和比较,确保所购房产的投资价值足以补偿因二套房贷款所带来的额外利息支出。

3.货比三家,选择合适的贷款

新政还规定对于商品住房价格过高、上涨过快、供应紧张的地区,商业银行可根据风险状况,暂停发放购买第三套及以上住房贷款。如果异地购房者所购买的异地住房属于第三套房,则应到当地银行咨询是否可以放贷,而由于各商业银行放贷政策也会略有不同,因此购房者不妨多咨询几家银行,以便通过对比,选择最适合自己的贷款银行和贷款方式。

专家提醒购房者,异地购房应首选现房或二手房,慎重选择期房。如条件允许,购房者应尽量到项目所在地进行实地考察,以便全面了解项目户型、层高、容积率、物业配套等信息。

■ 如何挑选商品房

第四章

房产投资存在哪些陷阱

一、房地产广告陷阱防不胜防

只要打开报纸,总会发现林林总总的房地产广告占据不少版面,有山有水,有天有地,让众多有意置业者为之心动。其实,广告里面隐藏着很多"陷阱"。有些广告欺骗性很大,令人防不胜防。总结起来,主要有以下几种。

1.比例失调

比例"失调"问题在房地产广告中比比皆是,其主要表现为:一是路程距离比例"失调",二是楼盘规模比例"失调"。

为了让购房者明确楼盘的位置,房地产广告大都附有简单的图示。但到实地一看,发现这些图示颇有"误导"之嫌。比如广州市天河区紧邻某名牌大学的一个楼盘,虽然其占地面积不足旁边大学1/3,但其广告图示却把该楼盘面积极尽"放大":旁边的大学反而被挤得只剩下一丁点,此举无疑误导了买家,以为该盘规模比旁边大学还要大。

2.盲目提速

购房置业,人们都希望住处离上班地点、上学地方更近,或者道路顺畅交通方便。然而仅听信广告却经常受骗。

3.低价诱惑

价格是消费者购房置业考虑最多的因素。很多房地产广告抓住了人们追求"物美价廉"产品的心理,大打"价格战",用低价招徕购房者。

4.图片"失真"

优美的园林环境:别具风情的小亭、精砌的泳池、青翠的绿草地……广告上楼盘优美的园林环境令人心驰神往。然而购房者到售楼现场一看则大失所望,现实环境远不是广告所示么一回事——那只是一个"电脑拼图"。

5.乱扯"关系"

附庸风雅乱攀关系,在很多房地产广告中极其"受落",最常见的就是与楼盘旁边的自然风景区、市政建设攀扯关系。

6.滥用"绿化"

一些楼盘广告宣传滥用绿化做文章,例如盲目夸大绿化面积。一些楼盘的园林绿化面积本身并不大,但广告词偏说有数千万平方米的绿化面积,甚至"一望无尽";有的广告说楼盘里种有多少品种果树的果园,其实也就是一个小山头,密密麻麻地种了几种常见果树,图片上看郁郁葱葱,实地里密不透风,再加上杂草"乱

■如何预防房地产的广告陷阱

一些不法房地产商在预售宣传时,一般会散发精致的售楼书,许诺所预售房屋有优美的环境,高尚的品位,完美的配套设施,周全的物业管理。消费者接收预购的房屋后才发现实际情况与广告宣传大相径庭,配套设施迟迟难以落实,物业管理更是质价不符。那么如何预防这些房地产广告的陷阱呢?

(一)注意合同条款

作为预购方的消费者,应特别注意预售合同的条款内容,使用房地产管理部门的商品房预售契约范本。当发生违约事由时,买卖双方即可根据预售合同条款追究或承担民事违约责任。

(二)律师代理购房

商品房预购过程中,律师的介入是非常有必要的。由于房地产交易涉及到众多的法规、条例,购房置业过程中有必要由律师帮助或负责办理有关手续,以防止商品房预售中的陷阱和误区。

律师的介入可以起到四个方面的作用:一是对现有的法律条文进行合理的解释;二是帮助消费者对开发商预售的房屋进行产权审查;三是帮助消费者审查预售合同;四是弥补遭受法律涵盖的不足。

七八糟",令人大失所望。

7.乱"搭"地铁

楼盘小区靠近地铁虽不是什么稀罕事,也算是一大优势。但一些楼盘广告却借此乱"搭"地铁做文章。

8.隐瞒规划

楼盘小区内,大片绿草地上一家大小欢聚其上,亲近大自然乐趣无穷。然而"幸福时光总是很短暂",业主入住后不久,原本的大片绿地开始围上"护栏",重新开发建造新项目。更有甚者,入住后不久,所有景观均"面目全非";绿草地没了,湖景也被新建楼宇挡住了。众多业主受骗,只因开发商隐瞒了有关规划。

以上是房地产商主要使用的一些陷阱,购房者一定要保持清醒的头脑、理智的心态,正确地从中获得信息。

二、售楼人员口头承诺千万别当真

口头承诺是指当事人以谈话的方式对对方提出的要约予以承诺来达成口头合同。用口头承诺来订立合同,其优点是简单方便、直接迅速。当事人在很多场合可以通过直接交谈而不需借助于其他物质条件即可订立合同,因此口头合同在日常生活中经常被采用,如集市上的现货交易,商店里的零售买卖等一般采用口头形式。

但是,口头合同存在着诸多难以克服的缺点,其中之一是发生纠纷时当事人不易举证,法院或仲裁机构也难以分清当事人之间的责任。对于房地产转让合同,由于合同标的额较大,法律规定要订立书面合同。发生纠纷时,就以生效的房地产转让合同上所载的内容作为确定双方间权利义务的直接依据。在司法实践中,口头承诺难以得到法院的采信。究其原因,是因为口头承诺证据效力较弱,而且举证也很困难。

有一天,李某从报纸上看中某房地产开发公司(以下称A公司)的一套房屋,遂至A公司了解情况。售楼人员介绍说:该小区属于高档智能化小区,小区设施如网球场、室内游泳池等一应俱全,而且对所有业主免费开放,而李某所订购的房屋前面是一个很大的中心花园,视野开阔,环境幽雅,属于位置最好的房屋之一。李某不禁心动,决定购买该房。

2007年3月3日,李某与A公司签订了一份《商品房预售合同》。合同约定:房屋总价为人民币1 442 000元整,建筑面积153.25平方米。签订合同时,李某要求售楼人员将其所承诺的小区环境及会所设施作为合同条款写入合同,售楼人员称交房时肯定能做到,但合同上是不允许写的。李某信以为真,于是不再坚持。

2007年5月22日,A公司将该房屋交付于李某。李某发现在签订购房合同时售楼小姐所作的承诺如中心花园、绿化、喷泉、网球场、室内游泳池等均属子虚乌有。

李某发现上当受骗，与A公司交涉无果后遂诉至法院，要求退房。

李某认为：A公司未按照签约前的承诺交付房屋，已构成违约，且违约的严重程度足以影响购房人的合同目的的实现，因此要求解除合同，A公司应当返还房款并赔偿损失。而A公司辩称：A公司是按照合同的约定来履行义务的，不存在未按照签约前的承诺交付房屋的情况，因此，不同意李某提出的要求解除合同并赔偿损失的诉讼请求。

根据以上案例，提醒购房者：目前，在某些城市，房地产管理还不是很规范，部分房地产商为了达到占有更多市场份额的目的，不惜以各种手段吸引购房者，同时在销售过程中以各种虚假承诺欺骗购房者。一些购房者法律意识淡薄，容易轻信房产商的楼书广告和口头承诺，致使自己的合法权益屡遭侵害。目前大量的购房定金诉讼、退房诉讼等也从另一个侧面反映了这个问题。所以，建议购房者应加强自我保护意识，在购房过程中不要轻信房产商售楼人员的口头承诺。尤其是某些直接涉及主要权利义务的关键承诺，一定要让房产商写入合同中，这样在发生纠纷时，有据可依，才能有效地维护自己的合法权益。

三、"期房"买卖隐患大

在有些网站上，购房者会看到这样一类房源，其房源描述为："现已交付定金，目前无房产证，房屋明年交付使用。"据了解，这类房源为尚未盖好的期房，"由于大多数楼盘实行'低开高走'的价格策略，在目前房价高涨时期，项目前期低价买入的投资客，便开始集中出手转卖房源。"

1.房价迅速蹿升差价巨大引发卖房潮

"最近房价涨得太快，而在网上看到转卖的期房，价格相对较低，项目的位置还不是很偏远，这种房子，买了怕因为证件不全而产生问题，不买它买别的正规房源又因为房价太高而承受不起。"正在为买房而发愁的王女士说。据了解，王女士看中的房源位于北京西五环外，业主售价为10 606元/平方米，与目前12 800元/平方米的均价相比较低，第二年3月交房。

"去年年底到今年年初，是北京房价的最低谷，不少在此期间上市的项目报价都很低，甚至还有不少特价房，而2010年5月份以来，房价迅速蹿升，有些项目数千元的涨幅，使房子还没入住就获得了巨大的升值空间。现在卖房的这批人当初买房就是为了投资，看到目前房价高涨，便集中出手。"据中介工作人员介绍，这类房源近期在市场上明显增多，"虽然风险很大，但还是有很多购房者因为其价格低于目前在售项目，且位置相对较好而去购买。"

2.期房转卖明显增多，购房者险购"二手"期房

据了解，2010年期房转卖与2005年之前相比，交易环节的费用不仅没有增加，

■买卖期房需注意的问题

如今,期房买卖已经非常普遍,但是期房买卖纠纷也是日益增多。购房者为了保护自己的权益,必须要做好期房买卖的准备工作,以及入住时的检查工作。

(1)购房者首先应该慎重的选择一个物业的项目,就是你准备购买什么样的房子,首先应该考虑它本身所处的地理位置、户型以及它周边的环境,非常重要的一点应该对开发商的资信进行一个了解。

具体包括:
① 要注意选择楼盘;② 注意楼盘规模;③ 注意开发商的资质背景;④ 注意审查"五证"。

(2)购房时要签订认购书和商品买卖合同,除此之外还包括签订补充条款。先签订认定书,再签订商品房买卖的合同,再交付购房款,办理预售登记。

(3)交房和办理产权登记,就是开发商将房屋交付购房者,购房者检查后签收入住通知,签收"两书",在办理完登记后,接受物业,申领产权证。

反而在减少。2005年之前需要缴纳给开发商1%至2%的更名费，2.5%以内的中介费。而现在仅需缴纳1%或1.5%的契税，2.5%以内的中介费，个税及营业税按照交易差额征收基本可以忽略，只要房价增幅超过4%就可以获得赢利。另外，"准业主"在期房阶段将房屋出售，还可以减少入住时契税、房屋公共维修基金及物业费等收房支出，这些都促使"准业主"将期房推入市场转卖。

"由于目前房地产市场销售情况较好，价格上涨比较快，同时，交易税费的减少，使更多人由投资转为投机，大量期房在市场中进行转卖，这加剧了市场投机氛围，不利于市场的规范运行。"房地产专家表示。

3.购买"二手"期房隐患多

在二手房市场中进行转卖的期房能否购买呢？"按照规定，在预售商品房竣工交付、预购人取得房屋所有权证之前，房地产主管部门是不得为其办理转让等手续的。"据建委有关部门工作人员介绍，房屋只有在取得产权证的情况下才能进行交易，尚未盖好的期房是没有产权证的，不能进行产权的过户，因此并不具备交易的基础。买卖双方只能先签订合同，等到业主取得了产权证之后，再进行交易。

虽然政策上不允许，但市场中依然存在此类房源的买卖。房产专家认为，购买此类房源，涉及开发商改底单的问题，另外，由于业主没有房产证，不能确认他是否真正具有房产资格，购房者很容易受到欺诈。在购买时，双方签订的买卖合同，也存在一定的风险，如果在业主取得房产证后，由于房价上涨等原因，不想卖房，在法律上只能判定这种行为违约，业主承担一定的赔偿金，但房产仍然属于业主，不能过户到购房者的名下。

据了解，期房转卖中，购房纠纷时有发生，"这主要在于购房者不够谨慎，缺乏风险意识，同时也没有明确的监管部门来监管。"中原三级市场部副总经理宫萍认为。

有关专家表示，购房者尽量不要购买这类房源，以免出现不必要的损失。如果一定要购买，那么应尽量减少首付金额，合同中应规定买卖双方因税费改变等原因无法履行合同时，应该如何解约等细则，以减少购房风险。

四、小心"房托"迷了你的眼

1996年春晚，赵丽蓉在《打工奇遇》里以一句"卖布的有布托，卖鞋的有鞋托，卖袜子的有袜托，我就是那——饭托"引爆人们对"托儿"的关注。其实，社会发展到现如今，各行各业都高瞻远瞩，为达到自己的目的，雇用托儿的事层出不穷，连卖房子的都玩起了"托儿"游戏。

房托常常指的是有些开发商或代理公司为了营造楼盘热销的场面，会在开盘前后或节假日，花钱请些装扮成客户的人，让这些人或者排队或者在售楼处装模作样

■警惕五类房托

房托扰乱楼市,对于那些想要买房的人,如果你要去买房,请一定要认真看清了再下手,否则后悔莫及。

此类房托最容易被识别,当别人问起时,一律说是替别人排队买房的。

此类房托形象稚嫩,主要是起滥竽充数的作用。

此类房托可以拿着自己家的户口本去签订购房合同,忽悠真正的购房者。

此类房托替你解惑除忧,你不懂得他都知道,你不了解的他都了解。

房托之五假按揭

这是最高级别的房托,开发商对这类"房托"的要求最高,给的薪水也高,日工资最高能达到数千元,而且此期间"房托"的责任和费用完全由开发商承担。

地要买房产。简而化之，房托就是那些被开发商雇用来假装买房的人。因此，一些买房者受到售楼处热闹气氛的影响，而更容易作出买房的决定。

现如今楼市出现房托也是与时俱进，据了解，现在在一些城市，尤其是在楼房买卖的关键时刻，房托生意甚是火暴。据一些媒体报道，现在的房托市场火暴，已经自我进行了升级。他们有半日班，也有全日班。半日班多是在楼盘开盘当日现身楼盘现场，装作很卖力地怕买不到房子似的，而他们迫不及待的样子则像极了集市上那些要买菜的大妈大爷大婶们。

这种情形一般会出现在楼盘开盘或认筹，也或者在搞活动的时候，他们掺和在真正的购房者中间，扰乱他们的购房意识，以为房子真是热卖得了不得，买晚了就要扑空，于是赶紧出手，买过了、知道了真实情况，后悔大概也晚了。

据一组调查数据显示，那些充当房托的，一类是以周末闲来没事的大学生为主，一类是直接派人在建筑工地上雇用一些城市劳动力来参与到这个有趣的活动中来，另一类则是一些退休在家闲来无聊的大爷大妈，相比较一些退休后躲在公园里闲聊的生活方式，他们或者更愿意去充当托儿，况且还有报酬，有时候连饭钱都给报销了。

不过，据说现在一些开发商更看好那些素质更高一点的雇佣军，这样会给那些真正的购房者一个更为真实的感觉，不至于太容易穿帮。

第十三篇 投资收藏:
鱼和熊掌可以兼得

第一章

走进琳琅满目的收藏世界

一、邮票投资：方寸之间天地宽

邮票俗称"小市民的股票"。早在20世纪40年代，邮票便成为欧美等国家普遍欢迎的投资对象。自20世纪80年代以来，邮票在股票之前就已成为我国个人投资的热门货。

邮票的种类主要有以下几种。

1. 新票、盖销票、信销票

在我国邮票市场上，新票价格最高，盖销票次之，信销票最低。在国外的邮票市场中，人们比较重视信销票，最看不上盖销票。人们传统的邮票投资观念认为只有收集信销票为真正集邮，认为购买新邮票不算集邮。信销票的特点是难以收集，但是它作为邮资凭证使用过，有一定的邮政史料价值。

2. 成套票和散票

成套邮票价格都高于散票，但是散票同样具有一定的市场价值。人们可以利用散票价格比成套票低的这一特点，收集和购买散票，以便凑成套票，从而使其价值升值。

3. 单票、方连票、整版票（即全张票）

一些人在邮票投资中持有一种错误的观点即收集方连票，甚至整版票，认为它们相对市场价格会高一些。从邮票投资上来讲，收集方连票、整版票实无必要，因为投资它们要比收集单枚票贵几倍至几十倍。如果是中、低档邮票，方连票、整版票很多，比起单票来说，也就没有更高的价值了。

4. 单枚套票、多枚套票、大套票

单枚套票是指1枚1套的邮票。多枚套票是指2~6枚1套的邮票。大套票是指7枚以上1套的邮票。

5. 早发行的邮票和晚发行的邮票

邮票发行年代的早晚，在较短的时间内对邮票价格影响较大，往往发行得早的邮票价格高，发行晚的邮票价格低。但是经过5年、10年，特别是过了20年以后，邮票发行年代的早晚对价格的影响已经微乎其微，甚至完全不起作用。

6.纪念邮票与特种邮票

在众多的邮票当中,有些邮票因设计上的错误或发行量很少等原因,被人们视为极珍贵的邮票。这些邮票在历次拍卖和市场中价格一再上涨,成为集邮家争相搜集的对象。如1990年5月26日,香港旭力集邮公司在第26次通信拍卖中,1枚蓝色的"军人贴用"新票上有约一厘米的撕裂,底价高达15万港元。

■ 纪念邮票的特点

作为纪念邮票,以人物或以事件为标志,每一张邮票都包含一定意义。

"J"字头纪念邮票设计制作时使用的颜色比较鲜艳,其中使用金粉较多。

一般具有较浓的政治色彩,有一定的教育启发作用,受国家、地区限制,世界意义较小。

二、钱币投资:成为"有钱人家"

钱币有很多种类。以形态来分,可分为纸币和金属币两大类,金属币又可分为贵金属币和普通金属币;以国别来分,可分为中国钱币和外国钱币;从时间上来分,可分为古代钱币、近代钱币和现代钱币。

古今中外发行过的钱币有数百万种之多,钱币收藏者只能量力而行,分类收藏。收藏专家认为,钱币收藏要注意看以下7个方面:

(1)钱币是否有面值。没有面值的只能称为"章",而不能称为"币"。币必须是可以或者曾经可以作为货币流通。

(2)钱币涉及的题材。钱币所涉及的题材多为历史人物、历史事件、文化艺术、体育、动物、植物、自然景物等。由于每个人的学识情趣、文化品位不同,对题材的偏好各异,所以,收藏者可以选择自己所喜爱的题材进行系列收藏。

(3)钱币的纪年版别。钱币上的纪年是指铸造在钱币上的年份。相同图案、面值的钱币,纪年不同,其价值差异颇大。

(4)钱币的出处。比如说银圆分为云南龙版、北洋龙版、江南龙版、贵州竹版等。

（5）钱币齿边形状。钱币的齿边形状大致可以分为平光边、丝齿边、装饰边、铭文边和安全边五大类，是区分铸币不同版别的一个重要依据。

（6）钱币的制作工艺、钱币上的字迹是否自然流畅，与整个钱币是否和谐。做工精美的品种，容易引起市场好感，具有较大的增值潜力。

（7）钱币的成色。钱币的品相是按"成"来划分的，其实，只要是有七八成新的就可以收藏，如果是珍稀品种，成色差一点也行。当然，十成新的最好，这就表明钱币没有任何脏污斑点，没有任何破损、裂缝，而且重要的是没有经过人工处理。

总之，钱币鉴别时需要在"看"上下工夫，钱币收藏者往往需要随身携带放大镜。

■投资古钱币应该掌握的诀窍

中国的古钱币有着长达3 000多年的悠久历史，各种各样的古钱币中包含着极高的考古学价值和收藏价值。但是，古钱币投资与其他形式的投资一样，也存在着极大的风险。

（1）选准某一时期，把握好一点。

（2）详细了解有关币种的价格情况。

（3）密切关注古钱币出土情况。

（4）古钱币因形制简单，从近代开始就有人从事造假，古钱币的收藏投资者必须具备一定的识别能力。

（5）初涉古钱币收藏者可以先从银元做起。

三、古玩投资：在玩赏中获取财富

有的人曾经很形象地把投资古玩形容为"玩并赚着的投资方式"，确实如此，古玩投资不仅满足了投资者的个人爱好，又能给其带来丰厚的利润回报，岂不是一举两得的事情，何乐而不为呢？

如何识别真伪青铜器

如果投资者想通过青铜器投资来实现致富的目标，就应该先学会识别真伪青铜器的窍门。

眼看：看器物造型、纹饰和铭文有无破绽，锈色是否晶莹自然。

手摸：凡是浮锈用手一摸便知，赝品器体较重，用手一掂就知真假。

鼻闻：出土的新坑青铜器，有一种略有潮气的土香味，赝品则经常有刺鼻的腥味，舌舔时有一种咸味。

耳听：用手弹击，有细微清脆声，凡是声音浑浊者，多是赝品或残器。

1.玉石翡翠的收藏

在我国历史上遗留下来的玉石翡翠珍品数量非常有限，但普通的古玉石翡翠种类繁多，差价很大，加上作伪者多，识别和辨伪的难度相当大，所以玉石翡翠自古以来，非普通人所能及，都是作为皇亲国戚、富商大贾的掌中玩物被收藏的。现代社会随着人们生活水平的不断提高，老百姓手里有了闲余资金，玉石翡翠这些收藏品也逐渐为普通百姓所拥有，并作为投资对象。因此，对于想涉足玉石翡翠收藏的投资者来说，掌握一点玉石翡翠的鉴别与辨别真伪的基本知识是非常必要的。

由于玉石翡翠具有十分繁多的种类和形式，且有大量的伪作，所以，投资者一定要多读有关资料，掌握相关的知识。

2.青铜器的收藏

青铜是红铜与锡和铅的合金，因是青灰色，所以叫青铜。青铜器主要是指先秦时期用青铜铸造的器物。

鉴于中国青铜器历史悠久，品种纷繁，人们对其进行了详细的分类，其目的在于更清楚地区别青铜器的性质和用途，以利于研究、鉴赏和收藏。

多少年来，中国瓷器在国际市场上价格一直居高不下，致使许多趋利之徒从清代起就大肆制作古瓷器赝品。目前，在全国旧货古玩市场上遇到的所谓明清瓷器绝大部分都是这类伪作。因此，古瓷器收藏者，如果想在拍卖场以外寻求投资的机会，不但要了解各时期中国瓷器的风格特点，还要尽量掌握一些甄别瓷器新旧真伪的知识。

四、字画投资：高品质的艺术享受

投资古字画历来是收藏投资界所热衷的宠儿，因为它具有以下优点：

（1）在各类投资市场中，字画投资风险较小。与投资字画相比，购买股票或期货的风险较大。

（2）字画投资收益率极高。一般投资收益率与投资风险成正比，即投资风险愈大，投资回报率则愈大；反之，投资风险愈小，可能获得的投资回报率则愈小。但是由于字画具有不可再生性的特质，因而其具有极强的升值空间。字画本身的特征决定了字画投资风险小、回报率高的优势。

艺术品都是集精神价值与商业价值于一体的。由于其中的精神含量和文化含量难以量化，所以，投资者在为艺术品定价时，往往会走入一种误区。

字画投资需要一定的金钱，但更需要的是独到的眼光。特别是收藏古字画，更要通晓这方面的知识和行情。古字画按类而分，价值不等。

（1）从绘画与书法的价值来说，绘画高于书法。道理很简单，绘画的难度大于书法。

（2）从质地来说，比较完整没有破损，清洁如新，透光看没有粘贴、托衬者为上品；表面上看完好无损，仔细看有托衬，但作品的神韵犹存者为中品；作品系零头片纸拼成，背后衬贴处，色彩也经过补描，即使是名家之作，也只能算是下品。

（3）从内容来说，书法以正书为贵。比如王羲之的草书百字的价值只值行书一行的价值，行书三行值正书一行，其余则以篇论，不计字数。绘画以山水为上品，人物次之，花鸟竹石又次之，走兽虫鱼为下品。

（4）从式样来说，立幅高于横幅，纸本优于绢本，绫本为最小。立幅以高四尺、宽二尺为宜，太大或太小一般价值都不是很高；横幅要在五尺以内，横披要在五尺以外；手卷以长一丈为合格，越长价值越高；册页、屏条应为双数，出现单数则称失群；册页以八开算足数，越多越好；屏条以四面为起码数，十六面为最终数，太多则难以悬挂。

对于有心在古字画收藏中一展身手的投资者来说，应该注意以下几个方面：

1.必须具备一定的书画收藏和欣赏知识

中国历代的书法和绘画在其发展过程中都具有较大的统一性，因此，画家也常常就是书法家。由此可见，欣赏字画的道理也是相同的，主要包括欣赏字画作品的笔法、墨法（色彩）、结构（构图）和字画所反映的历史知识以及作者的身世等方面的知识。

■古字画收藏的技巧

艺术品都是集精神价值与商业价值于一体的。由于其中的精神含量和文化含量难以量化，所以，投资者在为艺术品定价时，往往会走入一种误区，主要表现为以下几个方面。

这是××先生的作品，肯定价值很大值得收藏。

1. 依据艺术家知名度的高低定价位

2. 依据字画作品的规格定价位

3. 依据作画所用时间长短定价位

4. 依据艺术品的构图疏密、用笔繁简或色彩多寡定价位

5. 依据艺术家存世作品多少定价位

2. 详细了解字画作者的身份

中国历朝历代的名画家非常多，有史料记载的达数万人之多。对投资者来说，详细了解每个人的身份显然是不太容易的，但可以对每个时期最有代表性的人物的身份作详细地了解，真正做到"观其画，知其人"。

3. 掌握一定的字画鉴别方法

对于一般的古字画收藏投资者来说，古字画鉴别的难度是极大的。由于中国古代的书画家极多，留下了许多优秀的书画作品，再加上各种临摹，各种假画伪画，以及后落款、假御题、跋、序等，是任何专业类图书都无法一一详细记载的。所以，即使国家级的鉴别大师在鉴别古字画时也不敢保证每次都千真万确。古字画的鉴别虽说难度很大，但其中还是有一些基本规律供投资者参考的。古字画的鉴别除了要注意字画的笔法、墨法、结构和画面内容等基本方面外，还须注意字画中作者本人的名款、题记、印章和他人的观款、题跋、收藏印鉴，以及字画的纸绢等相关细节方面，这样才能减少鉴别失误。

4. 了解字画伪造的种种方法

古代字画作伪之风源于唐代的摹拓和临摹。所谓的"摹"是将较透明的纸绢盖在原件上，然后按照透过来的轮廓勾线，再在线内填墨完成。"临"是指将原件放在一旁，边比照边写画。尽管摹写出的作品表面上更接近原件，但往往无神，也容易将原件弄脏，而临写则比勾摹自由，可在一定程度上脱离原件，因此是更高级的作伪方法。

由于古字画市场上鱼龙混杂，良莠不齐，所以，对古字画收藏者来说是有一定风险。古代没有专门的鉴定机构和专家，因此，收藏者自己就必须是鉴定行家，不然就会吃大亏。现在的情况已经发生了很大的改变，国家有专门的鉴定机构，拍卖行也必须在取得一定的鉴定证书后方能拍卖，所有这些，都给古字画收藏者提供了一定的投资保证。

字画投资要掌握如下技巧：

1. 选择准确是关键

字画投资不像其他投资，可以从繁乱的报表中得到参考数据，要想掌握字画投资市场状况，只有靠多看、多问、多听，逐渐积累经验。投资者平时要常逛画廊，多与画廊的工作人员交谈，从中就会发现哪些画廊的制度较健全，哪些画家的创作力较旺盛，从而积累一定的信息，但切莫"听话买画"。字画的优劣往往是比较出来的，只有多听、多看、多问，自然就有判断的标准。

2. 注意国际行情

字画在国际上大体可分为两大系统：代表西方系统的以油画为主；代表东方系统的则是中国字画。

投资者选择字画投资，必须要有国际公认的行情，并非在某个画展上，随便买几幅字画就认为是字画投资了。

字画作品需经过国际四大艺术公司拍卖认定才会有更高价值，才会具有国际行情。这四大公司分别为苏富比、克里斯蒂、建德和巴黎APT。这四大国际艺术公司每年在全球各地拍卖高档字画，设定国际行情。

时代、作者名气、作品繁简、保存状况一般来说对古字画没有影响。按行情，宋代或宋代以上的作品，出自最著名几位大家的手笔，每件最低价在10万元以上。若作品完整、干净、内容又好，则可随交易双方自行议价，没有具体定价。元代以下作品价格稍低，但大名家的手笔最普通的也值几万元。

现在在市场上流通的字画，大多数是近现代名家的作品。由于这部分作品中的精品市场价较高，且作者多已去世，因此收藏这些精品的机会比较少，所需资金与精力也比较大。

虽然市场上有赝品充斥其中，但赝品与真品始终有距离，只要多请教专家、多看、多比较、多学习，就不难分辨其真伪。这些精品的投资虽大，但风险相对较小，是资金丰富投资者的首选。

五、珠宝投资：收益新宠

"宝石"也叫"宝玉石"，有狭义和广义之分。

我国传统上将宝石与珍珠、琥珀、珊瑚等小件翡翠合称为珠宝。由于珠宝的存量稀少、体积小、价格高，并能长期保值，甚至增值较快，同时又便于携带和永久保存，因此古今中外都视珠宝投资为一种极有利润的投资工具。

在投资过程中，影响珠宝价值的因素，主要表现为：漂亮、耐用性、稀少、市场需求、传统文化心理、便于携带等。

珠宝的投资经营主要有如下特点：

1. 珠宝具有"硬通货"性质

许多国家都将宝石资源划归国有，并将其作为国民经济发展的重点投资项目和国库储备的对象之一。

2. 全球珠宝贸易市场比较集中

其形式多种多样，贸易的对象也有原石、半成品和成品等。

3. 珠宝交易比较保守和稳妥

珠宝交易和其他商品贸易一样，但是珠宝交易的一个显著的特点是趋于保守和稳妥。

4. 珠宝市场竞争激烈

由于珠宝贸易市场中的高额利润，珠宝市场的竞争十分激烈，欺诈、走私和黑市这些现象也就很难得到根本性控制。

■珠宝投资时必须遵守的原则

3大珠宝投资原则

必须选购具有市场价值的珠宝，即数量稀少，但需求量日益增加、价格不断上涨的珠宝。

最好到专业水平较高、信誉良好的珠宝店去选购珠宝，不要选购打折珠宝。投资珠宝必须选择佳品，才能确保其市场性与增值性。

在购买时一定要索取国际公认的鉴定书，以确保珠宝的品质与价值。

第二章

收藏品投资全解密

一、收藏品的选择

俗话说："盛世玩古物，乱世收黄金。"记得改革开放之初，经常可以听到一些因收藏而产生的逸事：如某某家传一件古玩被外商以巨资收购，其家也一夜之间成为"巨富"云云。当时类似的传闻很多，听者表示羡慕，妒忌者大有人在。其实自古以来，古玩、名人字画就是官宦、富商和文人所看重的财富载体。至于富有天下的皇室、贵族，更是把其收藏作为炫耀、积累财富的手段。

如今，随着人们文化素质的不断提高，古玩、名人字画之类收藏品也越来越受到大众的重视。民间收藏现在已经成为收藏界的主力军。据介绍，目前全国已有民间收藏品交易市场和拍卖行200余家，人们从事收藏，除了它们自身珍贵的艺术、历史意义之外，它们的经济价值也越来越高。

总之收藏是一种涉及范围很广的人类社会活动和兴趣爱好。随着民间收藏的日益兴盛，收藏品种类越来越多，从过去的古玩工艺品、名人字画收藏已经发展到现在火花、票证、奇石、连环画等，连神舟飞船的一些实物都被爱好者收藏。

据最新资料显示，目前我国收藏品的种类达7 400多种，老式家具、瓷器、字画、毛泽东像章、"文革"票证、打火机、邮票、纪念币、拴马桩都成为新的收藏热点，在一些拍卖会上经常有藏品被拍出惊人高价，一些有实力的企业和个人也纷纷投入到这一前景看好的行业，这些企业和个人收藏的数量之多、品种之全、品位之高令人瞠目，由收藏品众多而举办的民间博物馆也越来越多。而且，民间收藏有利于发掘、整理历史和文化资料。

二、收藏品的投资价格

在中国嘉德春拍专场上，起拍价为9 000万元的张大千的《爱痕湖》赚足了人们的眼光，在经过60轮各方叫价竞争后，《爱痕湖》最终以1.008亿元的天价被一位神秘买家收入囊中，从而标志着中国近现代书画品类作品首次突破亿元大关。

近现代书画品类作品单件过亿元，就像一个"节点"性里程碑，这标志着国内收藏品市场在经过长久的蛰伏后,目前已经达到一定高度。事实上,远不止张大千的《爱痕湖》受到疯狂的追逐,包括中国书画、瓷器玉器工艺品、现当代陶瓷及雕刻艺术、中国油画及雕塑、古籍善本、邮品钱币铜镜、珠宝翡翠等门类也受到不同程度的"追捧"。

在嘉德春拍专场,古代书画、著录于石渠宝笈的清宫旧藏、罕见宋画《宋人摹郭忠恕四猎骑图》以7 952万元的天价成交。瓷器工艺品总成交额超过3.4亿元,其中,"清乾隆青花红彩云龙纹贲巴壶"以3 584万元折桂同类拍卖专场。而邮品钱币铜镜总成交近6 780万元,其中,新"古钱王"存世孤品战国古钱武阳三孔布以352.8万元创下同类纪录;两整版猴票均拍出近百万元的高价。

进入2010年第二季度后,收藏品市场经过短暂回稳后再一次出现普涨,一个月涨幅高达40%左右,充沛的资金入场才能这么快地推升市场。现在收藏市场全线飘红,各种收藏品的价格普遍上涨。随着种种利好消息不断在收藏界传播,对收藏品价格的研究显得越来越重要,可以说,在收藏界研究好了价格,就成功了一大半。有人抱怨现在收藏品价格贵,说早知道收藏品价格涨得如此热烈,以前就是不吃不喝也要当个收藏家。可他却不知正是收藏品价格贵了,搞收藏才能更有魅力,如果现在收藏品的价格仍与5年前一样,相信不会再有几个人留恋此行当。

现在有些收藏品的价格已经物有所值,但更多的是物非所值:一取决于人们的

■ **如何判断收藏品的价格**

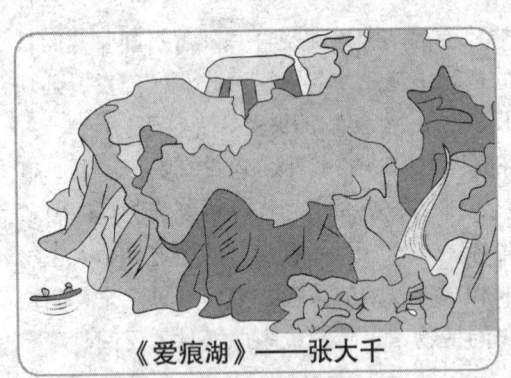

《爱痕湖》——张大千

在中国嘉德春拍专场上,起拍价为9 000万元的张大千的《爱痕湖》赚足了人们的眼光,在经过60轮各方叫价竞争后,《爱痕湖》最终以1.008亿元的天价被一位神秘买家收入囊中,从而标志着中国近现代书画品类作品首次突破亿元大关。

判断收藏品的价格需先判断收藏品的收藏价值:主要从真、精、稀这三方面入手

真   精   稀

真就是指收藏品的权威性   精就是指收藏品的珍贵性   稀就是指收藏品的稀少性

认可程度；二取决于参与人数的多少；三取决于人们收入水平的高低。收藏品价格总体上涨，但上涨的速度不一，这就需要人们有眼力去挑选。就是物有所值的，其价格也一直在涨，没有谁能阻止得了。

收藏品的价格是一种学问，是收藏学中一门主要的学科。因为一种收藏品的价格所反馈出来的信息是多方面的，存世量的多少、人气的强弱等都会暴露无遗，可以说在收藏界，研究好了价格便是一名常胜将军，否则只能是盲人骑瞎马，到头来不是让人捡了漏就是高价买了垃圾。

三、收藏品的投资程序

收藏品投资者如果能将其投资行为建立在有条不紊的基础上，就有利于抓住机会，减少差错。为此，收藏品投资必须遵循一定的程序，否则，任一阶段的疏忽都可能造成巨大的损失。收藏品投资的基本程序如下。

1.要具有收藏条件

（1）要具有一定的鉴别能力。想在收藏的过程中从一窍不通学起，要付出的代价太大，切不可尝试。在决定收藏某种品种前一定要先学习一定的相关知识。

（2）要有一定的资金储备。不然在收藏爱好培养成后突然发现资金不足，使自己陷于遇到好东西买不起，放弃又不忍的痛心情况。所以收藏要量力而行。

（3）要有坚强的后方支持。进行收藏活动前一定要得先到家人的支持，这样才能无后顾之忧，并且会得到众人拾柴火焰高的好结果，还能与家人一起分享收藏的乐趣。

2.确定收藏方向

（1）了解自己的爱好。

（2）了解哪种收藏品适合自己收藏。比如说家里的收藏空间、收藏条件、经济条件、收藏渠道，等等。

（3）不与国家的政策相违背。比如飞机、武器、弹药等，在我国是禁止民间收藏的。

（4）不影响自己的正常生活工作导致"玩物丧志"，不涉及别人的隐私。比如照片等可以作为藏品，但哪些可以公开展示哪些不能，就涉及道德问题了。

（5）了解想要收藏藏品的升值趋向，当然非保值升值收藏品除外。

3.选定艺术顾问

艺术顾问主要来自下述几种途径：

（1）艺术院校里的专家、教授。

（2）艺术研究机构及博物馆、美术馆等收藏机构的学者、专家。

（3）美术出版社或美术出版物的编辑。

（4）经常在艺术刊物上发表文章或出版艺术方面著作的作者。

（5）艺术公司专门研究艺术与市场发展规律的专家与学者。

（6）画廊、文物商店、珠宝商店、集邮用品商店等收藏品经营机构有经验的经营专家。

（7）熟悉艺术市场行情的艺术家及收藏品鉴定家。

4.收藏品投资策划

收藏者根据自身各方面的情况及对艺术的了解，再结合艺术顾问的建议，在了解艺术市场行情的基础上制定收藏品投资决策。

四、收藏品投资基本原则

对于许多收藏爱好者来说，把握艺术品投资收藏的基本方向，使自己在浩瀚无边的艺术海洋中不会迷失方向，这是最重要的问题。有一些老一辈收藏人士收藏效果不好，花大代价买入一大堆文化垃圾，不是财力不够而是心态不端，热衷于暴富神话，更根本的原因是没有处理好艺术品投资的基本原则问题。

艺术品投资的基本原则简要概括为九字箴言：真、善、美、稀、奇、古、怪、精、准。其奥妙在于收藏的实践活动中能灵活运用，举一反三，融会贯通，要求对每一藏品都得用九字原则在九个方面或者更多方面上进行全方位评估。

这里另外要强调的一点是：良好的心态。所谓的良好心态，就是积极的、理性的投资心态。在投资中，投资者要理性地分析要投资的项目，进行可行性分析，准确把握投资中的风险等诸多因素。那些侥幸的，盲目乐观或过于谨慎的做法都是不

■投资收藏品注意"三戒"、"五有"

三戒：
1.戒冲动。
2.戒侥幸。
3.戒轻信。

五有：
1.有识。
2.有闲。
3.有胆。
4.有缘。
5.有钱。

可取的投资心理。

首先，保持一颗平常心。收藏需要热情与理性的和谐，热而不狂，迷而不痴十分重要。藏家应该具有淡泊素质，也就是要有一种平静的心态，不可浮躁，更不能不切实际、想入非非。

其次，学会在收藏中找到快乐。收藏无止境，乐在追求中。歌德说过："收藏家是最幸福和快乐的人。"其实收藏的过程赋予了投资者最大的幸福和快乐，所以投资者做收藏应该更多地从兴趣出发，学会把收藏与兴趣快乐相结合，这样才会乐此不疲，心情愉快。

五、收藏投资操作技巧

随着经济的发展，人们对物质的需求得以满足的同时，对精神文化的需求日益高涨起来，收藏风的刮起便是这现象的见证之一。但与此同时，收藏品如何选择也成了新兴收藏者的难题。这里提供几点操作技巧。

1.扎实的专业知识

这靠的就是平日的积累，作为一个成功的收藏者，系统的历史、民俗、文学、考古、工艺美术和社会知识是必不可少的。收藏需要具备"慧眼"，这种"慧眼"不是一朝一夕炼成的，而是日积月累，不断学习、不断总结经验后才可能具备的。只有虚心学习，不耻下问，才能不断提高鉴赏水平。

2.真正的兴趣爱好

古人是怎么玩书画的呢？在像今天的这样风和日丽的好天，窗明几净的书斋里，净手焚香，聚集三五知交，观书品画、纵论古今。现在有多少人把书画买回家之后会去细细品味、研究呢？如果把原本是学问的研讨、人文的涵养，情操的陶冶，演化成仅仅是金钱的较量，如果花大价钱买回家的东西往保险柜里一放再也不看，就等着在市场的最高点出手，那还不如去做别的投资品种，还不存在真伪、好坏的问题。孔子曾经说过："骥不称其力，称其德也！"以蛮力显示出来的力量，终究不如知识的力量深厚而持久。

3.良好的风险意识

收藏风险不可不防，收藏市场纷繁复杂，有淘宝的机会，也有重重的陷阱，是一个高风险的市场，投资者还必须加深对艺术品市场足够了解，才更有可能取得成功。这其中最基本的包括政策法规的风险，操作失误的风险和套利的风险。

六、收藏投资效用有多少

收藏投资效用主要从两个角度来考虑的,下面分对收藏效用和投资效用分别来介绍。

1.收藏效用:艺术性带动收藏效用

凡美好的东西都是人们竞相追求的目标,美是艺术的前提,一件古代艺术品不会只因为它是古代文化的遗物就变得珍贵,她必须得满足审美性、创造性、稀少性三方面严格要求才能被称作珍宝。

2.投资效用:稀缺性提升投资效用

元代青花瓷价值高,除了因为它是中国青花瓷的老祖宗,历史悠久,存世量稀少外,其自身绽放的艺术魅力也是无与伦比的,能给人带来超强的美感。总结一下看,元代青花瓷的代表作大都具有强烈的个性,是开宗立派的创造性的劳动成果。创烧时期的青花瓷,产量低,个性强,装饰画水路清晰,抑扬顿挫,或刚或柔,画师有浓厚的中国绘画的笔墨功底。由于青花瓷装饰的概念还没有形成定式,它们独具特色不拘一格。从传承及出土情况来看,由于数量稀少,进一步抬高了元代青花瓷的市场价值。

元代青花瓷审美性、创造性和稀少性三大特征明显,这点认识对收藏辨识元代青花瓷真伪有积极的指导作用。

■ 如何识别瓷器赝品

看造型　　看胎釉　　看纹饰　　看款式

七、收藏投资策略与误区

收藏投资不仅仅是兴趣爱好,应全面看待,这里来讲述一下收藏投资的误区与应对策略。

1. 收藏不能光靠砸钱

是不是贵的就是真的,就是好的?由于藏品市场活跃,出现了大量浑水摸鱼的产品,忽悠并不精通收藏品市场的消费者,把粗制滥造、随意拼凑、制造概念的所谓"收藏品"的升值投资潜力吹得天花乱坠,有的还经常"搭车"一些大型活动或重大事件来虚抬身价。某市场一地摊上摆满了批发零售的器皿、字画、票证,最引人注目的是成堆的各式钱币,历朝历代的"通宝"几乎都有,每枚都红斑绿锈,颇似真品。问及"价格为什么那么低",小贩坦言"都是仿制品"。

2. 合理调整资金比例,理性收藏投资

邮票收藏业内专家周凤迟告诉记者一个真实的故事:有一位多年未见面的老友,被戏称为"日落西山的老赵"。缘何有此称呼?老赵从1982年开始涉足邮票的收藏与投资,他先后在广州、太原、郑州、石家庄等城市收购与投放庚申猴票,最多的时候拥有17个整版,从而得了一个"辽西猴王"的绰号。接着,在1988年和1991年,老赵因成功以24 000元的价格购得"孙中山像"三款四方连邮票和13 100元拍得"全国山河一片红"邮票,一时间名声大噪。

老赵自此认为自己"独具慧眼",于是坚决地成为邮资卡投资的实践者。他不仅花光了自己的积蓄购买"香港中银大厦落成纪念"邮资卡(俗称"片蓝"),甚至还贷款收购"片蓝",使自己变得一贫如洗。在收藏市场上折腾了20余年,手中为数不多的"片蓝"邮资卡早已用来抵了债务,现在他再也不敢涉足邮币市场了。

3. 收藏品不是越久越值钱

是真品也并不是不会贬值的,20世纪90年代前后是日本泡沫经济的顶峰,日本艺术拍卖史上也经常出现从未有过的"天价"现象,一波接一波的浪潮冲晕了投资者的头脑。但随着日本经济泡沫的破灭,"价值连城"的收藏品也开始"打折",银行里用于抵债的书画作品堆积如山,其价格只相当于原价格的1/5左右。

八、规避艺术品收藏投资风险

近年来,国内艺术品市场行情十分火暴,导致大批从未涉足过艺术品收藏领域的新人纷纷涌入。这些新入场的人士大多怀揣着投资升值的美好愿望,但由于对艺术品鉴赏缺乏基本的知识,常被制假、贩假者所害。

所以,如何有效地规避投资风险,对初入艺术品收藏市场不久的人来说显得十分重要。

1. 找专家咨询

如果你没有艺术品投资经验，就必须找专家咨询，这样，你可以少走许多弯路，避免重大的投资失误与经济损失。一般专家可以分为鉴定家、书画家、收藏家等几种类型。他们的侧重点虽不相同，但都可以为你提供有价值的建议。

2. 远离市场热点

实践表明，远离市场热点，也就远离了风险，最火热的收藏门类往往风险也是最大的，对新人来讲，还是谨慎一点为好。时下，国内艺术品市场书画堪称投资的最大热门，但是赝品也最严重，风险也最大。特别是近现代中国书画。因此，对初次接触艺术品投资的人来说，远离这些陷阱密布的"重灾区"，是规避风险的最好办法。

3. 寻找低风险品种

目前市场上，油画的投资风险是最小的，收益又有一定的保障，最适合初入市场的人士进行投资与收藏。价格低、保真性强、投放量小、上升空间大，这些都是当代油画的投资优势。对于有实力的投资者可选择吴冠中、靳尚谊等老一辈油画家的作品或新中国革命历史画这些具有典型时代烙印的油画作品。

4. 抓紧时间补课

对艺术品投资者而言，了解与熟悉市场必不可缺，它可使你找准自己的定位。此外，更重要的是加强自身对艺术品真伪的鉴别能力，依赖别人的帮助终归不是长久之计。不练就一双火眼金睛，就只会沦为造假者的牺牲品。所以，抓紧时间了解市场，尽快提高自己的鉴别能力，对初入市场的新人至关重要。

总之，对每一位艺术品投资者而言，规避风险才是最大的根本，投资回报应退居其次，不能有效地规避风险，一切都无从谈起。

第十四篇 投资保险：
给人生系上安全带

第一章

投资保险不可不知的常识

一、必不可少的保险知识

以下知识是你购买保险时应最先了解的。

1.保险公司

一般指经营保险业的经济组织。在中国，主要是指经保险监督管理机构批准设立，并依法登记注册的商业保险公司。根据《保险法》的相关规定，保险公司可以采取股份有限公司和国有独资公司两种形式。

2.构成保险的各个要素

每个保险合同都会有这几种内容：第一，投保的标的，即是人身还是财产；第二，投保的费用，即所需要交的保费；第三，投保的保额，即一旦出现符合保单中的条件的风险时，保险机构所应提供的金额。第四，投保人，被保险人和受益人；第五，保险的费率，即保费占保额的比率；第六，免责事项，即在某些情况出现时，保险公司不负责赔偿。

3.保险的原则

保险的四大原则是最大诚信原则、保险利益原则、近因原则、赔偿原则。最大诚信原则，是指双方必须互相告知关于保险以及被保标的的一切信息，保持最大限度的诚信，不允许有欺骗、隐瞒的行为。保险利益原则，也叫"可保利益原则"，是指要想让保险合同有效成立，投保人必须对保险标的具有法律上承认的利益。近因原则是指意外和危险事故的发生对于损失结果的形成，须具有有直接决定性的因果关系，且近因在可保范围内，这样保险人才对发生的损失承担补偿责任。

4.保险的分类

从大体上来分，可以分为社会保险和商业保险两种。商业保险又称普通保险。对于社会保险，其下还可以分为养老保险、工伤保险、医疗保险、生育保险和失业保险。

根据保险的标的不同，可分为财产险和人身险。

根据投保方式的不同可以分为个人保险和团体保险。

掌握必不可少的保险知识，将有助于你高效、顺利地进行保险投资！

■ 关于宝宝保险的知识

宝宝出生28天后即可买商业险：幼儿免疫力低，极易生病，而医疗费用高涨，社会基本医疗保障力较低，所以最好为宝宝购买一份适宜的商业险。

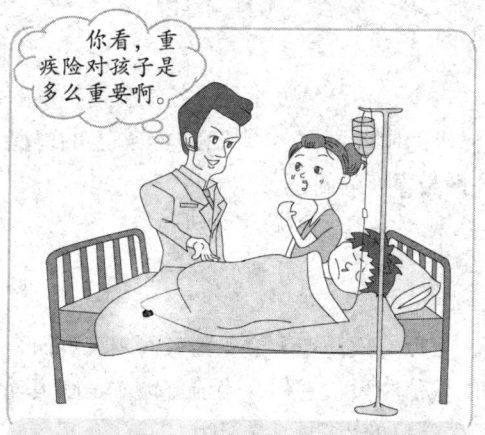

少儿重疾险越早买越好：越早买重疾险，同等保额交付的保费越低，也越早享受到保障。

量力而行选择教育金储备：教育金保险是投保人在保险公司进行定期储蓄，到小孩达到读书年龄时再领取来做学费。

二、如何选择保险公司

参加保险是人们保险意识不断加强的表现。可保险公司有很多，应该选择哪一个呢？怎样评估一个保险公司呢？你可以参看如下的标准。

1.公司实力放第一

建立的时间相对较久的保险公司，相对来说规模大、资金雄厚，信誉度高，员工的素质高、能力强，他们对于投保人来说更值得选择。我国国内的保险业由于发展时间比较短，因此主要参考标准则为公司的资产总值，公司的总保费收入、营业网络、保单数量、员工人数和过去的业绩等。

2. 公司的大与小

作为一种金融服务产品，很多投保人在投保时，在选择大公司还是小公司上，犹豫不决。其实，在这一点上要着重看它的服务水平和质量。一般说来，规模大的保险公司理赔标准一般都比较高，理赔速度也快，但缺点是大公司的保费要比小公司的保费高一些；相比之下，小的保险公司在这方面就有不足，但保费会比较低，具有一定价格上的竞争优势。

3. 产品种类要考验

选择合适的产品种类，就是为自己选择了合适的保障。每家保险公司都有众多产品，想要靠自己的能力一点点淘出好的来，并不容易。不过找到好的保险公司就不同了。因为一家好的保险公司能为你提供的保险产品都是比较完善的，可以从中选择应用广泛的成品，亦可省了众多的烦恼。而一家好的保险公司一般应具备这样几个条件：种类齐全；产品灵活性高，可为投保人提供更大的便利条件；产品竞争力强。

4. 核对自己的需要

保险公司合不合适最终都要落实到自己身上，你的需要是什么？该公司提供的服务是否符合你的要求？你觉得哪家公司提供的服务更完善？精心地和自己的情况进行核对、比较，这才是你作决策时要考虑的最重要的问题。

三、如何让保费省钱

购买保险对资金进行合理安排和规划，可以有效防范和避免因疾病或灾难而带来的财务困难，同时可以使资产获得理想的保值和增值。但在当前省钱才是硬道理的经济形势下，如何才能让自己的保险买得经济又实惠呢？

1. 弄清自己买的是什么

保险公司在谈论人寿保险的时候，避免直接说"人寿保险"这个词，总是会用一些委婉的说法，例如用"保障抵押""退休养老计划"或"避税方案"等加以包装。很多保险公司都要求保险顾问不要用最直白的说法告诉潜在的客户，某种保险的真正含义是什么。

但是，应该清楚的是，自己是在购买人寿保险。保险顾问总是强调保险降低风险、规避纳税等方面的优势，但是他们会尽量掩盖保险的另一面：高手续费、长年累月的定期缴纳，以及一旦提前终止所受到的巨大的损失。因此，不要被保险的包装所诱惑，一定要弄清某个保险方案是不是真正适合你。

2. 要考虑附加险

一般来讲，附加险具有交费低、保障高，最具保险的"以小钱换大钱"的特点。例如，有一位女士，购买了主险"重大疾病终身保险"，同时投保附加险"附加住院医疗保险",主险基本保额和附加险年保险金额均为2万元,两项保险费每月总共不到1 500元。后来,这位女士不幸被医生诊断患有急性淋巴细胞白血病,住进了医院,共花费治疗费用3万多元。保险公司按照合同,支付了6万元的赔款。如果这位女士仅买主险的话,要想达到相同的保障至少要多花出1倍的钱。

3.选择合理的缴费方式

保费大多会在每月或每年按时、自动地从账户上划走,非常方便。但是,在每月或每年对账单的时候,你还是要问问自己这种支付方式是否合适,这些钱花得是否值得。因为,有的时候年付比按月支付要便宜15%~20%。所以,不要在不知不觉中被"咬"了一大口。

保费的缴纳方式可以分为期缴和趸缴两种,顾名思义,期缴就是分期缴纳;趸缴是指一次性缴清,之后就不再负有缴费的义务而享受保障权利。不同保险的缴费方式也不尽相同,选择合适的缴费方式不仅可以节省保费,还会影响到个人的理财习惯。

此外,有些投保人面对长达二三十年的缴费要求,担心因为不能按期持续地缴费,而影响保单的效力。这时,如果收入相对丰厚,或拥有一定的银行存款余额的客户,可选择在适当短的时间内完成保单缴费义务,以避免这种担心。

■如何选择保费的缴纳方式

四、购买保险前的预备工作

在众多保险公司推荐的五花八门的产品中，你是否觉得无所适从？经过业务员的推荐，你在购买了某一寿险产品后，发现该产品并不像当初想象的有那么大的作用？在五花八门的保险产品中，你是否能够设计出最优的保险方案？在购买保险产品之前，要做好三大准备工作。

1.明确需求

购买保险时切忌面面俱到。在购买保险以前，要确定自己的保险需求。根据自己的需求大小做一个排列，优先考虑最需要的险种。一般情况下，保险公司都会根据人们日常生活中的六大类需求来设计保险产品，分别是投资、子女、养老、健康、保障、意外。

每个人面临的医疗费用风险是不一样的，因此所需要的保险保障范围也不同。影响风险的因素有职业、收入、地域、年龄和家庭等。比如享有社会医疗保险的人，在医疗费用支出较大的时候，需要商业保险的保障。而不享受社会医疗保险的人，则需要全面的商业医疗保险。经济条件好的人，在生病时有足够的承受能力。而经济条件一般的人，可能因一场大病陷入贫困。肩负家庭重担的人，在疾病期间可能需要额外的津贴。而单身贵族，则很可能不存在这个问题。因此你应该视自己的真正需求有选择地购买保险，而不需要面面俱到。

2.确定方案，注重长远保障

在了解和确定了自己的需求以后，就要通过选择保险公司和保险产品的比较，综合确定一个方案。对此，业内专家认为，在保险产品的挑选上，保险公司占了很重要的位置。

真正能维护你利益的时候，很大程度就在于这个保险公司的服务。人们在选择保险产品的时候也并不是"保险保障范围越大越好，功能越多越好"。专家指出，保险的价格和保障范围是成正比的，如果保险保障范围超出需要，则意味着支付了额外的价格。例如，一位教师发生工伤的机会微乎其微。如果其购买的保单范围包括工伤医疗费用，则白花了工伤保险的钱。请记住，要购买真正适合自己需要的保险产品。

因此，在购买保险之前一定要设计好一个能够保障长远利益的保险方案，这样才能得到物有所值的保险产品。

3.学会签单，保证不受骗

当一切工作都准备就绪以后，还需要做的一份作业就是要了解填写保单的时候应该注意哪些问题，不要因为自己的一个小疏忽，最后影响保险产品发挥其本身的作用。

■把握五个关键，顺利签订保险合同

第一，当业务员拜访你时，你有权要求业务员出示其所在保险公司的有效工作证件。

第二，你应该要求业务员依据保险条款如实讲解险种的有关内容。当你决定投保时，为确保自身权益，还要再仔细地阅读一遍保险条款。

第三，在填写保单时，必须如实填写有关内容并亲笔签名，被保险人签名一栏应由被保险人亲笔签署（少儿险除外）。

第四，当你付款时，业务员应当当场开具保险费暂收收据，并在此收据上签署姓名和业务员代码，也可要求业务员带你到保险公司付款。

第五，投保一个月后，如果未收到正式保险单，应当向保险公司查询。

五、保险投资应遵循哪些原则

保险是现代家庭投资理财的一种明智选择，是家庭未来生活保障的需要。购买保险要根据自己的经济实力，选择最适合自己的保险项目及保险金额。从保险的回报来看，购买的保险最好不是单一的，以组合为佳。为此，要遵循以下原则。

1.明确投保目的，选择合适险种

在准备投保之前，投保者应先明确自己的投保目的，有了明确的目的才能选择合适的险种。是财产保险还是人身保险？是人寿保险还是意外伤害保险？为了自己退休后生活有保障，就应选择个人养老保险；为了将来子女受到更好的教育，就要选择少儿保险等。总之，要避免因选错险种而出现买了保险却得不到预期保障的情况。

■选择合适险种，投保人应从哪些因素考虑

现在，人们的保险意识越来越强，然而众多的保险险种让人眼花缭乱。如何选择险种，选择哪种险种呢？下面介绍下选择险种的考虑因素。

适应性 —— 投保要根据自己或家人需要保障的范围来考虑。

经济支付能力 —— 买寿险是一项长期性的投资，每年的保费开支必须取决于自己的收入能力。

选择性 —— 在经济能力有限的情况下，为成人投保比为独生子女投保更实际，因为作为家庭的"经济支柱"，其生活的风险总体上要比小孩高。

2.量力而行，确定保险金额

一般来说，财产保险金额应当与家庭财产保险价值大致相等，如果保险金额超过保险价值，合同中超额部分是无效的；如果保险金额低于保险价值，除非保险合同另有约定，保险公司将按照保险金额与保险价值的比例承担赔偿责任或只能以保险金额为限赔偿。

3.保险期限长短相配

保险期限长短直接影响到保险金额的多寡、时间的分配、险种的决定，直接关系到投保人的经济利益。比如意外伤害保险、医疗保险一般是以一年为期，有些也可以选择半年期，投保人可在期满后选择续保或停止投保。人寿保险通常是多年期的，投保人可以选择适合自己的保险时间跨度、交纳保费的期限以及领取保险金的时间。

4.合理搭配险种

选择人身保险可以在保险项目上进行组合，如购买一个至两个主险附加意外伤害、疾病医疗保险，使保障性更高。因为，它可以避免各个单独保单之间可能出现的重复，从而节省保险费，得到较大的费率优惠。

六、保险合同关键看哪儿

在你选择好保险种类之后，业务人员就会提供给你一份保险合同，让你填写相关信息。别小看这份合同，它是你最终能否受到切实保障的依据。在签这份合同时，你一定要弄清楚一些关键性的东西，否则，很可能在受到损失后，你却没能得到合理的赔偿。

1.条款的解释

填写保险合同时，你要仔细查看合同的每个条款，甚至是要带着研究的态度去一条条分析。业务人员的片面之词不足取信，你要随时提问，问清楚每条都对你有什么作用，是否适合你。不要相信业务人员的任何承诺，那些都不如条款上落实在纸面上的东西实际。不要怕麻烦，只要是心里觉得有疑问的地方都可以提出来，而回答这些问题也是业务人员职务范围内的事。

2.保障是否全面

在通读过一遍保险合同后，你要再想想，它提供的保障是否全面，如果不全面，你还需要投保些什么？如果别的保险公司有更全的保障，何不再多比较一下？思考得越全面越好，因为这样，当你遇到特殊情况的时候，保险就越能为你出力。

3.明确保单金额

你到底要保多少钱，每年要出多少钱，应是你十分关注的事情。明确好保单的金额，计算好要投保的数字，你才能规划好自己保险方案，也能将其合理地安排到自己的理财计划当中。

4.是否有附加险

有的公司提供的险种除了主险之外还有附加险，这一点虽然细微，但你应当关注一下，能以较少的钱来弥补更多的风险，十分经济实惠。投保了主险之后，可能还会有些许疏漏，附加险就可以针对这种情况进行补充。

5.注意除外责任条款

除外责任条款，有的也叫"例外条款"，即保险公司不保的那些情况，这条你应仔细琢磨一下。很多投保人在事后才发现，自己受的伤害属于除外责任，那样的话有保险跟没保险一样！而在很多保险合同中，这条规定可能会有些模糊，不一定能展开其中的内容，因此，这条你一定要向业务人员问个清清楚楚才能签字。

填写保险合同，是具有法律效力的，为了你的利益能真正受到法律的保护，请务必要仔细阅读，弄懂合同中各项条款的含义。

■如何慎重选择保险公司

看公司实力

很显然，历史悠久、信誉度高、规模大、资金雄厚、业绩良好的保险公司对投保人来说是更值得信赖的。大型保险公司保费虽然较高，在理赔方面的业务却相对成熟，及时理赔，公司定损的网点也多。

看产品种类

一家好的保险公司提供的保险产品应具备这样几个条件：种类齐全；产品灵活性高，可为投保人提供更大的便利条件；产品竞争力强。

看偿还能力和服务水平

偿付能力。公司以往的赔付记录中有无拖欠拖延赔付金，公司股东的实力越强，经营状况越好，则偿付能力越强。当然服务水平越高，介绍的越具体，可信度也越高。

第二章

人的一生需要购买哪些保险

一、人的一生主要投保哪些类型的保险

从前在一座小岛上，住着10户以捕鱼到陆地出售为生的渔民。10户渔民每家都有一艘货船，这些货船经常要将货物运到陆地上出售，在运送过程中，如果其中的一艘货船遇难，就会致使一个家庭几个月甚至半年的生活无所依靠。

后来大家想出了一个办法，把每家的货物分成10份，每艘船上装1份，这样一来，货船遇难的时候，每个家庭都会受到损失，但损失的只是全部财产的1/10而已。

这就是保险最原始的核心功能之一。

1.意外风险

意外事件每天都在城市的大街小巷上演。风险已经不再是小概率事件，而事故造成的损失总要有人来埋单。

对于刚参加工作的年轻人或者收入不同的人群而言，购买高额的寿险是不现实的。经济能力使得他们没必要、也不乐意把所有的钱都放进保险公司的口袋里。但意外险是他们必备的一张保单。因为，面对人生突如其来的意外，意外险能够较全面地构筑起保障被保险人利益的安全防线。

意外险的保费低，一份保额为10万元保险，投保人只需交纳100多元的费用，可谓是"小投入大保障"。在低利率、低投资收益率的时代，购买意外险等纯保障险是非常必要的。

2.健康风险

不知从什么时候起，我们开始害怕体检。尽管拿着不薄的薪水，但是内心里总有不安感。现代生活让一大半白领处于亚健康状态，大病发病率越来越高，年龄越来越低，这个问题谁也无法否认。客观而言，疾病的风险是任何人都难以回避的。

通过投保健康险可有效降低疾病对自己和家庭生活所带来的影响。被保险人以支付相对较少的保险费为代价，向保险公司转移和分散了无法预测的大额医疗费用的风险。

3.养老风险

为了能让更多老人在退休后能安度晚年，老年人应当趁早买份商业养老保险。养儿防老不如买份保险来养老。

■万能险真是万能的吗

1. 有保底年收益，每月公布收益情况

2. 万能险相比分红险在收益结算上更具优势

3. 保险期间长短不一，资产增值稳定

4. 灵活而且方便，可借款

5. 享有保险保障，尽显高贵身价

不适合的四类人群

1. 没有足够风险准备的人

2. 收入不稳定或不高的人

3. 希望短期获益的人

4. 老年人

二、单身时期：医疗保险做伴侣

单身时期，是事业开创和发展的阶段，很多年轻人认为自己身体健康，吃穿不愁，没必要买保险。淡薄的保险意识，为今后的生活种下了苦果。

陈小姐是家里的独生女，同父母住在一起。由于父母下岗，家里的主要经济来源都落在了她的身上。于是她更加勤奋工作，以希望能让父母生活得更安适些。可是，命运并没有因此给她过多的关照，相反，却悄悄酝酿了一场悲剧。

一天,她在办公室办公,突然觉得胃痛得厉害,结果到医院检查,是一种罕见的胃部疾病,由于她的胃已经有一小部分被感染,所以要动手术。这时她懵住了,她该去哪里筹措这笔钱?即便公司为她上了社会保险,可是也只是承担了一部分,剩下的她根本没办法弄到!

工薪阶层里,有的是刚步入社会,收入不高,身体健康的年轻人,没有多少人想过要为自己买一份医疗保险!本应必不可少的东西被忽略掉了,而在遇到疾病的时候,束手无策!

很多年轻人都知道保险,但是很多人没有仔细想过选择或不选择它到底意味着什么。灾难是无情的,它不会给你防卫的机会。而你最应该做的就是在风险还没到来之前,就做好未雨绸缪的准备!保险,就是为你提供防卫的最佳武器!

保险应趁年轻早买,随着年龄的增长,保费也就随之增长,那你就为可能出现的意外准备得更充分。看来,保险也应当趁早买,早些投保,就早日得到保护!

■如何合理选择健康险

健康是人类最大的财富。疾病带给人们的除了心理、生理的压力外,还会面临越来越沉重的经济负担。有调查显示,77%的市民对健康险有需求,但是健康险包括哪些险种,又应该如何购买,不少市民对此懵懵懂懂。以下是保险专家为如何购买健康险提出的一些建议。

三、家庭形成期如何选择保险

苦熬了几年，你终于有了自己的家庭，此时的收入稳定了，也有了自己的孩子，有了自己的家，而这时候，你想过要给自己的家庭买保险吗？如果买，该买哪些保险？

明志的儿子终于降生了，一家人都沉浸在喜得贵子的气氛中，一切都以孩子为中心，分配工作。这点被他的一个销售保险的朋友知道后，立刻上门拜访他，向他介绍婴幼儿保险。明志一听是为孩子买保险，全盘接受，还专门拿纸笔记了下来。后来，明志给孩子买了多种长期和短期的保险，而自己和其他人却一个都没买。虽说给孩子买保险十分有远见，可是从某种程度上讲大人更需要上保险。

■家长必须知道的少儿保险

1. 不同险种解决不同问题

第一类： 防止意外伤害

第二类： 孩子的健康

第三类： 孩子的教育储蓄

2. 不同险种搭配更扎实

容易陷入误区：
- 只重小孩，不重大人
- 注重教育忽略保障
- 保障过剩
- 保障期限过长

新家庭的形成，孩子的诞生，让家里的一切都变得不一样了。生活的中心也逐渐向孩子靠拢，为孩子买保险没有什么错，可是大人一个都不买就不太理性了。万一大人出了什么事情，那孩子该怎么办？孩子还需要大人的哺育，而一旦家里的经济支柱倒了，孩子有保险有什么用？

同时，也要看到，此时，家庭的收入一般都趋于稳定，生活水平也在逐渐提高。但相对地，由于新家庭的形成，工作和生活压力都加大，心理负担加重，身体很可能会出现些许不适应不舒服的地方。据调查，当今社会处于这个年龄段的人的身体都处于亚健康状态，这样连自己都没办法保障，又怎么可能给孩子一个有保证的未来？

在普通家庭中，男士一般是经济支柱，也是承受压力最重的群体，因此，也就最应当买保险。这时就要抛弃总是保护家庭弱者的旧观念，因为无论在何时，首先保住家庭的支柱才是最正确的！

至于买什么保险，根据这阶段的情况，建议投保者，为自己和家人优先考虑意外险和疾病险，以应对可能遭遇的风险，然后再考虑子女教育险、养老保险等其他险种。当然，最好能有个投保计划，规划好以后都为什么人、投什么险、都投多少，等等。建立家庭，要考虑的事情很多，所以在买保险的时候应尽量考虑周全！

买保险就是在买保障，是应对未来不可预测的各种危机的最佳方法。不要因为家庭条件不好而在这个问题上打折扣，殊不知，这也是在为你的安全系数打折扣！家庭成长期之后，很快就是退休期，也就是事业、人生都开始进入低潮的阶段，这时候，有什么还会比买份合适的保险更能保证你的未来生活？

四、准妈妈如何选择一份合适的保险

随着社会对女性的关注越来越多，在保险市场中也开始出现了一些"女性保险"，颇值得关注。尤其对于"准妈妈"们来说，这种保险来得正是时候。由于女性妊娠期的风险概率比正常人要高得多，保险公司对孕妇投保都有比较严格的要求。一般怀孕28周后投保，保险公司不予受理，要求延期到产后8周才能受理。怀孕28周后，原则上不受理医疗保险、重大疾病保险以及意外险，只受理不包含怀孕引起的保险事故责任的普通寿险，且在投保时须进行普通身体检查。

对于即将进入生育阶段的准妈妈来说，生育保险到底有多重要？准妈妈们应当如何进行自己的保险规划呢？

1.孕前投保健康险留意"观察期"

对于目前尚未怀孕而正准备做妈妈的"准妈妈"们，可提前作出保障准备。现在很多保险公司都已经推出了能覆盖妊娠期疾病的女性健康险，保障女性生育期间的风险，有的以主险形式推出，有的则以附加险的形式推出。

但要提醒大家的是，投保这类保险切记要至少提前半年，这主要是因为女性健康险有一定的观察期，也就是该类保险合同一般要在90~180天以后才能生效，甚至更长时间。如果该保险观察期是180天，那等孩子生下来才能进入合同的保险期，怀孕期间一旦发生意外和疾病，就不能获得理赔。

2.孕后选择母婴保险

对于已怀孕的"准妈妈"们来说，怀孕后选择保险的范围比较有限，如果有保障需求，可以考虑专门为孕妇以及即将出生的小宝宝设计的母婴健康类保险。一般情况下，20周岁至40周岁怀孕，怀孕期未超过28周的孕妇都可以投保。和普通的健康险不同，这类保险是专门针对孕妇的，因此一旦投保即可生效，一方面对孕妇的妊娠期疾病、分娩或意外死亡进行保障，另一方面也对胎儿或新生儿的死亡、新生儿先天性疾病或者一些特定手术给予一定的保险金给付。

3.购买津贴型保险

津贴型保险指保险公司按住院天数每天定额给付被保险人津贴的医疗保险，与社会医疗保险的报销没有任何冲突。对于医疗保障较为全面的准妈妈而言是最好的选择。这类保险对补足社保不给报销的药费或住院期间的误工费十分有用。

五、怎样给家中老人买保险

杨小姐和老公都是独生子女，双方家境都属于普通工薪阶层，在老家的父母均在55岁以上，杨小姐和老公除了支付房贷等，还承担着4位老人的养老责任。虽然老人们都有一定的退休金，基本生活支出不需要他们负担，但杨小姐和老公还是想给他们买保险。然而令杨小姐困惑的是，不知道买什么险比较合适？

现在，随着我国计划生育政策的实施，很多身为独生女的人都开始担当起养老的责任。许多人都像杨小姐一样考虑为父母买保险，一是想尽孝道，二是想解决老人"养老""重疾""意外"三个方面的问题，保障老人的晚年生活。

但是给老年人买保险划算不划算呢？应该怎样给老年人买保险呢？

其实，50多岁的老人买养老保险就不是很合适了，因为不少寿险产品的费率随着年龄增大而提高，在这种情况下，老年人投保会出现保费"倒挂"的现象，即投保人缴费期满后，所缴纳的总保费之和小于被保险人能够获得的各项保障以及收益之和。

比如，一位25岁的年轻人投保一款保额10万元的重大疾病保险，分10年缴费，每年需缴纳保费5 900元，总共需缴纳保费59 000元。一名55岁的中老年人同样投保这款险种，分10年缴清，每年就需缴纳保费11 700元，共需缴保费117 000元，到第九年保费投入就超过了保额。

老年人的保费高昂，是由老年人"高危"的特性所决定的——高风险必然带来高保费，但是从风险角度来讲，老年人恰恰是最需要保险的。除了保费"倒挂"现象，另一种现状是，适合老年人的险种也比较少，而且大部分寿险产品上限都在65岁，还有的险种上限是55~60岁。

■ 如何为家中老人买保险

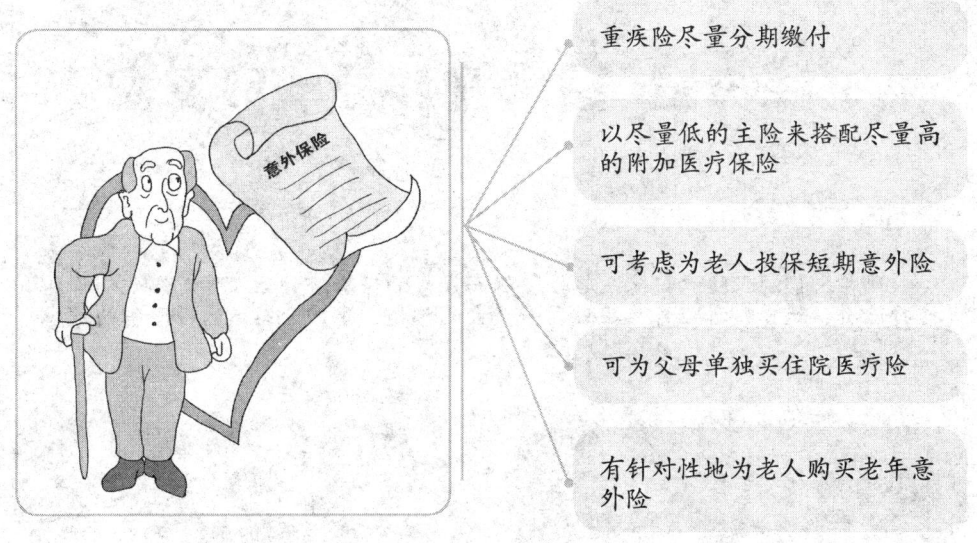

六、现代女性如何为自己挑选一份合适的保险

现代女性在家为家事操劳，在外为事业打拼，在承受着巨大压力的同时，不要忘了关注自己的身体健康，根据需要挑选一份合适自己的女性保险，来保障自己的美丽人生。

女性保险是为女性量身定制的保险产品。传统的保险男女老少通用，但每个人群需要不同，可能一份保单很多保险责任也就一条适合投保人。女性保险就是为了避免这个问题而细分出来的。它针对一些女性特有的生理情况等，改变以往大网小鱼的片面性，将保险责任更大地利用，真正让女性受益。

女性保险主要有以下三种类型：

（1）女性重大疾病保险，如乳腺癌、子宫颈癌、子宫内膜癌等妇科疾病。

（2）女性意外险，包括爱美女士整容的保险。

（3）女性生育险，包括孕妇及新生儿的疾病、死亡的赔付。

女性保险的购买应讲究以下技巧。

女性保险的两大误区

现在人们的保险意识越来越强,然而众多的保险险种让人眼花缭乱。如何选择险种,选择哪种险种?又成了一个大的难题,下面介绍下选择险种的考虑因素。

误区一:投保险种单一,缺乏搭配组合

通常,女性险要比普通的重大疾病险便宜,且有一定的产品针对性,很多女性朋友会误认为只要选对一种女性保险便可后顾无忧,从而忽略了对普通重大疾病的投保。

误区二:保险理财,过分看重快回报高收益

很多女性朋友购买保险产品一味追求快回报及高收益,而忽视了保险最本质的保障功能。所以建议女性朋友可以将自己中期的经济状况做一个梳理和规划,量入为出,合理分配,避免因投资规划有误而中途退保,使自己蒙受损失。

1.搭配购买更加经济有效

通常来说，女性投保疾病保险，保额选择在10万元左右是比较保守的建议。对于二三十岁的女性来说，20年"分期付款"，每年大约2 000元就可以购买一份女性保险。

但是各大医院治疗费用统计显示，近年来，妇科疾病的治疗费用一直呈现增长态势。一般妇科癌症治疗费用为8万～20万元，系统性红斑狼疮性肾炎、严重类风湿性关节炎的治疗费用分别在5万～15万元、3万～10万元之间。

因此，对于预算比较宽裕的女性，还应在投保女性疾病保险之外，投保普通的重大疾病保险。将两种险种搭配购买，疾病保障范围可以更全面：以女性疾病保险应对发病率较高的妇科疾病，以普通的重大疾病保险应对心脏病、脑中风等常见的重大疾病风险。

2.挑选好的产品

选择女性险时要选择好的产品，有时候即使都是女性险，它们也是有很大的差距的。

因此，女性朋友在投保时一定要注意选择好的产品。在各类疾病保险中，投保女性险尤其不能只考虑投保多少保额，而应算下针对每种疾病的有效保额，这才是理赔时能实实在在拿到的赔偿。

第三章

如何才能快速获得理赔

一、怎样办理理赔手续

对于保险客户来讲,最核心的问题便是保险理赔。那么,该如何来办理理赔手续呢?

1.通知保险公司

当发生保险事故时,应立即通知保险公司或业务员,通知的方式有:电话、信函、传真、上门等。

2.提交申请材料

在通知保险公司以后,应该将保险合同约定的证明文件交给保险公司,也可以书面委托业务员或他人代办。这些文件主要包括以下几项:

(1)保险合同。

(2)理赔申请书。

(3)被保险人身份证明和出险人身份证明。

(4)门诊病历和处方。

(5)出院小结及诊断证明。

(6)医疗费用原始收据。

(7)住院费用明细清单。

(8)延长住院申请表(条款注明住院超过15天需要申请的)。

(9)重大疾病诊断证明书。

(10)意外事故证明(如:被保人驾驶机动车辆发生交通意外需提供有效驾驶证和行驶证,有交警处理的需要提供相关责任认定材料)。

(11)残疾鉴定报告(需要与理赔部联系)。

(12)授权委托书。

(13)被委托人身份证明。

(14)受益人存折复印件。

(15)受益人身份证明、户籍证明、与被保险人的关系证明。

(16)非定点医院申请。

（17）公安部门或本公司认可的医疗机构出具的被保险人死亡证明、殡殓证明、身故者户籍注销证明，如死亡医学证明书、火化证、户口注销等。

（18）与事故性质相关的证明材料：意外、工伤事故证明，医院死亡记录及相关病历资料，司法公安机关出具的尸检报告书等。

■ 办理理赔四步骤

通知：在发声事故时第一时间通知保险公司。

提交申请材料：将保险合同约定的证明文件交给保险公司。

等待：保险公司开始审核责任并计算赔款额，需要等待一段时间。

领款：保险公司一旦审核完毕，保险客户即可按程序领取保险金。

3.等待

提交申请材料之后,保险公司开始审核责任并计算赔款额。此时需要等待一段时间。

4.领款

保险公司一旦审核完毕,会将核赔结论用书面形式通知保险客户,保险客户带上身份证和书面通知去领取保险金即可。

至此,保险理赔手续就完成了。

二、民事赔偿与保险赔付能相抵吗

2006年1月,北京市某游泳馆内一男游客突然发生异常情况,馆内救护人员和医务人员立即进行抢救,并呼叫救护车将其送往医院,但该游客终因抢救无效而死亡。医院认定其死亡原因为"猝死",并出具死亡医学证明书。事后,游泳馆向该游客家属给付398万元赔偿金。

由于该游客生前曾投保人生意外伤害保险,因此,出险以后,该游客家属向保险公司要求赔付。

但是保险公司认为:被保险人投保了人身意外伤害保险,属保险事故,理应赔偿;但是游泳馆已对被保险人支付了赔偿金,保险公司无须重复赔付。

相信很多保险客户都碰到过与上面这个小故事相似的事情,即保险公司以第三者已经赔偿为由而拒绝向被保险人赔付保险金。但是,这种做法合法吗?民事赔偿与保险赔付能相抵吗?

其实,保险公司的这种做法是不合法的,民事赔偿与保险赔付并不能相抵。

因为依照我国法律规定,人身保险是以被保险人的身体和生命为保险标的,人的生命是不能用货币来衡量的,一旦遭受伤害,标的本身不能恢复再生,也不能对其进行补偿,只能解决所引起的经济需要。所以并不存在保险公司的超额给付问题。不管在几家保险公司投保若干人身保险险种,只要被保险人发生保险责任事故,保险公司即应当按合同规定给付保险金。

因此,第三者对被保险人的赔偿,是属于民事赔偿,并不能代替保险公司的保险赔付,我们应牢牢记住这一点。

三、怎样分清遗产与保险赔付金

胡某生前系个体司机,生有一子一女胡冬和胡欣。因职业的特殊性,遂在生前投保了一份3万元的人身意外伤害险,并一次性缴纳了全部的保险费,合同中指定了受益人为其女儿胡欣。

2001年6月15日，胡某在外驾车送货途中发生车祸死亡，保险公司在核对情况后如数支付了3万元的保险金。胡某之妻、儿子、女儿对胡某遗留的其他财产的继承均无异议。唯独对3万元的保险金归属意见不一。受益人胡欣认为，自己是父亲生前投保时指定的唯一受益人，保险金应归其所有。胡某之妻及其儿子胡冬则认为，该3万元保险金亦是胡某死亡时遗留的合法财产之一，属于遗产的范围。既是遗产，则应由3人分别继承。双方争执成诉，法院最后依法判决该3万元保险金归胡欣一人所有。

在上面的小故事中，法院为什么判决保险金归胡欣一人所有呢？在保险理赔时我们应怎样分清遗产与保险赔付金呢？

■ 人生需买的三大险

除了足够富有的人需要为"闭上眼睛的瞬间财产减少一半"而规避损失以外，普通人员需要为"意外、健康和养老"而转移风险。这就是人生必保的"三大风险"。

我国《保险法》第六十四条规定："被保险人死亡后，遇有下列情形之一的，保险金作为被保险人的遗产，由保险人向被保险人的继承人履行给付保险金的义务：①没有指定受益人的；②受益人先于被保险人死亡，没有其他受益人的；③受益人依法丧失受益权或者放弃受益权，没有其他受益人的。"

保险赔付金到底属不属于遗产，需分情况而论。如果有受益人，则不属于遗产；如果没有受益人、受益人先死亡或受益人丧权，保险赔付金就属于遗产。

四、故意伤害自己或被保财产能获得理赔吗

金小姐2008年2月刚买了一辆本田雅阁，上周，她在开门时不小心撞凹了一小块，因急于出差她就把车送到离家不远的汽车修理厂。该修理厂的负责人热情地接待了她，并说可以为其代办向保险公司索赔事宜，让她过3天来取车就行。金小姐签好保险索赔委托书后，便安心离去。由于出差临时取消，第二天晚饭后，金小姐遛弯时就顺道去了修理厂，想去看看车的修理进度，可她意想不到的是，原本毫发未损的车前盖已被人砸得破烂不堪，就像刚发生了重大撞车事故一样。后经调查得知，原来该修理厂拿她的"事故车"向保险公司索赔了高达数千元的保险赔款，超出了车门撞坏的赔偿金十几倍……

现实生活中，很多人为了骗取高额的保险金，故意伤害自己或被保财产，但依照我国法律，这种做法是不能获得理赔的。

（1）我国《保险法》规定，当出现以下情况时，保险公司的保险责任免除：①如果投保人、受益人故意伤害，被保险人故意自伤；②故意犯罪、醉酒、斗殴、无证驾驶、被政府拘禁、劳教或判刑入狱；③被保险人未经医师处方注射、吸食、服用毒品或处方药品；④感染艾滋病病毒；⑤核爆炸、核辐射、污染、战争、暴乱、军事冲突等；⑥获得固定报酬的体育运动、任何职业运动、进行探险、赛马、赛车或练习、潜水、空中飞行（以购买机票的乘客身份搭乘民用或商业航班除外）、跳伞、拳击、摔跤等活动；⑦非承保药品、非承保医疗项目及非承保疾病。

从上面的规定来看，如果有人出于骗取保险金的目的，故意伤害自己或被保财产，保险公司是不给理赔的。

但是现实生活中，对于是不是自己伤害保险标的很难认定，这种骗保事件屡有发生，给保险公司及其他被保险人造成很大的损失。因此保险公司应加强对保险事故的认定，以减少此类事情的发生。

第十五篇 投资商业：
长袖善舞赚大钱

第一章

选择最适合自己的商业投资模式

一、巧借"东风",合伙投资的智慧

在合伙公司的早期经营阶段,巴菲特同奥马哈一位商人接洽并请求他投资1万美元。这个商人告诉他的妻子说他想这么做,但是,他妻子告诉他说,他们拿不出1万美元。"我们可以借钱。"他说。"根本不可能。"他的妻子回答说。今天这个商人的儿子哀叹说他的父母没有投资,从而错失了成为百万富翁的机会,并补充说:"从那以后,我们一直都在辛苦地工作来维持生计。"

查尔斯·海得尔是其早期的合伙人之一,今天,他是奥马哈市海得尔韦兹合伙公司中负无限责任的合伙人。海得尔说:"我告诉我的家人说,'看呀!沃伦将时时刻刻为我们考虑如何用我们的钱进行投资。'"另外一个投资者是佛瑞德·斯坦班克,他在哥伦比亚见到巴菲特后,便对他留有深刻的印象。斯坦班克因为拥有长期伯克希尔公司的股票、福德赖恩公司的股票以及其他公司股票而闻名。

时光飞逝,原来的一些合伙人不断增加投资,另外一些合伙人进入到董事会中来。后来,其他一些合伙公司也加入到原来的合伙公司,到1961年年末,巴菲特把10个合伙公司联合起来,并把原来的名字巴菲特联盟变更为巴菲特合伙公司。

1957年,巴菲特合伙公司创下了赢利31 615.97美元的纪录和10.4%的增长率。这可能听起来并不怎么令人激动。但是和那年暴跌8.4%的道琼斯工业指数相比,情况就相当不错了。

当巴菲特在1956年开始经营合伙公司的时候,只有10万美元的资产。但是到1959年,他的资产已经达到了40万美元。巴菲特合伙公司的利润率总是高于道琼斯工业指数的涨幅,从没有亏损的时候。平均来说,从1957—1962年间,尽管道琼斯工业指数每年增长8.3%,但是,巴菲特合伙公司的增长率却是在26%。根据巴菲特的计算,巴菲特合伙公司的资产净值,在巴菲特家里经营的时候,已达到7 178 500美元!

从上述例子可以看出,巧借东风,巴菲特合理巧妙地运用了合伙投资这种创业方式,从10万美元的净资产到7 178 500美元的净资产,让我们不得不佩服。

■ 与市场亲密接触，寻找市场需求

如何进行市场研究

（1）研究大家都在做什么，做什么最挣钱。

（2）研究自己家庭生活经常需要什么商品和服务。

（3）研究当前及今后一段时间的社会热点、公众话题。

（4）研究社会难点，关注社会焦点。

（5）研究市场的地区性差异。

（6）研究生活节奏变化而产生的市场需求。

（7）研究人们生活方式、生活观念的变化而产生的市场需求。

（8）研究不同消费群体不同的需求特点。

二、加盟连锁，投资成功概率倍增

几年前，还是成都一家服装企业女工的王汉香不会想到，因为加盟廖家廖记棒棒鸡，现在她已经成为四川名小吃廖记棒棒鸡加盟店的老板。2007年夏天，32岁的王汉香因为工厂效益不好刚刚离职，一直希望能自己创业投资的她在与朋友聊天时，得知了廖记可以加盟的消息，"棒棒鸡在成都可谓是家喻户晓，我当时就想到廖记在成都市内店面比较密集，如果能在郊区加盟一家店，一定能卖得不错。"王汉香很快下定了决心，用自己多年积蓄，加上亲戚朋友的帮助，凑够了全部投资15万元。2007年年底，她的廖记加盟店在成都郊县开业了。开业当天小店就在整条街上引起了轰动。这三年来，随着"棒棒鸡"的名声大噪，王汉香的熟客越来越多，生意也做得更顺了。

从上面的例子，可以看出，加盟连锁，是一种很好的投资方式。

加盟总部看重的是加盟者在自己的区域内有一定的优势，如销售渠道及网络资源优势，人际关系及公共关系等优势。总部，作为一个外来者去开拓一个市场，很难在上述优势上有本质的超越。首先，加盟连锁总部可以在短时间内迅速扩张规模。其次，加盟总部在确保全国销售网络的同时，集中精力提高企业的管理水平，改善加盟店的经营状况，开发新产品，挖掘新货源，做好后勤工作，加快畅销产品的培养；总部可以研究改进店铺设计，广告策划，商品陈列，操作规程，技术管理

金融投资加盟连锁 4 大注意事项

连锁加盟如今在项目和设计领域上的层出不穷让许多人在知之甚少的情况下加入了连锁加盟的行列中，因此上当受骗或失败的案例比比皆是。因而加盟者要想成功，一定要经过谨慎思考和周详的考察才行，不能盲目决策，否则到头来会血本无归。

注意事项一：做好计划

加盟者在加入连锁加盟行业之前，都必须做好计划，而且越详细越好。资金方面，加盟者要量力而行，避免投资超出自己能承受的范围。

注意事项二：精心选择加盟行业

在选择加盟行业时，一定要仔细评量清楚。加盟者需要对准备加盟领域有一定的了解，才能在加盟领域里如鱼得水。

注意事项三：谨慎选择连锁加盟品牌并考察连锁加盟品牌

连锁加盟品牌最主要的还是企业的综合实力，实力较强，发展空间较大的品牌才是值得投资的品牌。同时还需考虑连锁加盟企业的长远性。

注意事项四：一定要看清合同

在连锁加盟中，为了避免将来产生不必要的纠纷，签订合同时务必认真阅读，核对相应的条款。

等一系列问题,使各分店保持统一形象,形成新特色,更好地吸引消费者。

综上所述,特许经营连锁模式的好处是显而易见的。作为一个小资本的创业者,选择特许经营连锁组织不失为是一个明智之举!自从国际连锁加盟巡展1998年落户中国,首次将连锁加盟的概念传输给投资者以来,连锁加盟业在我国如雨后春笋般地冒了出来。今天,无论是马路上随处可见的红茶馆或者是干洗店,甚至是麦当劳和肯德基,都已推出了连锁加盟,并且培养出了一批批加盟者。连锁加盟所带给投资者将是一种在享受他人成功模式的同时,也能给自己带来丰厚的投资回报。

三、借鸡生蛋也不失为上策

俗话说得好,"近水楼台先得月,向阳花木易逢春"。1993年,上海亚太影视公司来学校招业务员,每月300元工资,还在读大二的江南春利用自己是校学生会主席的这个优势捷足先登,欣然揣着招聘海报前去应聘。一个月后,招来的30名业务员只留下了两名,江南春是其中的一位。当时是卖东方电视台一个叫东视旋律的节目广告,江南春一个月能做好几个客户。到1993年年底的时候,他一个人大概做了公司1/3的营业额,约150万元。

初次推销的经验,江南春经常重复。那时主要做的是商业方面的广告,而上海新的商业街淮海路刚刚修建,江南春就去横扫淮海路,一家一家拜访。刚开始几个月他仅做销售,后来就开始做全案了,自己当导演,自己写广告剧本,自己出创意,自己拍,也自己卖广告。凭着这样的干劲,不久后,江南春就成为这家公司的二老板。

生性好强的江南春并不想一直打工。1994年2月,尚在读大三的他开始自己创业;同年7月,江南春与包括香港永怡集团在内的几个伙伴合资,注册成立永怡传播,注册资金100万元。作为中国最早一代的大学生创业者,可以肯定的是,他不是天生有钱的主儿。那么,这笔数额巨大的注册资金,究竟是从天而降还是另有隐情?其实,100万元注册资金江南春得来全不费工夫。机警而充满商业智慧的江南春,把握住一次机会巧妙"借鸡生蛋",快速积累了最初的创业资本。

1994年,港资永怡集团老板为了整合旗下品牌,出资100万元让江南春组建永怡传播公司。这是一家以创意为主的广告代理公司。从公司成立之日起,华东师范大学中文系三年级学生江南春,除了身份证上的数字证明他只有21岁之外,言行举止以及生意场上的谈判风格已然是一个老练成熟的公司老板了。

尽管当时江南春只是拥有公司管理权,永怡传播公司不得不依附于永怡集团,但为了实现从管理权到所有权的转变,江南春又巧妙地两次"借鸡生蛋",最终通过"还款""购买股份"的方式让永怡传播公司改姓"江"。成为"江总"的江南春,开始马不停蹄地为自己的企业四处奔跑打拼。毕业前夕,江南春与一位志同道合的朋友合作成立了东广广告公司。这个公司的运作成功,在很大程度上展现了两个年轻人的商业远见和经营智慧。当时,无锡市正在大张旗鼓进行市政建设,他们受上海南京路灯火通明的启发,搞了一个"让无锡亮起来"的策划方案,并想方设法说服对方,拿下了无锡的灯光工程。

以上海市的"灯光改造工程"游说无锡市政府在商业繁华地点建立灯箱广告,成本只有百万元,而收益却是六七百万元。事实上,江南春运作这个工程没有投入一分钱。500个灯箱前期的制作费是无锡市财政局为市政工程贷的款。江南春没有投入一分钱,而是借你的钱,然后做你需要的产品,产品做好之后,再用他要求的价格让你买回去。用江南春的话来说就是:"我来的时候带着创意和能力,走的时候口袋里装满了钱。"

前后的几个成功案例,让江南春真真实实地拥有了第一个50万元,也让他从真正意义上拥有了永怡公司的管理权和所有权。

从上面的例子中,相信大家恍然间明白了一些事情,江南春从一个小业务员,到拥有50万元,并拥有了永怡公司的管理权和所有权,前后演绎的正是一个"借鸡生蛋"的故事。

■ 如何找到"借鸡生蛋"的技巧

(1)恪守信用,一个不守信用的人是很难借到钱的。

(2)要有良好的心态,要把借钱投资当做一件很光荣的事,不要有任何"不好意思"的感觉。

(3)不管借谁的钱都要付利息,哪怕是借你兄弟姐妹或岳母娘的钱。

(4)利息不能付得太高也不能付得太低,并随着你的实力和信誉度的提高而递减。

(5)借钱一定要向你的债权人说明用途。

(6)学会"化整为零"。

(7)要不断积累"信用记录"。

第二章

商业投资，驶上创富快车道

一、"兼职投资"的项目选择

梅艳（女，29岁，机关文员，月薪4 000元）致富途径：机关文员兼职自由撰稿人。梅艳读大学时就非常喜欢写作，曾经也是中文系有名的才女，所以业余时间梅艳便写点豆腐块文章投给报社。没想到这点爱好居然也给自己带来了不错的收入。因为把写稿当成一份"事业"来做，所以写稿的热情一下子被调动了起来，开始有针对性地给不同的报社、杂志社写稿。

现在梅艳每月的稿费收入在4 000元左右，已经和工资差不多。而且生活也变得快乐而充实。既打发了无聊时光，更重要的是从自己喜欢的事情中赚钱。

善意提醒：上班族在选择兼职的时候，一定要注意与自己的特长和未来发展的

■ 瞄准投资项目，三步走

step1

寻找到能投资的项目，利用自己的生活圈，先汇集所有能找到的信息。

step2

结合自己的实际情况，对自己已寻找到的项目进行筛选。

step3

经过了第一步和第二步，对已经筛选出的项目进行可行性分析，分析项目所拥有的独特资源，为什么这一项目值得投资，了解这一领域的市场前景及市场需求。

方向相结合。兼职是为了缩短自主创业的距离，缩短从打工者到老板的距离，如果陷入为兼职而兼职，为眼前的一点蝇头小利斤斤计较，而忘记了对自己能力的锻炼和资源的积累，那就有点得不偿失了。

兼职，并不是说任何一个人想做就能做得了的，兼职是在做好本职工作的前提下，发挥余力而开拓的另一片领域。俗话说，鱼和熊掌不能兼得。若连本职工作都做不好，还要去做兼职，那只能是"竹篮子打水一场空"。

中老年人比年轻人更适合从事"额外工作"。因为年轻人往往都是一个单位的核心力量，而且正是在工作中锻炼自己，提高自身业务素质的大好时机，如果分散过多的精力在其他方面，势必会影响自己的职业发展，从而也会影响工作单位的整体利益。

二、适合上班族投资的十大项目

不知从什么时候开始，"只有当老板才能真正致富"的说法深入人心。其实，上班族有不少8小时之外的致富良方，即使是兼职，你也一样能捧出"金饭碗"来！

（1）做平面模特。如果天生有一副好的容貌和身材，的确是一条不错的路子。不仅收入丰厚，而且相对来说，依靠的知识技能比较少一些。但也有一些"不好"之处：因为这一行比较树大招风，最好能获得公司上司的许可，工作中也会平添一些来自同事或是外界的压力。

（2）近年来，加盟连锁的滚滚热潮丝毫未褪，而且在这个不断壮大的队伍里，还出现了这么一个群体：在职白领。他们大多头脑活络，有钱有闲，想"钱生钱"，但又不愿意放弃现在的工作，于是许多人不约而同地把加盟连锁作为自己的第二条创业途径。

（3）业余摄影。数码相机的普及，给了不少网友发财机会。只要受过一定的专业培训，选取的角度或是遇到的事件具有相当独特性，一般都能卖得好价。另外，不少财经类杂志需要一些题材类的照片，而不是事件类的，这也给了摄影爱好者以捷径，可以寻找那些有名气的企业，去拍他们的厂房、车间、领导、招牌、广告；或是不断参加各种会议，将这些财经领域的工作片段、典型形象拍摄入镜，一般都会有下家购买。

（4）做翻译一般都是针对有英语特长的人，海归、专八、大学英语教师等人士比较适合此道，其他人都请绕路而行吧。由于这个行业一般遵照计件工资原则，所以多劳多得。但为了规避风险，最好有心于兼职此道的专业人士，还是请朋友介绍业务关系比较妥当。

（5）"挣外快"是因人而异的，能找准自己的特长，也一定要认清自己的专长在哪里。如果你擅长文字，不妨做业余的撰稿人，按照目前稿费每千字100元～300元

■白领发财梦想四步走

上班族，工薪阶层，每月领着固定的薪水，要买房、成家、育儿、养老，怎么办，应该如何投资理财？事实上，不论是上班族，工薪阶层，自由职业者，大小老板，都应当学会理财！理财的关键是合理计划分配、使用资金，使有限的资金发挥最大的效用。

"发财"第一步：保守理财，储蓄吧！

精打细算，"月光"变"有产"其实很简单。存钱是会上瘾的，过两天看到存折上的数字没变，就会百爪挠心，于是想尽各种方法算计省钱，自然也就越来越有钱。

"发财"第二步：聪明赚钱，不让分毫！

套用一句很俗的名人名言："生活中不缺少美，少的是发现美的眼睛。"发家致富与此同理，生活中不缺少钱，少的是发现钱的眼睛。大财难赚，但如何才能做到小钱不断这一点呢？很简单，你一定不要以为只有扔个十万八万才能赚钱，只有不让"小钱"，才能赚"大钱"。

"发财"第三步：自主投资，循序渐进！

做"合伙"生意。租花店，加盟特许经营，开美容院，不要想投机生财，也不去冒大风险，资金是一点点积累起来的，这是比较适合初次创业没有大资本，也没有经验的投资者的做事方法。

"发财"第四步：有梦想，但要分析合理性！

假设给你10万元，干什么你能发财？如果对期货市场有一定的了解，10万元准备用于炒期货，对股市了解可以炒股票，一定要做你自己了解的事情。

的均价，要是一篇上万字的短篇小说，收入也是几千元。

（6）兼职者以做销售和家教的最多。兼职的道路万万条，但基本上以向社会外包的职业为主。调查显示，业余时间兼职从事销售和家教的比例最高，分别达29%和18%，其次依次为调查14%、翻译和设计各为9%、贸易7%、写作6%、编程和导游各为4%。

（7）动画制作。FLASH制作是一个价格落差相当大的兼职工作，要获得高薪，需要有良好的平面设计功底，较好的创意，较多的设计作品和成功案例，在业内有相当的知名度。

（8）文案类工作和普通秘书不同，一般来说，是为兼职公司撰写宣传软文或产品广告，也可能是为客户公司撰写形象类文章。需要兼职文案（策划）的公司以房地产和广告行业为主，主要工作是为销售的商品（楼盘或其他产品）写软、硬广告，这些工作"创意"性较强，故而需要兼职文案（策划）有很强的策划能力，富有创意，文字功底强，能写得一手"美文"，同时也需要一定的相关行业知识。

（9）需要聘请兼职会计的公司大多为小企业。由于公司业务少，很难达到一个专职会计应有的工作量，因此为节约开支，聘请有经验的兼职会计人员是最好的方法。对兼职会计出纳的要求，是熟悉财务会计工作流程，具有独立出具会计报表及制作增值税报表经验。

（10）财务税务咨询的主要工作是帮助企业财务人员了解相关会计、税务、金融政策。兼职人员最好能有注册税务师、注册会计师等资格证书。兼职财务咨询的薪酬不定，一般由双方协商，但比普通兼职会计的报酬要高。

三、10万元小资金的最佳商业投资项目是什么

对一般收入家庭而言，炒股、买房在资金上有些力不从心，谁都想让钱能生钱。有了10万元，存在银行，一年涨不了几个钱，买债券，利息太低，时间太长，因此，你可以试试以下几招，这些是让一般家庭可着重考虑的致富之路。

1.收藏

在收藏市场上，邮票、字画、珠宝、古玩、钱币投资等品种已进入寻常百姓家，在目前的市场上，它是一个阳光产业，是即将会繁荣的产业。我国经济发展很快，人民生活大幅度提高。古话说："盛世兴藏"，就是这个道理。收藏这个行业，钱多，可以投资高档收藏品，赚大钱；钱少，可以对一些低档品投资，先小赚，再大赚。

现在人民生活水平提高了，收藏事业也红火起来，可赝品也满天飞。进入收藏品投资，最好自己多少也懂些相关藏品的鉴别能力，专门的知识更显得尤为重要，有的东西离开专业知识和经验，就寸步难行，搞不懂真假古玩，搞不懂收藏品价格

高低，就不要轻易进入这个行业，有了相关的经验和专门知识后再入行。收藏东西的时候，可以到边远地区、小城市收购、淘金，可以进入古玩小摊淘到宝物，称"捡漏"，这样回报很巨大的。

2.做服装生意

做服装生意是身边最常见的创业选择，可要把这买卖做好，却不是一件简单的事儿。要立于不败之地，需要有创意。

3.开特色产品小店

比如在国内拥有50年历史的飞跃鞋，曾经是中国人最熟悉的样子，尘封着无数中国人的记忆。这个如今在国内已难寻踪迹的中国品牌，不仅登上许多国外著名时尚杂志页面，还成为不少国际影星、模特脚下的宠儿，在欧洲卖出了每双50欧元以上的高价。

4.进口礼品专卖店：小礼品玩转大生意

目前很多城市正在越来越国际化，新成长起来的一代人越来越不能仅仅满足于本土商品。时尚白领们通常喜欢买些稀奇古怪的小玩意儿放在家里或办公室里，做生活的调味料。老外们则大多因为从未见过这些东西而驻足把玩。

5.另类小型零食超市

可开一家另类小型零食超市，让它与一般的超市有绝对的区别。即在所住的小区大门附近租一个大约20平方米的门面。既然是另类零食超市，就不能卖一些大众化的商品，要有特色。综合各大商场和超市的特色零食，精心在零食批发市场、专卖店等处选择适合自己经营的品种进货，同时拜托经常出差的亲友物色各地有特色的零食，批发买回来。超市开张时，建议增加卡通糖、昆布丸、牛油果、锡兰茶、功夫盐等颇具特色的零食。

6.保健面包房

开一家面包店对许多人来说，因其投资不大，应该是很容易的事。但用传统的烤制方式再加上传统的配料，从现在的市场看来，生意已显得有些冷清。在经营种类上，可以选择以小麦胚芽为主要原料制成的胚芽面包：适合胃肠功能弱的人；用60%的糙米、40%的黑麦粉烤制而成的糙米面包：特别适宜于肥胖、糖尿病、动脉粥样硬化和心脏病患者食用；藻类面包：可以促进血液循环；由麦麸制品为原料，含有大量纤维素的减肥面包……独具特色的保健面包房，每日销量一定不俗。

四、50万元资金最适合投资什么项目

1998年，马化腾等5人凑了50万元创办腾讯，没买房；就这样，腾讯现在发展的家喻户晓，只要上网，都曾经用过QQ或现在一直在用QQ，腾讯现在有了自己的网站，有了自己的产品，事业做得很大。

1998年，史玉柱向朋友借了50万元搞脑白金，没买房；脑白金现在一直做得很火，史玉柱在经营过程中也遇到了很多困难，但是他克服了，有了现在的成绩。

1999年，漂在广州的丁磊用50万元创办163，没买房；163刚开始人们都在用，后来换成了收费的，用的人变少了，后来又开通了免费邮箱和博客，还有信息平台，一系列网络平台，还收购了126。

1999年，26岁的陈天桥炒股赚了50万元，创办盛大，没买房；26岁是一个刚刚毕业进入企业打工的年龄，而他用自己聪明的头脑，炒股不但挣了钱，而且投资的盛大也是他明智的选择，真是年少有为。

1999年，马云团队18人凑了50万元，注册阿里巴巴，没买房……马云已经无人不知、无人不晓。从创业失败，到出来到北京继续创业，真是精神可嘉，所以失败了并不可怕，可怕是失败了站不起来了，马云拿18人凑的50万元纯粹是赌上一把，但是因为他的努力和聪明，他赌赢了。

5名网络名人50万元创业成功，那么在现在给你50万元，你能够创业成功呢？

如果当年他们用这50万买了房，现在可能贷款都没还完。如果你有50万元，你会像他们一样聪明，努力，用智慧让事业成功吗？下面就具体地谈谈创业、经商、快速赚钱、赚大钱应该注意的几点技巧。

（1）坚持不懈地加强学习，不一定非要学商业专业、营销专业，平时多看商业方面、管理方面、投资方面、社交方面的书籍杂志，比如说《商界》《现代营销》《创业指南》《大众投资指南》《演讲与口才》等；还可以在电视上多看财经新闻、营销辩论、经济管理讲座等；还可以在互联网上多看财经类博客，比如说阿里巴巴、百度、腾讯博客里都有，包括投资理财的、经济管理的等。要知道水滴石穿，冰冻三尺，绝非一日之寒，要坚持不懈，日积月累。

（2）要努力提高自己的口才。有句俗话说得好，茶壶里煮饺子，肚里有货倒不出。创业、经商卖得就是产品或服务，如果口才不好，产品再好，别人也难以了解和接受，所以说要努力提高自己的口才和语言表达能力。另外还应该练习学会说流利的普通话。

（3）想要创业、经商、赚大钱，必须要学会做人。自己要严格要求自己做一个正直的人、道德的人、诚信的人、谦和的人、内涵的人、尊严的人。要想成就一番事业，自己本身的素质是客户考核你的一大要素。比如说有人采购时就从不跟河南人打交道，因为一些河南人在中国的商圈中的诚信口碑太烂了。

（4）还有很重要的一点是很多商人都会忽略的，那就是要学会充分地尊重自己的竞争对手。只有在有竞争对手的圈子里你才能不断地做大做强，如果一个行业圈里只有你一个人，你不是能独食而肥，而是会止步不前，这就是生存威胁的道理。一个企业发展壮大，是在不断提高自己，摔掉竞争对手从而晋级到前列甚至龙头老大的位置。

（5）还一点就是要学会抉择。俗话说得好：女怕嫁错郎，男怕入错行。其实不管男女，只要自主创业、经商，都怕入错行。你看那街上经常有新店开张、经常有人关门歇业，其实店面、工厂转让，95%是因为入错了行，抉择时因为认知高度不对、分析不透彻而失策。

（6）当你通过市场调查和冷静分析后，确实看好某个项目时，一定要努力争取亲戚朋友的鼎力支持，否则一意孤行的孤军作战一般是很危险的。甚至，很有可能会弄得众叛亲离。

（7）在入行以前，一定要做好风险预估，并想好、做好多种应对策略和方案，这就叫作风险预警机制。并且要做好失败的心理准备，有很多人仅仅经历一次失败就一蹶不振。

■关于创业、经商，应该如何进行抉择

应当选适合当地习俗、迎合当地消费者需要的行业。

应当选国家政策鼓励的行业，因为国家政策鼓励的行业在税收、用地、资金等各方面都有优惠。

应当选成长性比较好的项目。

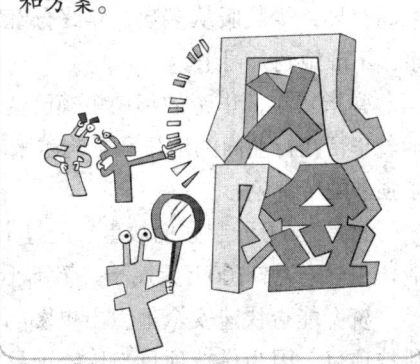

在入行以前，一定要做好风险预估，并想好、做好多种应对策略和方案。

（8）选择项目一定要根据自己的资金实力来决定，有多大的脚就穿多大的鞋，千万不要好高骛远，不切实际。经过周密调查和深思熟虑确实看好适合自己的项目，自己资金不足可以借助其他忙人的闲散资金入股。拉别人的资金入股，可千万别小气，一定要多给别人股份，最好能承诺万一亏本只亏你自己不亏别人，也就是说万一失败，别人投入的钱你要当债务来偿还他。要知道如果不是因为你，别人是不用承担这种风险的，别人把钱投到你这里来就是为了在无风险的情况下尽量地下蛋。如果你能做到这两点，别人也很乐意把资金投到你这里，但是你最好给别人一个书面保证。

（9）当你自己的资金或精力不够确实需要他人合伙经营时，选择合伙人一定要慎重。要选那种有魄力、有度量、有能力、有诚信、有上进心的人；一旦选好人选，在经营过程中要做到民主、透明、同心，千万不能有私心，合伙经营只有推心置腹才能打造辉煌的事业，否则只会是分道扬镳或者陷入无休无止的纠纷。广东的顾地塑胶就是这样分家的典范。

（10）当你有所收获想要扩大经营时，一定要脚踏实地、量力而行，千万不可急功冒进。当年红红火火的沙市日化（即活力28）就是由于急功冒进才导致一夜间倒闭的。

五、100万元资金如何投资商业

1992年，中山市小榄镇7个没有任何背景、出身穷苦又想干大事的青年，怀着纯粹的理想凑钱创办了华帝公司。创业之初，7名老板订下一个对日后稳定发展起至关重要作用的"君子协定"：在股权分配上，开发区所在村占总股本的30%，余下的70%由7人平分，每人拥有10%。中山市7个年轻人咬牙凑足100万元，招聘20多个工人办起了生产灶具的小厂，点燃华帝的创业薪火，短短10余年，华帝之火烧遍全国，并成为一家社会广泛关注的公众公司。

接下来，他们对一些具体事务进行了磋商，并达成了共识：决策高度民主，求同存异，少数服从多数；年终分红一样多；不许亲戚进厂；不向妻子谈及企业的事，不准她到公司来。

弹指13年，华帝的年销售额已达10亿元，连续10年稳坐灶具龙头老大的位置。随着华帝在行业内的地位和影响越来越大，7名老板的创业故事经社会的传播，具有了强烈的传奇色彩。

这是100万元起家的故事。经过十几年的发展，华帝现在已是一家非常优秀的企业。相对来说，100万元属于一笔不小的资金，对此，更该慎重投资。

资金能否快速安全地生出更多的资金来，当然依靠优秀的投资项目，主要是指科技项目，因为科技项目与传统项目相比，具有投资少但产出大的优势，很多科技

投资商业地产的注意事项

1.要选商业氛围良好的铺位

商业物业的投资风险比较大,如果周边商业氛围不是很好,商铺便会难出租,但成熟的商业区,商业物业的价格又会很高。

2.投资要跟着政府规划走

投资商业物业要特别留意政府规划。如果选择购买的是商铺,则要留意是否会有公共设施的配套,以保证充足的人流。

3.要考察能否成行成市

要考察一下这一区域今后是否有成行成市的可能性,如果是自用应该怎样经营;如果是出租,回报率是否够高。

4.要考量间接投入费用

购买商业物业特别需要考虑的是投入问题。这个投入指的是购买后空置期所交纳的费用,如物业管理费、公摊的水电费等。

项目只要你看准了,前期开发费用一投下去,马上就能获得产业化效益,但是国家每年有十几万元的科技项目产生,到底哪些项目具有投资价值,哪些项目会发生投资风险,在没有投下去之前很难搞得清楚,换句话说,投资人都想寻找好的投资项目,但应该怎么找就不知道了。

六、不做没有把握的事

马云成名之后,全球的著名学府,包括哈佛、沃顿、麻省理工等世界级顶尖名校都邀请马云去给他们做讲演。有一次,马云在哈佛做讲演的时候,曾有学生向马云请教阿里巴巴的成功秘诀是什么。马云很风趣地回答说:"我为什么能够成功?原因有三,第一是我没有钱;第二是我对于互联网一窍不通;第三是我想得像傻瓜一样。"

马云说的是实话。他刚开始创业的时候的确没有资金,把自己和员工压箱底的钱都拿出来了,也才凑了50万元的起步资金。他的确不懂互联网技术,据说他的电脑水平只能够收发邮件,甚至连最简单的Word文档都不会打开。但是有一点他没有说,马云从来不做没有把握的事,这是他成功的一个关键因素。

马云第一次创业是搞了一个海博翻译社。为什么搞这个?因为马云的英语非常棒,毫不夸张地说,"可能当时在杭州是英语最好的一个人"。马云的夫人张瑛曾经开玩笑说:"马云说梦话的时候都很少讲普通话,80%的时候都是用英语。"马云的英语水平由此可见一斑。正是由于英语好,所以马云搞了一个海博翻译社。马云之所以搞阿里巴巴,原因就在于他对电子商务熟悉。马云正式下海后搞的第一个项目就是中国黄页,中国黄页实际上就是最早的电子商务。正是搞中国黄页的经历,使马云认识到了中国中小企业对于信息的迫切需求,使他对于电子商务的模式有了一定的了解,所以做起来才如鱼得水,最终取得了成功。

在《赢在中国》的点评现场,马云在点评一位选手的时候曾经披露过这样一件事:"前段时间我跟吴鹰拜访了李嘉诚,他讲了一个事,在座的创业者可以思考一下。有人问李嘉诚凭什么到处投资,做这个,做那个,基本都成功,为什么中国绝大多数人都不成功,而你能成功?李嘉诚回答说,手头上一定要有一样产品是天塌下来都是挣钱的。因此,不一定做大,但一定要先做好。"

这也就是马云的经营之道,做自己最熟悉的事情。

马云尚且如此,只做熟悉的事情,所以作为创业者,无论是从一个行业转入另外一个行业,还是初入商场从事一项新的行业,都应该先从自己熟悉的入手。各行各业都能赚钱,关键就在"熟悉"两字。熟悉一个行业到一定程度或相当的程度,创业成功的概率就会大大增加。如果自己没有这方面的能力,只凭主观臆断,想要"见食就吃",一旦大意或者市场发生了变化,就无法应付,最后的结果是只能以失败而告终。常言说得好,隔行如隔山。有的事情即使你不懂也没什么,但是做生意如果你不懂,那么就要冒着血本无归的危险了。所以,创业需要谨慎,在开创事业或是拓展业务时,最好是有制胜的把握再动手。

■你适合投资哪一行业

选行业的步骤:大多数的人都希望能拥有一个属于自己的、能够长远经营和稳健发展的事业,但是在竞争残酷的当今,却天天有人破产,天天有人失败,原因何在呢?除了经营与管理不善之外,还有另一个非常重要的因素:那就是没有正确选择所经营的行业。那么该如何来定位选择好的行业?

必须选择趋势性的、有前景的朝阳产业。

所选择的行业必须市场空间大、竞争对手少。

市场需求量大,量大才能赚钱。

投资少、高利润、高回报。

售后服务少。

七、闲谈中也有商机

人们在生活中免不了要与人交流闲谈,在交流闲谈中有不少值得挖掘的"潜在市场",只要做有心人,其背后往往隐含着某种市场信息和经营机会。

江苏某公司成功地开发出新型感冒药"白加黑",就是该公司经理从一次偶然的闲谈中得到的产品开发灵感。一位工程师访美归来,在和总经理的闲谈之中谈到美国的一种白天和晚上服用、组方成分不同的片剂药,说者无意,听者有心。总经理顿时来了灵感:何不开发一种新型的感冒药呢?于是,他和他的智囊团研究决定,迅速开发这一创意产品,仅一年时间,"白加黑"就实现产品产值2亿多元,完成利税2 000多万元,创造了我国医药史上的奇迹。

从"上帝"(消费者)的创意中寻找商机。日常生活中,消费者经常有这样那样的创意或"妄想",而这种创意或妄想其实就是消费者的消费需求和愿望,往往也是市场的晴雨表和企业开发产品、打开销路的信号灯。经营者若能多询问了解，把握消费者的各种"妄想"，并不失时机地攻关夺隘，巧于开拓，往往能为企业带来巨大的商机。

海尔洗衣机销到四川农村后，听到农民异想天开地说："要是洗衣机能洗地瓜就好了。"聪明的海尔人独具慧眼，将这一妄想付诸实践，发明了深受农村欢迎的既能洗衣服又能洗地瓜的洗衣机，从而开拓出一片农村市场。还有"傻瓜"照相机、"电视遥控器"等新产品的研制推出，都是根据消费者的创意或妄想而带来的产品开发灵感，从而为企业带来了巨大的商机。

这就说明了：在日常生活中，就有商机。尽管这个行业已进入了成熟期，还是有不少的商机，这里还有创业的机会。关键是如何发现它，如何能够作出差异化的服务，在不添加任何硬件设备的情况下，比已有的商家做得更好！

机遇就是目标，商机就是财富，谁能发现和把握商机，谁就能在商战中制胜。虽然随着当前买方市场的形成，市场商机越来越难觅，但在生活的方方面面仍然蕴藏着无限的商机，许多商机就存在于我们眼皮底下和日常生活中，只有用敏锐的"嗅觉"去发现它，去开发它，去利用它，才不至于使市场机遇与你擦肩而过、失之交臂。

总之，商机无处不在，而且稍纵即逝。但它有一个特点就是对每一个经营者都是平等的，谁心有灵犀、看得准、抓得及时，谁就会从纷繁复杂乃至平凡小事上获得商机。

八、永远保持"零度"状态

据说，犹太人在某项投资决定后，一般会制定投资一个月后、两个月后和三个月后三套计划。一个月后，即使发现实际情况与事前预测有相当的出入，他们也丝毫不会感到吃惊，仍会一个劲地追加资本；两个月后，实际情况仍不大理想，便进一步追加资本；第三个月后，若情况仍与计划不符，而又没有确切的事实证明将来会发生好转，那犹太人会毅然决定放弃这桩事业。所谓放弃这桩事业，也就是放弃迄今为止全部投入的资金和人力，甘心认赔。即使这样，他们也不会唉声叹气，尽管生意不尽如人意，但也比在一堆烂摊子中大伤脑筋、进退两难要强得多，而且是及时悬崖勒马，否则情况也许会更糟。犹太人这种适可而止、见到大事不妙便掉头的做法，和他们自己民族的经历是分不开的。他们永远保持"零度状态"，以便作出合理的投资。

通过上面的例子，相信大家对"零度状态"有了感性的认识，下面，对"零度状态"进行更理性的描述。法国后结构主义领袖人物罗兰·巴特有篇著作，叫《写作的零度》，他认为，"零度"这个状态能保持最理想的独立性和自由性。《经理人》认为，创新的零度哲学亦是如此——它在自由状态下产生，既能够独立地自主创造，又可以自由地将各种外部精华为自己所用，学习模仿借力。这种创新行为，不需要赋予太多的外部资源，既可能产生于领导者，更可能由企业基层员工参与和推动。

创新的零度哲学，正是中国企业在发展进程中必不可少的！今天的中国经济，已经从一个疯狂吸金、滋生浮躁的年代，回落到正常状态，我们称之为经济学的零度。零度创新，就是要企业找到本质，从根源上去突破。

丰田召回事件，让我们对"标杆神话"有了另外一种解读。表面看，丰田是因为过度扩张、追求效益而导致质量控制不当，实际上，根源是在创新力不足。解决丰田危机的关键，可能还要回到丰田赖以崛起的精益制造上来，让每一个员工，从每个细节进行创新。"不管是外界，还是企业内部，好像给了创新太多的压力，要业绩，要结果，这本身没有错，然而，越是如此，创新越难以释放，应该赋予创新更多的自由。"北京大学政府管理学院博士段磊说："其实，零度创新还代表着一种心态，企业应该保持平常心，创新能力和创新文化都需要慢慢培育，不必操之过急。""我们只用了5年时间，业绩增长了100倍，使奥图码从一个默默无闻的投影

■ "零度"状态及创新

"零度"状态代表一种改变原有状态、规则的突破力，强调的是最具活力、理性的创新状态——既要保持冷静的独立性，自主创造，同时也要确保灵活的自由性。即使在没有太多外部资源、动力或者压力的情况下，企业仍然能够保持很强的创新活力。

"零度"创新的标杆公司拥有的特征

其一，在金融危机中业绩表现尤为出色，主要财务指标要明显高于行业水平。

其二，创新行动能够带来明显的收入增加，转化为企业利润。

机品牌，变成全球市场占有率第二大的品牌，谁都很好奇我们为什么能做到，其实靠的就是创新，特别在早期资源比较缺乏的情况下，我们没有给员工太多束缚，支持他们做各种创新尝试，特别是营销和渠道的创新。这与零度创新倡导的理念完全一致。"奥图码亚太区总裁郭特利说。

零度创新标杆，持续高绩效：在过去一年多的研究中，《经理人》发现，很多零度创新的标杆型企业，譬如，万科、海尔、中粮、华为、比亚迪、腾讯、开心网、科兴，它们分布在各个领域，规模不等。小型公司因零度创新，而获得其他企业由衷的尊敬，迅速做大规模；大公司因为零度创新，获得了持久的竞争力，并且建立新的行业标尺。

万科是世界最大的住宅开发企业，之一。2015年4月初，万科公布2014年年度业绩显示，2014年万科实现销售金额2151.3亿元，同比增长25.9%，在全国商品房市场的占有率由2.09%提升至2.82%。对于万科的发展，总裁郁亮表示："未来十年，万科最重要的业务仍将是住宅。但为了保持良好的增长，并为之后的第二个十年发展期奠定基础，万科需要坚定转型，在这个十年内基本完成新业务的探索和布局，确定新的商业模式。"在一般人看来，房地产开发企业与通常意义的创新公司相差很远，但是，万科的创新往往是开创性和前瞻性的，亦如董事长王石对万科的定位："做一家新型公司"。万科成长的动力，要得益于王石管理思想的创新。譬如20世纪80年代，万科率先在全国进行股份制改革及上市；后来提出不追求暴利，超过25%的利润不赚；再后来，主动卖掉赚钱的金融服务、商业等多元化业务，专注于房地产开发；王石还主动辞去总经理职务，让第二代职业经理人打理公司。例如，万科在致股东的信中，提出打造绿色竞争力，强调企业与环境和谐共生。可以想象，不久的将来，这势必会成为行业的一个新标准。可以说，王石的每个管理思想创新，都是开创性的，尽管在当时令很多人费解，但回过头来看，万科一步步走向其他企业难以企及的高度，并成为行业典范。